C 프로그래밍 길잡이

C Programming Assistant

윤상균·성태응 지음

도서출판 홍릉

저자소개

윤상균

연세대학교 미래캠퍼스 소프트웨어학부 교수
서울대학교 전자공학과 학사
KAIST 전기및전자공학과 석사, 박사

성태응

연세대학교 미래캠퍼스 소프트웨어학부 교수
서울대학교 전기공학부 학사
University of Texas, Austin 전기컴퓨터공학부 석사
Cornell University 전기컴퓨터공학부 박사

C Programming Assistant
C 프로그래밍 길잡이

인 쇄: 2022년 12월 21일 초판 1쇄
발 행: 2022년 12월 30일 초판 1쇄

저 자: 윤상균 · 성태응
발행인: 송 준
발행처: 도서출판 홍릉
주 소: 01093 서울시 강북구 인수봉로 50길 10
등 록: 1976년 10월 21일 제5-66호

전 화: 02-999-2274~5, 903-7037
팩 스: 02-905-6729
e-mail: hongpub@hongpub.co.kr
http://www.hongpub.co.kr
ISBN: 979-11-5600-085-3(93000)

정 가: 32,000원

- 본 교재는 과학기술정보통신부와 정보통신기획평가원에서 지원하는 "소프트웨어중심대학" 사업의 결과물입니다.
- 본 교재의 내용은 전재할 수 없으며, 인용할 때에는 반드시 과학기술정보통신부와 정보통신기획평가원에서 지원하는 "소프트웨어중심대학" 사업의 결과물이라는 출처를 밝혀야 합니다.

이 책의 학습을 위한 프로그램 연습 파일(12장)은 도서출판 홍릉 홈페이지(www.hongpub.co.kr)에서 내려받을 수 있습니다.
홈페이지에서 도서명 검색 후 보조자료를 다운로드하시기 바랍니다(Chrome 웹브라우저 사용 권장).

PREFACE

컴퓨터를 잘 활용하기 위해서는 컴퓨터에서 실행되는 유용한 소프트웨어가 많이 있어야 한다. 이러한 소프트웨어를 개발하기 위해서는 프로그래밍 언어를 사용하여 프로그램을 작성해야 한다. 프로그램 개발을 위해서는 먼저 컴퓨터로 문제를 해결하는 방법에 대해서 알아야 하고 이러한 해결 방법을 프로그래밍 언어로 작성하는 능력을 가져야 한다.

컴퓨터가 발명된 이후로 이 세상에 나온 컴퓨터 프로그래밍 언어들은 무수히 많다. 그중에서 C 언어는 가장 인기 있는 프로그래밍 언어 중 하나이다. 최근에 사용하기가 상대적으로 쉬운 여러 프로그래밍 언어들이 나와서 인기를 얻기 있지만, C언어는 가장 기본이 되는 언어로서 여전히 배워야 할 필요가 있다. C 언어는 고급 언어이기는 하지만 예전에는 어셈블리 언어로 작성해야 하는 저급 수준의 프로그래밍도 할 수 있기 때문에 초기에는 주로 컴퓨터 시스템을 관리하고 제어하는 시스템 프로그램을 개발하는 데에 사용되었다. 이러한 점 때문에 C 언어는 프로그래밍을 처음 배우는 사람들에게는 결코 쉬운 언어는 아니다. 그렇지만 C 언어는 간결하고 효율적인 장점이 있기 때문에 오늘날에는 시스템 프로그램뿐만 아니라 거의 모든 프로그래밍 작업에 널리 사용되고 있다.

C 언어는 C++나 Java와 같은 여러 프로그래밍 언어에 영향을 주었다. C 언어가 여러 프로그래밍 언어의 기반이 되고 활용도가 가장 넓으므로 C 언어로 프로그래밍을 시작하는 것이 바람직하다. 그리고 C 언어의 기초는 C++나 Java 프로그래밍 언어를 배우는 데에 매우 큰 도움이 된다.

이 책은 컴퓨터 프로그래밍을 처음 배우는 학생들을 대상으로 하였으며 쉬운 내용부터, 프로그래밍에 꼭 필요한 내용부터 기술하려고 하였다. 이 때문에 많은 다른 C 언어에 대한 서적과 순서가 다른 부분이 있다. 특히 많은 학생들이 개념을 이해하는 데 어려움을 느끼는 포인터보다 자료구조 기술에 기반이 되는 구조체를 먼저 배우도록 하여 최대한 포인터를 사용하지 않고도 프로그램을 배울 수 있도록 하여 포인터의 어려움으로 인해서 프로그래밍에 대한 흥미를 일찍 잃는 것을 줄이고자 하였다. 구조체에 대한 지식을 바탕으로 하여 포인터의 필요성을 소개하여 포인터에 대한 이해를 높일 수 있도록 하였다. 그리고 각 단위에서 처음 배울 때 생략해도 전체적인 이해에 지장이 없는 다소 어려운 사항은 별표 ★로 표시하여 참고하도록 하였으며, 최신 C99나 C11 등과 같은 최신 C언어 표

PREFACE

준에 대한 사항도 소개하였다. 마지막에 학생들의 프로그래밍 연습을 위하여 각 장과 관련되는 여러 문제에 대한 프로그램 예를 모아서 제공하였다.

이 책을 준비하는 데 나름대로 많이 노력하였으나 여전히 미비한 점이 많으리라고 생각되며 미비한 점에 대해서 많은 의견을 주시기를 바란다. 마지막으로 이 책을 출간하는 데 많은 수고를 하여주신 도서출판 홍릉 임직원 여러분께 감사를 드린다.

2022년 12월

저자 일동

CONTENTS

CONTENTS

CONTENTS

CONTENTS

CONTENTS

APPENDIX

제1장 프로그래밍과 C언어의 소개

학습 내용

- 프로그래밍 개념
- C 언어의 역사와 특징
- 간단한 C 프로그램 소개
- 프로그램 개발 과정과 C 컴파일러 사용 방법
- 통합개발환경을 사용한 프로그램 개발 및 실행 방법

1.1 프로그래밍 개념

C Programming

프로그래밍

컴퓨터는 똑똑하지 않다. 인공지능의 시대에도 여러분은 지능적으로 컴퓨터보다 훨씬 앞서 있다. 사람은 생각할 수 있고, 컴퓨터가 무엇을 해야 할지 지시할 수 있다. 컴퓨터의 강점은 사용자의 명령을 정확하고 빠르게 잘 수행할 수 있다는 것이다.

그렇지만 컴퓨터는 무엇을 할지 스스로 결정할 수 없다. 컴퓨터는 스스로 생각할 수 없기 때문에 **프로그래머**(programmer)는 컴퓨터에게 무엇을 해야 하는지에 대한 지침을 매우 자세하게 제공해야 한다. 이러한 지침이 없으면 컴퓨터는 아무것도 할 수 없다. 그리고 이러한 지침이 있더라도 잘못된 것을 사용하면 컴퓨터가 원하는 작업을 성공적으로 실행하지 못한다.

컴퓨터가 특정한 작업을 수행하도록 제공하는 지침을 **프로그램**(program)이라고 하고, 이러한 프로그램을 작성하는 것을 **프로그래밍**(programming)이라고 한다.

컴퓨터에게 작업을 위한 지침을 제공하는 방법은 여러 가지가 있으나, 전통적으로 가장 널리 사용되고 있는 방법은 컴퓨터가 수행해야 하는 동작의 절차를 자세하게 기술하는 것이다. 그리고 이러한 절차를 기술하기 위하여 **프로그래밍 언어**를 사용한다.

어떠한 문제를 해결하기 위한 프로그램을 작성하기 위해서 가장 중요한 것은 문제를 해결하기 위한 절차를 찾는 것이며 이러한 절차는 여러 가지가 있을 수 있다. 컴퓨터에서 문제 해결을 위한 방법을 찾는 **컴퓨팅 사고**(computational thinking) 훈련을 통하여 프로그램을 작성하는 능력을 배양할 수 있을 뿐만 아니라, 사회에서 주어지는 다양한 문제 해결을 위한 체계적인 방법을 도출하는 능력도 습득할 수 있다.

프로그래밍 언어

문제 해결을 위한 체계적인 방법을 찾았으면, 이 과정을 프로그래밍 언어를 사용하여 기술해야 한다. 현재 사용 가능한 많은 수의 프로그래밍 언어들이 존재한다.

컴퓨터는 **기계어**(machine language)만 인식하여 처리할 수 있다. 그렇지만 기계어는 이진수로 되어 있으므로 사람이 이해하기 어렵다. 기계어를 알파벳 기호(symbol)들을 사용하여 사람이 이해하기 쉬운 형태로 나타낸 언어가 **어셈블리언어**(assembly language)이다. 어셈블리언어가 알파벳 단어로 표현될지라도 기계어에서 사용하는 명령어 표현을 사용하는 기계 중심의 언어이므로 일반적인 프로그래머가 사용하기 쉽지 않다.

이러한 프로그래밍의 불편함을 해결하기 위해서 사람이 이해하기 쉬운 형태로 표현할 수 있는 **고급언어**(high-level language)들이 개발되었다. 고급언어는 실행 방식에 따라서 다음과 같이 두 종류로 구분된다.

- 컴파일 언어 : 컴파일러(compiler)에 의해서 프로그램 전체가 기계어로 번역된 후에 실행되는 고급언어
- 인터프리터 언어 : 인터프리터(interpreter)에 의해서 프로그램 문장들이 바로 번역되어 실행되는 고급언어. 스크립트(script) 언어라고도 부른다.

이 책에서 소개하는 C언어를 비롯하여, C++, Java와 예전에 많이 사용했던 Fortran, Pascal 등이 대표적인 컴파일 언어이다. 그리고 Python, Perl, R, Javascript, php 등이 대표적인 인터프리터 언어이다.

어떤 사람들은 C언어를 배우고 사용하기가 어렵다고 생각하지만, 문제 해결 방법을 알고 있다면 이 방법을 C언어로 나타내는 것은 생각보다 어렵지 않다. 다만 다양한 고급 기능을 제공하는 언어들과 비교할 때 C언어는 이러한 고급 기능을 지원하지 않고 직접 작성해야 하는

경우가 많으므로 어렵게 느껴질 수 있다. 그렇지만 C언어는 많은 프로그래밍 언어의 기초가 되므로 C언어를 배우는 것은 매우 의미가 있다.

1.2 C 언어의 역사

C 언어는 1972년에 미국의 벨 연구소의 데니스 리치(Dennis Ritchie)에 의해서 개발된 프로그래밍 언어이다. 이 언어는 같은 연구소의 켄 톰슨(Ken Thomson)에 의해서 개발되었던 B 언어를 기반으로 하여 만들어진 것으로서, 처음에는 PDP-11 컴퓨터에서 UNIX 운영체제를 작성하기 위한 시스템 프로그램용 언어로 사용되었으며, UNIX 운영체제의 대부분이 고급 언어인 C 언어로 작성되어서 UNIX의 보급에 커다란 기여를 하였다.

C 언어는 1978년까지는 주로 벨 연구소에서 내부적으로 사용되다가 데니스 리치가 브라이언 커니핸(Brian Kernighan)과 함께 C 언어를 기술한 책을 펴냄으로써 널리 사용되게 되었다. 1980년대 중반 이후에 UNIX뿐만 아니라 MS-DOS, Windows, 매킨토시용 C 컴파일러가 보급됨에 따라서 C 언어의 사용자는 급속히 증가하였다.

커니핸과 리치가 펴낸 책에서 기술한 C 언어를 K&R C라고 부르는데, 이 책에는 C 언어에 대한 완벽한 내용을 갖추고 있지 못했다. 이 때문에 C 언어가 이식된 컴퓨터 환경에 따라서 약간씩의 차이가 생기게 되었다.

이러한 문제점을 해결하기 위해서 미국 표준 기관인 ANSI에서 1989년에 C 언어의 정의를 표준화하였으며 이 언어를 ANSI C라고 한다. ANSI C는 K&R C에 몇 가지의 새로운 규격을 추가하였고 C 언어의 정의를 명확히 하였다. 대부분의 C 컴파일러는 ANSI C를 지원하고 있으며 K&R C의 현재 사용하지 않는 형식으로 작성된 프로그램을 컴파일할 때는 대개 경고 메시지를 출력한다.

C 언어 표준안은 1999년에 개정된 C99, 2011년에 개정된 C11과 2017년에 개정된 C17이 있다. 그리고 기존의 ANSI C를 C89 또는 C90이라고도 부른다. 모든 C 컴파일러가 새로운 C 언어 표준을 지원하는 것은 아니므로 컴파일러가 새로운 기능을 지원하는 지 여부를 확인하고 새로운 기능을 사용하는 것이 바람직하다. 특히 Windows 운영체제에서 많이 사용하는

프로그램 개발환경인 Visual Studio에서 제공하는 Microsoft C 컴파일러는 기본적으로 C++ 컴파일러이며, 2013년에야 C99에서 추가된 기능을 부분적으로 지원하였다. 이 책에서는 ANSI-C를 중심으로 다루고, 현재 많이 사용하는 C 컴파일러가 보편적으로 지원하는 C99에서 추가된 일부 유용한 기능을 소개한다.

1.3 C 언어의 특징

C Programming

C 언어는 다음과 같은 특징들을 가지고 있다.

- **이식성이 좋다.**
  한 컴퓨터에서 작성된 프로그램을 약간 수정하거나 전혀 수정하지 않고 다른 컴퓨터에서 실행할 수 있다. C 언어는 모든 컴퓨터에서 동일하게 동작하는 표준 라이브러리(`library`) 함수를 프로그래머에게 제공한다.
- **간결하다.**
  강력한 연산자들을 제공하여 다른 언어로는 여러 문장이 필요한 것을 한 문장이나 수식으로 표현할 수 있다. 예를 들어서 `a = a+1`은 `a++`로 나타낼 수 있으며 `a = 0; b = 0;`은 `a = b = 0;` 으로 나타낼 수 있다.
- **모듈성이 있다.**
  프로그램은 함수로 구성되어 있다. 복잡한 문제들을 작은 단위의 함수로 나누어서 프로그래밍하면 쉽게 해결될 수 있다. 그리고 함수는 별도의 모듈로서 개별적으로 컴파일하여 재사용할 수 있다.
- **효율적이다.**
  비트 단위의 연산과 기계어 수준의 처리를 할 수 있는 기능을 포함하고 있어서 어셈블리언어를 사용하지 않고도 시스템 프로그램을 작성할 수 있도록 한다. 그리고 이러한 기능을 잘 이용하면 효율적인 코드를 생성할 수 있다.
- **작은 언어이다.**
  C 언어는 적은 수의 키워드를 가지고 있다. 그렇지만 정확한 제어구조와 자료형을 가

지고 있다. 입출력 기능은 C 언어의 구문에 포함되지 않고 라이브러리 함수로 정의되어 있다.

- **포인터를 이용한다.**
  포인터는 C 언어의 대표적인 기능이다. 포인터는 자료가 저장된 주소를 의미하는데 포인터를 잘 활용하면 메모리 주소를 직접 제어할 수 있으므로 어셈블리언어 수준의 처리를 할 수 있다. 그렇지만 포인터를 잘못 사용하면 디버깅하기가 힘든 실행 중 오류(run-time error)가 발생할 수 있다.

C 언어는 C++와 Java 언어의 기반이 되며 Perl 언어, PHP 웹 스크립트 언어와 Verilog 하드웨어 기술 언어 등을 포함한 많은 언어가 C 언어의 형식을 따르고 있다. 그러므로 C 언어는 프로그래밍 언어의 기본이 된다고 할 수 있다.

1.4 C 프로그램 시작하기

C Programming

예 1.1과 같이 메시지만 출력하는 가장 간단한 프로그램을 예로 들어서 C 프로그램의 구성을 설명하면서 C 프로그램에 대한 소개를 시작한다. 프로그램의 각 행의 처음에 행 번호를 함께 기재하였다.

예 1.1 첫 번째 프로그램

```c
#include <stdio.h>

int main(void)
{
    printf("Programming in C is easy.\n");
    return 0;
}
```

실행	Programming in C is easy.

C 프로그램은 main 함수를 포함한 하나 이상의 함수로 구성되어 있다. 예 1.1의 프로그램은 main 함수만으로 구성되었으며 이 프로그램에 대한 설명은 다음과 같다.

❶ **대소문자의 구분** : C 언어에서는 대문자와 소문자는 서로 구별이 된다. 그러므로 대문자와 소문자를 명확하게 입력해야 한다.

❷ **헤더 파일** : 키보드 입력과 화면 출력을 표준 입출력(standard input output)이라고 한다. 다음 문장(1행)은

```
#include <stdio.h>
```

표준 입출력을 사용하기 위해서 필요한 것으로 자세한 설명은 뒤에서 다루기로 하고, C 프로그램에서는 표준 입출력을 하기 위해서는 반드시 이 문장을 맨 앞에 사용해야 한다는 점을 반드시 기억하자. #include와 함께 < >안에 사용된 stdio.h와 같은 파일을 헤더 파일(header file)이라고 한다.

❸ **프로그램 구성** : 간단한 C 프로그램은 다음과 같은 형태로 구성된다.

```
int main(void)              ... 함수이름 정의
{
    프로그램 문장들          ... 프로그램 몸체
}
```

main은 C 프로그램이 실행될 때 가장 먼저 실행되는 함수로서 C 프로그램은 반드시 main 함수를 포함해야 한다. 함수(function)는 어떠한 일을 수행하는 프로그램을 포함하고 있다. int main(void)은 함수 이름이 main이고 함수의 실행 결과로 정수값을 반환하다는 것을 정의하는 것이며(3행), 함수가 실행하는 프로그램의 몸체(body)는 중괄호 { } 사이에 정의된다. 위의 예에서 { } 안에 printf() 문이 정의되어 있다.

❹ **출력문** : 다음 문장(5행)은

```
printf("Programming in C is easy.\n");
```

괄호 안에 있는 " "로 둘러싸인 문자열을 화면에 출력한다. printf()는 표준 출력을 위하여 미리 작성된 함수로서 이렇게 미리 작성되어 프로그래머들이 사용할 수 있도록 한 함수를 라이브러리(library) 함수라고 한다. 함수의 괄호 안에 있는 값을 인수(argument)라고 하며 함수에게 정보를 전달하는 데에 사용된다. 화면에 문자열을 출력하려면 위와 같이 출력할 문자열을 인수로 사용하여 printf 함수를 호출한다.

❺ 개행 문자 : `printf` 함수의 인수로 사용된 다음 문자열에서

```
"Programming in C is easy.\n"
```

마지막의 \n은 다음 줄로 바꾸어 출력하라는 의미의 개행(new line) 문자를 나타낸다. \n이 출력되면 커서가 다음 줄의 맨 앞으로 이동한다. 문자 \는 한글 키보드에서 \이 표시된 자판으로 입력하며 한글 전용 글꼴에서는 \로 표시된다.

❻ 세미콜론 : C 언어의 문장(statement)은 위의 `printf` 문과 같이 세미콜론(;)으로 끝난다. 문장들은 세미콜론으로 구분이 되므로 한 줄에 여러 문장이 있을 수 있으며 한 문장이 여러 줄에 걸쳐 있을 수 있다.

❼ 반환값 : `main` 함수는 다음 문장(6행)을 사용하여 프로그램을 종료한다.

```
return 0;
```

이 문장은 프로그램을 실행시킨 측에 함수의 실행 결과로 0을 반환하는 것으로서, `main` 함수가 0을 반환하는 것은 프로그램이 정상적으로 실행하였다는 것을 의미한다.

1.5 C 프로그램의 작성과 실행

C Programming

C 언어와 같은 고급 언어로 작성된 프로그램을 소스 프로그램(source program)이라고 하며 컴퓨터에서 실행될 수 있는 기계어로 된 파일을 실행 파일(executable file)이라고 한다. C 언어로 프로그램을 작성하여 실행 파일을 만드는 과정은 다음과 같다.

❶ 소스 프로그램 작성 : 텍스트 편집기를 사용하여 소스 프로그램을 작성한다. C 언어 프로그램 파일은 .c의 확장자 이름을 가진다.

❷ 컴파일 : 컴파일러를 사용하여 소스 프로그램을 목적 파일(object file)로 변환한다. 목적 파일은 기계어로 번역이 되었지만 실행 파일이 아니다.

❸ 링크 : 링커(linker)를 사용하여 목적 파일을 다른 목적 파일이나 라이브러리에 있는 프로그램과 결합하여 실행 파일을 만든다.

그림 1.1은 앞에서 설명한 과정을 그림으로 나타낸 것이다.

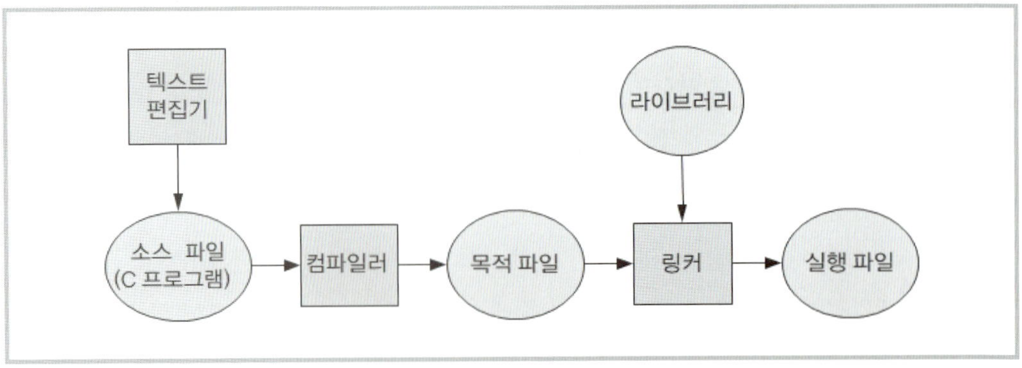

그림 1.1 프로그램의 컴파일 과정

소스 프로그램 작성에 사용되는 텍스트 편집기는 Windows에서는 메모장(notepad)을, UNIX와 Linux에서는 vi를 주로 사용한다. Windows에서는 무료 편집기인 notepad++, atom 등을 사용하면 더 편리하게 텍스트 편집을 할 수 있다.

각 운영체제에서 C 컴파일러로 다음과 같은 명령어의 프로그램을 사용한다.

- UNIX/Linux에서는 cc나 GNU C 컴파일러인 gcc를 사용한다. (gcc는 대개 cc 명령어로도 사용할 수 있다.)
- Windows에서는 Visual Studio에서 제공하는 Microsoft C/C++ 컴파일러인 cl.exe가 주로 사용되며, GNU C 컴파일러인 gcc도 설치하여 사용할 수 있다.
- 최근에는 오픈소스 C/C++ 컴파일러인 clang도 사용할 수 있다.

그리고 컴파일러를 실행하면 컴파일과 링크가 연속적으로 한꺼번에 수행한다. 따라서 사용자가 링커를 직접 실행할 필요가 없다. 실행파일이 생성되면 이 파일을 실행하여 작성한 프로그램을 동작시킨다.

소스 프로그램 편집, 컴파일/링크, 실행 단계로 구성되는 프로그램 개발 과정은 앞에 소개한 개별적인 명령어를 사용하여 각 단계를 수행할 수 있다. 그렇지만 이러한 과정을 한 프로그램 내에서 모두 제공하는 통합개발환경(integrated development environment: IDE)을 제공하는 컴파일러를 사용하면 여러 명령어를 사용하지 않고도 편리하게 프로그램을 개발하여 실행시킬 수 있다.

Visual Studio 설치하기

Windows에서는 C/C++ 프로그램을 개발하는 데 Microsoft사의 Visual Studio가 많이 사용된다. Visual Studio는 C 언어를 포함한 여러 언어의 프로그램에 대한 개발환경을 제공한다. Visual Studio의 Community 버전은 다음 인터넷 사이트에서 무료로 다운로드 받아서 설치하여 사용할 수 있다.

```
https://visualstudio.microsoft.com
```

Visual Studio 2022를 설치할 때 C 프로그램 개발을 위해서는 다음과 같이 "C++를 사용한 데스크톱 개발"을 선택해야 한다.

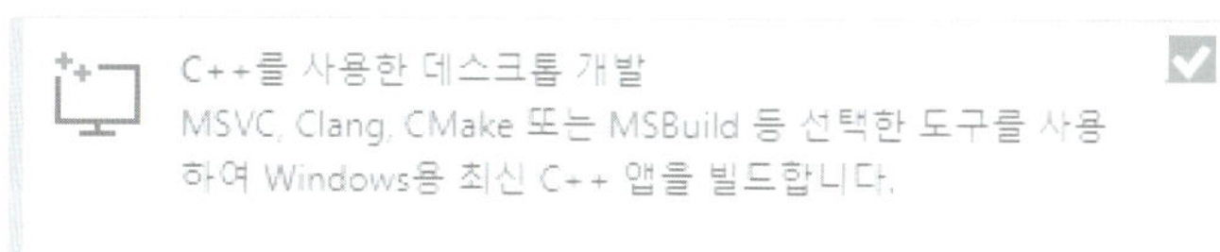

이 프로그램을 설치하면 C 컴파일러 명령어를 사용하여 프로그램을 개발할 수도 있고, 통합 개발 환경에서 프로그램을 편집, 컴파일 및 실행을 시킬 수도 있다.

Visual Studio에서 제공하는 컴파일러 명령어를 사용한 프로그램 개발

Visual Studio가 설치되었으면 Microsoft C/C++ 컴파일러 cl.exe를 명령어 방식으로 사용하여 프로그램을 컴파일하고 실행시킬 수 있다. cmd 창에서 명령어 방식으로 C 컴파일러를 사용하려면 컴파일러 프로그램이 위치한 디렉토리가 경로(path)에 설정되어 있어야 한다. 그렇지만 Visual Studio 설치 환경에서 함께 제공되는 Developer Command Prompt를 실행시키면 명령 창을 생성하면서 이러한 설정이 초기화 작업으로 수행되어 컴파일러 명령어를 편리하게 사용할 수 있다.

컴파일러 명령어를 사용한 프로그램 개발은 다음과 같이 수행한다.

❶ 개발자 명령 프롬프트 실행: Windows의 시작 메뉴에서 [Visual Studio 2022 폴더] - [Developer Command Prompt for VS2022]를 선택하거나

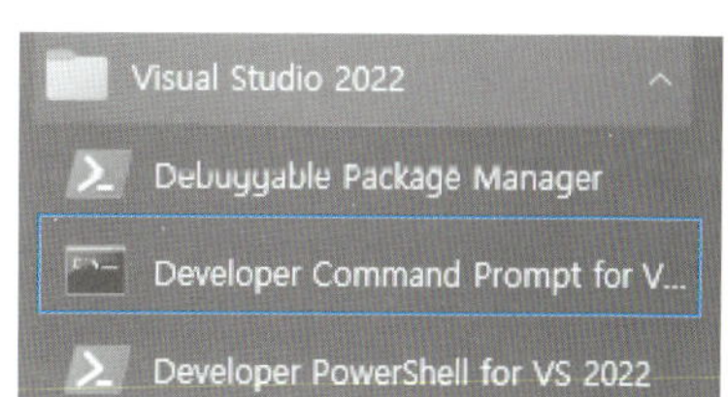

Windows 화면 왼쪽 아래의 명령어 검색창에서 "Developer ..." 를 입력하여 검색된 "Developer Command Prompt for VS2022" 앱을 선택하여 개발자 명령 프롬프트 (Developer Command Prompt) 창을 생성한다.

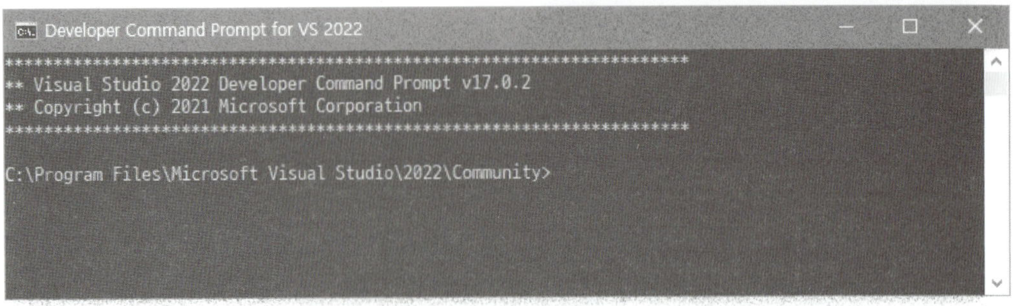

❷ 폴더(디렉토리) 이동 : cd 명령어(여기서는 cd \prog)를 사용하여 프로그램을 작성할 위치의 폴더로 이동한다. 프로그램을 작성할 폴더는 미리 만들어야 한다. (여기서 새 폴더를 만들려면 md \prog 명령어를 실행한다.)

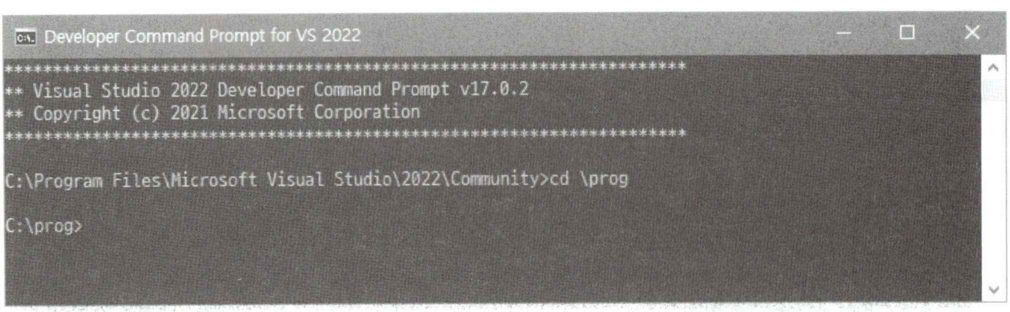

❸ 소스 프로그램 작성 : 기본적으로 설치되어 있는 메모장(notepad.exe)을 사용하여 소스 프로그램을 작성할 수 있다. 다음과 같이 notepad 명령어를 소스 프로그램 이름을 명령어 인수로 사용하여 실행하면(여기서는 notepad first.c) 메모장 프로그램에서 소스 프로그램(여기서는 first.c)을 편집할 수 있다. 처음 편집할 때는 인수로 주어진 이름의 새 파일을 만든다.

```
Developer Command Prompt for VS 2022
**********************************************************************
** Visual Studio 2022 Developer Command Prompt v17.0.2
** Copyright (c) 2021 Microsoft Corporation
**********************************************************************

C:\Program Files\Microsoft Visual Studio\2022\Community>cd \prog

C:\prog>notepad first.c

C:\prog>
```

```
first.c - 메모장
파일(F) 편집(E) 서식(O) 보기(V) 도움말(H)
#include <stdio.h>

int main(void)
{
        printf("Programming in C is easy.\n");
        return 0;
}
```

메모장 대신에 notepad++, atom, visual studio code 등의 많은 기능을 가진 텍스트 편집기를 사용하여 소스 프로그램을 작성하는 것이 더 편리하다.

❹ 컴파일 : Visual Studio에서 제공되는 C/C++ 컴파일러인 cl 명령어(여기서는 `cl first.c`)를 사용하여 소스 프로그램을 컴파일하면 목적 파일 first.obj를 먼저 생성하고, 링커를 수행하여 실행 파일 first.exe를 생성한다.

```
Developer Command Prompt for VS 2022

C:\prog>cl first.c
x86용 Microsoft (R) C/C++ 최적화 컴파일러 버전 19.30.30706
Copyright (c) Microsoft Corporation. All rights reserved.

first.c
Microsoft (R) Incremental Linker Version 14.30.30706.0
Copyright (C) Microsoft Corporation.  All rights reserved.

/out:first.exe
first.obj

C:\prog>
```

❺ 실행하기 : 생성된 실행 파일의 이름에서 확장자 .exe를 제외한 이름(여기서는 first)을 명령어로 사용하여 실행시키면 실행 결과가 명령어 창 화면에 출력된다.

❻ 개발자 명령 프롬프트 종료 : 명령어 프롬프트 창은 exit 명령어를 사용하거나 창 오른쪽 위의 끝내기(✕) 버튼을 누르면 종료되어 창이 없어진다.

Visual Studio 통합개발환경을 사용한 프로그램 개발

앞에서 프로그램을 작성하고, 컴파일 및 실행을 개별적으로 수행하는 과정을 소개하였다. Visual Studio 2022의 통합개발환경을 사용하면 편집기, 컴파일러, 실행을 통합하여 간편하게 수행할 수 있다.

Visual Studio 2022 통합개발환경을 사용한 C 프로그램 개발 과정은 다음과 같다.

❶ 프로그램 실행 : Windows의 시작 메뉴에서 [Visual Studio 2022]를 선택하거나 Windows 화면 왼쪽 아래의 명령어 검색창에서 “Visual Studio ...” 를 입력하여 검색된 “Visual Studio 2022” 앱을 선택하여 Visual Studio 2022 프로그램을 실행하면 다음 화면이 나타난다.

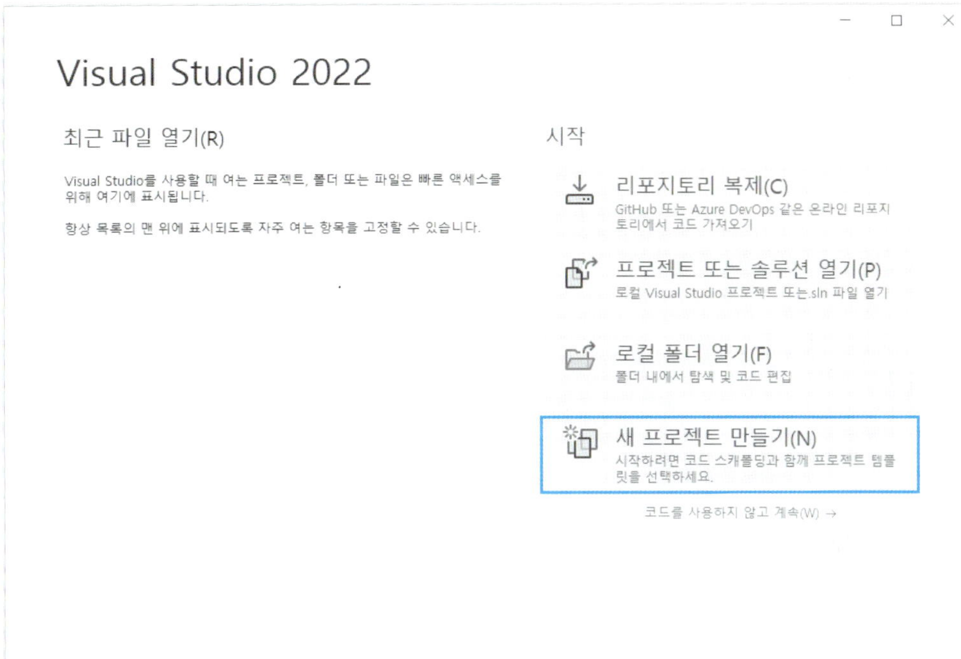

❷ 새 프로젝트 만들기 : 이 화면에서 "**새 프로젝트 만들기**"를 선택하고, 나타난 새 프로젝트 만들기 창에서 "**빈 프로젝트**"를 선택한 후 [다음]을 누른다.

③ 새 프로젝트 구성 : 새 프로젝트 구성 창에서 "**프로젝트 이름**"을 입력하고(여기서는 first), "위치"에 프로젝트를 작성할 폴더를 직접 입력하거나(여기서는 c:\prog) ... 을 선택하여 나타낸 프로젝트 위치 창에서 폴더를 선택한다.

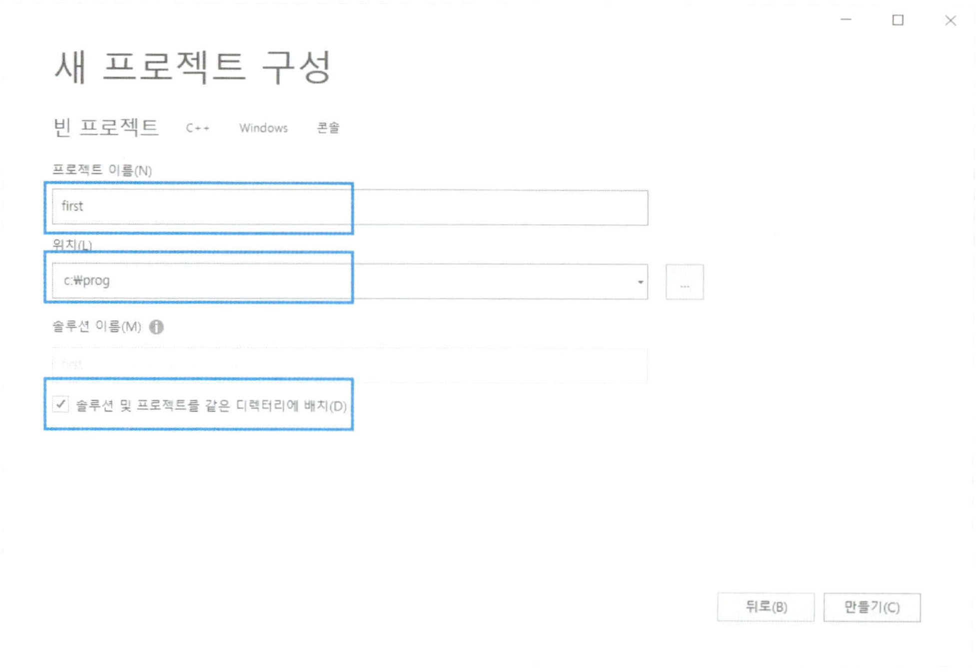

"솔루션 및 프로젝트를 같은 디렉토리에 배치"를 선택하면 1개의 솔루션에 1개의 프로젝트를 만들고 프로젝트용 디렉토리를 별도로 만들지 않고 솔루션용 디렉토리를 사용한다.

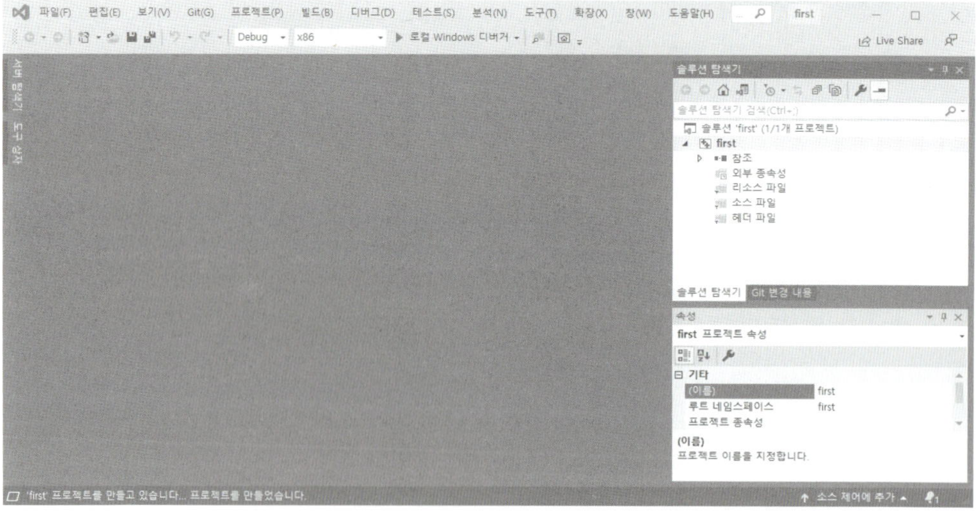

필요한 사항을 모두 입력하거나 선택한 다음에 [만들기] 버튼을 클릭하면 프로젝트 생성이 완료되어 프로젝트 작업을 수행할 수 있는 창이 나타난다.

❹ **소스 파일 추가**: 솔루션 탐색기의 "소스 파일"에서 마우스 오른쪽 버튼을 클릭하여 나타난 메뉴에서 [추가] - [새 항목] (단축키 **Ctrl-Shift-A**) 을 순서대로 클릭한다.

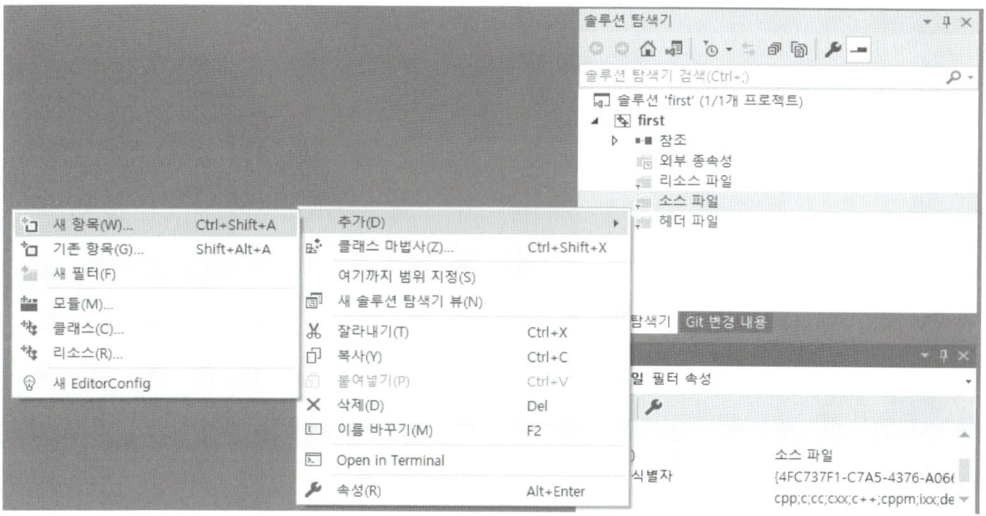

새 항목 추가 창에서 "C++ **파일**(cpp)"를 선택하고 "**이름**"에 "소스.cpp" 대신에 확장자가 .c인 소스 파일 이름(여기서는 first.c)을 입력하고 [추가] 버튼을 클릭하면 입력한 이름의 소스 파일이 프로젝트에 추가된다. (확장자를 .cpp로 사용하면 C++ 프로그램으로 인식한다.)

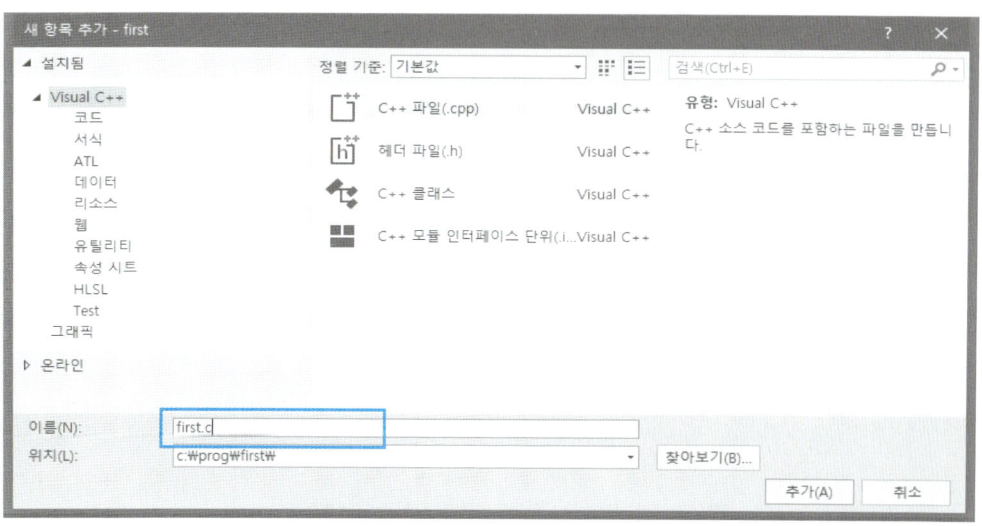

❺ 소스 파일 작성 : 소스 파일이 프로젝트에 추가되면 파일 이름(first.c)의 탭이 표시된 편집기 창이 나타난다. 이 편집기 창에서 프로그램을 작성하고 [파일]-[first.c 저장] (단축키 Ctrl-S) 메뉴를 선택하거나 저장 아이콘 을 클릭하여 저장한다. (여기서는 예 1.1 프로그램을 입력하였다.)

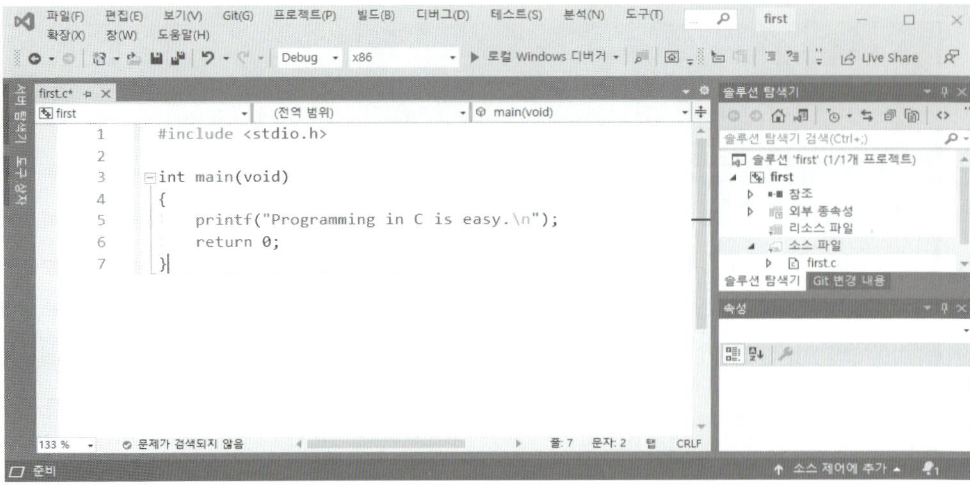

❻ 컴파일 (빌드) : [빌드] - [first 빌드] (단축키 Ctrl-B) 또는 [빌드] - [솔루션 빌드] (단축키 Ctrl-Shift-B) 메뉴를 선택하여 컴파일과 링크를 수행하여 실행 파일을 생성한다. 편집기 창 아래의 출력 창에 빌드 진행 결과에 대한 메시지를 출력한다. 실패인 경우는 프로그램의 잘못된 부분을 수정한 다음에 다시 빌드해야 한다.

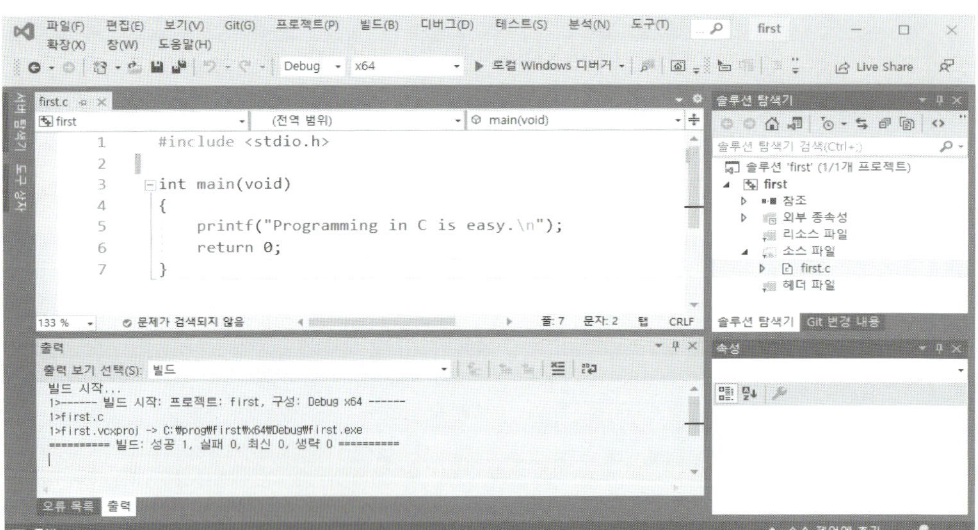

실행 파일을 생성하는 것을 빌드(build)한다고 한다. 솔루션은 여러 개의 프로젝트로 구성될 수 있으며, 이러한 경우에 [솔루션 빌드]는 솔루션에 속한 모든 프로젝트를 빌드하게 되며, [project명 빌드]는 특정 프로젝트만 빌드한다. 지금 작성하는 프로젝트 first는 솔루션과 프로젝트를 같은 디렉토리에 배치하는 옵션을 선택하여 솔루션이 1개의 프로젝트를 갖도록 하였기 때문에 두 빌드 동작은 차이가 없다.

❼ 실행하기 : [디버그] - [디버그하지 않고 시작] (단축키 **Ctrl-F5**) 메뉴를 선택하면 프로젝트의 빌드된 프로그램을 실행한다. 프로그램이 실행되면 다음과 같은 디버그 콘솔 창이 생성되고, 여기에 프로그램 실행 결과가 출력된다. 아무 키나 누르면 생성된 콘솔 창이 닫힌다.

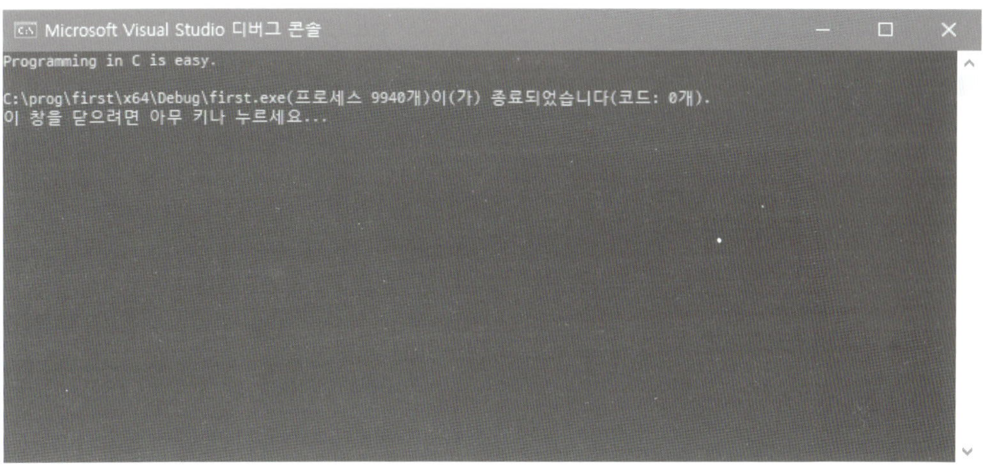

프로그램을 작성하거나 변경한 후에 빌드하지 않고 실행하기를 한다면, 실행하기 전에 먼저 빌드를 자동적으로 수행한 다음에 프로그램을 실행한다. 즉, 프로그램 작성 후에 빌드를 생략하고 곧바로 실행하기를 해도 무방하다.

❽ 종료 : [파일] - [끝내기] (단축키 **Alt-F4**) 메뉴를 선택하거나 Visual Studio 창 오른쪽 상단의 끝내기(×) 버튼을 누르면 작업을 종료하고 프로그램을 닫는다.

❾ 프로젝트 불러오기 : 프로그램 개발 작업을 다시 수행하기 위하여 Visual Studio를 실행하면 다음 화면이 나타난다. 여기에서 두 가지 방법으로 기존 프로젝트를 불러올 수 있다.

1) 최근 파일 열기 목록에서 작업할 프로젝트를 선택한다.

2) "**프로젝트 또는 솔루션 열기**"를 선택하여 작업할 프로젝트를 찾아서 선택한다.

두 가지 방법 중에서 최근 파일 열기 목록에 수행했던 작업이 포함되어 있다면 첫 번째 방법이 훨씬 더 편리하다.

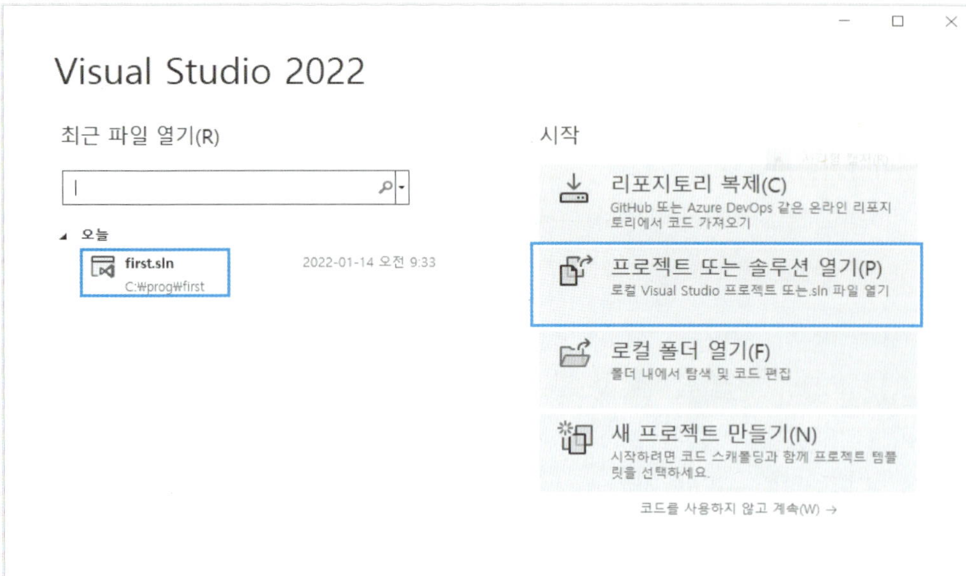

"**프로젝트 또는 솔루션 열기**"를 선택하면 다음과 같은 파일 선택 창이 나타난다. 현재 위치가 프로젝트가 위치한 곳이 아니면 파일 이름에 프로젝트가 위치한 폴더 이름(여기서는 c:\prog)을 입력하여 [열기] 버튼을 클릭하거나, 선택 창에서 폴더를 단계적으로 선택하며 폴더 위치를 변경하여 최종적으로 프로젝트(여기서는 first) 이름의 폴더로 이동한다.

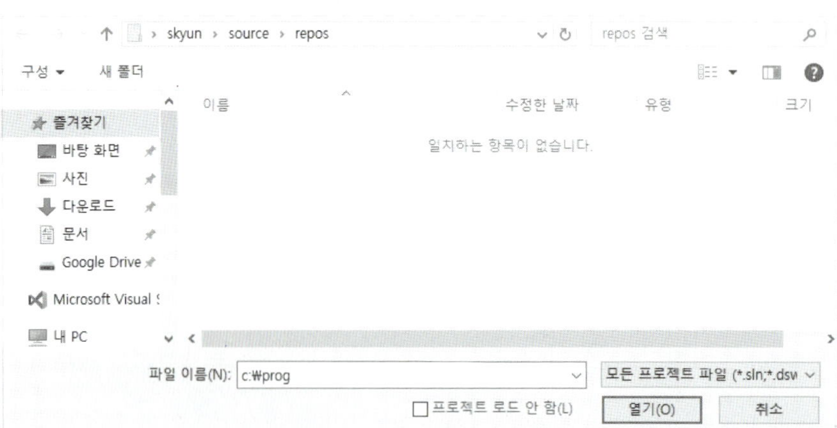

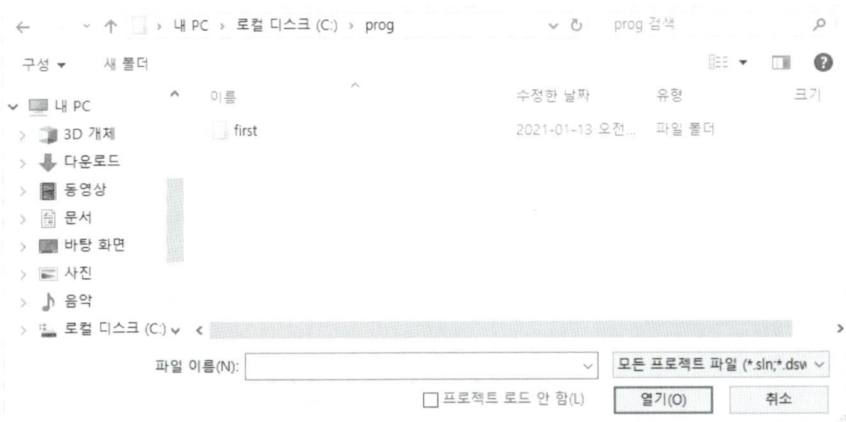

선택 창을 프로젝트 폴더(여기서는 first)로 이동한 후에 프로젝트 이름의 확장자 .sln인 솔루션 파일이나 확장자 .vcxproj인 프로젝트 파일을 선택하여 프로젝트를 불러온다. 대개는 솔루션을 선택한다.

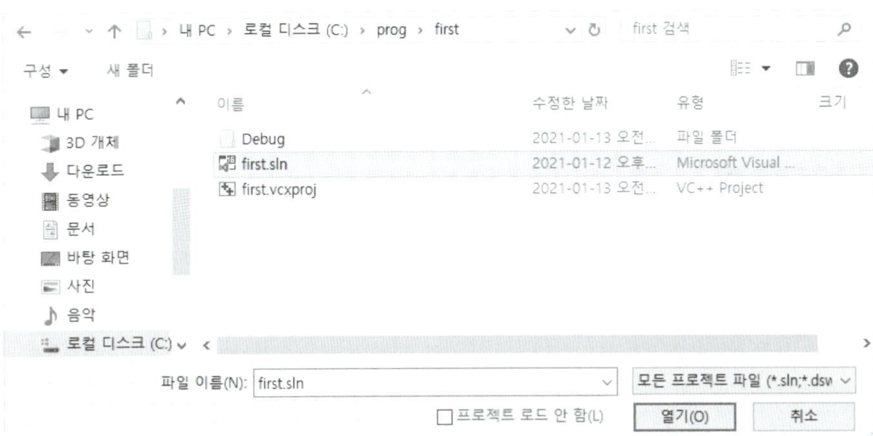

프로그램 오류와 오류 메시지

프로그램을 컴파일할 때 프로그램에 잘못된 부분이 있으면 오류(error) 또는 경고(warning) 메시지를 출력한다. **오류 메시지**는 프로그램이 잘못되어 목적 파일을 생성할 수 없는 경우에 출력되며 **경고 메시지**는 오류는 아니지만 사용하는 것이 권장하지 않거나 잘못 동작할 가능성이 있는 부분을 알려준다.

에러 메시지나 경고 메시지는 행 번호와 함께 출력된다. 다음은 예 1.1에서 소개한 프로그램에서 printf() 문장 끝의 세미콜론을 빠뜨렸을 때의 Visual Studio의 오류 메시지 출력을 보여준다.

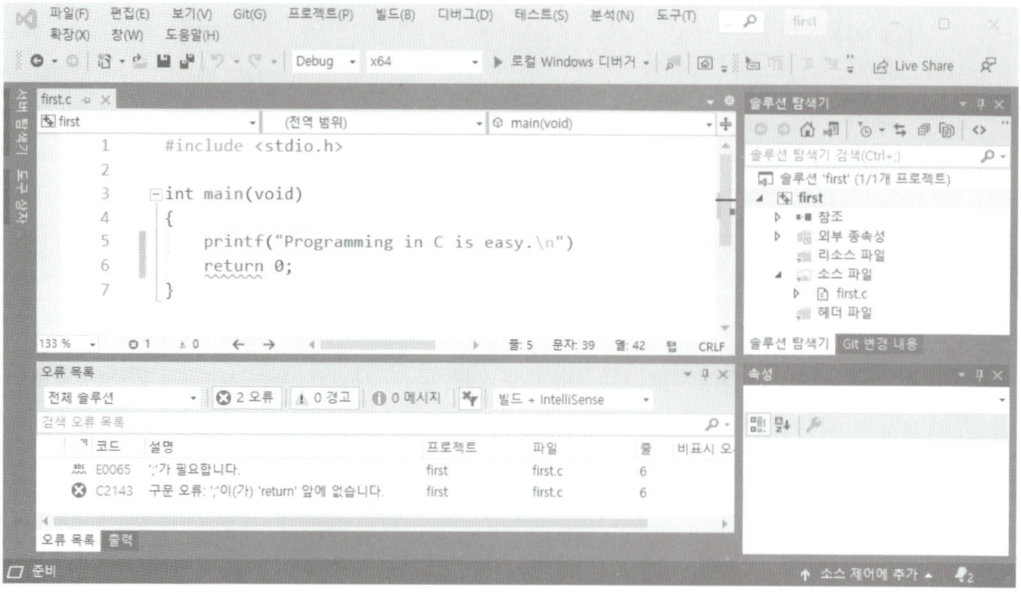

통합개발환경을 사용한 프로그램 개발 - Code::Blocks

Windows에서 Visual Studio 통합개발환경을 가장 많이 사용할지라도 다른 운영체제 환경에서는 사용할 수 없다. 대안으로서 오픈소스 통합개발환경으로서 Windows뿐만 아니라 Linux와 MacOS에서도 사용 가능한 코드블럭(Code::Blocks)을 소개하고자 한다. CodeBlocks은 Visual Studio에 비해 가벼워서 프로그램 동작이 빠르며, GNU C/C++ 컴파일러를 기본 컴파일러로 사용한다.

CodeBlocks은 인터넷 사이트 https://codeblocks.org에 접속하여 무료로 다운로드 받을 수 있으며, Windows 용으로 다운로드 받을 때는 gcc 컴파일러가 함께 필요하므로 mingw(Minimalist GNU for Windows) 기능을 포함한 설치파일을 다운로드 받는다.

CodeBlocks을 사용한 C 프로그램 개발 과정은 다음과 같다.

❶ 프로그램 실행 : CodeBlocks 프로그램을 실행하면 다음 화면이 나타난다.

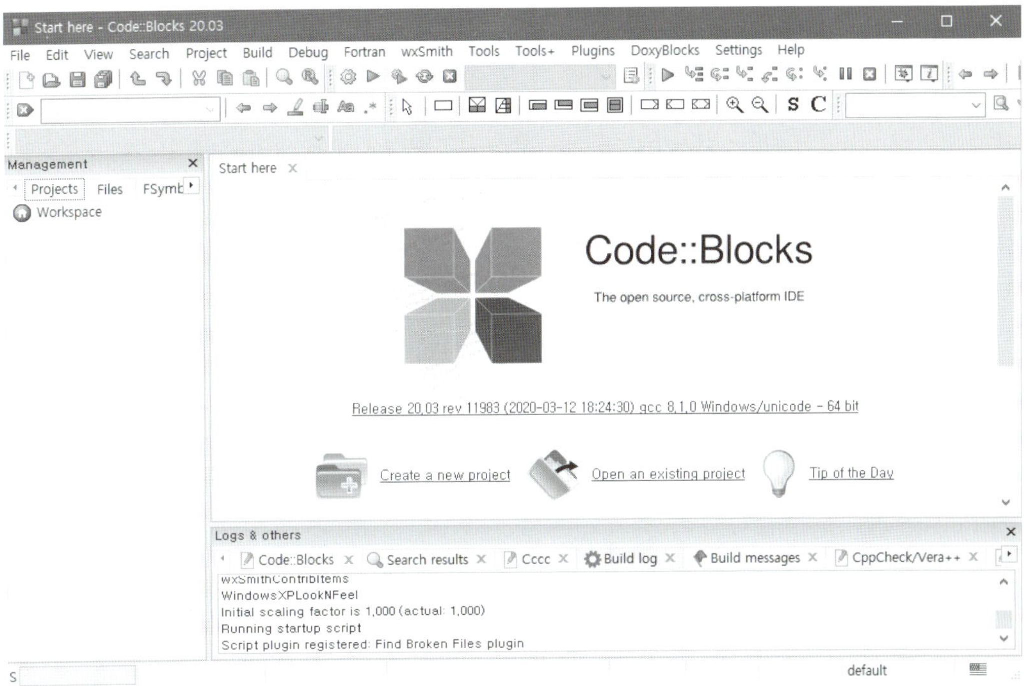

❷ 프로젝트 만들기 : [File] - [New] - [Project] 메뉴를 선택하여 프로젝트 만들기를 시작한다.

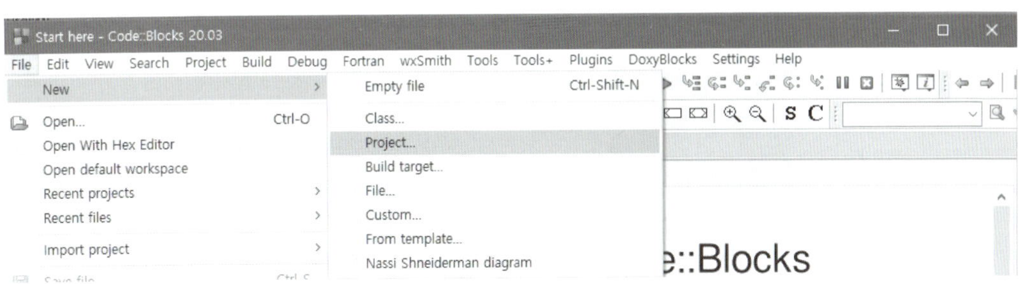

프로젝트 템플릿 창에서 "Console application"을 선택하고 [Go] 버튼을 클릭한다.

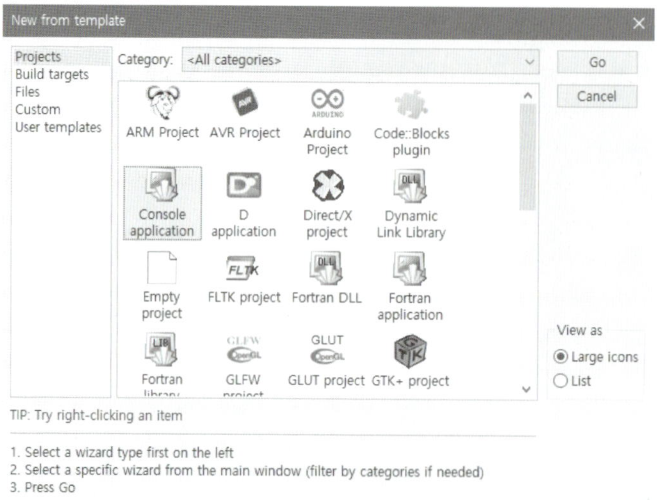

뒤이어 나타난 창에서 [Next]를 클릭하고, language 선택 창에서 C를 선택하고 [Next]를 클릭한다.

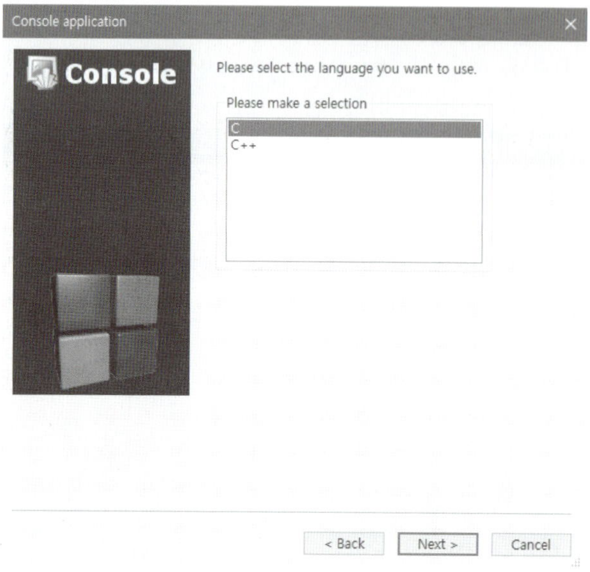

다음에 나타나는 프로젝트 정보 입력창에서 프로젝트 이름(여기서는 first2), 프로젝트를 생성할 폴더(여기서는 C:\prog)를 입력하고 [Next]를 클릭한다. 나머지 두 항목은 두 입력 내용에 따라서 자동적으로 입력된다.

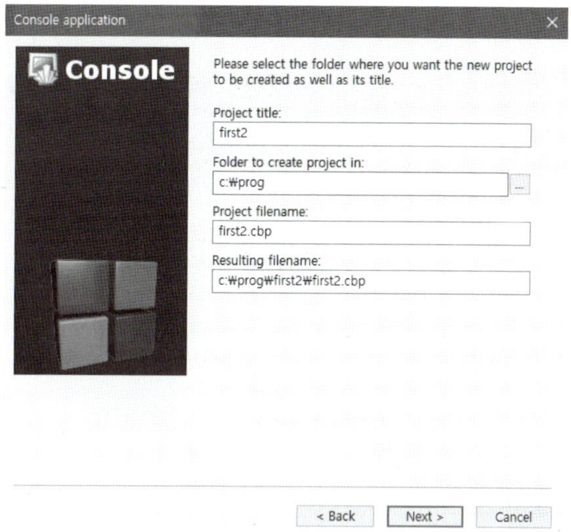

마지막으로 컴파일러 및 구성 선택 창은 GNU GCC Compiler가 설정된 것을 확인하고 수정 없이 [Finish]를 클릭하여 프로젝트 생성을 완료한다.

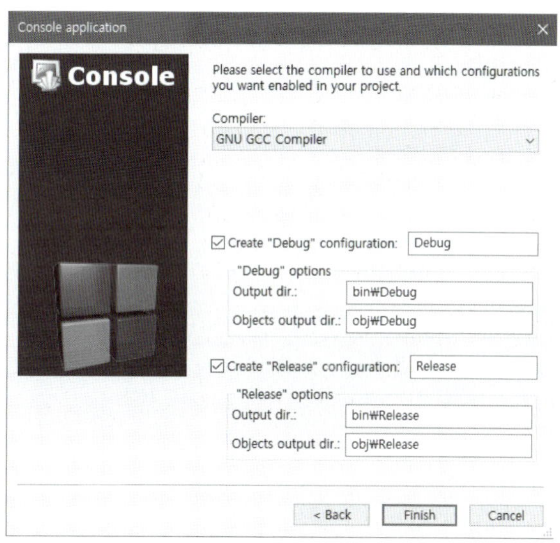

❸ 소스 파일 작성 : Console application 프로젝트를 생성하면 기본적으로 main.c라는 소스 파일이 함께 만들어진다.

이 소스파일을 편집하여 프로그램을 작성한다. 파일 내용을 변경한 다음에 [File] - [Save File] (단축키 Ctrl-S) 메뉴를 선택하거나 아이콘 을 클릭하여 파일을 저장한다. 여기서는 main.c가 예 1.1과 비슷한 프로그램이므로 이 코드를 그대로 사용하고자 한다.

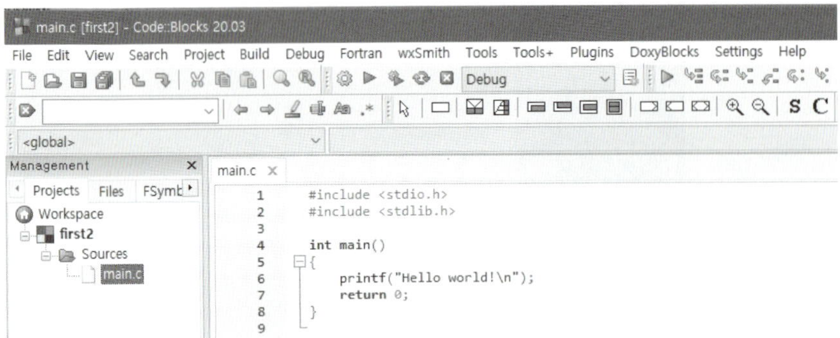

❹ 컴파일 (빌드) : [Build] - [Build] (단축키 **Ctrl–F9**) 메뉴를 선택하거나 아이콘 ⚙ 을 클릭하여 소스 파일을 컴파일하여 실행 파일을 생성한다. Build log 탭에 빌드 결과가 출력된다.

❺ 실행하기 : [Build] - [Run] (단축키 **Ctrl–F10**) 메뉴를 선택하거나 아이콘 ▶ 을 클릭하면 빌드된 실행 파일이 실행되어 명령어 창을 생성하고 프로그램 실행 결과를 출력한다.

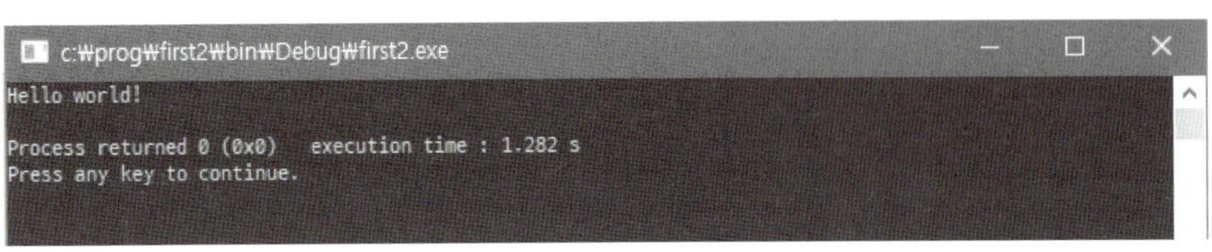

프로그램이 변경된 후에 빌드를 하지 않고 실행하기를 하면 Visual Studio와는 달리 이전에 빌드된 실행 파일이 실행된다. 대신에 [Build] - [Build and Run] (단축키 F9) 메뉴를 선택하거나 아이콘 을 클릭하면 빌드와 실행하기를 연속적으로 수행한다.

❻ 종료 : [File] - [Quit] (단축키 **Ctrl–Q**) 메뉴를 선택하거나 CodeBlocks 창 오른쪽 상단의 끝내기(✕) 버튼을 누르면 작업을 종료하고 프로그램을 닫는다. 이때 변경사항이 있으면 저장하기를 원하는지 물어서 응답받고 종료한다.

❼ 프로젝트 불러오기 : CodeBlocks 프로그램을 실행한 후 [File] - [Recent Projects] 메뉴를 선택하고 최근에 수행한 작업할 프로젝트를 선택한다.

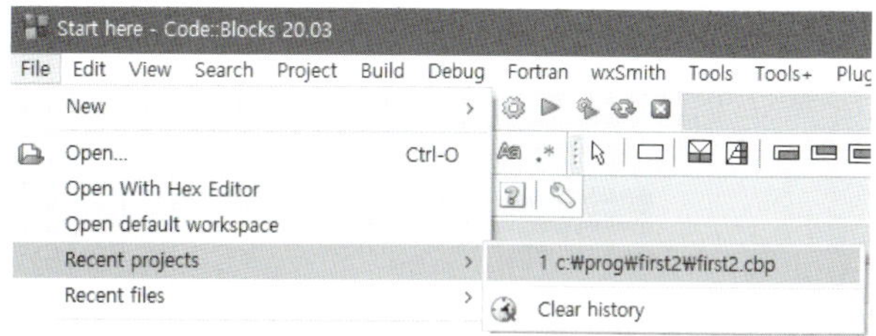

작업한 지 오래된 프로젝트는 최근 작업 목록에 포함되지 않을 수 있다. 이러한 경우에는 [File] - [Open] (단축키 Ctrl-O) 메뉴를 선택하고, Open file 창의 파일 이름 항목에 프로젝트가 위치한 폴더(여기서는 c:\prog)를 입력하고 [열기]를 클릭하면 프로젝트 이름의 폴더(여기서는 first2)가 나타난다.

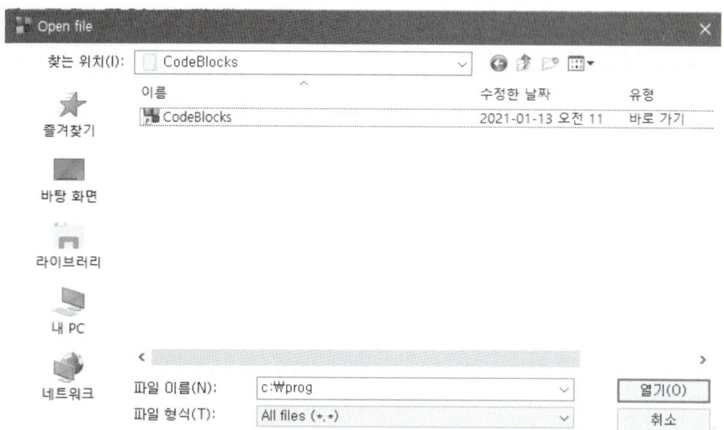

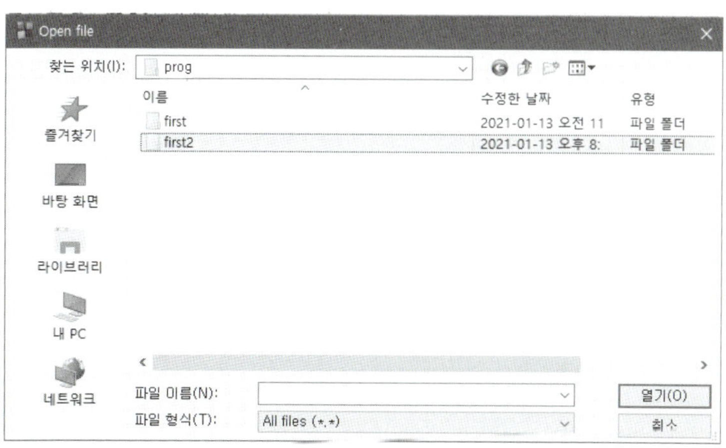

이 창에서 프로젝트 이름의 폴더를 선택하여 이동한 후에 확장자가 .cbp인 CodeBlocks용 프로젝트 파일(여기서는 first2.cbp)을 선택하여 기존의 프로젝트 불러오기를 수행한다.

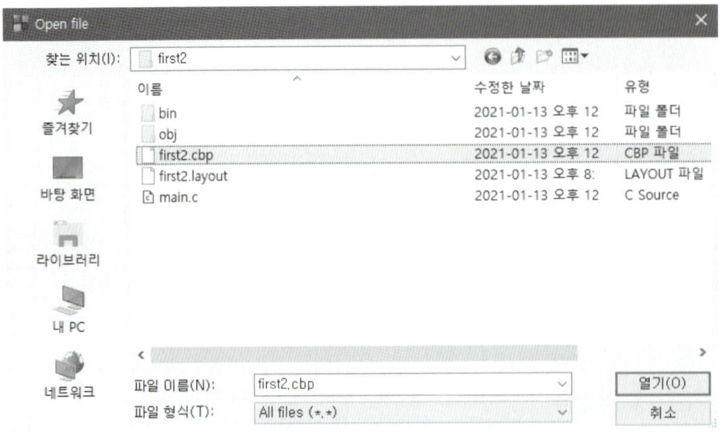

▶ 컴파일러 명령어를 사용한 프로그램 개발 - UNIX/Linux ★

UNIX 또는 Linux에서는 프로그램을 개발할 때 컴파일러 명령어를 직접 사용하는 경우가 많다. UNIX/Linux 운영체제에서의 명령어를 사용한 프로그램 개발 과정은 다음과 같다. vi 편집기는 UNIX/Linux에서 널리 사용하는 대표적인 텍스트 편집기이다. vi 편집기 사용법은 여기서 소개하지 않으며 다른 자료를 참고하기 바란다.

```
$ vi first.c
```

```c
#include <stdio.h>

int main(void)
{
    printf("Programming in C is easy.\n");
    return 0;
}
```

작성된 소스 프로그램인 first.c를 C 컴파일러 cc 또는 gcc를 사용하여 컴파일 한다.

```
$ cc first.c ... 실행 파일 a.out가 생성됨
```

컴파일러는 소스 프로그램인 first.c를 컴파일한 후 필요한 라이브러리와 링크를 하여 a.out

이라는 이름의 실행 파일을 만들어낸다. 이렇게 만들어진 실행 파일은 다음과 같이 실행 파일의 이름을 명령어로 사용하여 실행시킨다.

```
$ ./a.out
Programming in C is easy.          ... 실행 결과
```

컴파일할 때 다음과 같이 -o 옵션과 함께 실행 파일 이름을 지정하면 컴파일러는 a.out 대신에 지정된 이름의 실행 파일을 생성한다.

```
$ cc first.c -o first              ... 실행 파일 first가 생성됨
$ ./first      ... 생성된 실행파일 실행
Programming in C is easy.          ... 실행 결과
```

Windows에서도 GNU C compiler가 설치되어 있고 설치된 폴더 위치가 경로 설정이 되어 있으면 cmd 명령어로 생성한 명령 프롬프트 창에서 UNIX/Linux와 같이 gcc 명령어를 사용하여 컴파일할 수 있으며, 기본적으로 생성되는 실행 파일은 a.out이 아니라 a.exe가 된다. 다음은 명령 프롬프트 창에서 gcc를 사용하여 컴파일하고, 실행시키는 화면이다.

온라인 컴파일러를 사용한 프로그램 개발

최근에는 자신의 컴퓨터에 컴파일러를 설치하여 사용하는 것 대신에 인터넷 사이트를 통해서 컴파일하여 프로그램을 실행시킬 수 있는 사이트들이 많이 있다. 다음 주소는 이러한 사이트의 예이다.

```
https://www.tutorialspoint.com/compile_c_online.php
```

웹 브라우저에서 위 주소에 접속하면 다음 화면이 나타난다.

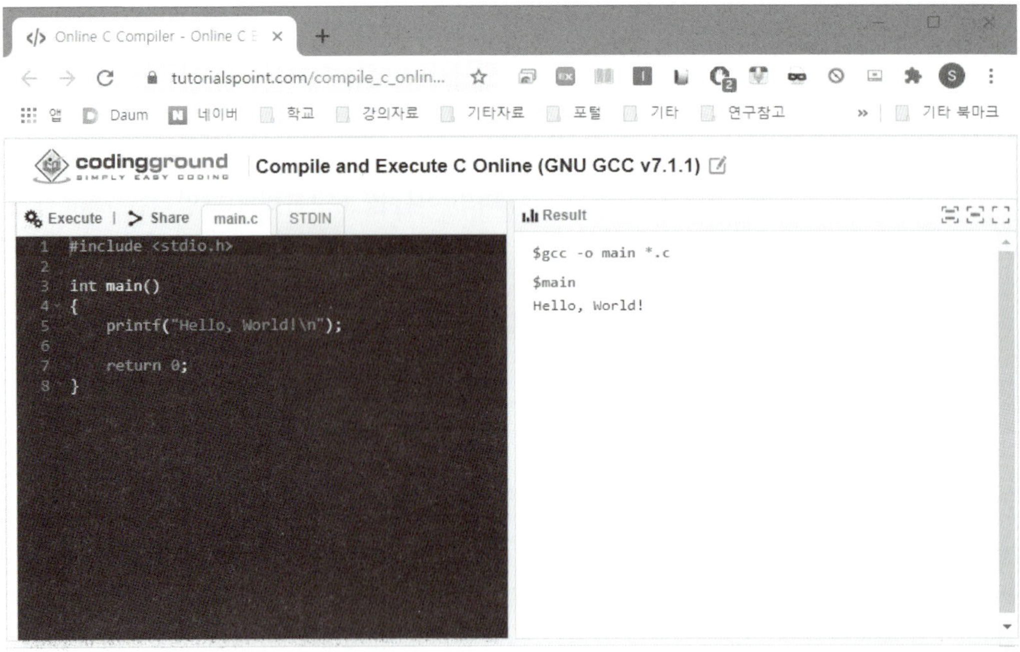

왼쪽의 편집 창에서 프로그램을 작성하고 [Execute] 메뉴를 선택하면 오른쪽의 Result 창에 컴파일하여 실행한 결과가 나타난다. 출력 결과에서 이 사이트는 gcc 컴파일러를 사용하고 있음을 알 수 있다.

종합문제

1 통합개발환경(visual studio, code::blocks 등)을 사용하여 다음과 같이 출력하는 프로그램을 작성하고 컴파일하여 실행시키시오. 이 문제를 수행하면서 통합개발환경 사용법을 익히시오.

```
Hello, World !!
```

2 문제 1의 프로그램을 컴파일러 명령어(gcc 또는 cl)를 직접 사용하여 컴파일하고 실행시키시오.

제2장 C언어 기초와 자료형

학습 내용

- 표준 입출력 방법
- 프로그램의 구성 요소의 이해
- 자료형, 변수와 상수 개념 이해
- 기본적인 연산자, 수식과 할당문
- 자료형 변환, 다양한 연산자
- 입력과 간단한 계산을 수행하는 프로그램 작성

2.1 C 프로그램 시작하기

C P r o g r a m m i n g

프로그램과 표준 입출력

프로그램(program)은 자료를 입력받아서 이를 처리하여 출력을 내보내는 일을 수행한다. 그러므로 프로그램을 작성하려면 자료의 입력 방법, 자료를 처리하여 원하는 결과를 얻는 방법과 결과를 출력하는 방법들을 알아야 한다.

입력과 출력은 여러 가지 형태로 할 수 있지만 가장 간단한 형태는 키보드로부터 문자를 입력받고 모니터 또는 터미널에 문자를 출력하는 것이다. 이러한 입력과 출력을 각각 표준 입력(standard input)과 표준 출력(standard output)이라고 한다.

전통적인 UNIX 터미널과 MS-DOS에서는 표준 입출력 장치로 입력과 출력을 하였다. 그래픽 사용자 인터페이스(GUI)가 보편화된 현재에는 Windows에서는 cmd 창 또는 PowerShell에서, UNIX와 Linux 운영체제에서는 터미널 창에서 표준 입출력을 사용할 수 있다. Visual Studio와 같은 통합개발환경에서 컴파일하여 생성된 실행 파일을 실행시킬 때에 표준 입출력을 사용하기 위한 콘솔 창이 생성되고 여기에서 입출력된다.

출력 프로그램

1장의 예 1.1에서 한 줄의 메시지를 출력하는 C 프로그램을 이미 보았다. 예 2.1은 여러 개의 `printf` 문을 사용하는 프로그램이다.

예 2.1 여러 개의 printf() 문이 있는 프로그램

```
1  #include <stdio.h>
2
3  int main(void)
4  {
5      printf("ABCDE");
6      printf("12345\n");
7      printf("abcde\n");
8      return 0;
9  }
```

실행	
	ABCDE12345 ... ABCDE와 12345가 같은 줄에 이어서 출력됨 abcde

이 프로그램은 세 개의 `printf` 문으로 구성되어 있으며 다음과 같이 동작한다.

- (5행) 첫 번째 `printf` 문의 출력 "ABCDE"가 가장 먼저 출력된다.
- (6행) 출력 문자열에 \n이 없으면 줄이 바뀌지 않으므로 두 번째 `printf` 문의 출력 "12345"는 첫 번째 출력과 같은 줄에 바로 이어서 출력된다.
- (7행) 세 번째 `printf` 문의 출력은 두 번째 출력의 끝에 \n이 있으므로 줄이 바뀌어서 다음 줄에 출력된다.
- (8행) `main`의 마지막에 있는 `return 0;` 는 프로그램이 종료코드 0을 가지고 종료되게 한다. 종료코드 0은 프로그램이 정상적으로 종료됨을 나타낸다.

예 2.1의 5~7행의 세 개의 `printf` 문은 다음과 같이 세 개의 문자열을 하나의 문자열로 합쳐서 하나의 `printf` 문으로 작성해도 같은 내용을 출력한다.

```
printf("ABCDE12345\nabcde\n");        ... 3개의 출력문을 하나로 만든 문장
```

C Programming

2.2 입력과 계산을 포함한 프로그램

프로그램은 자료를 입력받아서 계산하고 결과를 출력한다. 이 절에서는 간단한 계산을 포함한 이러한 형태의 프로그램들을 다룬다.

계산을 포함한 프로그램

예 2.2는 두 정수를 더하여 결과를 출력하는 프로그램이다.

예 2.2 간단한 계산을 하는 프로그램

```
1   #include <stdio.h>
2
3   int main(void)
4   {
5       int x, y, z;
6
7       x = 500;
8       y = 125;
9       z = x + y;
10      printf("%d", z);
11
12      return 0;
13  }
```

실행	625

- (5행) **변수 선언** : 다음 문장은 변수를 선언하는 것이다.

```
int x, y, z;                ... 정수 자료형 변수
```

여기서 x, y, z를 변수(variable)라고 한다. 변수는 값을 저장하는 데에 사용된다. int는 변수가 저장하는 값이 정수(integer)임을 나타낸다. int와 같은 것을 변수의 자료형(data type)이라고 한다. 컴퓨터는 같은 수라고 할지라도 정수와 실수를 다른 형식으로 표현하고 이들에 대한 연산도 다르게 처리하므로 변수는 반드시 자료형과 함께 선언

한 후에 사용해야 한다. 실수를 저장하는 변수는 다음과 같이 `float` 자료형으로 선언할 수 있다.

```
float a, b;                 ... 실수 자료형 변수
```

- (7-8행) **할당** : 다음 문장은 변수 x에 500을, 변수 y에 125를 저장함을 뜻한다.

```
x = 500;
y = 125;
```

  여기서 =은 양쪽이 같다는 등호의 의미가 아니라 오른쪽 식의 결과를 왼쪽의 변수에 저장한다는 의미이다. 왼쪽 변수의 값이 오른쪽 식의 결과로 할당(assignment) 또는 치환되므로 위와 같은 =를 포함한 문장을 할당문 또는 치환문이라고 한다.

- (9행) **연산** : 다음 문장은 변수 x와 y의 값을 더하여 변수 z에 저장함을 뜻한다.

```
z = x + y;                  ... x와 y의 덧셈 결과를 z에 저장
```

  여기서 +는 덧셈 연산자이다. C 언어에서는 +를 포함한 다양한 연산자들이 제공된다.

- (10행) **출력** : 다음 문장은 변수 z의 값을 10진수 정수로 출력한다.

```
printf("%d", z);
```

  `printf`에서 첫째 인수의 "%d"는 다음 인수의 값을 10진수 정수로 출력하라는 의미이고, 둘째 인수 z는 %d 위치에 값을 출력할 변수이다.

계산 결과를 안내문과 함께 출력한다면 결과를 쉽게 이해할 수 있다. 예 2.3은 변수에 저장된 계산 결과를 안내문과 함께 출력하는 프로그램이다.

예 2.3 문자열과 함께 계산 결과를 출력하는 프로그램

```
#include <stdio.h>

int main(void)
{
    int x, y, z;

    x = 500;  y = 125;
    z = x + y;
    printf("Sum is %d\n", z);
    return 0;
```

```
11  }
```

실행	Sum is 625

- (7행) 문장은 세미콜론으로 구분되므로 예 2.2의 7~8행의 두 문장을 다음과 같이 한 줄로 작성해도 된다.

  ```
  x = 500;  y = 125;          ... 두 문장을 한 줄에 작성
  ```

- (9행) 정수 변수 z의 값을 다음과 같은 형식으로 다른 문자열과 함께 출력하려면

  ```
  Sum is z값                   ... 출력 형식
  ```

  다음과 같이 printf 함수의 첫째 인수에 출력할 문자열을 %d와 함께 넣는다.

  ```
  printf("Sum is %d\n", z);
  ```

  이 문장이 실행되면 다음과 같이 첫째 인수 문자열의 %d 위치에 변수 z의 값이 출력된다.

  ```
  Sum is 625                   ... %d 위치에 z값 출력
  ```

  printf 함수의 첫째 인수는 출력 형식을 지정하는 데 사용되므로 **출력 형식 문자열**이라고 한다. 정수값을 문자열과 함께 출력하는 printf 함수의 동작을 그림 2.1과 같이 나타낼 수 있다.

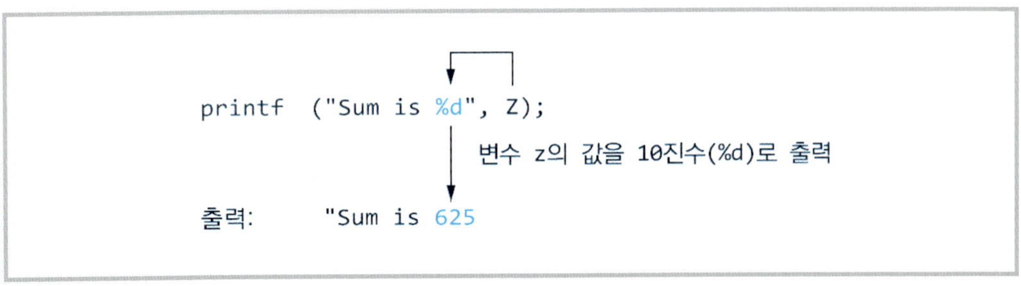

그림 2.1 printf() 함수의 동작

입력을 포함하는 프로그램

예 2.2와 예 2.3에서 변수 x, y는 할당문을 사용하여 값이 직접 주어졌으며, 이 프로그램에서 변수의 값을 수정하면 다시 컴파일해야 한다. 변수의 값을 입력받아서 사용한다면 프로그램을 변경 없이 계속해서 사용할 수 있다. 다음은 예 2.3의 프로그램을 변수의 값을 입력하여

사용하도록 수정한 프로그램이다.

예 2.4 정수 변수를 입력받는 프로그램

```
#include <stdio.h>

int main(void)
{
    int x, y, z;

    scanf("%d", &x);
    scanf("%d", &y);
    z = x + y;
    printf("Sum is %d\n", z);
    return 0;
}
```

실행

```
500 ↵                        ... 입력
125 ↵                        ... 입력
Sum is 625
```

다음과 같이 scanf 함수를 사용하면 키보드와 같은 표준 입력 장치에서 값을 입력받아서 변수에 저장할 수 있다.

```
scanf("%d", &x);            ... 정수 변수 x 값 입력
scanf("%d", &y);            ... 정수 변수 y 값 입력
```

위의 scanf 함수는 키보드에서 다음과 같이 정수를 입력하고 [Enter] 키를 누르면, scanf 함수에서 지정한 변수에 정수값이 입력되어 저장된다. 앞으로 실행 예에서 입력은 출력과 구별하기 위하여 이탤릭체로 나타내며 [Enter] 키는 ↵으로 나타낼 것이다. 다만 ↵는 생략될 수 있다.

```
500 ↵      ... x에 입력, ↵는 [Enter]키를 나타냄
125 ↵      ... y에 입력
```

다음과 같이 두 정수를 같은 줄에 함께 입력한 후 [Enter] 키를 눌러도 두 정수가 변수 x와 y에 순서대로 입력된다.

```
500 125 ↵   ... x, y에 순서대로 입력
```

scanf 함수의 사용형식은 다음과 같이 printf 함수와 비슷하다.

- 첫째 인수는 **입력 형식 문자열**로서 "%d"는 10진수 정수를 입력받음을 의미한다.
- 둘째 인수는 값을 입력받을 변수를 &와 함께 사용한다. &는 변수의 주소를 의미하며 자세한 내용은 9장에서 포인터를 배울 때 소개한다.

실수 변수 a에 실수를 입력하려면 다음과 같이 %d 대신에 %f를 사용한다.

```
scanf("%f", &a);                ... 실수 변수값 입력
```

다음은 scanf 함수를 사용하여 입력을 받아서 계산에 사용하는 프로그램이다.

예 2.5 실수 변수 입력을 포함하는 프로그램

다음은 원의 반지름을 입력하여 원의 넓이와 지름을 계산하여 출력하는 프로그램이다.

```
1   #include <stdio.h>
2
3   int main(void)
4   {
5       float r, s;
6
7       printf("Enter the radius of a circle : ");     ... 입력 안내문
8       scanf("%f", &r);                               ... 입력
9       s = 3.14159 * r * r;                           ... 원의 넓이 계산
10      printf("Area is %f\n", s);                 ... 실수 변수 s 값 출력
11      printf("Diameter is %f\n", 2*r);           ... 실수 수식 2*r 값 출력
12
13      return 0;
14  }
```

실행

```
Enter the radius of a circle : 4 ↵                     ... 4 는 입력
Area is 50.265472
Diameter is 8.000000
```

이 프로그램에 대한 설명은 다음과 같다.

- (5행) **변수 선언** : 다음 문장은 변수 선언문으로서 r과 s가 실수를 저장하는 변수임을 뜻한다. 소수점 이하가 있는 숫자로 다루려면 실수 변수를 사용해야 한다.

```
float r, s;
```

- (7-8행) **입력** : scanf() 함수를 사용하여 반지름 r을 입력받는데, 입력받기 전에 입력될 내용에 대한 안내문을 printf 함수를 사용하여 출력하였다.
- (9행) **곱셈 연산** : 다음 문장은 원의 넓이(πr^2)를 계산하여 s에 저장한다. 원주율은 소수점 이하 5째 자리까지 나타내었고, 곱셈은 연산자 *로 표시한다.

```
s = 3.14159 * r * r;
```

- (10-11행) **출력** : 마지막의 두 printf 문은 원의 넓이와 지름을 출력한다. 두 번째 printf 문에서 출력할 값을 지정하는 둘째 인수로 변수 대신에 원의 지름을 계산하는 수식 2*r을 사용하였다. 수식의 계산 결과는 출력 형식 문자열의 %f 위치에 출력된다.

```
printf("Diameter is %f\n", 2*r);          ... 수식 2*r 계산 결과 출력
```

참고

Visual Studio에서의 scanf() 함수 문제와 해결 방법

- scanf_s 함수 사용 : Visual Studio의 통합개발환경에서 scanf 함수를 사용하면 컴파일 오류가 발생한다. scanf 함수는 버퍼 오버플로 오류를 발생시킬 가능성이 있는 안전하지 않은(unsafe) 함수이기 때문에 Microsoft C/C++ 컴파일러는 오류로 처리하고, scanf 함수 대신에 다음과 같이 scanf_s 함수를 사용하도록 권장한다. 다만 scanf_s 함수는 입력받을 바이트 단위의 크기를 추가로 제공해야 하며, C의 표준함수가 아니라 Visual Studio에서만 지원하는 함수라는 제약이 있다.

```
scanf_s("%d", &x, 4);
```

- SDL 검사 생략 : Visual Studio에서 컴파일할 때 SDL(Security Development Lifecycle) 검사를 하기 때문에 scanf 함수를 사용하면 오류가 발생하는 것이다. Visual Studio에서 프로젝트 속성의 C/C++에서 SDL 검사를 하지 않도록 "아니오"로 설정하여 컴파일러 옵션을 변경하면 scanf 함수를 사용할 때 컴파일 오류 없이 사용할 수 있다.

- 프로그램의 첫 줄에 다음 문장을 포함하면 프로젝트 속성과 관계없이 scanf 함수를 사용할 수 있다.

```
#define _CRT_SECURE_NO_WARNINGS
```

Visual Studio에서의 프로젝트의 컴파일러 옵션 변경

Visual Studio에서 SDL 검사를 하지 않도록 하기 위해서 프로젝트에 대한 컴파일러 옵션을 다음과 같이 변경시킬 수 있다.

❶ **프로젝트 속성 메뉴 선택** : 솔루션 탐색기에서 프로젝트 이름(여기서는 c2-4)을 선택하고 오른쪽 버튼을 눌러서 나타나는 팝업 메뉴에서 속성을(단축키 Alt–Enter) 선택한다. 팝업 메뉴 대신에 [프로젝트] - [속성] 메뉴를 선택해도 된다.

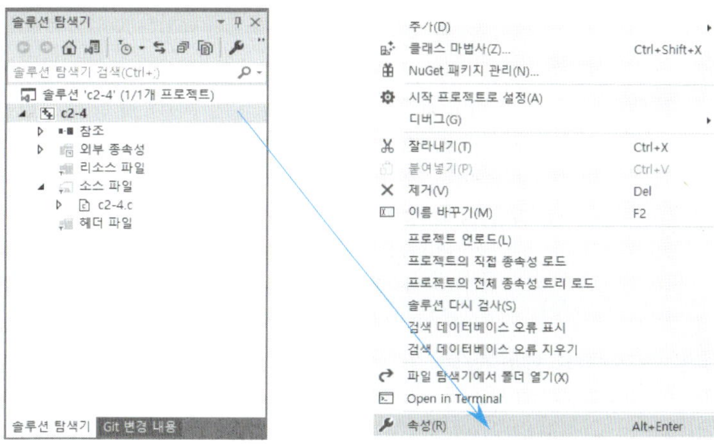

❷ **프로젝트 속성 변경** : 속성 페이지 창에서 [구성 속성] - [C/C++] - [일반]을 선택하고 SDL 검사 항목을 '예'에서 '아니오'로 변경하고 [확인]을 클릭하여 속성 변경을 완료한다.

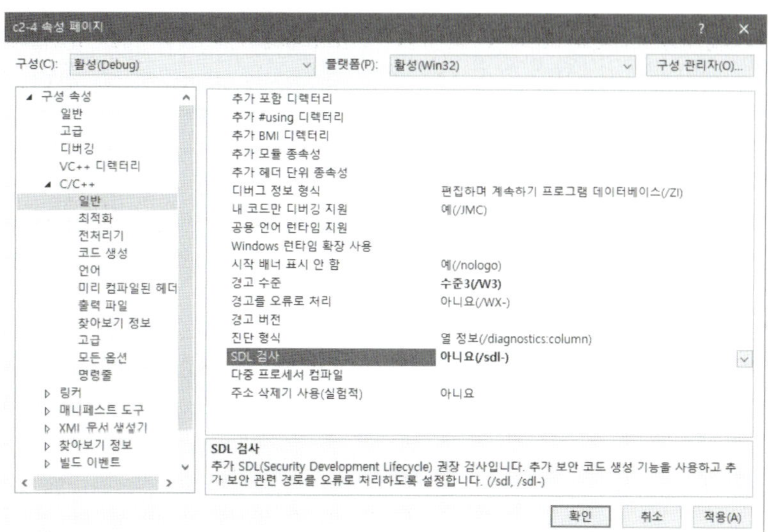

프로젝트 속성 변경 후에 다시 컴파일하면 scanf 함수에 대한 오류 메시지가 출력되지 않고 성공적으로 컴파일되어, 프로그램을 실행시킬 수 있다. 앞으로 C 언어를 공부하는 동안 안전하지 않은 C 표준 라이브러리 함수를 Visual Studio에서 그대로 사용하려면 이 SDL 검사를 하지 않도록 설정한다.

연습 2.2

1. 직사각형의 밑변과 높이를 프로그램 내에서 할당문을 사용하여 변수 w와 h에 저장한 다음에 직사각형의 넓이를 구하여 출력하는 프로그램을 작성하시오.

2. 1번 문제에서 밑변과 높이를 키보드에서 입력하도록 수정하여 작성하시오.

2.3 식별자와 예약어

C Programming

식별자

프로그램에서 사용하는 변수, 함수와 상수와 같은 프로그램 구성 요소의 이름을 **식별자**(identifier)라고 한다. 식별자에 대한 규칙은 다음과 같다.

- 식별자는 영문자, 숫자와 밑줄 문자(underscore) _로 구성된다.
- 식별자의 첫 글자는 숫자가 아니어야 하고, 반드시 영문자 또는 밑줄 문자로 시작되어야 한다.
- 식별자는 영문자의 대문자와 소문자는 서로 구별된다.
- 식별자의 길이는 제한이 없지만 C99부터는 63문자까지 구분하도록 되어 있고, 그 이전의 ANSI 표준에서는 31문자까지 구분하도록 되어있다. 오래된 컴파일러에서는 앞의 8자만을 인식하기도 하지만 이러한 컴파일러는 현재에는 거의 사용되지 않는다.

다음은 옳은 식별자 이름의 예이다.

```
sum    x2000    tax_rate1   tax_rate2    Table    table
```

여기서 Table과 table은 대소문자가 구별되므로 서로 다른 식별자이다. tax_rate1과 tax_rate2는 첫 8문자가 같으므로 오래된 컴파일러에서는 서로 다른 식별자로 인식하지 못할 수도 있지만, 현재에는 이러한 우려를 할 필요는 없다.

다음은 틀린 식별자 이름의 예를 사유와 함께 적었다.

```
4th         ... 숫자로 시작할 수 없음
"x"         ... 문자 " 를 사용할 수 없음
tax-rate    ... 문자 - 를 사용할 수 없음
id@host     ... 문자 @ 를 사용할 수 없음
```

식별자의 이름은 의미를 알 수 있도록 부여하는 것이 바람직하다. 두 단어 이상을 결합하여 식별자를 만들 때 단어들을 쉽게 구분할 수 있도록 다음과 같이 밑줄 문자 또는 대문자를 사용하는 것이 권장된다.

```
tax_rate    ... 밑줄문자 _로 두 단어를 결합
TaxRate     ... 두 단어의 시작 문자를 대문자로 사용
```

예약어

C 언어에서 특별한 목적으로 사용하기 위해서 미리 예약된 이름들이 있으며 이러한 이름을 예약어(reserved words) 또는 키워드(keywords)라고 한다. 예약어는 식별자로 사용할 수 없다. C 언어의 예약어는 표 2.1과 같다.

표 2.1 C 언어의 예약어

자료형	char short int long unsigned float double struct union typedef enum void const signed
제어문	if else switch case default for while do break continue goto return
기억장소 종류	auto register static extern volatile
연산자	sizeof
C99 이후에 추가	restrict inline _Bool _Complex _Imaginary

main과 같이 반드시 사용해야 하는 함수 이름과 scanf와 printf와 같이 시스템에서 제공하는 함수 이름은 예약어가 아니라 식별자이지만 이미 사용하고 있는 이름이므로 사용자가 프로그램을 작성할 때 식별자 이름으로 사용하지 않아야 한다.

연습 2.3

1. 다음에서 잘못되거나 사용하지 않아야 하는 예약어를 선택하고, 그 이유를 말하시오.

```
void      Good     main     Sue's    printf   long_identifier
#insert  123xyz   xyz123   "char"   MAX      float    tax-rate
```

2.4 자료형

C Programming

변수를 사용하려면 변수를 자료형과 함께 선언해야 한다는 것을 이미 배웠다. 프로그램에서 처리되는 자료(data)의 유형은 여러 가지가 있으며 가장 기본이 되는 자료형(data type)은 정수, 실수와 문자이다.

컴퓨터에서 수(number)를 2진수 체계를 사용하여 표현하는데, 수학에서 정수는 실수에 포함되지만, 컴퓨터에서는 정수와 실수의 내부 표현 방식이 다르므로 정수와 실수를 구분하여 다룬다. 예를 들어서 정수 1과 실수 1은 컴퓨터에서 다르게 표현된다. 실수는 컴퓨터에서 부호, 유효숫자와 지수로 구성되는 부동소수점 형식으로 표현되므로 부동소수점수(floating point number)라고 한다. 문자는 기본적으로 8비트 2진수로 표현된다.

정수 자료형

기본적인 정수 자료형은 int이다. int 자료형은 대부분의 컴파일러에서 32비트 크기의 정수로 표현하지만, 오래된 컴파일러에서는 16비트 크기를 갖기도 한다. 이 자료형은 양수와 음수 모두 표현할 수 있으며, 이러한 정수를 부호있는 정수(signed integer)라고 한다.

컴퓨터는 모든 정수를 표현할 수는 없으며 가능한 정수의 표현 범위는 비트 크기에 의해서 정해진다. 여러 가지 비트 크기의 정수를 지원하기 위하여 표 2.2와 같은 여러 가지 정수 자료형이 제공된다.

표 2.2 정수 자료형

자료형	의미	길이	표현 범위
int	정수	32 비트	-2,147,483,648 (= -2^{31}) ~ 2,147,483,647 (= $2^{31}-1$)
short	짧은 정수	16 비트	-32,768 (= -2^{15}) ~ 32,767 (= $2^{15}-1$)
long	긴 정수	32 비트 또는 64 비트	int 또는 long long 자료형 참조
long long	아주 긴 정수	64 비트	-2^{63} ~ 2^{63} - 1 (≅ 922경) C99

정수를 나타내기 위해서 기본적으로는 int 자료형을 사용하지만, 다음과 같은 경우에는 다른 정수 자료형을 사용하기도 한다.

- short 자료형은 16비트로 나타낼 수 있는 크지 않은 정수를 사용할 때 메모리를 절약하기 위해서 사용할 수 있다.
- long 자료형은 int가 16비트 크기인 시스템에서 32비트 정수를 표현하기 위하여 사용하며, 64비트 컴퓨터에서는 컴파일러에 따라서 64비트로 표현되기도 한다.
- long long 자료형은 int 자료형으로 표현할 수 없는 64비트 정수를 다루기 위해서는 사용한다.

short, long과 long long은 원래 자료형 수정자(type modifier)로서 다음과 같이 int와 함께 사용하여 int 자료형을 수정하는 역할을 하는데, 대개 int을 생략하여 자료형처럼 사용할 수 있다.

```
short int          ... short와 같음
long int           ... long과 같음
long long int      ... long long과 같음
```

부호없는 정수 자료형

정수 자료형에서 음수를 사용할 필요가 없을 때 음수 대신에 양수의 표현 범위를 두 배로 증가시킬 수 있으며 이러한 정수 자료형을 부호없는 정수(unsigned integer)라고 한다. 부호없는

정수 자료형은 정수 자료형에 자료형 수정자 unsigned를 함께 사용하여 나타낸다. 표 2.3은 여러 가지 부호없는 정수 자료형과 표현 범위를 보여준다.

표 2.3 부호없는 정수 자료형

자료형	의미	길이	표현 범위
unsigned unsigned int	부호없는 정수	32 비트	0 ~ 4,294,967,295 (= 2^{32}-1)
unsigned short	짧은 부호없는 정수	16 비트	0 ~ 65,535 (= 2^{16}-1)
unsigned long	긴 부호없는 정수	32 비트 또는 64 비트	unsigned 또는 unsigned long long 자료형 참조
unsigned long long	아주 긴 부호없는 정수	64 비트	0 ~ 2^{64} - 1 (≅ 1844경) C99

실수 자료형

실수 자료형은 컴퓨터에서 6.02×10^{23}과 같은 부동소수점 형식으로 유효숫자와 지수를 구분하여 표현되며, 유효숫자와 지수를 나타내는 비트 수에 따라서 표현 범위와 유효자리 수가 정해진다. 유효자리의 크기는 표현 정밀도(precision)와 관계가 있다. 표 2.4는 여러 가지 표현 정밀도의 실수 자료형과 표현 범위를 보여준다.

표 2.4 실수 자료형

자료형	의미	길이	표현 범위
float	단정밀도 실수	32 비트	1.17×10^{-38} ~ 3.40×10^{38} (유효숫자 6 자리)
double	배정밀도 실수	64 비트	2.22×10^{-308} ~ 1.79×10^{308} (유효숫자 15자리)
long double	확장정밀도 실수	-	컴파일러에 따라 다름 (64, 80, 96, 128 비트)

실수 자료형은 양수와 음수를 모두 표현하며 부호없는 실수 자료형은 제공하지 않는다. 사용할 실수 자료형을 선택할 때 다음 사항을 참고할 필요가 있다.

- float는 int와 같은 비트 수를 사용하므로 int 자료형보다 표현 정밀도가 낮다.
- 실수를 int 수준의 이상의 유효자리 수를 가지려면 double 자료형을 사용해야 한다.
- long double은 프로그램에서 많이 사용되지는 않으며, 수치 연산용 보조프로세서에서

내부적으로 지원하는 확장정밀도 크기로 구현되기도 한다. Visual Studio에서는 64비트로 double과 같고, gcc 컴파일러는 사용하는 시스템에 따라서 다르다.

문자 자료형

컴퓨터에서 문자는 2진수로 나타내며 문자를 2진수로 표현하는 방법으로 ASCII(American Standard Code for Information Interchange) 코드를 가장 널리 사용하였으며 8비트로 표현된다. 문자를 저장하는 데 기본적으로 8비트 크기의 char 자료형을 사용한다. 표 2.5는 char 자료형과 char의 수정 자료형을 보여준다.

표 2.5 문자 자료형

자료형	의미	길이	표현 범위
char	문자, 8비트 정수	8 비트	ASCII 코드 (0 ~ 255)
unsigned char	8비트 부호없는 정수	8 비트	0 ~ 255
signed char	8비트 부호있는 정수	8 비트	-128 ~ 127

char 자료형은 문자 이외에도 8비트 정수를 표현하는 데에도 사용할 수 있다. 컴파일러에 따라서 char 자료형이 나타내는 정수를 -128 ~ 127 범위의 부호있는 정수로 구현하기도 하고, 0 ~ 255 범위의 부호없는 정수로 구현하기도 한다. 이러한 불명확함을 없애기 위해서 다음과 같이 unsigned 또는 signed 자료형 수정자를 함께 사용한 char 자료형을 사용할 수 있다.

```
unsigned char  ... 8비트 부호없는 정수
signed char    ... 8비트 부호있는 정수
```

자료형의 크기 확인 - sizeof 연산자

자료형의 크기는 sizeof 연산자를 사용하여 바이트 단위로 확인할 수 있다. 다음과 같이 sizeof *(자료형)* 형태로 사용하면 자료형의 바이트 단위의 크기를 제공한다.

```
sizeof(double)      ... double 자료형의 크기 (바이트 단위) = 8
```

예 2.6 자료형의 크기를 확인하는 프로그램

다음은 sizeof 연산자를 사용하여 여러 자류형이 크기를 출력하는 프로그램이다.

```
#include <stdio.h>

```

```c
int main()
{
    printf("char : %d\n", sizeof(char));
    printf("int : %d\n", sizeof(int));
    printf("long : %d\n", sizeof(long));
    printf("long long : %d\n", sizeof(long long));
    printf("float : %d\n", sizeof(float));
    printf("double : %d\n", sizeof(double));
    printf("long double : %d\n", sizeof(long double));

    return 0;
}
```

실행	(Visual Studio 출력)	(gcc 출력 - Windows)	(gcc 출력 - Linux 64-bit)
	char : 1	char : 1	char : 1
	int : 4	int : 4	int : 4
	long : 4	long : 4	long : 8
	long long : 8	long long : 8	long long : 8
	float : 4	float : 4	float : 4
	double : 8	double : 8	double : 8
	long double : 8	long double : 12	long double : 16

- 이 프로그램의 세 가지 컴파일러가 생성한 실행 파일의 출력에서 long과 long double의 크기가 컴파일러에 따라서 다르다는 것을 확인할 수 있다.

부울 자료형과 복소수 자료형 C99 ★

C99에서는 표 2.6과 같이 부울 자료형과 복소수 자료형이 추가되었다.

표 2.6 C99에서 추가된 자료형

자료형	의미	길이	표현 범위
_Bool	부울 값	8 비트	true(1), false(0)
float _Complex	복소수	64 비트	float형 실수부, 허수부
double _Complex	복소수	128 비트	double형 실수부, 허수부
long double _Complex	복소수	-	long double형 실수부, 허수부

- _Bool 자료형은 참, 거짓을 나타내는 논리 값인 true(1)과 false(0)의 부울 값을 저장하는 데 사용된다.

- _Complex 자료형은 실수부와 허수부로 구성되는 복소수를 표현하는 데 사용된다. 실수부와 허수부의 자료형을 나타내기 위해서 표 2.6과 같이 float, double, 또는 long double과 함께 _Complex 자료형을 나타낸다. (Visual Studio는 지원하지 않음)

연습 2.4

1. 다음과 같은 자료들을 저장하는 변수는 어떤 자료형을 사용하는 것이 바람직한가?

(1) 우리나라 인구
(2) 소수점 이하 10자리까지 나타내야 하는 과학용 데이터
(3) 지난 달과의 판매량의 차이

2.5 상수

상수(constant)는 100, 3.14159와 같이 변하지 않는 명시적인 자료를 말한다. 상수에는 자료형에 따라서 정수 상수, 실수 상수, 문자 상수, 문자열 상수가 있다.

정수 상수

정수 상수는 표 2.7과 같이 10진수, 8진수 또는 16진수로 표현할 수 있으며, + 또는 - 부호를 함께 사용할 수 있다.

표 2.7 정수 상수 표기

진법	표현방법	예
10진수	1부터 9까지의 숫자로 시작하고, 나머지 자리는 0부터 9까지의 숫자를 사용하여 표현	25, +1234, -56
16진수	0x 또는 0X로 시작하고, 각 자리는 0부터 9까지의 숫자, A부터 F까지, 또는 a부터 f까지의 문자를 사용하여 표현	0x19, 0x3af, 0XABC
8진수	0으로 시작하고, 각 자리는 0부터 7까지의 숫자를 사용하여 표현	031, 0123

예를 들어서 25는 16진수로 19_{16}, 8진수로 31_8이므로 25는 `0x19`와 `031`로 나타낼 수 있다. 정수의 2진수 표기법은 없지만, 2진수는 16진수 또는 8진수로 쉽게 표현할 수 있다. 예를 들어서 2진수 10100110은 4비트씩 구분하여 16진수로 `0xA6` (1010_0110), 3비트씩 구분하여 8진수로 `0246` (10_100_110)으로 표현된다.

정수 상수의 자료형은 다음과 같이 정해진다.

- 정수 상수는 기본적으로 `int` 자료형으로 표현된다.
- 정수 상수가 `int`의 표현 범위를 넘어서면 컴파일러의 판단으로 `unsigned`나 `long` 자료형 등으로 표현된다.

정수 상수에 표 2.8과 같이 접미사 `L` 또는 `U`를 붙여서 정수 상수의 자료형을 명시적으로 지정할 수 있다.

표 2.8 정수 상수 자료형 접미사

자료형	접미사	예
unsigned	U	4000U
long	L	5000L, 0x100L, 0L
unsigned long	UL, LU	4000UL, 4000LU
long long	LL	10LL C99
unsigned long long	ULL, LLU	10ULL, 10LLU C99

실수 상수

컴퓨터 내부에서 부동소수점 형식으로 표현되는 실수 상수는 다음과 같은 두 가지 형식으로 표기한다.

- **소수점 형식** : 1.0과 같이 소수점을 포함한다.
- **지수 형식** : 6.2e5와 같이 지수 부분을 포함한다. (6.2e5는 6.2×10^5을 나타낸다.)

1.2×10^3과 같은 과학용 표기법은 1.2e3과 같이 e(또는 E) 앞에 유효숫자를, e 뒤에 지수를 표기하여 나타내며 밑인 10은 표기하지 않는다. 과학용 표기법에서 유효숫자에 소수점이 없어도 된다.

다음은 여러 가지 실수 상수 표현의 예이다.

- 숫자 1을 실수로 나타내려면 1.0 또는 1.이라고 표기해야 한다. (소수점이 없는 1은 정수 상수이며 1.0과 컴퓨터 내부 표현이 다르다.)
- 0.123은 정수 부분을 생략하여 .123으로 표기할 수 있다.
- 0.00167은 1.67×10^{-3}이므로 1.67e-3으로 표기할 수 있다.
- 3e4는 3×10^4를 나타내며 유효숫자에 소수점이 없어도 지수 형식으로 표기되었으므로 실수 상수이며 30000.0과 같다.

실수 상수의 자료형은 기본적으로 double 자료형을 가지며, 표 2.9와 같이 실수 상수 뒤에 접미사를 붙여서 다른 실수 자료형으로 지정할 수 있다.

표 2.9 실수 상수 자료형 접미사

자료형	접미사	예
double	없음	12.7
float	F	12.7F
long double	L	12.7L C99

문자 상수

문자 상수는 한 개의 문자를 뜻하며 'A', '1', '@'와 같이 영문자, 숫자, 특수 문자 등을 작은 따옴표(')로 묶어서 표시한다. ' '는 빈칸(space) 문자를 나타내며 공백 문자라고도 한다.

문자는 컴퓨터에서 내부적으로 정수로 표현되며 대부분의 컴퓨터에서 미국 표준 코드인 ASCII 코드를 사용하여 문자를 정수로 표현한다. 화면에 출력할 수 있는 일부 문자에 대한 10진수 ASCII 코드값은 표 2.10과 같다. 모든 문자에 대한 ASCII 코드표는 부록 A를 참조하기 바란다.

표 2.10 각 문자의 10진수 ASCII 코드값

문자	코드	문자	코드	문자	코드	문자	코드
' '	32	'0'	48	'A'	65	'a'	97
⋮	⋮	'1'	49	'B'	66	'b'	98
'/'	47	'2'	50	'C'	67	'c'	99
':'	58	⋮	⋮	⋮	⋮	⋮	⋮
⋮	⋮	'8'	56	'Y'	89	'y'	111
'@'	64	'9'	57	'Z'	90	'z'	112

ASCII 코드값의 순서는 숫자와 알파벳 순서와 같고 대문자가 소문자보다 코드값이 작다. 문자 '0'은 8비트 크기의 정수 48로 표현되어 정수 0과 다르다.

문자에는 화면 또는 통신 제어용으로 사용되는 것들도 있다. 앞에서 보았던 개행 문자 '\n'이 이러한 문자에 속한다. 제어용 문자들은 화면에 출력되지 않으므로 C 언어에서는 백슬래시(backslash) 문자 \와 다른 문자를 함께 사용하여 표기한다. **백슬래시 문자**는 다음에 나오는 문자의 의미를 바꾸어서 특수 문자를 나타내는 데 사용하며, 백슬래시 표기법을 사용한 문자를 **백슬래시 코드**라고 한다. 표 2.11은 여러 가지 백슬래시 코드의 예이다.

표 2.11 여러 가지 백슬래시 코드

표기	문자	표기	문자
\n	개행, 새줄 (newline)	\"	큰따옴표 (")
\r	줄의 처음 (carriage return)	\'	작은따옴표 (')
\t	탭 (tab)	\\	백슬래시 (\)
\b	백스페이스 (backspace)	\?	? 문자
\f	페이지 넘김 (form feed)	\0	널 (null) (코드값이 0임)
\v	수직탭 (vertical tab)	*nnn*	8진수 코드 *nnn* 표기
\a	경고음 (alert)	\x*nn*	16진수 코드 *nn* 표기

널(null) 문자 '\0'는 코드값이 0인 특수 문자로서 문자 '0'(=48)과는 다르다. 문자 상수는 다음과 같이 8진수 또는 16진수로 표현된 코드값을 각각 \ 또는 \x와 함께 사용하여 나타낼 수 있다.

- \101 : 코드값이 8진수 101인 문자 (10진수로 65이므로 'A'이다.)
- \x42 : 코드값이 16진수 42인 문자 (10진수로 66이므로 'B'이다.)
- \x2f : 코드값이 16진수 2F인 문자 (10진수로 47이므로 '/'이다.)

문자열 상수

문자열(string) 상수는 다음과 같이 연속된 문자들이 큰따옴표(")로 묶여서 표현된 것이다.

```
"Korea"
```

문자열 "Korea"는 컴퓨터 내부에서 다음과 같이 6개의 문자로 표현된다.

```
'K', 'o', 'r', 'e', 'a', '\0'
```

문자열 표기에는 나타나지 않지만 문자열의 끝을 표시하기 위해서 마지막에 널 문자 '\0'가 포함된다. 예를 들어서, 문자열 "a"는 2문자 'a', '\0'으로 이루어지므로 문자 'a'와 같지 않다. 그리고 문자가 포함되지 않은 문자열 ""는 1문자 '\0'만으로 이루어지며 **널 문자열**이라고 한다.

예 2.7 여러 가지 상수를 사용하는 프로그램

```
1   #include <stdio.h>
2
3   int main(void)
4   {
5       printf("%d\n", 15);                        ... 10진수
6       printf("%d\n", 017);                       ... 8진수
7       printf("%d\n", 0xf);                       ... 16진수
8       printf("%f\n", 0.034);                     ... 소수점 형식
9       printf("%f\n", 3.4e-2);                    ... 지수 형식
10      printf("!0Aa \" \\ \101\x42\n");           ... 백슬래시 문자들
11      return 0;
12  }
```

실행

```
15
15
15
0.034000
0.034000
!0Aa " \ AB
```

예 2.7의 프로그램은 다음과 같이 여러 가지 상수들을 출력한다.

- (5-7행) 15는 8진수로 `017`이고 16진수로 `0xf`이다. `printf` 함수의 출력 형식 문자열 `%d`는 정수 인수값을 10진수로 출력한다. 세 개의 정수 상수는 표기는 다르지만 같은 값이므로 10진수 출력은 모두 같다.
- (8-9행) 0.034는 과학용 표기법을 사용하여 `3.4e-2`로 나타낼 수 있다. 출력 형식 문자열 `%f`는 소수점이 있는 형식으로 출력한다. 두 실수 상수는 표기법은 다르지만 같은 값이므로 출력은 같다.
- (10행) 문자열에 포함되는 문자는 백슬래시 표기법을 사용한 문자도 사용할 수 있으며 백슬래시 표기법을 사용한 문자는 백슬래시 코드의 의미대로 출력한다.

기호 상수

복잡한 상수나 상수의 값을 바꾸어서 프로그램을 다시 작성할 가능성이 있는 상수에 대해서 이름을 부여하여 나타내는 기호 상수를 사용하면 편리하다. 기호 상수는 다음과 같이 #define을 사용하여 기호 상수 이름과 상수값을 순서대로 적어서 정의한다.

```
#define PI   3.14159
#define MAX  100
#define A    'A
#define NAME "Korea"
```

#define 문에서 정의된 기호 상수는 컴파일되기 전에 정의된 상수로 바뀐 다음에 컴파일된다. #define과 같이 컴파일하기 전에 처리되는 구문을 전처리기(preprocessor)라고 한다. #define을 포함한 여러 가지 전처리기에 대해서는 11장에서 소개한다.

기호 상수를 정의할 때 보통의 문장처럼 다음과 같이 세미콜론으로 끝난다면 세미콜론도 기호 상수에 포함되어 오류를 발생시키므로 이렇게 사용하지 않도록 주의해야 한다.

```
#define PI   3.14159;            ... PI가 3.14159; 로 변환되므로 잘못임
```

기호 상수 이름도 식별자 이름 규칙에 따라서 부여한다. 그렇지만 일반적으로 상수 이름은 변수 이름과 쉽게 구별되도록 앞의 예와 같이 대문자만으로 나타낸다.

예 2.8 기호 상수를 사용한 프로그램

```c
#include <stdio.h>
#define PI 3.14159

int main(void)
{
    float r, s;

    printf("Enter the radius of a circle : ");
    scanf("%f", &r);
    s = PI * r * r;
    printf("Area is %f\n",s);
    printf("Circumference is %f\n", 2*PI*r);
    return 0;
}
```

실행

```
Enter the radius of a circle : 5 ↵
Area is 78.539749
Circumference is 31.415900
```

- 이 프로그램에서 소수점 이하 5째 자리까지 나타낸 원주율 값을 기호 상수 PI로 정의하여 사용하였다(2행). 원주율은 원의 넓이(10행)와 둘레(12행)를 계산하는 데에 사용되었으며, 둘레 계산식은 printf 문(12행)에 인수로 포함되어 있다.
- 이 프로그램처럼 같은 상수를 여러 번 사용하거나 상수의 표기가 복잡한 경우에는 기호 상수를 사용하는 것이 매우 유용하다.

참고

C 언어에서 미리 정의한 기호상수

C 언어에서는 여러 값들을 헤더 파일들에 기호 상수로 미리 정의해 놓았다. 대표적인 예로서 2.4절에서 소개한 C 언어 정수 자료형들의 표현 범위의 최소값과 최대값은 <limits.h> 헤더파일에 표 2.12와 같이 기호 상수로 미리 정의되어 있다. 그리고 실수 자료형들의 표현 범위에 대해서는 최소값, 최대값 뿐 만 아니라 지수의 최대값, 최소값과 유효자리수가 <float.h> 헤더 파일에서 표 2.13과 같이 기호 상수로 정의되어 있다. 미리 정의된 기호 상수를 사용하려면 #include를 사용하여 정의된 헤더 파일을 포함해야 한다.

```
#include <limits.h>
#include <float.h>
```

표 2.12 정수 자료형의 표현 범위를 정의한 기호 상수 〈limits.h〉

자료형	최소값	최대값	자료형	최대값
char	CHAR_MIN	CHAR_MAX	unsigned char	UCHAR_MAX
short	SHRT_MIN	SHRT_MAX	unsigned short	USHRT_MAX
int	INT_MIN	INT_MAX	unsigned int	UINT_MAX
long	LONG_MIN	LONG_MAX	unsigned long	ULONG_MAX
long long	LLONG_MIN	LLONG_MAX	unsigied long long	ULLONG_MAX

표 2.13 실수 자료형의 표현 범위에 대한 정보를 정의한 기호 상수 〈float.h〉

자료형	최소값	최대값	최대지수(10진)	최소지수(10진)	유효자리수(10진)
float	FLT_MIN	FLT_MAX	FLT_MIN_10_EXP	FLT_MAX_10_EXP	FLT_DIG
double	DBL_MIN	DBL_MAX	DBL_MIN_10_EXP	DBL_MAX_10_EXP	DBL_DIG
long double	LDBL_MIN	LDBL_MAX	LDBL_MIN_10_EXP	LDBL_MAX_10_EXP	LDBL_DIG

다음은 표 2.12과 표 2.13에서 소개한 일부 기호 상수 값을 출력하여 값을 확인하는 프로그램이다.

예 2.9 미리정의된 기호상수 값 출력

```
#include <stdio.h>
#include <limits.h>                   ... INT_MAX 사용을 위해 필요
#include <float.h>                    ... FLT_... 사용을 위해 필요

int main()
{
    printf("INT_MAX = %d\n", INT_MAX);                  ... int 최대값
    printf("FLT_MAX_10_EXP = %d\n", FLT_MAX_10_EXP);... float 최대지수(10진)
    printf("FLT_MIN_10_EXP = %d\n", FLT_MIN_10_EXP);... float 최소지수(10진)
    printf("FLT_DIG = %d\n", FLT_DIG);                 ... float 유효자리수(10진)

    return 0;
}
```

실행

```
INT_MAX = 2147483647
FLT_MAX_10_EXP = 38
FLT_MIN_10_EXP = -37
FLT_DIG = 6
```

- 이 프로그램의 첫 번째 출력에서 표 2-2에서 설명한 `int` 자료형의 최대값을 확인할 수 있고 다음의 3개의 출력에서 표 2-4에서 설명한 `float` 자료형의 지수 범위와 유효자리 수를 확인할 수 있다.

연습 2.5

1. (1) 103e-4와 1.234e6을 소수점 표기법으로 나타내시오.

   (2) 1300과 0.00426을 지수 표기법으로 나타내시오.

2. 다음에서 상수가 아닌 것을 말하고 상수인 경우는 상수의 자료형을 적으시오.

```
15      'xyz'  '*'     $      25.13   -18.    .123
3.14D   '\t' "x"       13.5F  "3.14"  2000UL
```

3. 문자 '\143'은 어떤 문자와 같은가? 잘 모르면 다음 문장을 포함하는 프로그램을 작성하고 출력을 하여 확인하시오.

```
printf("\143");
```

2.6 변수

C Programming

변수 선언

변수(variable)는 값을 저장할 수 있는 이름이 부여된 기억장소이다. C 언어에서 변수는 사용하기 전에 다음과 같이 자료형과 함께 반드시 선언해야 한다.

```
int     num;
char    ch;
double  value;
```

여러 개의 변수가 같은 자료형을 가지면 다음과 같이 변수들을 콤마(,)로 구분하여 한꺼번에 선언할 수 있다.

```
int a, b, c;                ... 같은 자료형의 변수들을 함께 선언
float f, g;
```

변수의 이름은 식별자 이름을 사용한다. 변수를 선언하면 그림 2.2와 같이 선언된 자료형의 값을 저장하기 위한 크기의 공간이 메모리에 할당되어, 여기에 해당 자료형의 값이 저장될 수 있게 한다.

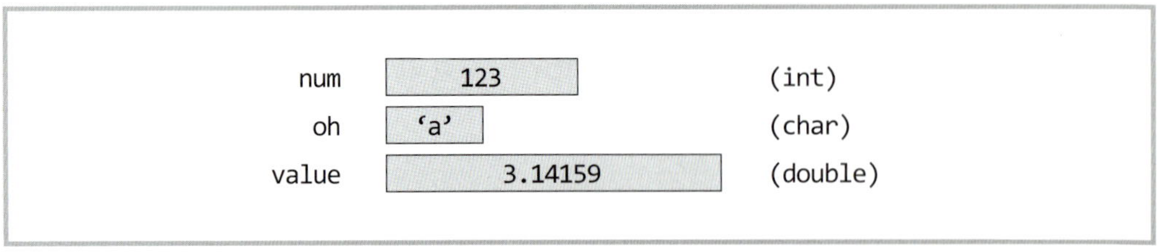

그림 2.2 변수와 메모리 공간 할당

변수는 일반적으로 다음과 같이 함수의 시작 부분에서 선언하며 변수 선언문 다음에 프로그램의 실행문인 몸체(body)를 작성한다.

```
int main(void)
{
    변수 선언

    프로그램 몸체
}
```

그렇지만 C99부터는 C++에서 이미 지원하는 기능인 다음과 같이 변수를 사용하기 전에 변수 선언을 한다면 프로그램의 실행문 다음에 변수 선언하는 것을 허용한다.

```
int main(void)
{
    printf("Variable Declaration\n");

    int a;                    ... 실행문 다음에 사용하기 전에 변수 선언
    a = 10;
    printf("%d",a);
    return 0;
}
```

변수의 초기화

변수에 처음으로 저장되는 값을 변수의 초기값(initial value)이라고 한다. 변수는 값을 지정한 다음에 사용해야 한다. 변수의 초기값은 다음과 같이 할당문 또는 scanf 함수를 사용한 입력문을 사용하여 지정할 수 있다.

```
int  a, b;
  ...
a = 25;                          ... 할당문을 사용한 초기값 지정
scanf("%d", &b);                 ... scanf 입력문을 사용한 초기값 지정
```

할당문을 사용하여 초기값을 지정하는 경우에는 다음과 같이 변수를 선언할 때 변수의 초기값을 지정할 수 있다. 이러한 경우를 변수의 초기화 선언이라고 한다.

```
int  a = 25;                     ... 초기화 변수 선언
```

초기화 변수 선언은 다음과 같이 초기화하지 않은 변수 선언과 함께 할 수 있다.

```
float  data, sum = 0.0, average;     ... 초기화, 비초기화 변수 혼합 선언
```

위의 변수 선언문은 3개의 실수 변수를 함께 선언하는데, 변수 sum만 0.0으로 초기값이 주어진다.

연습 2.6

1. 다음과 같이 변수를 적절한 자료형 등을 사용하여 선언하시오.
   (1) 2배 정밀도의 실수를 위한 x, y라는 변수를 선언하시오.
   (2) 정수를 위한 sum이라는 변수를 선언하고 0으로 초기화하시오.
   (3) 양의 정수만을 저장하기 위한 count라는 변수를 선언하시오.

2.7 주석

C Programming

주석(comment)은 프로그램에 기재해 놓은 설명문이다. 모든 주석은 프로그램을 쉽게 이해하기 위해서 작성한 것으로 컴파일러에 의해서 무시된다. 주석은 여러 줄에 걸쳐서 작성할 수 있는 블록 단위 주석과 한 줄에만 유효한 줄 단위 주석이 있다.

블록 단위 주석

C 언어에서는 다음과 같이 /*와 */ 사이에 주석을 기재한다.

```
/* This is a comment. */
```

주석은 다음과 같이 여러 줄로 작성할 수 있으며, 여기서 /*는 주석의 시작을, */은 주석의 마지막을 나타낸다.

```
/*
 * 파일 이름:    sort.c
 * 내용:    이 프로그램은 자료를 크기 순서대로 정렬한다.
 * 버전:    1.0
 * 작성자:   홍길동
 * 작성일:   2022. 1. 1
 */
```

주석은 변수의 용도에 대한 설명, 프로그램의 각 부분에 대한 설명, 프로그램의 저자, 작성일, 수정일, 저작권에 대한 설명을 하는 데 주로 사용한다. 그리고 프로그램을 작성하는 동안 프로그램의 일부분을 동작시키지 않도록 하기 위해서도 주석을 사용할 수 있다.

같은 자료형을 갖는 변수를 함께 선언할 수 있지만 각 변수에 대해서 개별적인 설명을 붙이고자 하면 다음과 같이 각 줄에 변수를 하나씩 선언하는 것이 좋다.

```
int sum;     /* 자료들의 합 */
int max;     /* 자료들의 최대값 */
```

▶ 줄 단위 주석

C99부터는 주석을 나타내는 데 다음과 같이 C++에서 사용하는 이중 슬래시 //를 사용할 수 있다. C99에서 공식적으로 채택하기 이전에도 //를 사용한 주석을 많은 C 컴파일러들이 이미 지원하고 있다.

```
int mile;    // length in mile. This is a line comment.
```

//은 줄 단위의 주석으로서 주석을 시작할 때만 표기하며 줄 끝까지만 영향을 미친다. 주석을 시작할 때만 //를 표시하면 되므로 /* */를 사용한 주석에 비해서 편리한 점이 있다. 그렇지만 여러 줄에 걸쳐 있는 주석은 다음과 같이 매줄 마다 //로 시작해야 하는 번거로운 점이 있다.

```
// 파일 이름: sort.c
// 내용:      이 프로그램은 자료를 크기 순서대로 정렬한다.
// 작성자:    홍길동
// 작성일:    2022. 2. 1
```

예 2.10은 변수를 초기화 선언하고, 동작 설명을 위해 주석을 사용한 프로그램이다.

예 2.10 변수의 초기화 선언과 주석을 포함한 프로그램

```c
/* mile 단위의 길이를 km 단위로 변환하여 출력하는 프로그램 */

#include <stdio.h>

int main(void)
{
    float scale = 1.609;            /* scale: 1 mile = 1.609 km */
    float mile;                     /* mile 단위 길이 */

    mile = 85000.0;
    printf("km = %f\n", scale * mile);      // km 환산 출력
    return 0;
}
```

실행	km = 136765.000000

• 이 프로그램은 mile 단위의 길이를 km 단위로 변환하여 출력한다. 1 mile은 1,609 km

이므로 mile 단위의 길이에 1,609를 곱하면 km 단위로 환산된다. 변수 scale은 단위 환산 수로서 1.609로 초기화 선언을 하였다(7행). 주석을 사용하여 변수의 용도를 설명하려면 여러 변수를 한꺼번에 선언하는 것보다는 한 줄에 하나의 변수를 선언하는 것(7-8행)이 좋다.

연습 2.7

1. 다음 주석에서 잘못된 점이 있으면 지적하시오.
   (1) /* This comment /* another comment */ end */
   (2) /* This comment /* another comment */
   (3) /* printf("Hello"); */

2.8 수식과 할당문

변수들을 선언한 다음에는 실행문이 뒤따른다. 실행문은 컴파일러에 의해서 기계어로 변환된다. 실행문 중에서 가장 기본이 되는 것이 수식과 할당문이다.

수식

x + y와 같은 계산식을 수식(expression), 연산식, 또는 표현식이라고 한다. 수식은 상수, 변수, 함수 호출이나 이것들과 연산자와의 조합으로 이루어진다. 다음은 여러 가지 수식의 예이다.

```
100                   ... 상수로 구성
p                     ... 변수로 구성
sin(x)                ... 함수 호출로 구성
a + b                 ... 변수와 연산자로 구성
3.0 * t - 5.2         ... 상수, 변수와 연산자로 구성
2.0 * sin(x) + b      ... 상수, 변수, 함수 호출과 연산자로 구성
```

상수와 변수는 값을 가지고 있으며 함수 호출은 함수를 실행한 결과값을 얻는다. 연산자는 이러한 값에 대해서 연산을 수행하여 결과를 생성한다. 수식에 있는 연산들은 정해진 순서대로 수행하며 최종적인 연산 결과가 수식 값이 된다.

할당문

수식에서 얻어진 결과는 다음과 같은 형식의 할당문(assignment statement)을 사용하여 변수에 저장할 수 있다.

```
variable = expression;
```

여기서 *variable*은 변수이고 *expression*은 수식이다. 이러한 할당문을 실행하면 오른쪽 수식의 값이 왼쪽 변수에 저장되어 변수 값이 변경된다. 변수 값이 오른쪽 수식의 값으로 바뀌므로 할당문을 치환문 또는 대입문이라고도 부른다.

다음은 할당문의 예이다.

```
c = a + b;
s = 3.0 * t - 5.2;
```

할당문에서 =는 수학적 등호가 아님에 유의하자. 다음 예는 =가 수학적 등호가 아님을 명확히 보여준다.

```
k = k + 1;    ... k값 1 증가
```

위의 할당문을 실행하면 k는 이전 값보다 1이 증가된 값으로 바뀐다. 위 문장 수행 전에 k가 5였다면 위 문장 수행 후에 k는 6으로 바뀐다.

예 2.11 **변수 값 갱신과 교환.**

다음은 변수 값을 갱신하고 두 변수의 값을 서로 교환하는 프로그램이다.

```
#include <stdio.h>

int main(void)
{
    int a, b;
    int t;                          // 임시 변수

```

```
8        a = 8;
9        b = 20;
10       a = a + 2;             // a값 2증가
11       printf("a = %d\n", a);
12
13       // a와 b의 값 교환(swap)
14       t = a;
15       a = b;
16       b = t;
17       printf("a = %d, b = %d\n", a, b);
18
19       return 0;
20   }
```

실행	
	`a = 10` ... a값 2 증가 `a = 20, b = 10` ... a와 b의 값 교환

- (10행) a에 2를 더한 값을 다시 a에 저장하여 변수 a의 값을 2 증가시킨다.
- (14-16행) 변수 a와 변수 b의 값을 서로 교환(swap)한다. 교환 동작을 위해서 두 값 중 하나를 일시적으로 저장하는 변수가 필요하다. 이 프로그램에서 변수 t에 a의 값을 임시로 저장하고 변수 a에 b의 값을 저장한다. 그리고 변수 t에 저장된 원래의 a 값을 변수 b에 저장하면 a와 b의 값의 교환이 완료된다.

연습 2.8

1. 다음을 수행하는 할당문을 작성하시오.
   (1) 변수 a의 값을 4 만큼 감소시킨다.
   (2) mile 단위의 거리에 1.609를 곱하면 km 단위의 거리가 된다. 변수 m이 mile 단위의 거리일 때에 이 거리를 km 단위로 환산하여 변수 k에 저장한다.

2.9 연산자

C Programming

우리는 앞에서 이미 몇 개의 연산자를 사용하였다. 연산자(operator)는 상수, 변수 또는 함수 호출값에 대해서 연산을 수행하여 연산 결과를 제공한다. 연산의 대상이 되는 상수, 변수 또는 함수 호출값을 피연산자(operand)라고 한다. C 언어에서는 다양한 연산자를 제공하는데 여기서는 기본적인 연산자부터 먼저 소개하고 다양한 추가적인 연산자에 대해서는 필요할 때마다 소개하기로 한다. C 언어의 전체 연산자에 대해서는 부록 B의 연산자에 대한 요약을 참고하기 바란다.

산술 연산자

일상생활에서 가장 쉽게 접하는 연산은 덧셈, 뺄셈, 곱셈, 나눗셈의 사칙 연산이다. 이러한 연산을 산술 연산이라고 하며 C 언어에서는 이러한 산술 연산을 하는 표 2.14와 같은 산술 연산자들이 제공된다.

표 2.14 산술 연산자

연산자	의미	예	비고
*	곱셈	a * b	
/	나눗셈	a / b	정수 a, b에 대해서는 a를 b로 나눈 몫
%	나머지	a % b	정수에 대해서만 사용, a를 b로 나눈 나머지
+	덧셈	a + b	
-	뺄셈	a - b	

키보드에는 ×와 ÷문자가 없으므로 이 문자 대신에 곱셈은 *를, 나눗셈은 /를 사용한다. 그리고 나머지 연산자 %가 제공된다. 산술 연산에 대해서 다음과 같은 사항이 적용된다.

- 연산은 기본적으로 같은 자료형에 대해서 수행된다.
- 정수 사이의 산술 연산 결과는 정수이며 실수 사이의 산술 연산 결과는 실수이다.
- 정수에 대한 나눗셈의 결과는 피제수를 제수로 나눈 몫(quotient)이다.
- 나머지(remainder) 연산자 %는 정수에 대해서만 사용할 수 있다.
- 나머지 연산자는 음수의 피연산자가 포함되는 경우에 컴파일러에 따라서 다른 결과

를 낼 수도 있다. 그렇지만 C99에서 나머지는 피젯수와 같은 부호를 갖는다.

표 2.15는 같은 크기의 값에 대한 정수 산술 연산과 실수 산술 연산의 결과를 보여준다. 여기서 정수 연산 결과는 정수이고, 실수 연산 결과는 실수인 것을 확인할 수 있으며, 나눗셈 연산의 결과가 서로 다르다는 것을 확인할 수 있다.

표 2.15 산술 연산자의 정수 연산과 실수 연산 결과

연산자	수식	정수 연산 결과 (a = 5, b = 2)	실수 연산 결과 (a = 5.0, b = 2.0)
*	a * b	10	10.0
/	a / b	2 (몫)	2.5
%	a % b	1 (나머지)	10.0
+	a + b	7	7.0
-	a - b	3	3.0

부호 연산자 (단항)

두 개의 피연산자에 대한 연산을 이항 연산(binary operation)이라고 하고 하나의 피연산자에 대한 연산을 단항 연산(unary operation)이라고 한다. 연산자 +와 −는 표 2.16에서 설명하는 것과 같이 부호를 나타내는 단항 연산자로도 사용된다.

표 2.16 단항 부호 연산자

연산자	의미	예	비고
+ (단항)	+ 부호	+a	a값 그대로 (많이 사용되지 않음)
- (단항)	− 부호	-a	a값의 반대 부호 값

연산자 −를 단항 연산자로 사용하면 다음과 같이 피연산자의 부호를 반대로 만드는 데 사용될 수 있다. 단항 + 연산자는 값의 변화가 없기 때문에 거의 사용되지 않는다.

```
a = 10;
b = -a;        ... - 는 단항 연산자로서 b에는 -10이 저장된다.
```

예 2.12 산술연산자를 포함한 프로그램

```
1   #include <stdio.h>
2
3   int main(void)
4   {
5      int  a, b;
6
7      printf("%d\n", 9 / 5);        /* 정수 나눗셈 (몫) */
8      printf("%d\n", 9 % 5);        /* 정수 나머지 연산 */
9      printf("%f\n", 9.0 / 5.0);    /* 실수 나눗셈 */
10
11     printf("%d\n", -9 % 5);       /* 다른 부호 정수의 나머지 연산 */
12     printf("%d\n", 9 % -5);
13     printf("%d\n", 4 / 5);        /* 결과가 0인 나눗셈 */
14
15     a = 10;
16     b = -a;                       /* 할당문 : 부호 반전  */
17     printf("b = %d\n", b);
18     a = a + 5;                    /* 할당문 : a값 5 증가 */
19     printf("a = %d\n", a);
20
21     return 0;
22  }
```

실행

```
1              ... (7행) 정수 나눗셈 결과 (몫)
4              ... (8행) 정수 나머지 연산
1.800000       ... (9행) 실수 나눗셈 결과
-4             ... (11행) 다른 부호 정수의 나머지 연산 (음수 피제수)
4              ... (12행)                             (양수 피제수)
0              ... (13행) 결과가 0인 나눗셈
b = -10        ... (17행) 부호 반전
a = 15         ... (19행) 5 증가
```

이 프로그램은 산술 연산자를 사용하는 프로그램이다.

- (7, 9행) 같은 크기의 정수와 실수에 대한 나눗셈 결과를 출력하며, 두 결과에서 정수 나눗셈과 실수 나눗셈의 차이점을 확인할 수 있다.
- (8, 11, 12행) 정수는 나머지 연산도 가능하다. 그리고 음수가 포함된 나머지 연산의

출력에서 나머지의 부호가 피젯수 부호와 같음을 확인할 수 있다.

- (13행) 몫이 0인 나눗셈 출력을 보여준다.
- (16, 18행) 부호 반전 연산과 변수 값을 5 증가시키는 연산을 수행한다.

연산 우선순위와 결합성

a - b + c * d 와 같이 수식이 여러 가지 연산자를 포함하고 있을 때 연산자들의 연산 순서가 전체 수식의 결과에 영향을 미칠 수 있다. 수학에서와 마찬가지로 C 언어에서도 연산자 간의 연산 우선순위(precedence)와 각 연산자에 대한 결합성(associativity)이 있다.

- 우선순위란 수식에 두 종류 이상의 연산자들이 포함되어 있는 경우에 연산자를 실행하는 순서를 말한다.
- 결합성은 같은 우선순위의 연산자들에 대한 실행 순서를 말한다. 같은 우선순위의 연산자들에 대해서 앞(왼쪽)의 연산자부터 실행하면 좌결합성을 갖는다고 하고 뒤(오른쪽)의 연산자부터 실행하면 우결합성을 갖는다고 한다.

대부분의 연산자들은 앞에서부터 순서대로 실행하는 좌결합성을 가지며, 좌결합이 불가능한 일부 연산자들만 우결합성을 가진다. 지금까지 보았던 연산자들의 우선순위와 결합성은 표 2.17과 같다.

표 2.17 단항 부호 연산자

우선순위	연산자	결합성
1.	( )	좌결합
2.	단항 -, 단항 +	우결합
3.	* / %	좌결합
4.	+ -	좌결합
5.	= (할당 연산자)	우결합

연산자 평가 순서

연산을 실행하여 값을 얻는 것을 평가(evaluation)라고 한다. 연산자의 우선순위는 연산자의 평가 순서와는 차이가 있으며, 인접한 연산자 간의 평가 순서를 정하는 데 사용된다. 컴파일러에 따라서 약간의 차이가 있을 수 있지만 일반적으로 다음과 같이 연산자 평가 순서가 정해진다.

- 연산자는 앞에 있는 연산자부터 평가를 시도한다.
- 인접한 연산자가 우선순위가 다르면 우선순위가 높은 연산이 먼저 평가된다.
- 인접한 연산자가 우선순위가 같으면 좌결합성에 대해서는 왼쪽(앞), 우결합성에 대해서는 오른쪽(뒤) 연산자가 먼저 평가된다.

예를 들어서 수식 `-a + b / c * (d + e)`의 연산자 평가 순서는 이 규칙에 따라서 그림 2.3과 같이 정해진다.

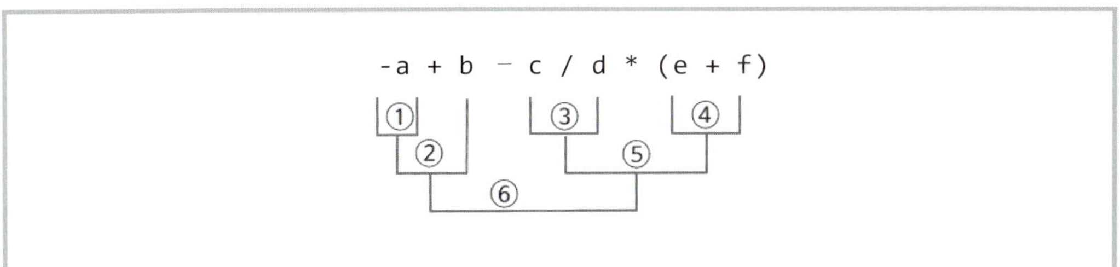

그림 2.3 연산자 평가 순서

그림 2.3에서 우선순위가 가장 높은 연산자가 가장 먼저 평가되는 것은 아니라는 것을 확인할 수 있다. 이 수식의 연산자 평가 순서는 다음과 같이 정해졌다.

❶ 맨 앞에 있는 단항 연산인 -a가 다음의 + 연산자보다 우선순위가 높으므로 가장 먼저 평가된다.

❷ 연산자 +는 다음 연산자인 -와 우선순위가 같고 좌결합성이므로 +가 두 번째로 평가된다.

❸ 연산자 -는 다음 연산자인 /보다 우선순위가 낮고, / 연산자는 그다음 연산자인 *와 우선순위가 같고 좌결합이므로, /가 세 번째로 평가된다.

❹ 연산자 *는 다음에 괄호가 있으므로 괄호 안의 연산을 먼저 실행해야 한다. 즉, 괄호가 *보다 연산자 우선순위가 높다. 이에 따라서 괄호 안의 `e + f`가 네 번째로 평가된다.

❺ 연산자 *가 다섯째로, 마지막으로 연산자 -가 평가된다.

수학식과 C 언어 수식

프로그램에서 계산하는 데에 수학에서 다루는 식들이 많이 사용될 수 있으며 이를 위해서 수학식들을 C 언어로 정확하게 나타낼 수 있어야 한다. 표 2.18은 여러 수학식에 대한 C 언어의 수식을 적은 것이다.

표 2.18 수학식과 C 언어 수식

수학식	C 언어 수식
b^2-4ac	`b*b - 4.0*a*c`
$\frac{a+b}{c-d}$	`(a+b) / (c-d)`
$2x+\frac{1}{2}y-\frac{1}{z^2}$	`2.0*x + y/2.0 - 1.0/(z*z)`

위의 예시와 같이 수학식을 C 언어 수식으로 표현할 때 다음과 같은 사항에 주의해야 한다.

- 수학식의 분수는 나눗셈으로 표현해야 하므로 수학식에서는 괄호가 없더라도 분모에 수식이 있으면 C 언어 수식 표현에서는 괄호를 사용해야 한다.
- 수학식은 대개 실수에 대한 식이므로 상수는 2.0과 같이 실수로 표현하는 것이 바람직하다.
- C 언어에는 거듭제곱 연산자가 없으므로 제곱은 b*b와 같이 같은 값을 두 번 곱하여 나타낸다. 그리고 제곱이 분모에 있으면 괄호를 사용하여 먼저 제곱을 계산한 후에 나눗셈을 수행하게 해야 한다.

예 2.13 화씨 온도를 섭씨로 변환하는 수식을 포함하는 프로그램

```
#include <stdio.h>

int main()
{
    float f, c;

    scanf("%f", &f);              /* 화씨온도 입력          */
    c = 5.0/9.0 * (f-32.0);       /* 화씨-섭씨 온도 변환식  */
    printf("%f\n", c);            /* 섭씨온도 출력          */

    return 0;
```

```
12  }
```

실행	70 ↵ 21.111111	... 화씨온도 입력 ... 섭씨온도 출력

- 이 프로그램은 화씨온도를 입력받아서 섭씨온도로 변환하여 출력하는 프로그램이다. 온도는 소수점 이하도 나타낼 수 있어야 하므로 온도를 나타내는 두 변수 f와 c는 실수 자료형으로 선언하였다(5행).
- 섭씨온도 C와 화씨온도 F 사이의 관계는 $C=\frac{5}{9}(F-32)$로 주어진다. 이 식은 8행의 C 언어 수식으로 나타낼 수 있으며, 이 식은 실수 연산을 수행하므로 변수뿐만 아니라 상수도 5.0과 같이 실수형으로 나타내었다.

할당 연산자

C 언어에서는 할당문에서 사용하는 =를 연산자로 다루며 할당 연산자라고 부른다. 예를 들어서 b + 10만 수식인 것이 아니라, 할당 연산자를 포함한 a = b + 10도 수식이다. 다음에서 할당 연산자 =는 오른쪽 수식의 값을 왼쪽 변수에 저장하는 동작을 수행한다.

```
변수 = 수식                              ... 할당 연산자
```

할당 연산자는 표 2.17의 내용과 같이 다른 연산자보다 낮은 우선순위를 가지므로 오른쪽 수식의 모든 연산을 수행한 후 결과를 왼쪽 변수에 저장한다. 그리고 왼쪽 변수에 저장되는 값이 할당 연산자 수식의 값으로 사용된다. 즉, 할당 연산자의 수식 값은 할당 연산자의 오른쪽 수식의 값과 같다.

다중 할당문

C 언어에서 =가 연산자이기 때문에 다음과 같이 여러 개의 할당 연산자를 포함한 문장을 사용할 수 있으며 이러한 문장을 다중 할당문이라고 한다.

```
x = (y = 5 + 4);                         ... 다중 할당문
```

이 문장에서 변수 x에는 수식 y = 5 + 4의 값이 저장된다. 수식 y = 5 + 4는 변수 y에 덧셈 결과인 9를 저장하며, 저장되는 값 9가 이 할당 수식의 값으로 사용된다. 따라서 x에도 9가 저

장된다. 위의 다중 할당문은 다음과 같이 두 문장으로 나타낼 수 있다.

```
y = 5 + 4;
x = y;
```

할당 연산자는 우결합성을 가지므로 앞에서 예시한 다중 할당문은 다음과 같이 괄호를 사용하지 않아도 동일한 동작을 수행한다.

```
x = y = 5 + 4;                  ... x = (y = 5 + 4); 와 같은 동작
```

다중 할당문이 많이 사용되는 경우는 다음과 같이 여러 개의 변수에 같은 값을 저장하고자 할 때이다.

```
a = b = c = 10;                 ... a, b, c 모두에 10을 저장
```

위 할당문의 실행 순서를 괄호로 명시하면 다음과 같다. 10이 c에 가장 먼저 저장되며, 그 다음에 b에, 마지막으로 a에 저장된다.

```
a = (b = (c = 10));             ... 위 문장의 실행 순서를 표시한 문장
```

예 2.14 여러 가지 수식을 포함한 프로그램

```
#include <stdio.h>

int main()
{
    int a, b, c;
    float x, y, z;

    printf("%f\n", 5.0/9.0*9.0);          /* 실수 연산 */
    printf("%d\n", 5/9*9);                /* 정수 연산 */

    a = 10;  b = 15;
    printf("%d\n", (-a + 2*b)/3);         /* 여러 연산자를 사용한 수식 */

    x = 10.0; y = 30.0;
    z = (x + 3.0) / (y - 5.0);
    printf("z = %f\n", z);                /* 수학식 계산 */

    c = b = a + 10;                       /* 다중 할당문 */
```

```
19        printf("b = %d\n", b);
20        printf("c = %d\n", c);
21
22        return 0;
23    }
```

실행

```
5.000000
0                         ... 5/9 계산결과가 0이므로 최종결과가 0임
6
z = 0.520000
b = 20
c = 20
```

- 이 프로그램은 여러 연산자를 사용하는 수식들이 포함된 프로그램이다.
- 정수와 실수 나눗셈의 의미가 다르므로 8행과 9행에서 같은 값에 대한 두 수식의 결과가 다른 것을 확인할 수 있다.

연습 2.9

1. 다음 수식의 계산 결과를 적으시오.

   (1) 22 / 7   (2) 7 / 22   (3) 22 % 7   (4) 22.0 / 5.0   (5) 22.0 % 5.0

2. 변수 값을 입력받아서 다음 수식의 값을 계산하여 출력하는 프로그램을 작성하시오. 여기서 변수는 실수로 다룬다.

$$y = 2x^2 - 3x + \frac{1}{x+2}$$

2.10 자료형 변환

C P r o g r a m m i n g

묵시적 형 변환

C 언어는 서로 다른 자료형들의 값에 대한 연산을 허용한다. 그렇지만 컴퓨터 내부에서의 연산은 기본적으로 같은 자료형에 대해서 이루어지므로, 다른 자료형과 연산을 할 때는 연산을 수행하기 전에 같은 자료형으로 변환되어, 실제로는 같은 자료형에 대한 연산을 수행하게 된다.

예를 들어서 5 + 1.5와 같은 정수와 실수 사이의 연산은 정수를 실수로 변환한 후 실수에 대한 덧셈 연산을 수행하여 실수의 결과를 낸다. 일반적으로 여러 가지 자료형이 혼합된 수식에서의 묵시적 형 변환(conversion)은 다음과 같이 2단계로 이루어진다.

❶ 정수 확장 : 연산을 수행하기 전에 작은 정수 자료형은 다음과 같이 크기를 확장하여 자료형을 변환한다.

- char와 short는 int 자료형으로 변환
- unsigned char와 unsigned short는 unsigned 자료형으로 변환

❷ 확장 변환 : 1단계를 수행한 후, 피연산자의 자료형이 다른 경우에는 다음 순서에 따라서 메모리 크기가 작은 자료형을 큰 자료형으로 변환한 후 연산을 수행한다.

```
int → unsigned → long → unsigned long → long long → unsigned long long
→ float → double → long double
```

단, 위의 규칙은 할당 연산자에는 적용되지 않는다. 위와 같이 자료형 변환이 이루어지면 두 피연산자는 같은 자료형을 가지게 되고 연산 결과도 같은 자료형을 가진다. 다른 자료형들이 섞여 있는 수식에서의 형 변환은 각 연산 단위로 이루어지며 수식의 최종 연산 결과의 자료형은 수식에 있는 가장 큰 자료형이 된다.

다음은 여러 수식의 연산 과정에서의 묵시적 자료형 변환 과정을 보여준다. 여기에서 ⇒은 형 변환이 이루어짐을 나타내며 변수들은 다음과 같은 자료형이 선언되어 있다. 자동 형 변환이 된 자료형은 이탤릭체로 표시하였다.

```
char c;        short s;       int i;         unsigned u;
long l;        float f;       double d;
```

- `s - c` = (short) – (char) ⇒ (*int*) – (*int*) = (int)
- `c + 5` = (char) + (int) ⇒ (*int*) + (int) = (int)
- `f - 2.0 + l` = (float) – (double) + (long)

  ⇒ (*double*) – (double) + (long) = (double) + (long)

  ⇒ (double) + (*double*) = (double)
- `10 / i * f` = (int) / (int) * (float) = (int) * (float)

  ⇒ (*float*) * (float) = (float)
- `5 / 2 * 100.0` = (5/2) * 100.0 = 2 * 100.0 ⇒ *2.0* * 100.0 = 200.0
- `5 / 2.0 * 100.0` = (5/2.0) * 100.0 ⇒ (*5.0*/2.0) * 100.0 = 2.5 * 100.0 = 250.0

할당문에서의 형 변환

할당문에서 오른쪽 수식의 결과의 자료형과 저장할 왼쪽 변수의 자료형이 다를 수 있다. 이러한 경우에 오른쪽 수식의 결과를 왼쪽 변수의 자료형으로 변환한 후에 왼쪽 변수에 저장한다.

할당문에서 큰 자료형의 결과를 작은 자료형의 변수에 저장할 때 다음과 같이 값이 변경될 수가 있으므로 주의해야 한다.

- `double`이 `float`로 변환될 때 정밀도가 떨어진다.
- 실수형(`double`, `float`)이 정수형(`long`, `int`)으로 변환될 때는 소수 부분이 없어진다.
- 큰 자료형의 값이 작은 자료형의 표현 범위를 벗어나면 의미 없는 값이 저장된다.

예 2.15 묵시적 형 변환과 할당문에서의 형 변환을 포함한 프로그램

```
#include <stdio.h>

int main(void)
{
    double      d;        /* 64-bit 실수 */
    float       f;        /* 32-bit 실수 */
    int a;                /* 32-bit 정수 */
    short       b;        /* 16-bit 정수 */
    d = 9 / 7;            /* 할당문 형 변환 */
    printf("%f\n", d);
    d = 9.0 / 7;          /* 오른쪽 수식 묵시적 형 변환 */
```

```
12      printf("%f\n", d);
13
14      d = 123456.789012;
15      f = d;                  /* f = 123456.789063 : 정밀도 손실 */
16      a = f;                  /* a = 123456 : 소수 부분 손실 */
17      b = a;                  /* b = -7616 : 의미 없는 값 */
18
19      printf("%f\n", d);
20      printf("%f\n", f);
21      printf("%d\n", a);
22      printf("%d\n", b);
24
25      return 0;
26  }
```

실행

```
1.000000            ... (11행)
1.285714            ... (13행)
123456.789012       ... (20행)
123456.789063       ... (21행)
123456              ... (22행)
-7616               ... (23행)
```

이 프로그램은 묵시적 형 변환의 영향을 확인하여 주는 프로그램이다.

- (10행) 정수 나눗셈 결과가 double 형 변수에 저장되어야 하므로 정수형 결과를 double 형으로 변환한 다음에 변수 d에 저장한다.
- (12행) 실수와 정수 간의 나눗셈이므로 정수를 실수형(double)으로 묵시적 형 변환한 후 실수 나눗셈을 수행하고 실수 결과를 실수형 변수 d에 저장한다.
- (15-18행) 큰 자료형의 값이 작은 자료형의 변수에 저장되는 예이다. 주석의 설명과 같이 값의 손실이 발생하며, 의미 없는 값이 저장될 수 있다.

명시적 형 변환과 형 변환 연산자

C에서는 **캐스트**(cast) 연산자라고도 불리는 **형 변환 연산자**를 사용하여 값의 자료형을 명시적으로 변환시킬 수 있다. 형 변환 연산자는 (*type*) 형태와 같이 괄호 안에 자료형 *type*을 넣은 형태로 되어 있으며 다음과 같이 자료형을 변환시킬 변수, 상수 또는 수식 앞에서 사용한다.

```
(double) num            ... num 값이 double형으로 변환
```

다음은 정수 변수 num의 값을 형 변환 연산자를 사용하여 double 형으로 바꾼 다음에 나눗셈하는 수식이다.

```
div = (double) num / den;
```

형 변환 연산자는 단항 연산자로서 다른 단항 연산자와 같은 우선순위를 갖는다. 즉, 우선순위가 괄호와 다른 단항 연산자를 제외한 나머지 연산자들보다 높다. 그러므로 위의 수식은 num을 double 형으로 변환한 후에 나눗셈을 수행하며 다음과 같은 괄호를 사용한 수식과 같다.

```
div = ((double)num) / den;                ... 앞의 수식과 같음
```

수식의 num / den 결과를 double 형으로 변환하려면 다음과 같이 수식에 반드시 괄호를 사용해야 나눗셈을 먼저 수행한 후에 결과를 double 형으로 변환한다.

```
div = (double)(num / den);                ... 나눗셈 수행 후 double 형으로 변환
```

예 2.16 형 변환 연산자를 포함한 프로그램

```
#include <stdio.h>

int main(void)
{
    double      d;
    int num, den;

    num = 30;    den = 8;

    d = num / den;                      /* 정수 나눗셈 */
    printf("%f\n", d);

    d = (double)num / den;              /* 실수 나눗셈 */
    printf("%f\n", d);

    return 0;
}
```

실행

```
3.000000            ... 정수 나눗셈 결과
3.750000            ... 실수 나눗셈 결과
```

예 2.16은 형 변환 연산자를 포함한 프로그램으로 10행은 정수 변수 간의 나눗셈으로 정수 결과를 산출하지만, 13행과 같이 형 변환 연산자 (double)을 사용하여 첫 번째 피연산자를 double 형으로 변환하면 정수 나눗셈을 실수 나눗셈으로 변경할 수 있다.

연습 2.10

1. 반지름이 r인 구의 부피는 이다. 구의 부피에 대한 다음 수식들 중 옳은 결과를 산출하는 것을 모두 고르시오. (r과 vol은 double 형 변수이다.)

(1) vol = 4 / 3 * r * r * r　　(2) vol = 4 * r * r * r / 3

(3) vol = 4.0 / 3.0 * r * r * r　　(4) vol = 4 / 3.0 * r * r * r

(5) vol = (double)4/3*r*r*r　　(6) vol = (double)(4/3*r*r*r)

2. 변수 f가 float 형이고 10.0의 값을 가질 때 다음 식들의 결과를 예상하고, 실제 프로그램을 작성하여 결과를 확인하시오.

(1) f / 4.0　　(2) f / 4　　(3) (int)f / 4　　(4) (int) (f / 4)

2.11 증감 연산자와 복합할당 연산자

C Programming

증감 연산자

프로그램에서 다음과 같이 변수의 값을 1씩 증가시키거나 감소시키는 할당문을 많이 사용한다.

```
i = i + 1;      ... i값 1 증가
k = k - 1;      ... k값 1 감소
```

이러한 문장은 **증가 연산자**(increment operator) ++와 **감소 연산자**(decrement operator) --를 사용하여 다음과 같이 간결하게 나타낼 수 있다.

```
i++;            ... i = i + 1과 같음
k--;            ... k = k - 1과 같음
```

증가 연산자와 감소 연산자를 합하여 증감 연산자라고 부른다. 증감 연산자는 변수에 대해서만 사용할 수 있으며 표 2-19와 같이 변수 앞(전위)과 변수 뒤(후위)에 모두 사용할 수 있다. 증감 연산자는 단항 연산자로서 우선순위가 곱셈과 나눗셈보다 높다.

표 2.19 증감 연산자

연산자	의미	예	비고 (여기서 a는 증감 전의 값)
++ (후위)	사용 후 증가	a++	수식 값 = a
++ (전위)	사용 전 증가	++a	수식 값 = a+1
-- (후위)	사용 후 감소	a--	수식 값 = a
-- (전위)	사용 전 감소	--a	수식 값 = a-1

다음은 증가 연산자와 감소 연산자를 변수 앞에 전위로 사용한 예이다.

```
++i;
--k;
```

위와 같이 증감 연산자 단독으로 사용할 때는 전위 증감 연산자와 후위 증감 연산자의 동작은 차이가 없다.

그렇지만 증감 연산자를 다른 연산자와 함께 사용하는 경우는 표 2.19의 의미에서 설명하였듯이 전위와 후위 연산자의 동작에 차이가 있다. 전위 증감 연산자는 변경된 값이 수식 값으로 사용되지만, 후위 증감 연산자는 변경되기 전의 원래 값이 수식 값으로 사용된다.

다음과 같이 후위 증가 연산자를 사용하는 문장에서

```
a = i++;                ... a = i;  i++; 와 같은 동작 (나중에 증가)
```

변수 i의 원래 값을 먼저 수식 값으로 사용하여 a에 저장한 후에 변수 i에 대한 증가 연산을 수행하며, 사후 증가(post-increment) 연산자라고 부른다.

이와 반대로 다음과 같이 전위 증가 연산자를 사용하는 문장에서

```
b = ++i;                    ... ++i; b = i; 와 같은 동작 (먼저 증가)
```

변수 i는 증가 연산을 먼저 실행한 후 증가한 값을 수식 값으로 사용하여 변수 b에 저장하며, **사전 증가**(pre-increment) **연산자**라고 부른다. 감소 연산자를 다른 연산자와 함께 사용할 때도 증가 연산자와 같은 방식으로 동작한다.

다음과 같이 증감 연산자를 다른 연산자와 함께 사용한 문장을 사용하면 문장이 간결해지는 장점이 있다.

```
b = ++a * 10;               ... b = (++a) * 10; 과 같음
```

위의 문장은 다음과 같이 2개의 문장을 한 문장으로 표현한 것이다.

```
++a;
b = a * 10;
```

그렇지만 증감 연산자를 다른 연산자와 함께 사용하는 경우 이해하기 어렵고 예기치 않은 잘못이 발생할 수 있기 때문에 증감 연산자를 다른 연산자와 함께 사용하는 경우는 주의해서 사용해야 한다.

증감 연산자는 변수에만 적용할 수 있으므로 다음과 같이 변수가 아닌 수식에 증감 연산자를 사용하는 것은 잘못된 것이다.

```
++(x + 1);                  ... 오류
```

복합 할당 연산자

프로그램에서 다음과 같이 변수의 값을 1이 아닌 값을 증가 또는 감소시키는 수식도 많이 사용한다.

```
a = a + 2                   ... a 값 2 증가
```

C 언어에서는 위의 수식을 다음과 같이 나타낼 수 있다.

```
a += 2                      ... a = a + 2와 같음
```

일반적으로 변수에 연산 *op*를 수행하여 같은 변수에 결과를 저장하는 다음 수식은

변수 = 변수 *op* 수식

다음과 같이 간결한 표현으로 로 나타낼 수 있다.

변수 *op*= 수식 ... 복합 할당 연산자

할당 연산자와 연산자 *op*가 결합된 이러한 연산자를 복합할당 연산자(compound assignment operator)라고 하며 할당 연산자와 같은 연산 우선순위를 갖는다.

복합 할당 연산자에 사용할 수 있는 연산자 *op*는 2.9절에서 소개한 산술 연산자 +, −, *, /, %와 2.12절에서 배우게 될 비트 연산자와 시프트 연산자를 사용할 수 있다.

표 2.20은 몇 가지 복합 할당 연산자의 사용 예이다. 마지막 예에서 복합 할당 연산자를 사용하는 경우 곱셈 복합 할당 연산자의 우선순위가 +보다 낮으므로 k+1에 괄호를 사용할 필요가 없다.

표 2.20 복합 할당 연산자 사용 예

할당 연산자 사용	복합 할당 연산자 사용
`count = count - 1;`	`count -= 1;`
`sum = sum + j;`	`sum += j;`
`d = d / 10;`	`d /= 10;`
`n = n * (k + 1);`	`n *= k + 1;` (괄호 불필요)

예 2.17 증감 연산자와 복합할당 연산자를 포함한 프로그램

```
#include <stdio.h>

int main(void)
{
    int aValue, bValue;

    aValue = 10;
    aValue++;                      // 증가
    printf("%d\n", aValue);
    printf("%d\n", ++aValue);      // 사전증가 - 증가된 값 출력
    printf("%d\n", aValue--);      // 사후감소 - 원래 값 출력
    printf("%d\n", aValue);

    bValue = ++aValue * 10;        // 다른 연산자와 혼합사용
    printf("%d\n", aValue);
```

```
16        printf("bValue = %d\n", bValue);
17
18        aValue += 10;                 // + 복합할당 연산자
19        printf("%d\n", aValue);
20
21        return 0;
22    }
```

실행

```
11              ... (9행) aValue
12              ... (10행) ++aValue (증가된 값 출력)
12              ... (11행) aValue-- (감소되기 전의 원래 값 출력)
11              ... (12행) aValue
12              ... (15행) ++aValue
bValue = 120    ... (16행) bValue (증가된 aValue값을 사용하여 10과 곱셈)
22              ... (19행) avalue 10 증가
```

예 2.17은 증감연산자와 복합할당 연산자의 동작을 확인하는 프로그램이다.

- (10-11행) printf 문의 출력인수로 증감연산자를 사용한 수식을 사용했다. 사전 증가(++aValue)는 증가된 값이 출력되며, 사후 감소(aValue--)는 감소되기 전의 원래 값이 출력된다.
- (14행) 곱셈보다 ++가 먼저 수행된다. 사전 증가이므로 증가된 값과 10이 곱해진다.
- (18행) aValue 값이 10이 증가한다.

참고

증감 연산자를 여러 번 사용한 수식의 문제 ★

a++ + 10 * a++와 같이 같은 변수에 대해서 증감 연산자를 여러 번 사용한 수식은 컴파일러에 따라서 다른 결과가 나올 수 있으므로 이러한 수식을 사용하지 않는 것이 좋다. 예 2.18의 수식은 이러한 유형의 수식으로서 Visual Studio의 컴파일러와 gcc 컴파일러의 실행 결과가 다르다.

예 2.18 증감 연산자를 두 번 사용하는 복잡한 수식

```
#include <stdio.h>

int main(void)
```

```
{
    int a, b;

    a = 5;
    b = a++ * 10 + a++;                    // 사후, 사후증가
    printf("후후 = %d\n", b);

    a = 5;
    b = a++ * 10 + ++a;                    // 사후, 사전증가
    printf("후전 = %d\n", b);

    a = 5;
    b = ++a * 10 + ++a;                    // 사전, 사전증가
    printf("전전 = %d\n", b);

    return 0;
}
```

실행	(Visual Studio) 후후 = 55 후전 = 66 전전 = 77	(gcc 컴파일러) 후후 = 56 후전 = 57 전전 = 67

- 이 프로그램은 수식에 두 개의 증가 연산자를 포함하고 있다. 수식 계산을 할 때 gcc 컴파일러와 Visual Studio의 컴파일러가 증감 연산자를 처리하는 순서에 차이가 있어서 위와 같이 서로 다른 결과를 제공한다. 이 결과에서 십의 자리는 첫 번째 증가 연산자의 수식 값을, 일의 자리는 두 번째 증가 연산자의 수식 값이 나타낸다.

연습 2.11

1. 다음의 할당문 중 복합할당 연산자를 사용할 수 있는 것을 모두 바꾸어 작성하시오.

(1) a = a - n + 1;　　(2) b = b / (n+1);

(3) c = 2*c + 1;　　(4) d = c + d;

2.12 비트 연산자와 시프트 연산자 ★

C 언어에서 자료형이 다루는 자료의 최소 단위는 8비트, 즉 바이트이다. C 언어는 바이트보다 작은 단위로 데이터를 다룰 수 있도록 비트 단위로 데이터를 조작할 수 있는 비트 연산자와 시프트 연산자를 제공한다. 이 연산자들은 실수 자료형에 대해서는 사용할 수 없다.

비트 연산자

부울 대수에서 2진수 비트 0과 1에 대한 AND, OR, XOR, NOT 논리연산이 표 2.21와 같이 정의된다. C언어에서는 자료에 대해서 비트 단위로 이러한 논리연산을 수행하는 4개의 비트 연산자(bitwise operator)를 표 2.22와 같이 제공한다. 비트 연산자는 AND, OR, XOR, NOT 연산을 비트 단위로 독립적으로 수행한다.

표 2.21 비트 논리 연산

x	y	x AND y	x OR y	x XOR y	NOT x
0	0	0	0	0	1
0	1	0	1	1	1
1	0	0	1	1	0
1	1	1	1	0	0

표 2.22 비트 연산자

연산자	의미	예	비고
&	비트 단위 AND 연산	a & b	a, b의 대응하는 비트가 모두 1일 때 결과의 대응하는 비트가 1임
|	비트 단위 OR 연산	a | b	a, b의 대응하는 비트에 1이 있을 때 결과의 대응하는 비트가 1임
^	비트 단위 AND 연산	a ^ b	a, b의 대응하는 비트가 서로 다를 때 결과의 대응하는 비트가 1임
~	비트 단위 NOT 연산	~a	결과의 비트 값은 a의 대응하는 비트의 반대되는 값임

비트 연산자는 다음과 같이 자료의 일부 비트 값을 조작하고자 할 때 주로 사용된다.

❶ **비트 클리어(bit clear) 연산**(특정 비트를 0으로 설정) : 비트 단위 AND 연산자 &는 자료의 특정 비트들을 0으로 만드는 데 사용된다. & 연산은 다음과 같이 0과 연산을 하면 비트 값이 0이 되고, 1과 연산을 하면 비트 값이 보존된다.

```
    0 1 1 0 1 0 1 0  (0x6A)
& ) 0 0 0 0 1 1 1 1  (0x0F)  ... 클리어 대상 비트에 0, 보존 대상 비트에 1을 지정
    0 0 0 0 1 0 1 0  (0x0A)
```

❷ **비트 셋(bit set) 연산**(특정 비트를 1로 설정) : 비트 단위 OR 연산자 |는 자료의 특정 비트들을 1로 만드는 데에 사용한다. | 연산은 다음과 같이 1과 연산을 하면 비트 값이 1이 되고, 0과 연산을 하면 보존된다.

```
    0 1 1 0 1 0 1 0  (0x6A)
| ) 0 0 0 0 1 1 1 1  (0x0F)  ... 셋 대상 비트에 1, 보존 대상 비트에 0을 지정
    0 1 1 0 1 1 1 1  (0x6F)
```

❸ **비트 반전(bit invert) 연산**(특정 비트를 반대로 설정) : 비트 단위 XOR 연산자 ^는 자료의 특정 비트들을 반대로 설정하는 데 사용한다. ^ 연산은 다음과 같이 1과 연산을 하면 비트 값이 반전되고, 0과 연산을 하면 보존된다.

```
    0 1 1 0 1 0 1 0  (0x6A)
^ ) 0 0 0 0 1 1 1 1  (0x0F)  ... 반전 대상 비트에 1, 보존 대상 비트에 0을 지정
    0 1 1 0 0 1 0 1  (0x65)
```

❹ **1의 보수 연산** : 비트 단위 NOT 연산자 ~은 단항 연산자로 연산 결과는 피연산자의 1의 보수이다. 이 연산은 다음과 같이 피연산자 값의 모든 비트의 0과 1을 서로 바꾼 결과를 제공한다. 참고로 2의 보수 연산은 부호를 반대로 만드는 단항 연산자 -를 사용하면 된다.

```
~ ) 0 1 1 0 1 0 1 0  (0x6A)
    1 0 0 1 0 1 0 1  (0x95)
```

❺ **비트 마스크(bit mask) 연산** : 비트 클리어 연산은 자료의 보존하고자 하는 비트들을 제외한 나머지 비트들을 0으로 설정하여 자료의 특정 비트 값만 추출하는 데 사용될 수 있으

며, 특정 비트 값만 남기고 나머지 비트 값을 0으로 지우는 이러한 동작을 비트 마스크 연산이라고 한다. 여기서 자료의 특정 비트들을 추출하기 위하여 사용한 & 연산의 두 번째 피연산자를 비트 마스크라고 부르며 보존 대상 비트는 1로, 지우는 비트는 0으로 하여 만든다. 예를 들어서 하위 2비트만 보존하려면 비트 마스크로 0x3(= $0...011_2$)을 사용한다.

앞에서 소개한 비트 연산 중에서 비트 셋과 비트 반전 연산은 설정 대상 비트를 1로 지정하여 연산하지만, 비트 클리어 또는 비트 마스크 연산은 설정 대상 비트를 0으로 지정하고, 보존해야 할 나머지 비트를 1로 지정하여 연산한다. 예를 들어서 최하위 4비트를 0으로 설정하려면 32비트 정수에 대해서 비트 마스크는 `0xFFFFFFF0`인데 이렇게 나머지 비트들을 1로 만드는 것이 다소 번거로울 수 있다. 이 값은 `~0x0F`와 같이 1의 보수 연산 ~을 사용하여 나타낼 수 있으며, ~ 연산을 함께 사용하면 비트 셋과 비트 반전 연산과 같이 0으로 설정할 비트를 1로 지정하여 사용할 수 있다. 다음 두 수식은 같은 동작을 수행한다.

```
a & 0xFFFFFFF0          ... a의 최하위 4비트를 0으로 설정
a & ~0x0F               ... a의 최하위 4비트를 0으로 설정
```

^를 사용한 비트 반전 연산은 같은 위치를 두 번 반전하면 원래의 값이 되어서 다음과 같이 암호화의 기본 연산으로 널리 사용된다.

```
b = a ^ mask;           ... 암호화
a = b ^ mask;           ... 복호화 (a ^ mask ^ mask = a)
```

비트 연산자 &, | , ^ 는 산술 연산자와 마찬가지로 다음과 같이 복합할당 연산자에서 사용할 수 있다.

```
a &= b;                 ... a = a & b; 와 같음
a |= b;                 ... a = a | b; 와 같음
a ^= b;                 ... a = a ^ b; 와 같음
```

예 2.19는 비트 연산자를 사용하여 자료의 비트 값을 조작하는 프로그램이다. 값의 비트 번호는 최하위 비트에 대해서 비트 0부터 시작하여 왼쪽 방향으로 증가하게 부여한다.

예 2.19 비트 연산자를 포함한 프로그램

```
1   #include <stdio.h>
2
3   int main(void)
4   {
5       int a, b;
6
7       a = 0x8C67;                  // 1000 1100 0110 0111
8       printf("a = %x\n", a);       // 16진수 출력
9
10      b = a | 0x00F0;              // 비트 7-4를 1로 설정
11      printf("%x\n", b);
12
13      b = a ^ 0x000F;              // 비트 3-0을 반전
14      printf("%x\n", b);
15
16      b = a & 0x0F00;              // 비트 11-8를 제외한 나머지 비트를 0으로 설정
17      printf("%x\n", b);
18
19      b = a & ~0x0F00;             // 비트 11-8를 0으로 설정
20      printf("%x\n", b);
21
22      a &= 0xF0;                   // 복합할당 연산자, a를 비트 7-4만 보존
23      printf("a = %x\n", a);
24
25      return 0;
26  }
```

실행

```
a = 8c67
8cf7                    ... a | 0x00F0
8c68                    ... a ^ 0x000F
c00                     ... a & 0x0F00
8067                    ... a & ~0x0F00
a = 60                  ... a의 비트 7-4만 보존
```

- (8행) `printf` 문에서 정수를 16진수로 출력하려면 첫째 인수에 %d 대신에 %x를 사용한다. 정수를 비트 단위로 확인하고자 할 때는 16진수로 출력하는 것이 좋다.
- (10, 13, 16행) 비트 연산자 |, ^, &의 동작을 확인한다. 비트 7-4를 1로 만들고, 비트 3-0

을 반전시키고, 비트 11-8을 보존하여 추출하는 동작을 순서대로 수행하고 출력한다.

- (19행) 비트 11-8을 0으로 설정하려면 비트 마스크로 `0xFFFFF0FF`를 사용해야 하지만 ~연산을 사용하면 비트 마스크를 `~0xF00`로 간단하게 나타낼 수 있다.
- (22행) &를 사용한 복합할당 연산자를 사용하여 변수 a를 비트 7-4만 보존한 값을 변경한다.

시프트 연산자

시프트 연산자(shift operator)는 값을 왼쪽 또는 오른쪽으로 몇 비트씩 자리 이동(shift)하는 연산자이다. C 언어는 표 2.23과 같이 2개의 시프트 연산자를 제공한다.

표 2.23 시프트 연산자

연산자	의미	예	비고
<<	왼쪽 시프트(shift left)	a << b	a의 값을 b 비트 왼쪽으로 이동. (오른쪽 끝은 0으로 채움)
>>	오른쪽 시프트(shift right)	a >> b	a의 값을 b 비트 오른쪽으로 이동. (왼쪽 끝은 0 또는 부호 값으로 채움)

왼쪽 시프트 연산자 << 과 오른쪽 시프트 연산자 >> 은 이동 방향을 생각하면 쉽게 기억할 수 있다. 시프트 연산자의 첫째 피연산자는 시프트 시킬 값이며 둘째 피연산자는 이동되는 비트 수이다.

시프트 연산은 다음과 같은 연산을 수행하는 데 사용될 수 있다.

- **2의 거듭제곱 곱셈** : 10진수에서 자리를 왼쪽으로 한 자리 이동하면 10을 곱한 것과 같이 2진수를 왼쪽으로 한 비트 이동하는 것은 2를 곱한 것과 같고, n 비트를 왼쪽으로 시프트하는 것은 2n을 곱하는 것과 같다. 이와 같이 << 연산자는 2의 거듭제곱을 곱하는데 다음과 같이 사용할 수 있다.

```
c = a << n;                                    ... c = a × 2n
```

- **2의 거듭제곱 나눗셈** : 10진수에서 자리를 오른쪽으로 한 자리 이동하면 10으로 나눈 것과 같이 2진수를 오른쪽으로 한 비트 이동하는 것은 2로 나눈 것과 같다. 그리고 n 비트를 왼쪽으로 시프트하는 것은 2n으로 나누는 것과 같다. 이와 같이 >> 연산자는 2의 거듭제곱으로 나누는 데 다음과 같이 사용할 수 있다.

```
c = a >> n;                ... c = a ÷ 2n
```

그리고 오른쪽 시프트 연산 >>은 다음과 같이 비트 마스크 연산과 결합하여 추출된 비트 부분을 최하위 비트 위치로 이동시키는 데 사용한다.

```
b = (a & 0xF0) >> 4;       ... a의 비트 7-4를 추출하고 최하위 비트로 이동
```

왼쪽 시프트를 수행할 때는 최하위 비트는 0으로 채워진다. 그렇지만 오른쪽 시프트를 수행할 때는 부호 없는 정수에 대해서는 최상위 비트는 0으로 채워지지만, 부호 있는 정수에 대해서 최상위 비트인 부호 비트를 그대로 유지하여 부호가 변하지 않도록 한다.

시프트 연산자 <<, >> 도 다음과 같이 복합할당 연산자에서 사용할 수 있다.

```
a <<= b;                      ... a = a << b; 와 같음
a >>= b;                      ... a = a >> b; 와 같음
```

연산자 우선순위

표 2.24는 시프트 연산자와 비트 연산자를 포함하여 지금까지 소개한 연산자의 우선순위와 결합성을 보여준다. 시프트 연산자는 우선 순위가 덧셈, 뺄셈 연산자보다 낮으며, 비트 연산자보다 높다. 그리고 비트 연산자는 &, ^, | 순서로 우선순위가 높다.

표 2.24 연산자의 우선순위와 결합성

우선순위	연산자	결합성
1. 괄호	( ) 후위 ++ 후위 --	좌결합
2. 단항 연산자	단항- **단항+ 전위++ 전위--** (*type*) **sizeof** ~	우결합
3. 곱셈, 나눗셈	* / %	좌결합
4. 덧셈, 뺄셈	+ -	좌결합
5. 시프트	<< >>	좌결합
6. 비트 AND	&	좌결합
7. 비트 XOR	^	좌결합
8. 비트 OR	|	좌결합
9. 할당 연산자	= += -= *= /= %= <<= >>= &= ^= |=	우결합

예 2.20은 시프트 연산자의 여러 동작을 확인하기 위한 프로그램이다.

예 2.20 시프트 연산자를 사용하는 프로그램

```
1   #include <stdio.h>
2
3   int main(void)
4   {
5       int a, b;
6
7       a = 0x39;
8       printf("%d\n", a);          // a를 10진수 출력
9       printf("%d\n", a >> 2);     // 나누기 4
10      printf("%d\n", a << 3);     // 곱하기 8
11      printf("%d\n", (a << 2) + a); // 곱하기 5 (= 4+1)
12
13      b = (a & 0xF0) >> 4;        // 비트 7-4을 추출하여 최하위 비트로 이동
14      printf("b=%x\n", b);
15      b = 1 << 31;                // 최상위 비트(비트 31)가 1이고 나머지는 0인 정수
16      printf("b=%x\n", b);
17
18      a = 0x8000C000;
19      printf("%x\n", a >> 2);              // signed shift right
20      printf("%x\n", (unsigned)a >> 2);    // unsigned shift right
21
22      return 0;
23  }
```

실행

```
57              ... a의 10진수 출력
14              ... a >> 2
456             ... a << 3
285             ... (a << 2) + a = a * 5
b=3             ... a(= 0x39)의 비트 7-4
b=80000000      ... 1 << 31
e0003000        ... signed 시프트 : 부호비트 보존, 최상위 2비트 = 11
20003000        ... unsigned 시프트 : 최상위 2 비트에 = 00
```

- (9-10행) 시프트 연산을 사용하여 4와의 곱셈과 8과의 나눗셈을 수행한다.
- (11행) 4와의 곱셈과 덧셈을 결합하여 5와의 곱셈을 수행한다. << 는 + 보다 우선순위가 낮으므로 << 연산은 괄호를 사용하였다.
- (13행) 0xF0과의 & 연산으로 변수 a의 비트 7-4를 추출하고, >> 연산을 사용하여 4비

트 오른쪽 시프트하여 최하위 비트인 비트 3-0으로 이동한 후 결과를 b에 저장한다. &는 >>보다 우선순위가 낮으므로 & 연산은 괄호를 사용하였다.

- (15행) 비트 n만 1인 정수는 왼쪽 시프트 연산 `1 << n`으로 만들 수 있다.
- (19-20행) 정수는 기본적으로 부호있는 수이다. 0x8000C000는 2진수로 1000··· 이어서 최상위 비트가 1인 정수이며 2비트 오른쪽 시프트를 할 때 부호비트가 보존되어 e0003000 (2진수 1110···) 이 출력된다. 변수 a를 형 변환 연산자 (unsigned)를 사용하여 `unsigned` 자료형으로 변환한 후 2비트 오른쪽 시프트하면 최상위 비트가 0으로 채워져서 20003000 (2진수 0010···)이 출력된다.

연습 2.12

1. 32비트 정수 0x80001234를 4비트 오른쪽으로 회전하면 048000123이 된다. 이러한 회전 연산은 원래의 값을 4비트 오른쪽 시프트한 값과 28비트 왼쪽으로 시프트한 값을 비트 단위 OR를 하여 수행할 수 있다. 변수에 저장된 값에 대해서 4비트 회전 연산을 수행하여, 결과를 16진수로 출력하는 프로그램을 작성하시오.

2. KEY를 문자 `'&'`로 지정한 후 임의의 문자를 KEY로 XOR하고, 이 결과를 다시 KEY로 XOR하여 나타낸 문자를 출력하여 XOR 연산을 사용한 암호화와 복호화 동작을 확인하는 프로그램을 작성하시오.

복습문제

1 표준 입력과 표준 출력은 무엇인가?

2 표준 입출력을 위해서 어떤 헤더 파일을 사용하는가?

3 C 프로그램에 반드시 있어야 하는 함수는 무엇인가?

4 표준 입력과 표준 출력을 위해서 사용하는 대표적인 함수는 무엇인가?

5 식별자 이름에 대한 규칙은?

6 4가지의 기본 자료형은 무엇인가?

7 `short`, `long`, `unsigned`의 기능은 무엇인가?

8 8진수와 16진수 상수의 표기법은?

9 상수에서 자료형을 나타내기 위해서 사용하는 접미사에 대해서 알아보자.

10 대문자와 소문자의 ASCII 코드값의 범위와 차이에 대해서 알아보자.

11 백슬래시로 시작하여 표기하는 문자들을 적어보시오.

12 `#define` 지시자는 무엇을 위해서 사용하는가?

13 변수에 초기값을 주는 방법에 대해서 알아보자.

14 수식(expression)이란 무엇인가?

15 할당문의 동작과 할당문의 수식 값에 대해서 알아보자.

16 곱셈과 나눗셈, 나머지 연산자는 무엇인가?

17 연산자의 우선순위와 결합성이란 무엇인가? 그리고 이 장에서 배운 모든 연산자에 대한 우선순위를 적어보시오.

18 서로 다른 자료형이 섞여 있는 연산이 가능한가? 가능하다면 어떻게 연산을 수행하는가?

19 수식의 자료형을 어떻게 명시적으로 변환하는가?

20 증가, 감소 연산자와 복합할당 연산자에 대해서 알아보시오.

21 비트 연산자와 시프트 연산자의 용도에 대해서 알아보자. ★

22 정수의 특정 비트값이 1인지 여부를 어떻게 확인할 수 있는가? ★

종합문제

1 달의 중력은 지구 중력의 17%이다. 지구에서의 몸무게를 입력하여 달에서의 몸무게로 변환하여 출력하는 프로그램을 작성하시오.

2 원금과 %된 연이율을 입력하여 1년 후의 원리합계를 계산하여 출력하는 프로그램을 작성하시오. (힌트: 원금 a, 연이율 r%에 대해서 원리합계 S는 $S = (1 + \frac{r}{100})a$ 의 식으로 얻어진다.)

3 4개의 정수를 입력하여 입력한 정수의 평균을 계산하여 출력하는 프로그램을 작성하시오. 평균은 실수가 되도록 계산하시오.

4 시간을 분 단위로 입력하여 몇 시간 몇 분인지를 계산하여 출력하는 프로그램을 작성하시오. 예를 들어서 320분은 5시간 20분이다.

5 두 변수 num과 pos에 정수를 입력받아서, num의 비트 pos 위치를 1로 만들어서 원래의 값과 함께 16진수로 각각 출력하는 프로그램을 작성하시오. 예를 들어서 num이 2진수로 10000)이고 pos가 2이면 연산 결과는 2진수로 10100이 된다. (힌트: << 연산자와 | 연산자를 사용한다.) ★

제3장 입출력과 라이브러리 함수

학습 내용

- 라이브러리 함수 개념과 함수 호출
- 기본적인 입출력 함수, 형식 지정 입출력
- 수학 함수, 난수 생성 함수

3.1 라이브러리 함수

C Programming

우리는 앞에서 printf와 scanf 같은 입출력 함수를 사용하였다. C 언어에서는 입력과 출력을 수행하는 프로그램을 함수로 미리 작성해서 프로그래머가 입출력 프로그램을 직접 작성하지 않고 제공된 함수를 호출하여 입출력을 수행할 수 있도록 한다. 미리 작성된 함수들을 모아 놓은 파일을 라이브러리(library)라고 하고 라이브러리에서 제공되는 함수를 라이브러리 함수라고 한다.

C 언어 프로그래밍 환경은 컴파일러 이외에도 프로그래머에게 유용한 많은 라이브러리 함수들을 제공하며 ANSI C 및 그 이후에 개정된 C 언어 표준안에서는 C 언어 문법 이외에도 기본적으로 제공해야 하는 표준 라이브러리 함수들을 함께 정의하고 있다. 라이브러리 함수들은 다음과 같은 여러 유형의 함수들을 포함한다.

- 입출력 함수
- 수학 함수
- 문자열 및 문자 함수
- 동적 메모리 관리 함수
- 기타 함수

이 장에서는 이들 중에서 기본적인 입출력 함수, 수학 함수와 난수 생성 함수를 먼저 소개한다.

함수 호출

앞에서 보았던 printf 함수와 scanf 함수를 사용한 예에서 보았듯이 함수 호출의 일반적인 형식은 다음과 같다.

```
함수이름(인수, 인수, ...)
```

다음의 함수 호출문에서

```
printf("%d", height);
```

printf는 함수 이름이고 "%d"와 height는 인수이다. 인수들은 괄호 안에 넣으며 콤마로 구분한다. 프로그램에서 함수를 호출하면 함수는 그림 3.1과 같이 제공되는 인수(argument)를 사용하여 함수의 프로그램을 실행하며 실행 결과를 제공할 수 있다. 함수의 실행 결과는 함수를 호출한 측에 반환되므로 반환값(return value)이라고 한다.

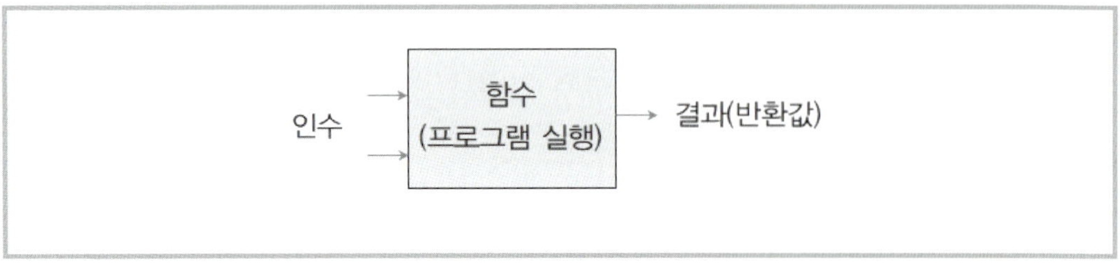

그림 3.1 함수의 동작

라이브러리 함수와 헤더 파일

변수를 사용하기 전에 변수를 선언하는 것과 같이 함수를 사용할 때도 함수의 반환값과 인수의 자료형을 미리 선언해야 한다. 라이브러리 함수들은 <stdio.h>와 같은 헤더 파일에 함수에 대한 선언이 되어 있으므로 라이브러리 함수를 사용할 때 다음과 같이 관련된 헤더 파일을 포함해야 한다. 함수에 대한 자세한 내용은 5장에서 다룬다.

```
#include <stdio.h>              /* 표준 입출력 함수 */
#include <math.h>               /* 수학 함수 */
#include <stdlib.h>             /* 난수 생성함수 */
```

3.2 출력 함수 printf()

printf 함수는 여러 가지 자료형의 값들을 출력 형식(format)을 지정하여 표준 출력 장치(기본적으로 터미널 화면)에 출력한다. 프로그램의 실행 결과는 이 함수를 사용하여 다양한 형식으로 출력할 수 있다. printf 함수의 사용형식은 다음과 같다.

```
printf("제어 문자열", 인수1, 인수2, ... );
```

제어 문자열은 다음의 두 가지를 포함할 수 있다.

- 출력할 문자열
- 출력할 인수 값에 대한 형식 지정자(format specifier)

형식 지정자는 %로 시작되며 각 인수의 출력 형식을 나타낸다. 인수로 상수와 변수뿐만 아니라 임의의 수식을 사용할 수 있다. 제어 문자열에 있는 형식 지정자의 개수는 제어 문자열을 제외한 인수의 개수와 같아야 한다.

예 3.1 여러 개의 형식 지정자를 사용하는 printf 문

```
#include <stdio.h>

int main(void)
{
    int a = 10;
    float x = 5.5;

    printf("a is %d and x is %f. \n", a, x);
    return 0;
}
```

실행	a is 10 and x is 5.500000.

예 3.1은 두 개의 변수의 값을 출력하는 `printf` 문을 포함하는 프로그램이다. 8행의 `printf` 문의 제어 문자열에는 다음과 같이 2개의 형식지정자가 포함되어 있다.

- 첫째 형식 지정자인 `%d` 위치에 인수 a의 값이 10진수로 출력된다.
- 둘째 형식 지정자인 `%f` 위치에 인수 x의 값이 실수 형식으로 출력된다.

이 `printf` 함수의 동작은 그림 3.2와 같이 요약할 수 있다.

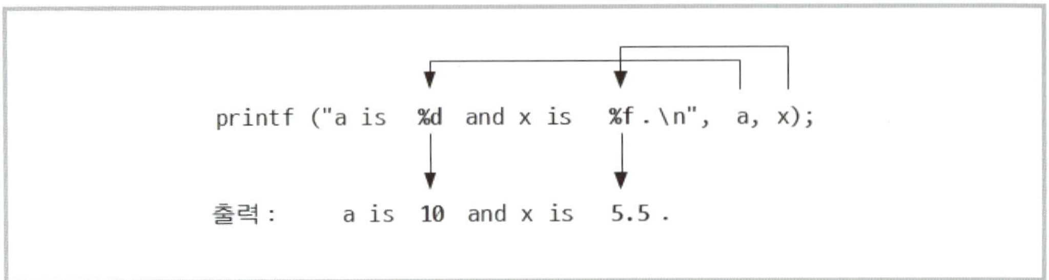

그림 3.2 printf() 함수의 동작

`printf` 함수는 `%d`와 `%f` 이외에도 인수의 값들을 다양한 형식으로 출력할 수 있도록 여러 가지 형식 지정자를 제공한다.

정수 출력 형식 지정자

정수는 10진수뿐만 아니라 8진수와 16진수로 출력할 수 있으며, 자료형의 크기에 따라서 다른 출력 형식 지정자를 사용한다. 표 3.1은 여러 가지 정수 출력 형식 지정자와 출력 예를 보여준다.

표 3.1 printf() 함수의 정수 형식 지정자

형식지정자	출력형식	출력 예 a = −7168	 a = 7168
`%d, %i`	10진수(부호 있는 정수)	-7168	7168
`%u`	10진수(부호 없는 정수)	4294960128	7168
`%o`	8진수	37777776200	16000
`%x`	16진수(소문자 a~f 사용)	ffffe400	1c00
`%X`	16진수(대문자 A~F 사용)	FFFFE400	1C00

%ld %lu %lo %lx %lX	long 자료형 출력	(l = L의 소문자)
%hd %hu %ho %hx %hX	short 자료형 출력	
%lld %llu %llo %llx %llX	long long 자료형 출력	C99

정수 출력 형식 지정자에 대한 주요 사항은 다음과 같다.

- %u 형식 지정자를 사용하면 음수도 unsigned 자료형으로 변환되어 양수로 출력한다.
- 8진수 형식 %o와 16진수 형식 %x는 모두 양수로 출력한다.
- long 자료형의 값은 %ld과 같이 앞에 l이 추가된 형식 지정자를 사용한다. (long 자료형이 int와 같은 크기일 때는 l을 추가하지 않아도 된다.)
- short 자료형의 값은 %hd와 같이 앞에 h가 추가된 형식 지정자를 사용한다.
- long long 자료형의 값은 %lld와 같이 형식 지정자 앞에 ll을 붙여서 사용한다.

실수 출력 형식 지정자

실수에 대해서는 (1) 소수점 형식의 보통의 실수 표기와 (2) 과학용 표기를 선택하여 출력할 수 있으며, 또는 (3) 두 표기법 중 짧은 표기를 자동적으로 선택할 수도 있다. 실수에 대한 형식 지정자는 표 3.2와 같다.

표 3.2 printf() 함수의 실수 형식 지정자

형식지정자	출력형식	출력 예 a = -7168	a = 7168
%f	보통의 실수 표기(지수 없음)	123.500000	12350000.000000
%e	과학용 표기(소문자 e 사용)	1.235000e+02	1.235000e+07
%E	과학용 표기(대문자 E 사용)	1.235000E+02	1.235000E+07
%g	%e와 %f 중 더 짧은 표기	1.235	1.235e+07
%G	%E와 %f 중 더 짧은 표기	1.235	1.235E+07
%a	16진수 유효숫자와 2^p의 지수 p 표기	0x1.ee00000000000p+6 C99	0x1.78e4600000000p+23
%Lf ...	long double 자료형 출력		

실수 형식 지정자에 대한 주요 사항은 다음과 같다.

- 기본적으로 형식 지정자 %f는 소수점 이하 6자리까지, 형식 지정자 %e는 유효숫자의 소수점 이하 6자리까지, 형식 지정자 %g는 유효숫자의 최대 6자리까지 출력한다.
- 형식 지정자 %g는 형식 지정자 %f와 %e의 표기법 중 더 짧은 표기로 출력하는 데 표 3.2의 출력 예와 같이 소수점 이하의 불필요한 0을 출력하지 않으므로 더 간결하게 출력될 수 있다. 형식 지정자 %G도 %e 대신에 %E 표기법을 사용하는 것을 제외하면 %g와 마찬가지이다.
- 실수 형식 지정자는 float와 double에 대해 사용할 수 있으며, long double 자료형에 대해서는 %Lf, %Le, %Lg와 같이 L을 추가하여 사용한다.
- 형식 지정자 %a는 C99에서 추가된 형식으로 실수의 유효숫자는 16진수로, 2의 거듭제곱 값은 p와 함께 10진수로 출력한다. 이 형식을 사용하면 실수의 2진수 표기를 확인할 수 있다.

문자와 문자열 형식 지정자

문자와 문자열에 대해서는 표 3.3과 같은 형식 지정자를 사용한다. %는 형식 지정자를 나타내기 위해서 사용되므로 문자 %를 출력하려면 %% 또는 \%를 사용한다.

표 3.3 printf() 함수의 문자, 문자열 형식 지정자

형식지정자	출력형식	출력 예
%c	문자	a
%s	문자열	Korea
%% \%	문자 %	%

예 3.2 여러 가지 형식으로 자료를 출력하는 printf 문

```
#include <stdio.h>

int main(void)
{
    int a = -7168;
    int b = 7168;
    double r = 123.45678;
```

```
8        double s = 12340000.0;
9        char c = 'A';
10       float f = 123.456;
11
12       printf("%d  %u  %o  %x\n", a, a, a, a);  // 정수 출력
13       printf("%o  %x\n", b, b);                // 정수 8, 16진수 출력
14       printf("%f  %e  %g\n", r, r, r);         // 실수 출력
15       printf("%f  %E  %G\n", s, s, s);         // 실수 출력
16       printf("%s 95%%\n", "C language");       // 문자열 출력
17       printf("%c의 코드: %d %o %x\n", c, c, c, c); // 문자를 문자와 정수로 출력
18
19       printf("%f %e %g\n", f, f, f);           // float 실수 출력
20
21       return 0;
22   }
```

실행

```
-7168  4294960128  37777762000  ffffe400          ... 12행
16000  1c00                                       ... 13행
123.456780  1.234568e+02  123.457                 ... 14행
12340000.000000  1.234000E+07  1.234E+07          ... 15행
C language 95%                                    ... 16행
A의 코드: 65 101 41                                ... 17행
123.456001 1.234560e+02 123.456                   ... 19행
```

예 3.2는 정수, 실수, 문자 등을 여러 가지 형식으로 출력하는 프로그램이다.

- (12행) int 형 변수에 대해서 형식 지정자 %u를 사용하면 부호 없는 정수로 변환되어 출력되며, 8진수 형식 %o와 16진수 형식 %x의 출력은 양수로 출력된다.
- (13행) %o와 %x 형식 지정자는 정수를 8진수와 16진수로 출력한다. 이 형식 지정자는 10진수를 8진수 또는 16진수로 변환하여 출력하는 데 사용할 수 있다.
- (14행) %g 형식의 출력이 %f 형식으로 출력되었지만 불필요한 숫자를 출력하지 않아서 가장 짧다. 그리고 출력되는 유효숫자가 기본적으로 6자리로 제한되어 마지막 8이 출력되지 않았다.
- (15행) %E와 %G는 지수를 e대신에 E로 출력한다. 위의 예에서 %G 형식의 출력이 %E 형식으로 출력되었지만 불필요한 숫자 0들을 출력하지 않아서 가장 짧다.
- (16행) 문자열 상수는 대개 출력형식 문자열에 포함하여 출력하지만, 이 예에서와 같이 인수에 문자열 상수를 넣고 %s 형식 지정자를 사용하여 출력할 수 있다. 그리고 %를

출력하려면 %%를 사용한다.

- (17행) 문자는 %c 형식 지정자를 사용하면 문자를 출력하지만 정수 형식 지정자를 사용하면 문자에 대한 ASCII 코드값을 10진수, 8진수, 16진수로 출력할 수 있다.
- (19행) float 자료형은 32비트로 저장되고 유효자리수가 6자리이다. 실수 123.456은 %f 형식의 출력에서 123.456001과 같이 소수점 이하 6자리까지 출력이 되어 원래의 값과 차이가 있다. 이처럼 float 자료형은 double에 비해 유효자리 수가 작아서 오차가 상대적으로 크므로 컴퓨터 성능에 지장이 없으면 실수는 유효자리 수가 15자리인 double 자료형을 사용하는 것을 권장한다.

다양한 형식 지정 출력

앞에서 소개한 printf 함수의 형식 지정자는 기본적인 출력 형식을 갖고 있다. 형식 지정자의 % 다음에 수정자를 추가하면 다음 사항에 대한 출력 형식을 수정할 수 있다.

- **필드 폭** : 각 값의 출력 장소를 **필드**라고 한다. 필드 폭을 글자 수 단위로 지정할 수 있으며 출력되는 글자가 필드 폭보다 적으면 기본적으로 그림 3.3의 첫 번째와 같이 오른쪽 정렬로 출력된다. 출력이 필드 폭보다 길면 그림 3.3의 두 번째와 같이 그대로 출력된다.
- **왼쪽 정렬** : 출력되는 글자가 필드 폭보다 작은 경우에 왼쪽 정렬로 지정하면 그림 3.3의 세 번째와 같이 출력된다.
- **자릿수** : 소수점 이하 자릿수(%f, %e) 또는 유효숫자 자릿수(%g)를 지정할 수 있다.
- **부호** : 양수에 대해서도 + 부호 출력할 수 있다.
- **진수 접두어** : 16진수 접두어(0x) 또는 8진수 접두어(0) 출력할 수 있다.
- **선행 0 출력** : 필드 폭의 왼쪽 남는 부분을 공백 대신에 0으로 채워서 출력한다.

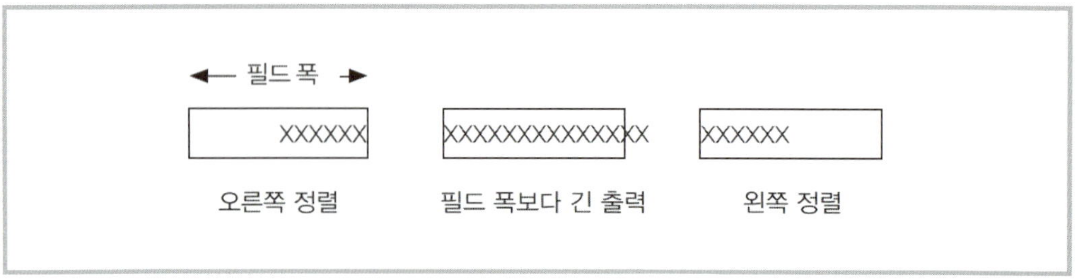

그림 3.3 printf() 출력 필드 폭과 정렬

표 3.4는 수정자가 사용된 여러 가지 형식지정자의 의미와 출력 예이다.

표 3.4 printf 함수의 추가적인 형식 지정 수정자

형식지정자	출력형식	출력 예
%5d	필드 폭이 5글자 폭 (오른쪽 정렬)	␣␣123
%-5d	왼쪽 정렬하여 출력	123␣␣
%8.3f	필드 폭이 8이고 소수점 이하 3자리 출력	␣123.456
%.3f	소수점 이하 3자리 출력	123.456
%6.4g	필드 폭이 6이고 유효 숫자 4자리 출력	␣123.4
%+5d	필드 폭이 5이고 양수도 + 부호를 출력	␣+123
%05d	왼쪽의 남는 부분을 0으로 채운다.	00123
%#x	0x로 시작하여 16진수 출력	0x12af
%#5o	필드 폭이 5이고 0으로 시작하여 8진수 출력	␣0644

␣는 빈칸을 의미함.

예 3.3 다양한 형식으로 자료를 출력하는 printf() 문

```
#include <stdio.h>

int main(void)
{
    int a, b;
    double r;
    int year, month, day;
    char c;

    a = 123;
    printf("|%d|%5d|%-5d|\n", a, a, a);
    r = 123.456;
    printf("|%f|%8.3f|%.3f|%6.4g|\n", r, r, r, r);
    b = 456;
    printf("|%d|%+5d|%05d|\n", b, b, b);
    b = 123;
    printf("|%d|%#x|%#5o\n", b, b, b);

    year = 2022;  month = 1;  day = 4;
    printf("%4d/%02d/%02d\n", year, month, day);    // 연월일 출력

    a = 65; b = 66; c = 67;
```

```
23        printf("%c %c %c\n", a, b, c);
24
25        c = '*';
26        printf("%c%6c%6c%6c\n", c, c, c, c);   // 간격을 띄어서 문자 출력
27
28        return 0;
29    }
```

실행

```
|123|   123|123   |                              ... 11행
|123.456000| 123.456|123.456| 123.5|             ... 13행
|456| +456|00456|                                ... 15행
|123|0x7b| 0173|                                 ... 17행
2022/01/04                                       ... 20행
A B C                                            ... 23행
*     *     *     *                              ... 26행
```

예 3.3은 표 3.4의 다양한 형식지정자를 사용하는 프로그램이다. 형식지정자의 출력 폭을 쉽게 확인할 수 있도록 형식지정자 양쪽에 문자 |를 출력하였다.

- (11행) 정수를 기본 형식과 표 3.4의 1-2행에서 예시한 형식으로 각각 출력한다.
- (13행) 실수를 기본 형식과 표 3.4의 3-5행에서 예시한 형식으로 각각 출력한다. 기본 형식은 소수점 이하 6자리까지 출력하고, 나머지 형식은 자릿수를 지정하여 소수점 이하 3자리까지 또는 유효숫자 4자리를 출력한다.
- (15행) 정수를 기본 형식과 표 3.4의 6-7행에서 예시한 부호 출력형식과 선행 0 출력형식으로 각각 출력한다.
- (17행) 정수를 기본 형식과 표 3.4의 8-9행에서 예시한 0x로 시작하는 16진수와 0으로 시작하는 8진수로 출력한다.
- (20행) 날짜의 연월일을 2022/01/04과 같은 형식으로 출력한다. 여기서 월과 일이 한 자리인 경우에 앞에 0을 채워서 두 자리로 출력한다.
- (23행) 정수를 문자 형식 %c로 출력하면 ASCII 코드에 해당하는 문자가 출력된다.
- (26행) 필드 폭을 지정한 형식지정자 %6c를 사용하여 문자 출력 앞에 5개의 빈칸이 출력되도록 한다. 이러한 방식으로 문자 *를 5칸을 띄워서 4개를 출력한다.

필드 폭을 지정하면 출력되는 글자 수가 다른 출력을 세로로 정렬하여 보기 좋게 출력할 수 있다. 다음은 이러한 예이다.

예 3.4 폭을 지정하여 세로 정렬로 자료를 출력하는 printf 문

```c
1   #include <stdio.h>
2
3   int main(void)
4   {
5       printf("%d  %d\n", 1, 1);                     // 필드 폭 미지정
6       printf("%d  %d\n", 12, 12);
7       printf("%d  %d\n", 123, 123);
8       printf("\n");
9       printf("%5d  %5d\n", 1, 1);          // 필드 폭 지정
10      printf("%5d  %5d\n", 12, 12);
11      printf("%5d  %5d\n", 123, 123);
12      return 0;
13  }
```

실행

```
1  1                          ... 필드 폭 미지정
12  12
123  123

    1      1                  ... 필드 폭 지정
   12     12
  123    123
```

예 3.4의 실행 결과에서 필드 폭을 지정하지 않은 출력은 필요한 자릿수만큼 출력이 되므로 여러 줄의 출력이 세로로 정렬되어 있지 않아서 보기에 좋지 않다(5-7행). 그렇지만 필드 폭을 고정하여 지정하면 여러 줄의 출력이 세로로 나란히 정렬되어 출력된다(9-11행).

연습 3.2

1. 16진수 0x4f를 printf 함수를 사용하여 10진수와 8진수로 변환하여 출력하시오.

2. 2개의 정수 변수 a, b와 실수 변수 c의 값을 임의의 값으로 초기화하고, 변수 값을 출력 폭을 10으로출력하고, 실수는 소수점 이하 둘째 자리까지 출력하시오.

3.3 입력 함수 scanf()

scanf 함수는 표준 입력 장치(기본적으로 키보드)에서 여러 자료형의 자료를 입력받는다. scanf 함수의 사용형식은 printf와 비슷하다. scanf 함수의 일반적인 형식은 다음과 같다.

```
scanf("제어 문자열", 인수1, 인수2, ... );
```

여기서 인수1, 인수2 등은 입력한 자료를 저장할 곳을 나타내며, &a와 같이 변수 앞에 &를 붙여서 사용한다.

- 변수 a에 입력 자료를 저장하려면 &a와 같이 변수 앞에 &를 붙여서 인수로 사용한다. &a는 변수 a의 값을 저장하는 메모리 주소를 나타내는 것으로서 9장에서 포인터를 배울 때 자세히 다룬다.
- 제어 문자열에는 printf 함수에서와 마찬가지로 입력할 자료 개수만큼의 형식지정자가 있어야 한다.

예 3.5 정수와 실수를 함께 입력받는 프로그램

```
#include <stdio.h>

int main(void)
{
    int a;
    float f;

    scanf("%d %f", &a, &f);              /* 입력 */
    printf("%d %f\n", a, f);             /* 입력 변수를 출력 */
    return 0;
}
```

실행1	5 10.3 ↵ 5 10.300000
실행2	5 ↵ 10.3 ↵ 5 10.300000

- 예 3.5은 scanf 함수를 사용하여 정수와 실수를 입력받아서 정수와 실수 변수에 각각 저장하는 프로그램이다. 이 프로그램에서 scanf 함수는 정수와 실수를 순서대로 입력받아서 변수 a와 f에 각각 저장한다. 두 입력은 공백, 탭 또는 [Enter]로 구분하며 실행 2와 같이 두 입력을 줄을 바꾸어서 입력해도 된다.
- 이 scanf 함수의 동작은 그림 3.4와 같이 요약할 수 있다.

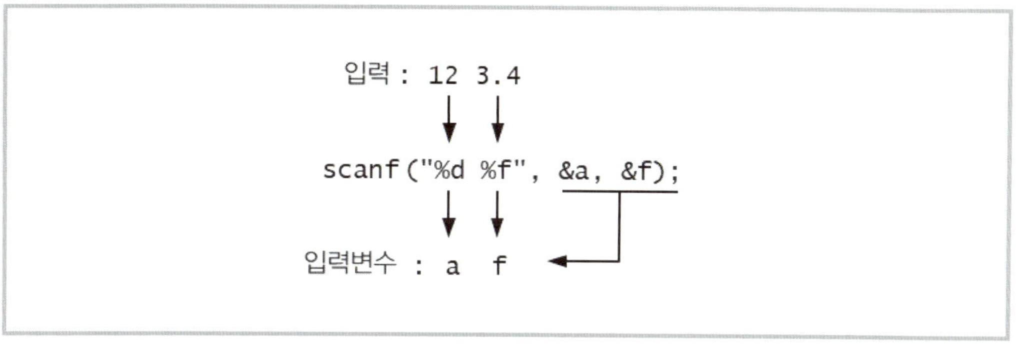

그림 3.4 scanf() 함수의 동작

scanf에서 사용하는 형식 지정자는 printf의 형식 지정자와 비슷하지만 세부적으로는 약간의 차이가 있다. 표 3.5는 scanf에서 사용하는 형식 지정자이다.

표 3.5 scanf() 함수의 형식 지정자

형식지정자	입력	입력 예
%d	10진수 (부호 있는 정수)	123 -123
%u	10진수 (부호 없는 정수)	123 30000
%o	8진수	644
%x, %X	16진수	5f5a 5F5A
%hd %hu %ho %hx %hX	short 자료형 변수	
%ld %lu %lo %lx %lX	long 자료형 변수	
%lld %llu %llo %llx %llX	long long 자료형 변수	C99
%f, %e, %g	실수 (float 자료형 변수)	1.23 3.1e-2 5 (임의의 실수 및 정수 표기)
%lf, %le, %lg	실수 (double 자료형 변수)	
%Lf, %Le, %Lg	실수 (long double 자료형 변수)	
%c	문자	a
%s	문자열	Korea

scanf 함수는 printf 함수와 마찬가지로 long 형 자료를 입력하기 위해서 %ld 등과 같이 형식지정자에 l을 붙여야 하고, short 형 자료를 입력하기 위해서 %hd 등과 같이 형식지정자에 h를 붙여야 한다. 그리고 C99에서 추가된 long long 형 자료를 입력하기 위해서 %lld 등과 같이 형식지정자에 ll을 붙여야 한다.

실수 입력은 printf와는 다르게 %f, %e와 %g의 차이가 없다. 그렇지만 double 형 자료를 입력하기 위해서는 %f 또는 %e 대신에 반드시 %lf 또는 %le를 사용해야 한다. 실수 형식지정자가 사용될 때는 소수점이 없는 정수 표기로 숫자를 입력해도 실수로 입력된다. 형식지정자를 잘못 사용하면 입력이 원하는 대로 되지 않을 수 있으므로 scanf() 함수를 사용할 때 주의해야 한다.

키보드 입력은 자료를 입력한 즉시 scanf() 함수로 입력되는 것이 아니라 그림 3.5와 같이 [Enter]가 입력될 때 줄 단위로 한꺼번에 내부 버퍼(buffer)에 저장되며 scanf() 함수는 버퍼에 저장된 내용으로부터 입력을 받는다. 이러한 키보드 입력 방식을 **라인버퍼 방식**이라고 한다.

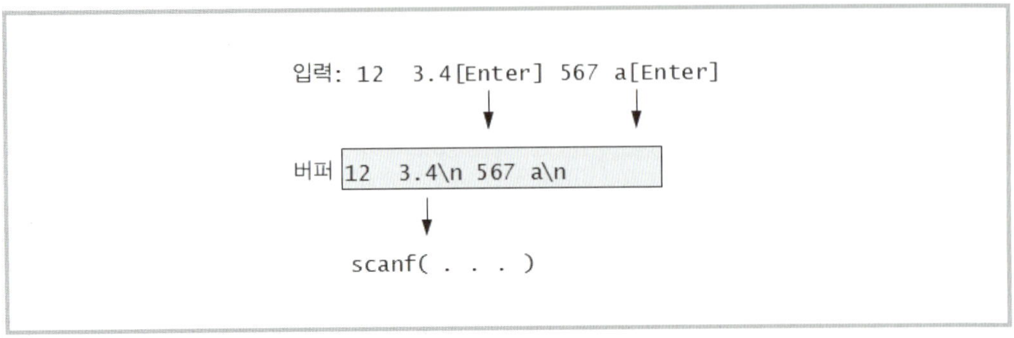

그림 3.5 버퍼 방식 입력

scanf 제어문자열의 문자 ★

scanf 함수를 통하여 여러 개의 자료를 입력받을 때 자료들은 공백, 탭, [Enter]로 구분되며, 각 입력 변수에 대한 형식지정자들도 대개 공백으로 구분하여 사용한다. 그렇지만 형식지정자를 공백 없이 붙여 써도 공백 등으로 구분된 자료들을 순서대로 입력한다. 즉, 다음의 두 문장은 같은 입력 동작을 수행한다.

```
scanf("%d %f %lf", &i, &f, &d);          ... 형식지정자를 공백으로 구분
scanf("%d%f%lf",&i, &f, &d);             ... 형식지정자를 공백없이 나열
```

단, %c 형식지정자를 사용하는 문자 입력에 대해서는 주의해야 한다. 문자 입력들이 공백에

의해서 구분될 때는 반드시 형식지정자들이 공백으로 구분되어야 하며, 공백이 없는 경우에는 입력에서의 공백이 두 번째 문자 입력으로 사용된다. 다음의 두 문장은 같은 입력에 대해서 서로 다른 입력 동작을 수행한다.

```
                                  ... 입력이 a b인 경우
scanf("%c %c", &x, &y);           ... x='a', y='b' 입력
scanf("%c%c", &x, &y);            ... x='a', y=' ' 입력
```

scanf() 함수의 제어 문자열에 형식지정자 이외의 문자들을 사용하는 것은 해당 문자가 입력되어야 한다는 것을 의미하므로 주의해야 한다. 특히 다음과 같이 printf()에서 흔히 사용하는 제어 문자열에 '\n'을 포함하는 잘못을 하기가 쉽다.

```
scanf("%d\n", &a);                ... 잘못된 사용
```

제어 문자열에 콜론 문자를 포함한 다음 문장은

```
scanf("%d : %f", &i, &f);         ... 입력형식은 "정수 : 실수" 임
```

정수와 실수 입력 사이에 다음과 같이 콜론(:)이 입력되어야 정상적으로 입력을 수행한다. 오른쪽 입력과 같이 두 수 사이의 콜론 전후에 공백이 없어도 된다.

```
10 : 2.5      또는    10:2.5
```

예 3.6 여러 가지 자료를 입력받는 프로그램

```
/* 입력내용:     날짜        몸무게     키  등급            */
/* 입력형식:     12/1        73.3    180   A              */
#include <stdio.h>

int main(void)
{
    int mo, date, height;
    double weight;

    scanf("%d / %d", &mo, &date);
    scanf("%lf %d %c", &weight, &height);
    printf("측정일: %d월 %d일, 몸무게 %fkg, 키 %dcm\n",
        mo, date, weight, height);
    return 0;
}
```

실행1	12/1 73.3 180 ↵ 측정일: 12월 1일, 몸무게 73.3 kg, 키 180 cm
실행2	1 / 15 56 160 ↵ 측정일: 1월 15일, 몸무게 56.0 kg, 키 160 cm

예 3.6의 프로그램은 날짜, 몸무게, 키를 순서대로 입력받는데 날짜는 12/1과 같은 형식으로 입력받으며 이를 위해서 제어 문자열에 /를 사용하였다. 몸무게와 키는 각각 실수와 정수로 입력받으며 날짜 입력은 두 번째 실행 예의 1 / 15과 같이 / 전후에 공백이 있어도 된다.

연습 3.3

1. 다음 문장을 포함한 프로그램을 작성하여 실행시켜서 잘못되었음을 확인하고 틀린 곳을 고치시오.

```
double x;
scanf("%f", &x);
printf("x = %f\n", x);
```

3.4 문자의 입출력

C Programming

문자의 입출력은 다음과 같이 scanf 함수와 printf 함수를 형식 지정자 %c와 함께 사용하여 할 수 있다.

```
char  ch;
...
scanf("%c", &ch);
printf("%c", ch);
```

그렇지만 문자를 입출력할 때는 다음 함수를 사용할 수 있다.

- getchar() : (문자 입력 함수) 표준 입력으로부터 한 문자를 입력받아서 반환한다.

- putchar(ch) : (문자 출력 함수) 인수 문자 ch를 표준 출력으로 출력한다.

다음 문장은 getchar 함수를 사용하여 입력한 문자를 정수 변수 ch에 저장한다.

```
int ch;
ch = getchar();                    ... 문자를 입력받아서 변수 ch에 저장
```

getchar 함수는 문자를 int 형으로 반환한다. int 형으로 반환된 문자를 char 형 변수에 저장해도 된다. getchar 함수도 scanf 함수와 같이 라인 버퍼 방식으로 문자를 입력받으므로 [Enter]를 입력해야 그 이전에 입력한 문자가 반환될 수 있다.

다음 두 문장은 putchar 함수를 사용하여 변수 ch에 저장된 문자와 문자 'A'를 각각 출력한다.

```
putchar(ch);              ... 변수 ch에 저장된 문자를 출력
putchar('A');             ... 문자 'A'를 출력
```

예 3.7 문자단위 입출력

```
#include <stdio.h>

int main(void)
{
    int c;

    c = getchar();        // 문자입력
    putchar(c);           // 출력
    c = getchar();        // 문자입력
    putchar(c);           // 출력
    return 0;
}
```

실행1	ab↵ ab
실행2	abcd↵ ab
실행3	a↵ a ... "a\n" 출력

- 예 3.7은 문자를 입력받아서 바로 출력하는 동작을 두 번 수행하는 프로그램이다. [Enter]가 입력되어야 문자 입력이 전달되므로 문자 입력 직후에 입력 문자가 출력되지 않고 [Enter]가 입력된 후 처음에 입력된 두 개의 문자가 한꺼번에 출력된다.
- 첫 번째와 두 번째 실행 예에서는 두 개의 문자가 출력된다. 세 번째 실행 예에서는 한 개의 문자만 출력된 것으로 보이지만 [Enter]도 문자 '\n'으로 입력되어 개행 문자까지 두 개의 문자가 출력된 것이다.

참고

Windows에서의 문자 즉시 입력

getchar 함수가 사용하는 라인 버퍼 방식의 입력은 문자를 키보드에 입력한 즉시 프로그램에 입력되지 않으므로 대화형 프로그램에서는 약간 불편하다. 이러한 불편을 해결하기 위해서 Windows용 C 컴파일러에서는 문자가 즉시 입력되는 **getche** 함수를 제공한다. 이 함수를 사용하기 위해서는 다음과 같이 헤더 파일 **<conio.h>**를 포함해야 하며 UNIX/Linux에서는 지원되지 않는다.

```
#include 〈conio.h〉          ... getche() 함수를 위한 헤더 파일
. . .
ch = getche();              ... 문자 입력 즉시 프로그램에 입력
```

예 3.8 getche()함수를 사용한 문자 입력 (Windows 용)

```c
#include <stdio.h>
#include <conio.h>

int main(void)
{
    int c;

    c = getche();          // 문자 즉시입력
    putchar(c);            // 출력
    c = getche();          // 문자 즉시입력
    putchar(c);            // 출력
    return 0;
}
```

실행	*aabb*	... 문자 입력 즉시 출력한다.

3.5 수학용 라이브러리 함수

수학에서 사용되는 함수들의 값을 프로그래머가 직접 계산하는 것은 쉬운 일이 아니다. C 언어에서는 많은 수학 함수들을 라이브러리 함수로 제공한다. 대부분의 수학 함수를 사용하려면 다음과 같이 헤더 파일 <math.h>를 포함해야 한다.

```
#include <math.h>
```

C 언어에서 제공되는 대표적인 수학 함수들은 다음과 같으며 인수와 반환 값의 자료형은 모두 double이다.

- 삼각 함수: `sin(x), cos(x), tan(x)`
- 역삼각 함수: `asin(x), acos(x), atan(x), atan2(y, x)`
- 쌍곡선 함수: `sinh(x), cosh(x), tanh(x)`
- 지수, 로그 함수: `exp(x), log(x), log10(x), pow(x, y)`
- 기타 함수: `fabs(x), sqrt(x), ceil(x), floor(x), fmod(x, y)`

위의 삼각 함수에서 인수의 단위는 라디안(radian)이다. 각도의 단위가 도(°)이면 $\frac{\pi}{180}$를 곱하여 라디안 단위로 변환하여야 한다. 각 수학 함수에 대한 자세한 사항은 부록 C를 참고하기 바란다.

예 3.9 삼각 함수를 사용하는 프로그램

삼각형의 두 변 b와 c사이의 각도가 α일 때에 다른 한 변 a의 길이는 다음과 같은 공식을 사용하여 구할 수 있다.

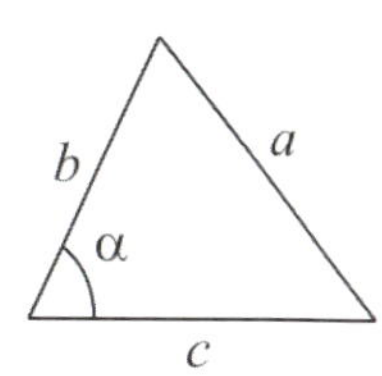

$$a^2 = b^2 + c^2 - 2bc\cos\alpha$$

즉, $a = \sqrt{b^2 + c^2 - 2bc\cos\alpha}$

다음은 두 변과 사잇각의 크기를 입력받아서 이 공식을 사용하여 삼각형의 다른 한 변의 길이를 구하는 프로그램이다.

```
1  #include <stdio.h>
2  #include <math.h>
3  #define PI 3.141592
4
5  int main(void)
6  {
7      double  a, b, c, alpha;
8
9      scanf("%lf %lf %lf", &b, &c, &alpha);          // 두 변과 사잇각(도) 입력
10     a = sqrt(b*b + c*c - 2*b*c*cos(alpha*PI/180.0)); // 다른 한 변 길이 계산
11     printf("a = %f\n", a);                          // 계산 결과 출력
12     return 0;
13 }
```

실행

```
6 3 60 ↵                              ... 두 변과 사잇각(도) 입력
5 10.300000
```

이 프로그램에서 원주율은 기호 상수 PI로 정의하여 사용한다(3행). 다른 한 변의 길이를 구하는 수식은 cos 함수와 sqrt 함수를 사용하여 작성할 수 있다(10행).

연습 3.5

1. 두 점 (a, b)와 (c, d)의 좌표를 입력하여 두 점 사이의 거리를 구하여 출력하는 프로그램을 작성하시오. 두 점 사이의 거리는 다음 공식을 사용하여 구할 수 있다.

$$distance = \sqrt{(a-c)^2 + (b-d)^2}$$

2. 다음 수학식의 값을 계산하는 식을 수학 함수를 사용하여 적으시오. (여기에서 관련되는 함수는 floor, ceil, pow, exp이다.)

(1) $y = \lfloor a \rfloor + \lceil b-1 \rceil$ (2) $10^{1.5}$

(3) $y = \dfrac{1}{1+e^{-z}}$ (Sigmoid 함수)

C Programming

3.6 난수 생성 함수

프로그램에서 유용하게 사용되는 함수 중의 하나가 난수 생성 함수이다. 무작위로 생성되는 숫자를 난수(random number)라고 하는데 C 언어에서는 난수를 생성하는 rand 함수를 표준 라이브러리 함수로 제공한다. 이 함수를 사용하기 위해서는 다음과 같이 헤더 파일 <stdlib.h>를 포함해야 한다.

```
#include <stdlib.h>

i = rand();                               ... 난수 생성 (범위: 0 ~ RAND_MAX)
```

rand 함수는 0에서 RAND_MAX 사이의 정수값을 생성한다. RAND_MAX는 헤더 파일 <stdlib.h>에서 정의된 기호 상수로서 16비트 정수의 최대값인 32767이거나 32비트 정수의 최대값인 2^{31} - 1로 정의된다.

rand 함수는 나머지 연산 등과 결합하여 다음과 같이 다양한 범위의 난수를 생성하는 데 활용할 수 있다.

❶ 0부터 N-1 사이의 정수 난수 생성 : 다음과 같이 % 연산자와 결합한다.

```
i = rand() % N;                      ... 난수 범위 0 ~ N-1
```

❷ 1부터 N 사이의 정수 난수 생성 : 0부터 N-1 사이의 난수를 생성한 후 1을 더한다.

```
i = rand() % N + 1;                  ... 난수 범위 1 ~ N
```

❸ 0과 1 사이의 실수 난수 생성 :

```
i = (double) rand()/(RAND_MAX + 1);   ...  난수 범위 0 ~ 1 (실수)
```

❹ 1과 N 사이의 정수 난수 생성 : 0과 1 사이의 실수 난수에 N을 곱하여 0 이상 N 미만의 실수를 얻은 후 정수로 변환하여 0부터 N-1 사이의 정수를 얻고, 여기에 1을 더하면 1과 N 사이의 정수 난수가 생성된다. 이 방법이 나머지 연산을 사용하는 방법보다 더 좋은 난수 생성 방법이라고 알려져 있다.

```
i = 1 + (int)((double)rand()/(RAND_MAX + 1)*N);         ... 난수 범위 1 ~ N
```

난수 생성 함수는 입력을 임의로 선택해야 할 때 사용되며 시뮬레이션 프로그램에 많이 활용된다.

예 3.10 난수 생성 함수를 사용하는 프로그램

```c
#include <stdio.h>
#include <stdlib.h>

int main(void)
{
    int a, b, c;
    double x, y, z;

    a = rand();                             /* 0과 RAND_MAX 사이의 난수 생성 */
    b = rand();
    c = rand();
    printf("%d %d %d\n", a, b, c);

    a = 1 + rand() % 100;                   /* 1과 100사이의 난수 생성 */
    b = 1 + rand() % 100;
    c = 1 + rand() % 100;
    printf("%d %d %d\n", a, b, c);

    x = (double)rand() / ((long)RAND_MAX + 1); /* 0과 1사이의 실수난수 생성 */
    y = (double)rand() / ((long)RAND_MAX + 1);
    z = (double)rand() / ((long)RAND_MAX + 1);
    printf("%g %g %g\n", x, y, z);

    return 0;
}
```

실행

```
41 18467 6334
1 70 25
0.350281 0.895935 0.822815
```

- 난수 생성 함수 rand는 호출할 때마다 다른 숫자를 생성한다. 이 프로그램의 실행 결과에서 이러한 동작을 확인할 수 있다. 난수 생성 함수는 컴퓨터에 따라서 출력이 다르게 나올 수 있다.

그런데 이 프로그램은 rand 함수가 생성하는 숫자가 호출할 때마다 다를지라도, 출력되는 값들이 항상 같은 결과를 보이는 문제점이 있다. 다음과 같이 srand 함수를 사용하여 난수 생성 함수의 시드(seed) 값을 매번 다르게 지정하면 프로그램을 실행할 때마다 다른 난수를 생성할 수 있다.

```
srand(seed);                    ... 난수 생성 함수용 seed 지정
```

그리고 다음과 같이 현재의 시간을 초 단위의 정수로 반환하는 time 함수를 사용하면 현재의 시간은 같을 수가 없으므로 실행할 때마다 다른 시드 값을 지정할 수 있다. 이 함수를 사용하기 위해서는 다음과 같이 헤더 파일 <time.h>를 포함해야 한다.

```
#include <time.h>
srand( time(NULL) );       ... 현재 시간을 난수 생성 함수의 seed로 지정
```

연습 3.6

1. srand 함수와 time 함수를 사용하여 rand 함수의 시드 값을 지정하고 1에서 10 사이의 정수 난수를 5개를 생성하여 출력하는 프로그램을 작성하시오. 이 프로그램을 여러 번 실행하여 결과를 비교해 보시오.

3.7 표준 입출력의 방향 전환 ★

표준 입력은 기본적으로 키보드 입력이며 표준 출력은 모니터 또는 터미널이다. C 프로그램은 앞에서 소개한 바와 같이 printf 함수나 putchar 함수를 사용하여 표준 출력으로 출력하며 scanf 함수나 getchar 함수를 사용하여 표준 입력으로부터 입력받을 수 있다. UNIX/Linux 셸이나 Windows의 명령어 창과 같은 명령어 방식의 사용자 인터페이스에서는 표준 입출력 장치를 키보드나 모니터가 아닌 파일이나 다른 장치로 바꿀 수 있는 **방향 전환**(redirection) 기능을 제공한다. 이 기능을 사용하면 표준 입출력 함수를 사용하여 파일에서 입력을 받거나 출력을 파일에 저장할 수 있다.

표준 입력의 방향 전환은 다음과 같이 한다.

```
C> myprog < infile                    ... 입력: infile, 출력: 화면
```

그리고 표준 출력의 방향 전환은 다음과 같이 한다.

```
C> myprog > outfile                   ... 입력: 키보드, 출력: outfile
```

표준 입력과 출력을 모두 방향 전환하려면 다음과 같이 위의 두 가지를 결합한다.

```
C> myprog < infile > outfile          ... 입력: infile, 출력: outfile
```

여기서 myprog는 프로그램 이름이고 infile과 outfile은 각각 입력 파일과 출력 파일 이름이다.

이러한 방향 전환 기능을 사용하면 입력할 내용을 미리 파일에 저장한 다음에 파일에서 입력받을 수 있으며 프로그램의 출력을 화면 대신에 파일로 저장하여 보관할 수 있으므로 매우 유용하다.

앞에서 작성한 예 3.5의 프로그램에 대해서 다음과 같이 표준 입출력 방향 전환을 적용해보자. Windows의 명령어 프롬프트 창을 기준으로 설명한다.

❶ 명령어 프롬프트 창을 예 3.5의 프로그램이 있는 폴더로 이동하여 컴파일한다.

```
c> cl ex3-5.c                 ... ex3-5.exe 생성
```

❷ 메모장과 같은 편집기로 다음 입력 자료를 저장하는 파일을 작성하여 저장한다.

```
c> notepad in.txt
```

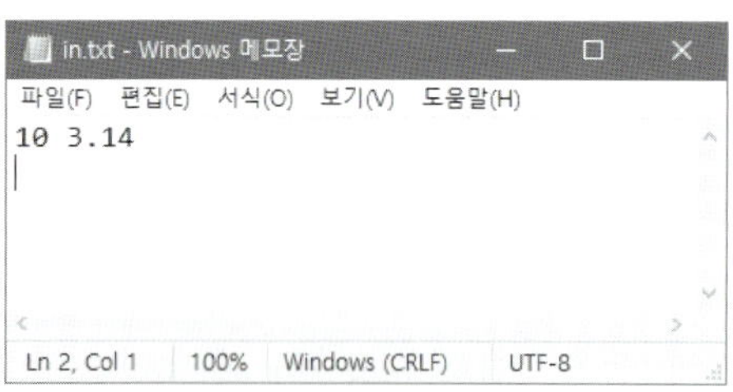

❸ 표준 입력은 in.txt로, 표준 출력은 out.txt로 방향전환하여 프로그램을 실행한다.

```
C> sum < in.txt  > out.txt
```

❹ 파일 out.txt에 저장된 결과를 확인한다.

```
C> type out.txt
10 3.140000
```

Visual Studio에서의 표준 입출력 방향 전환 실행

Visual Studio의 통합 개발 환경에서도 다음과 같이 입력 파일을 편집하고, 프로젝트 속성에서 명령 인수 항목에 입력하여 표준 입출력 방향 전환을 적용할 수 있다.

❶ **입력 파일 편집 :** [파일] - [새로 만들기] - [파일] 메뉴 (단축키 Ctrl-N)를 선택하여 나타난 창에서 [일반] 항목에서 텍스트 파일을 선택하여 새 텍스트 파일을 생성하고 입력 자료를 편집한 후 [파일] - [다른 이름으로 ... 저장] 메뉴를 선택하여 원하는 파일 이름(여기서는 in.txt)으로 저장한다.

❷ **프로젝트 속성 선택 :** [프로젝트] - [Project 속성] 메뉴를 선택하거나, 솔루션 탐색기의 Project에서 마우스의 오른쪽 버튼을 클릭하여 나타난 팝업 메뉴에서 [속성]을 선택한다 (단축키 Alt-Enter).

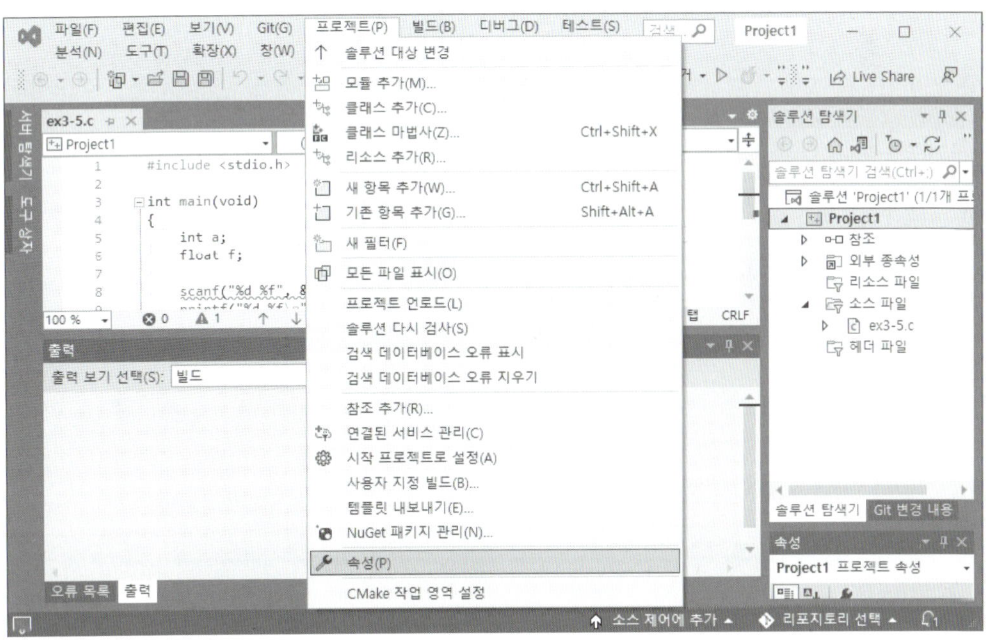

❸ **명령어 인수 입력** : 나타난 “속성 페이지” 창에서 [구성 속성] - [디버깅]을 선택하고 [명령 인수] 항목에 "< `in.txt` > `out.txt`"와 같이 방향 전환을 위한 인수를 입력하고 [확인] 버튼을 누른다.

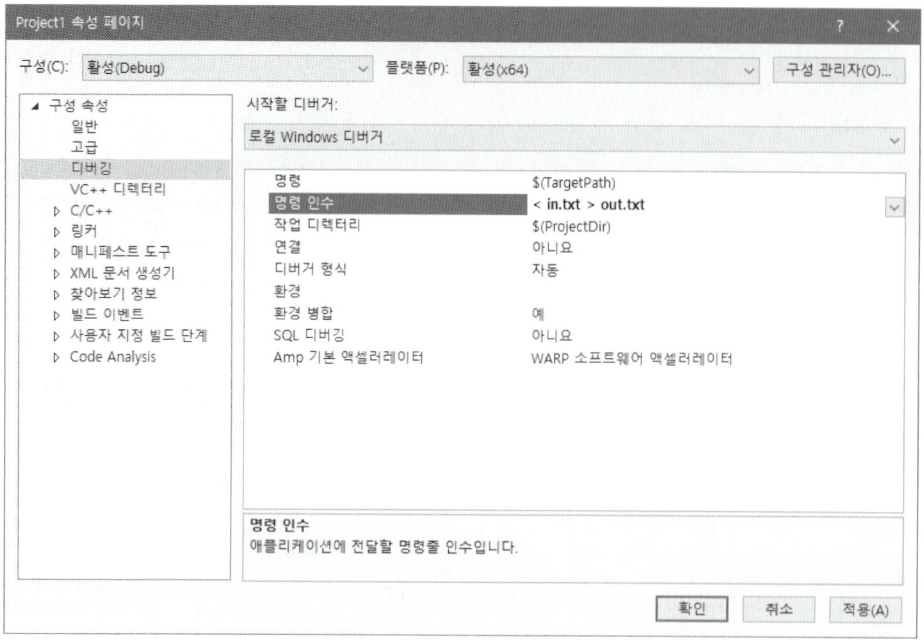

❹ **컴파일 후 실행** : 프로젝트를 컴파일(빌드)한 후 [디버그하지 않고 시작] 메뉴(단축키 Ctrl-F5)를 선택하여 실행한다.

❺ **출력 파일 확인** : [파일] - [열기] - [파일] 메뉴(단축키 Ctrl-O)를 선택하여 출력을 저장한 파일(여기서는 out.txt)을 열어서 출력을 확인한다.

복습문제

1 라이브러리 함수란 무엇인가?

2 정수를 8진수와 16진수로 출력하는 방법은?

3 실수를 짧게 출력하는 방법은?

4 `double` 형 실수를 입력하는 방법은? `float` 형 실수의 입력과 어떠한 차이가 있는가?

5 라인 버퍼 방식의 입력은 무엇인가?

6 수학 함수를 사용하기 위해서는 어떠한 헤더 파일이 필요한가?

7 난수 생성 함수 `rand()`을 사용하기 위해서는 어떠한 헤더 파일이 필요한가?

8 여러 다양한 형식 지정 출력 방법에 대해서 알아보시오.

종합문제

1 시간이 다음과 같은 형식으로 입력된다.

2022/4/5 12:34

이러한 입력을 받아서 다음과 같이 출력하는 프로그램을 작성하시오.

2022년 4월 5일 12시 34분

2 4개의 숫자 a, b, c, d에 대한 산술 평균 A와 기하 평균 G는 다음 식에 의해서 얻어진다.

$$A = \frac{a+b+c+d}{4} \qquad G = (abcd)^{\frac{1}{4}}$$

4개의 실수를 입력받아서 산술 평균과 기하 평균을 계산하여 출력하는 프로그램을 작성하시오.

3 `floor` 함수는 인수보다 크지 않은 가장 큰 정수를 실수로 반환한다. 예를 들어서 인수가 4.3이면 4.0을, 인수가 -1.2이면 -2.0을 반환한다. 이 함수를 사용하여 실수를 가장 가까운 정수로 반올림하여 원래의 수와 함께 출력하는 프로그램을 작성하시오. (힌트: 0.5를 더하여 이 함수를 적용한다.)

4 2부터 20 사이의 10개의 짝수 값을 임의로 생성하여 출력하는 프로그램을 작성하시오. (힌트 : 1부터 10 사이의 값을 생성한 후에 2를 곱하여 출력한다.)

제4장 제어문

학습 내용

- 문장의 종류
- 관계 연산자, 논리 연산자와 조건식
- 선택문 : if, if-else, switch 문, 선택문 응용
- 반복문 : while, for, do-while 문, 반복문 설계 방법 및 응용
- 분기문 : break, continue, goto 문
- 내장 할당, 콤마 연산자
- 디버거 사용 방법

4.1 문장

C Programming

단문

프로그램은 주어진 일을 수행하기 위하여 여러 문장(statement)들이 모여서 구성된다. 우리는 앞에서 다음과 같은 문장들을 보았다.

```
y = x;                  ... 할당
a = b + c;              ... 계산 및 할당
printf("%d", a);        ... 함수 호출
```

위 문장은 다음 형식으로 일반화할 수 있으며 이러한 문장을 단문(simple statement)이라고 한다.

```
수식;                   ... 단문
```

단문으로만 구성된 프로그램은 문장이 나타난 순서대로 실행된다. 다음과 같이 수식이 없이 세미콜론으로만 구성되는 문장을 공문(null statement)이라고 한다.

```
;                       ... 공문
```

공문은 아무 동작도 수행하지 않으며, 수행할 작업이 없지만 문법적으로 문장이 있어야 하는 곳에 사용한다.

제어문

프로그램에 있는 문장들은 기본적으로 작성된 순서대로 실행되지만 대부분의 문제들은 이러한 방식만으로는 해결할 수 없으며, 프로그램의 실행 순서를 변경할 수 있게 하기 위해서 제어문이 제공된다. 제어문(control statement)은 프로그램을 작성하는 데 매우 중요한 역할을 하며 다음과 같이 세 종류로 구분된다.

- **선택문** : if 와 switch 문은 프로그램의 실행 순서를 주어진 조건에 따라서 여러 프로그램 부분 중에서 선택하여 실행할 수 있도록 한다.
- **반복문** : while, do – while과 for 문은 주어진 조건을 만족하는 동안 프로그램 부분의 반복 실행을 지원한다.
- **분기문** : goto, break와 continue 문은 프로그램의 실행 순서를 순서대로가 아닌 다른 곳으로 무조건 이동하도록 한다.

그림 4.1은 순차문과 세 종류의 제어문의 실행 흐름을 그림으로 나타낸 것이다. 이 장에서는 여러 가지 제어문에 대해서 배운다.

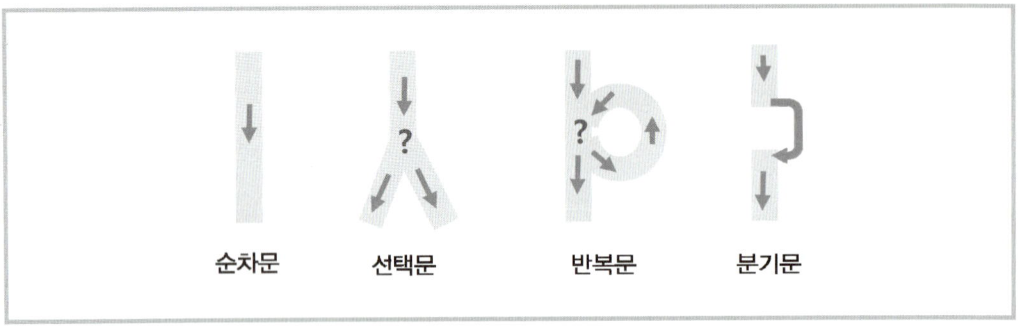

그림 4.1 순차문과 제어문의 실행 흐름

복합문

여러 개의 문장들을 다음과 같이 중괄호 { }로 묶어서 만든 블록을 복합문(compound statement)이라고 하며 복합문은 문법적으로 하나의 문장으로 취급된다.

```
{                                        ... 복합문
    문장
    문장
     ⋮
    문장
}
```

복합문은 문법적으로 한 개의 문장을 사용해야 하는 곳에 여러 개의 문장을 사용할 필요가 있을 때 사용한다. 제어문에서 이러한 복합문이 많이 사용된다. main 함수에서 함수의 몸체도 하나의 복합문이다.

4.2 if 문

그림 4.2와 같이 주어진 조건을 만족하면 문장을 실행하기 위해서 다음 형식의 if 문을 사용한다.

```
if (조건식)
    문장
```

if 문은 조건식이 참이면 조건식 다음에 있는 문장이 실행되고 조건식이 거짓이면 이 문장은 실행되지 않는다. if 문에 속한 문장은 위의 표기와 같이 if 보다 들여쓰기를 하여 if 문에 속한 문장임을 명확하게 나타내는 것을 권장한다. 들여쓰기는 대개 탭(Tab) 문자를 사용하여 수행한다.

예를 들어서 다음 if 문은

```
if (score < 60)
    printf("불합격입니다.\n");
```

성적 score가 60점 미만이면 printf 문이 수행되어 불합격 메시지를 출력한다. score가 60보다 작은지를 판단하기 위하여 연산자 < 가 사용되었다.

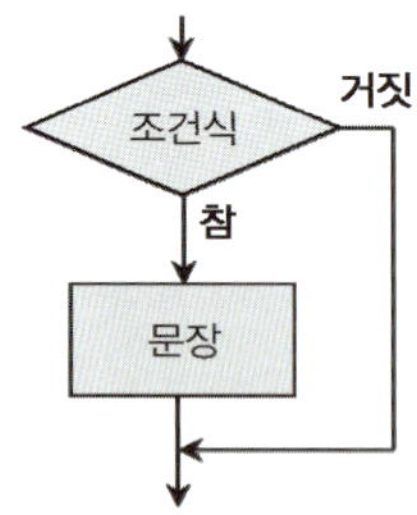

그림 4.2 if 문의 순서도

예 4.1 두 정수 a와 b의 최대값 계산 (if문 사용)

```
1   #include <stdio.h>
2
3   int main(void)
4   {
5       int a, b;                   // 두 입력 정수
6       int max;                    // 최대값
7
8       printf("두 정수를 입력하세요 : ");
9       scanf("%d %d", &a, &b);
10
11      max = a;                    // a를 최대값으로 가정
12      if (b > a)                  // b가 a보다 크면
13          max = b;                // 최대값을 b로 변경
14
15      printf("최대값 max = %d\n", max);
16      return 0;
17  }
```

실행1	두 정수를 입력하세요 : 30 40 ↵ 최대값 max = 40
실행2	두 정수를 입력하세요 : 40 30 ↵ 최대값 max = 40

- 예 4.1은 두 변수 a와 b의 최대값을 변수 max에 저장하는 프로그램이다. 먼저 a를 최대값이라고 가정하여 max에 저장한 후에(11행) b가 a보다 크면 max를 b로 바꾸어 저장하여(12-13행) 최대값을 결정한다. 연산자 >가 크기 비교를 위해서 사용되었다.

- 두 실행 예는 결과는 같지만 실행 과정이 다르다. 첫째 실행 예는 11행에서 최대값이 정해지며 13행은 실행되지 않지만, 둘째 실행 예는 13행에서 최대값이 정해진다.

예 4.2 실수의 절대값 계산

```
1   #include <stdio.h>
2
3   int main(void)
4   {
5       double number;
6
7       printf("실수 입력 : ");
8       scanf("%lf", &number);
9
10      if (number < 0)                 // number가 0보다 작으면
11          number = -number;           // number의 부호를 바꾸어 저장
12
13      printf("절대값 = %g\n", number);
14      return 0;
15  }
```

실행1	실수 입력 : 3.5 ⏎ 절대값 = 3.5
실행2	실수 입력 : -2 ⏎ 절대값 = 2

- 예 4.2는 변수 number에 실수를 입력받은 후 절대값으로 바꾸어 출력하는 프로그램이다. number가 음수이면 number에 -number와 같이 부호를 바꾸어 절대값을 저장한다(10-11행). number가 음수가 아니면 절대값과 같으므로 그대로 사용한다.

복합문을 사용한 if 문

if 문에서 조건식이 참일 때 조건식 다음에 있는 한 개의 문장이 실행된다. if 문에서 조건식이 참일 때에 여러 문장이 수행되도록 하려면 다음과 같이 문장의 위치에 4.1절에서 소개한 복합문을 사용하면 된다. 복합문은 하나의 문장으로 취급되므로 문법적으로 한 문장을 사용해야 하는 곳에 사용할 수 있다.

```
if (조건식) {
    문장
    문장
     ⋮
    문장
}
```

다음 if 문은 성적 score가 60점 미만이면 2개의 printf 문을 수행하는 프로그램으로서 조건식이 참일 때에 2개의 문장을 수행해야 하므로 복합문을 사용해야 한다.

```
if (score < 60) {
    printf("불합격입니다.\n");
    printf("성적은 %d점 입니다.\n", score);
}
```

연습 4.2

1. 두 변수 a와 b의 최소값을 변수 min에 저장하는 문장을 작성하시오.

2. 변수 x가 y보다 작으면 x 값을 1 증가시키고 y 값은 1 감소시키는 문장을 작성하시오. (복합문 사용한다.)

4.3 관계 연산자와 논리 연산자

C Programming

if 문에서 사용하는 참과 거짓을 판단하는 조건식은 대개 값들의 비교로 이루어진다. 값들의 비교에 주로 사용되는 연산자는 관계 연산자와 논리 연산자이다.

관계 연산자

두 값의 크기 비교에 사용되는 연산자를 관계 연산자(relational operator)라고 한다. C 언어에서 제공되는 관계 연산자들은 표 4.1과 같다.

표 4.1 관계 연산자

연산자	의미	예
>	크다(greater than)	x > 100
<	작다(less than)	y < 0
>=	크거나 같다(greater than or equal to)	a >= b
<=	작거나 같다(less than or equal to)	a < 500
==	같다(equal to)	c == ‘y’
!=	같지 않다(not equal to)	c != EOF

관계 연산자의 비교 결과는 참 또는 거짓이다. C 언어에서는 참, 거짓을 위한 별도의 자료형이 없으며 비교 결과가 참(true)일 때는 1을, 거짓(false)일 때는 0을 연산 결과로 제공한다.

관계 연산자는 산술 연산자들보다 우선순위가 낮다. 그리고 ==과 !=는 다른 관계 연산자들보다 우선순위가 낮으며, 동등 연산자(equality operator)라고 구분하여 부르기도 한다.

관계 연산자를 사용할 때 다음 사항에 주의해야 한다.

- >=, <=, ==, !=와 같이 두 문자로 이루어진 연산자들을 띄어 쓰지 않는다.
- =<, =>과 같이 잘못된 연산자를 사용하지 않는다.
- 동등 연산자 ==와 할당 연산자 =를 구별하여 사용한다.

참과 거짓

C 언어의 조건식에서 0이 아닌 값은 참으로, 0은 거짓으로 취급한다. 그러므로 관계 연산자를 사용하지 않은 보통 수식도 조건식으로 사용할 수 있으며, 수식의 계산 결과가 0인지 여부에 따라서 참, 거짓을 판단하게 된다.

다음의 if 문의 조건식은 참, 거짓 판단이 같으므로 같은 동작을 수행한다.

```
if (a != 0) ...          // a가 0이 아닐 때 참
if (a) ...               // a가 0이 아닐 때 참
```

다음과 같이 동등연산자 ==를 할당연산자 =로 잘못 사용하면 a에 0이 저장되고, 이 값이 조건식의 값으로 사용되어 항상 거짓이 된다. 그러므로 이러한 잘못을 하지 않도록 주의해야 한다.

```
if (a = 0) ...          // a에 0이 저장되고, 조건식 값이 0이 되어 거짓
```

논리 연산자

여러 비교 결과를 결합하여 참, 거짓을 판단하고자 할 때 표 4.2와 같은 논리 연산자(logical operator)를 사용한다.

표 4.2 논리 연산자

연산자	의미
&&	논리곱(AND) - 두 피연산자가 모두 참일 때 결과가 참이다.
||	논리합(OR) - 두 피연산자 중 한 개 이상이 참일 때 결과가 참이다.
!	부정(NOT) - 피연산자의 참, 거짓의 반대 결과를 제공한다.

논리 연산자는 &&과 ||은 관계 연산자보다 우선순위가 낮으며 &&는 ||보다 우선순위가 높다. 그리고 연산자 !은 단항 연산자로서 다른 단항 연산자와 같이 산술 연산자보다 높은 우선순위를 가진다.

논리 연산자의 결과는 0(거짓) 또는 1(참)이다. 이에 비해서 비트 단위 AND, OR 연산자 &와 |는 비트 단위로 연산이 이루어지므로 결과는 임의의 값을 가질 수 있다.

예 4.3 범위에 포함되는 지 여부를 확인하기

```
#include <stdio.h>

int main(void)
{
    int number;

    printf("정수를 입력하세요. ");
    scanf("%d", &number);

    if (number >= 80 && number < 90)
        printf("입력은  80이상 90미만입니다.\n");

```

```
13        return 0;
14    }
```

실행1	정수를 입력하세요. 40 ↵
실행2	정수를 입력하세요. 85 ↵ 입력은 80이상 90미만입니다.
실행3	정수를 입력하세요. 99 ↵

- 예 4.3은 정수를 입력하여, 80 이상 90 미만이면 이러한 내용을 출력하는 프로그램이다. number가 80 이상 90 미만임을 판단하려면 `number >= 80`과 `number < 90`이 동시에 참이어야 하므로 두 식을 논리 연산자 &&로 결합한 조건식을 사용한다(10행).

표 4.3 여러 가지 문제에 대한 조건식 예

	조건	조건식
1	a가 0이상, 100미만이다.	`a >= 0 && a < 100`
2	a가 100이상이거나 0미만이다.	`a >= 100 || a < 0`
3	x, y, z 중 x가 가장 작은 수이다.	`x <= y && x <= z`
4	x가 y 또는 z보다 작으며 0.0보다 크다.	`(x < y || x < z) && x > 0.0`
5	a와 b의 합이 c에서 d를 뺀 수 보다 작다.	`a + b < c - d`
6	count가 0이다.	`count == 0` 또는 `!count`
7	count가 0이 아니다.	`count != 0` 또는 `count`

표 4.3은 논리 연산자를 사용하여 비교 결과를 결합하는 여러 가지 조건을 나타내는 조건식에 대한 예이다. 4번 조건식에서 ||가 &&보다 우선순위가 낮으므로 괄호를 사용해야 한다. 5번 조건식에서는 +, -가 < 보다 우선순위가 높으므로 괄호를 사용하지 않아도 된다. 6번과 7번의 두 번째 조건식에서와 같이 0과 같은지 여부를 비교할 때는 0은 거짓이고 0이 아닌 값은 참인 성질을 사용하면 관계 연산자를 사용하지 않고도 조건식을 표현할 수 있다.

예 4.4 영문자(alphabet) 여부 판단하기

다음은 한 문자를 읽어서 입력 문자가 영문자(alphabet)가 아니면 알파벳이 아니라고 출력하는 프로그램이다.

```
#include <stdio.h>

```

```
3   int main(void)
4   {
5       int  c;
6   
7       c = getchar();
8       if ( ! ( c>='A' && c<='Z' || c>='a' && c<='z' ) )
9           printf("An input character is not alphabet.\n");
10      return 0;
11  }
```

실행1	# ↵ An input character is not alphabet.
실행2	y ↵

- 이 프로그램에서 입력 문자가 영문자인지 여부를 판단하는 데 관계 연산자와 논리 연산자를 사용한다. 영문자는 대문자와 소문자가 각각 알파벳 순서대로 코드값을 가지므로 숫자처럼 크기 비교를 할 수 있다. 식 `c>='A' && c<='Z'`는 문자 c가 대문자인지를 판단하는 조건식이고, 식 `c>='a' && c<='z'`는 c가 소문자를 판단하는 조건식이다. 이 두 조건식 중 하나가 참이면 문자 c는 영문자이므로 두 조건식을 다음과 같이 OR 연산자 ||로 결합하면 문자 c가 영문자인지를 판단하는 조건식이 된다.

  ```
  c>='A' && c<='Z' || c>='a' && c<='z'        ... c가 영문자이면 참
  ```

  이 식에서 &&가 ||보다 우선순위가 높으므로 괄호를 사용하지 않아도 된다.

다음과 같이 NOT 연산자 !를 위의 조건식에 적용하면 영문자가 아님을 판단하는 조건식이 된다.

```
!( c>='A' && c<='Z' || c>='a' && c<='z' )        ... c가 영문자가 아니면 참
```

예 4.4에서 대문자도 아니고 소문자도 아니면 영문자도 아니므로 8행의 `if` 문의 조건식을 다음과 같이 작성할 수도 있다.

```
if ( !( c>='A' && c<='Z' ) && !( c>='a' && c<='z' ) )        ... 8행의 대안
```

위와 같은 조건식의 동치에 대한 법칙이 **드모르간 법칙**이다. 드모르간 법칙을 C언어 연산자를 사용하여 나타내면 다음과 같다.

```
!(p || q) ≡ !p && !q
!(p && q) ≡ !p || !q
```

조건 플래그 변수

if 문에서 조건식이 복잡할 경우에 다음과 같이 조건식의 결과를 변수에 저장한 후 이 변수를 if 문의 조건식으로 사용하면 편리하다. 조건식의 결과와 같이 참, 거짓의 상태를 저장하는 용도로 사용하는 변수를 플래그(flag)라고 부른다.

```
flag = 조건식;
if (flag) {
    ⋮
}
```

예 4.5 조건식에 플래그 변수를 사용하는 프로그램 – 윤년 여부 판단

다음은 연도 year가 윤년이면 "...년은 윤년입니다"라고 출력하는 프로그램이다. 윤년은 4로 나누어지면서 100으로 나누어지지 않는 연도이거나 400으로 나누어지는 연도를 말한다.

```
#include <stdio.h>

int main(void)
{
    int year;              // 년
    int isleap;            // 윤년 플래그

    printf("연도는? ");
    scanf("%d", &year);
    isleap = (year % 4 == 0) && (year % 100 != 0) || (year % 400 == 0);
    if (isleap)
        printf("%d년은 윤년입니다.\n", year);
    return 0;
}
```

실행1	연도는? *2020* ↵ 2020년은 윤년입니다.
실행2	연도는? *1900* ↵
실행3	연도는? *2021* ↵

예 4.5의 프로그램에서 11행의 `if` 문에 다음과 같이 윤년 여부를 판단하는 조건식을 직접 넣어서 작성할 수 있으나

```
if ((year % 4 == 0) && (year % 100 != 0) || (year % 400 == 0))
```

조건식이 다소 복잡하므로 이 프로그램에서는 윤년 여부를 판단하는 조건식의 결과를 플래그 변수 `isleap`에 저장한 후에(10행) 이 플래그 변수를 `if` 문의 조건식으로 사용하였다(11행). 10행의 조건식에서 관계 연산자가 논리 연산자보다 우선순위가 앞서므로 괄호를 사용할 필요가 없으나 이해하기 쉽도록 괄호를 사용하였다.

참고

_Bool 자료형 C99

2.4절에서 소개한 바와 같이 C99에서 참, 거짓 값을 위한 정수 자료형인 부울 자료형 `_Bool`이 추가되었다. 이 자료형은 0과 1만 가질 수 있다. 다음과 같이 0이 아닌 값이 `_Bool` 자료형 변수 `flag`에 저장될 때 `flag`에는 1이 할당된다.

```
_Bool flag;
flag = 5;              // flag에 1이 할당됨
```

`_Bool` 자료형은 조건 플래그 변수의 자료형에 적합하다. 예 4.5에서 6행의 isleap은 다음과 같이 `_Bool` 자료형으로 선언해도 된다.

```
_Bool isleap;          // 조건 플래그 변수
```

그리고 헤더 파일 `<stdbool.h>`를 포함하면 다음과 같이 `bool`을 `_Bool` 대신에 사용할 수 있으며 참과 거짓을 나타내기 위해서 `true`와 `false`를 1과 0 대신에 사용할 수 있다.

```
#include <stdbool.h>
...
bool flag;
flag = true;
```

논리 연산자를 포함한 식의 단축 평가

논리 AND 연산자를 포함하는 다음 수식에서

```
수식1 && 수식2          ... 수식1이 거짓이면 수식2 계산하지 않음
```

수식1이 거짓(0)이면 수식2의 결과와 관계없이 논리 AND 연산 결과는 거짓(0)이므로 수식

2는 계산할 필요가 없다. 전체 수식을 계산하지 않고 결과를 얻을 수 있을 때 도중에 계산을 멈추는 것을 단축 평가(short-circuit evaluation)라고 하며, C 언어에서는 논리 AND 연산을 수행할 때 이같이 단축 평가를 한다.

논리 OR 연산자를 포함하는 다음 수식에서

```
수식1 || 수식2                ... 수식1이 참이면 수식2 계산하지 않음
```

수식1이 참(1)이면 수식2의 결과와 관계없이 논리 OR 연산 결과는 참(1)이 되므로 수식2는 계산할 필요가 없다. C 언어에서는 논리 OR 연산을 수행할 때 이같이 단축 평가를 한다.

C 언어에서는 논리 연산 수행할 때 단축 평가를 하므로 다음과 같은 조건식을 사용하는 것이 가능하다.

```
a != 0 &&  b / a > 10              ... a가 0이면 나눗셈을 수행하지 않음
```

이 조건식은 a가 0이 아니고 b를 a로 나눈 몫이 10보다 클 때 참인 식이다. 단축 평가를 하지 않는다면 a가 0일 때에는 b/a에서 0으로 나누는 연산을 하게 되어 계산 오류가 발생하지만, C 언어에서는 단축 평가를 하므로 a가 0일 때 a != 0이 거짓이 되어 b/a의 연산을 하지 않고 거짓(0)의 결과를 내준다.

연습 4.3

1. 실수는 10진수를 2진수로 변환하는 과정에서 컴퓨터에서 정확하게 표현되지 못할 수 있다. 그러므로 실수의 동등 비교는 주의해야 한다. 다음 프로그램의 결과를 예측해 보시오. 그리고 이 문장을 실행하는 완전한 프로그램을 작성하여 실제로 실행시켜서 결과를 확인하고 예측한 결과와 비교하시오.

```
if (25.3 - 15.2 == 10.1)
    printf("Equal!\n");
```

2. 다음에 대한 조건식을 작성하시오.

   (1) number는 짝수이다. (힌트: number를 2로 나눈 나머지가 0임)

   (2) w는 6과 같거나 3 이하이다. (힌트: 논리 OR 연산 포함)

   (3) y는 x보다 크고 z보다 작다. (힌트: 논리 AND 연산 포함)

4.4 if-else 문

그림 4.2와 같이 주어진 조건식의 참, 거짓에 따라서 서로 다른 문장들을 실행하게 하려면 양자 택일문인 `if-else` 문을 사용한다.

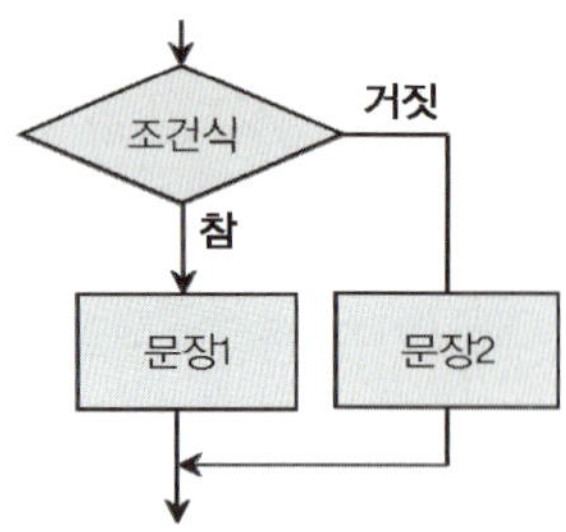

그림 4.3 if-else 문의 순서도

`if-else` 문의 형식은 다음과 같다.

```
if (조건식)
    문장1                    ... if의 목표문
else
    문장2                    ... else의 목표문
```

`if-else` 문에서 조건식이 참이면 조건식 다음에 있는 문장1이 실행되며 조건식이 거짓이면 `else` 다음에 있는 문장2가 실행된다. 여기서 문장1을 `if`의 목표문, 문장2를 `else`의 목표문이라고 부른다. `if` 문과 `if-else` 문은 목표문을 포함한 전체가 하나의 문장으로 취급된다.

`if` 문에서와 마찬가지로 두 목표문은 위와 같이 들여쓰기할 것을 권장한다. 들여 쓰기를 해야 `if` 또는 `else`에 대한 목표문임을 명확하게 알 수 있다. 목표문이 짧은 경우에는 다음과 같이 목표문을 `if` 또는 `else`와 같은 줄에 적기도 한다.

```
if (조건식) 문장1
else 문장2
```

목표문이 여러 문장으로 구성되는 경우 다음과 같이 { ... }를 사용하는 복합문을 사용해야 한다.

```
if (조건식) {
    문장
     ⋮
} else {
    문장
     ⋮
}
```

다음 if-else 문은 성적이 60점 이상이면 합격 메시지를, 그렇지 않으면 불합격 메시지를 출력한다.

```
if (score >= 60)
    printf("합격입니다.\n");
else
    printf("불합격입니다.\n");
```

예 4.6 두 정수 a와 b의 최대값 계산 (if-else문 사용)

다음은 예 4.1에서 소개한 두 변수 a와 b의 최대값을 구하여 max에 저장하는 프로그램을 if-else 문을 사용하여 다시 작성한 것이다.

```
#include <stdio.h>

int main(void)
{
    int a, b;               // 두 입력 정수
    int max;                // 최대값

    printf("두 정수를 입력하세요 : ");
    scanf("%d %d", &a, &b);

    if (b > a)              // b가 a보다 크면 b가 최대값
        max = b;
    else                    // 그렇지 않으면 a가 최대값
        max = a;

    printf("최대값 max = %d\n", max);
```

```
17        return 0;
18    }
```

실행	두 정수를 입력하세요 : *30 40* ↵ 최대값 max = 40

이 프로그램에서는 두 정수 a와 b의 최대값 max를 미리 가정하지 않고, `if-else` 문을 사용하여 a와 b의 크기 관계에 따라서 결정하였다(11-14행).

예 4.7 나눗셈 프로그램 – 제수가 0인지 여부 검사

다음은 두 정수를 입력하여 첫째 수(피제수)를 둘째 수(제수)로 나눈 몫을 출력하는 프로그램이다.

```
#include <stdio.h>

int main(void)
{
    int dividend, divisor;

    printf("두 수를 입력하시오 : ");
    scanf("%d %d", &dividend, &divisor);
    if (divisor == 0)
        printf("0로 나눌 수 없습니다\n");
    else
        printf("몫은 %d 입니다.\n", dividend / divisor);
    return 0;
}
```

실행1	두 수를 입력하시오 : *100 8* ↵ 몫은 12 입니다.
실행2	두 수를 입력하시오 : *30 0* ↵ 0로 나눌 수 없습니다

이 프로그램에서 제수 divisor가 0일 때에는 나눌 수 없으므로 나눗셈을 수행하지 않고 에러 메시지를 출력하고, 그렇지 않으면 나눗셈을 수행하여 몫을 출력한다.

▶ 조건 연산자

예 4.6과 같이 조건식 결과에 따라서 변수에 저장되는 값이 정해지는 경우 `if-else` 문을 사용하는 것 대신에 다음과 같이 ?와 :로 구성된 조건 연산자를 사용하여 간결하게 나타낼 수 있다.

```
max = (b > a) ?  b : a;                    ... 예 4.6의 11-14행과 같은 의미
```

조건 연산자를 사용한 수식의 형식은 다음과 같다. 조건 연산자의 결과는 조건식이 참일 때에는 수식1의 값이며, 거짓일 때에는 수식2의 값이다.

```
조건식 ? 수식1 : 수식2
```

조건 연산자의 우선순위는 할당 연산자 = 보다 높고 그 밖의 연산자보다는 낮다. 위의 max에 대한 식에서 조건식의 괄호는 없어도 되지만 조건식을 명확히 보일 수 있도록 괄호를 사용하였다. max에 대한 문장은 `if-else` 문처럼 다음과 같이 나타낼 수도 있다.

```
(b > a) ? (max = b) : (max = a);
```

이 문장에서는 =가 조건 연산자보다 우선순위가 뒤이므로 =를 포함한 식에 반드시 괄호를 사용해야 한다.

예 4.8 조건 연산자를 사용한 절대값 계산

예 4.2의 절대값을 계산하는 프로그램을 다음과 같이 조건 연산자를 사용하여 작성할 수 있다.

```
#include <stdio.h>

int main(void)
{
    double number;
    double abs_value;               // 절대값

    printf("실수 입력 : ");
    scanf("%lf", &number);

    abs_value = (number < 0) ? -number : number;

    printf("절대값 = %g\n", abs_value);
    return 0;
}
```

실행1	실수 입력 : *10.34*↵ 절대값 = 10.34
실행2	실수 입력 : *-3.4* ↵ 절대값 = 3.4

연습 4.4

1. 예 4.5의 프로그램을 윤년일 때의 출력뿐만 아니라 윤년 아닐 때도 평년이라고 출력하도록 수정하시오.

2. 조건 연산자를 사용하여 두 수 a, b의 최소값을 min에 저장하는 문장을 작성하시오.

4.5 중첩된 if 문

C Programming

if 문이나 if-else 문도 문장이므로 if나 else의 목표문에 if나 if-else 문을 사용할 수 있으며 이러한 문장을 중첩된(nested) if 문이라고 한다. 중첩된 if 문은 조건을 여러 단계로 나누어서 판단해야 할 때 유용하게 사용할 수 있다.

예 4.9 중첩된 if 문을 사용한 프로그램

변수 a와 b의 부호에 따라서 다음 표와 같이 부여된 그룹 번호를 출력하는 프로그램을 다음과 같이 if 문을 중첩하여 작성할 수 있다.

a	b	출력
a ≥ 0	b ≥ 0	Group 1
a ≥ 0	b < 0	Group 2
a < 0	b ≥ 0	Group 3
a < 0	b < 0	Group 4

```
#include <stdio.h>

```

```
3  int main(void)
4  {
5      int a, b;
6
7      printf("두 정수를 입력하세요 : ");
8      scanf("%d %d", &a, &b);
9
10     if (a >=0) {
11         if (b >= 0)
12                 printf("Group 1\n");
13         else
14                 printf("Group 2\n");
15     } else {
16         if (b >= 0)
17                 printf("Group 3\n");
18         else
19                 printf("Group 4\n");
20     }
21     return 0;
22 }
```

실행1	두 정수를 입력하세요 : *10 6* ↵ Group 1
실행2	두 정수를 입력하세요 : *-5 2* ↵ Group 3

이 프로그램에서 if와 else의 목표문이 모두 if-else 문으로 되어있다(11-14행, 16-19행). if-else 문은 한 문장이므로 중괄호 { }는 없어도 되지만 중첩된 if 문에서 목표문을 명확하게 나타내기 위해서 { }를 사용하였다.

다단계 if 문

그림 4.4와 같이 여러 조건식을 단계적으로 사용하여 여러 개의 문장 중 하나를 선택하여 실행하는 다중 선택문은 else들의 목표문으로 if-else 문을 계속하여 사용하는 중첩된 if 문으로 나타낼 수 있으며 이를 다단계 if 문이라고 부른다.

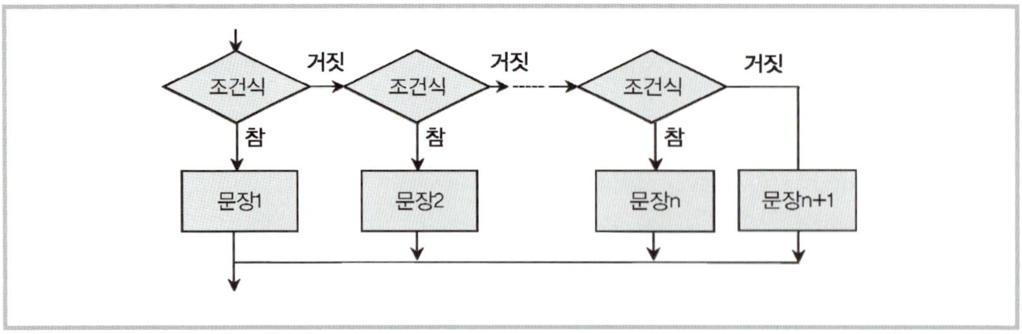

그림 4.4 다단계 if 문 순서도

그림 4.4에 대한 다단계 `if` 문은 앞에서 권장한 대로 들여쓰기를 하면 너무 깊게 들여쓰기가 되어서 이해하기 어려워지므로 대개 다음과 같은 형식으로 작성한다.

```
if (조건식1)
    문장1
else if (조건식2)
    문장2
     ⋮
else if (조건식n)
    문장n
else
    문장n+1
```

예 4.10 다단계 if 문을 사용한 프로그램

다음은 점수에 따라서 다음 표와 같이 등급을 부여하는 프로그램이다.

점수	등급
90 이상	A
80 이상 90 미만	B
70 이상 80 미만	C
60 이상 70 미만	D
60 미만	F

```
#include <stdio.h>

int main(void)
{
```

```
    int  score;
    char grade;

    printf("성적 입력 : ");
    scanf("%d", &score);

    if (score >= 90)  grade = 'A';
    else if (score >= 80)  grade = 'B';
    else if (score >= 70)  grade = 'C';
    else if (score >= 60)  grade = 'D';
    else  grade = 'F';

    printf("등급 : %c\n", grade);
    return 0;
}
```

실행1	성적 입력 : *85* ↵ 등급 : B
실행2	성적 입력 : *50* ↵ 등급 : F

예 4.10의 프로그램은 점수 score에 따라서 등급 grade를 부여하는 데 다단계 if 문으로 작성할 수 있다. 이 프로그램에서 if와 else의 목표문이 짧으므로 같은 줄에 작성하였다. else는 앞의 조건식이 만족하지 않음을 포함한 것이므로 이 프로그램에서 else if의 조건식을 다음과 같이 작성하지 않도록 해야 한다.

```
if (score >= 90) grade = 'A';
else if (score >= 80 && score < 90) grade = 'B';    ... score < 90은 불필요
  ...
```

score가 90보다 작다는 것은 else에 포함된 것이므로 조건식에서 score < 90은 필요 없다.

예 4.11 다단계 if 문을 사용한 여러 가지 연산을 수행하는 프로그램

다음은 2+3과 같이 정수, 연산자, 정수를 순서대로 입력받아 이 연산을 수행하는 프로그램이다. 연산자로 +, –, *, /를 사용할 수 있다.

```
#include <stdio.h>

```

```
3   int main(void)
4   {
5       int  a, b;             /* 피연산자 */
6       char  op;              /* 연산자 */
7   
8       printf("1 + 2와 같은 간단한 수식을 입력하시오. > ");
9       scanf("%d %c %d", &a, &op, &b);
10  
11      if (op == '+')
12          printf("결과 = %d\n", a + b);
13      else if (op == '-')
14          printf("결과 = %d\n", a - b);
15      else if (op == '*')
16          printf("결과 = %d\n", a * b);
17      else if (op == '/') {
18          if (b != 0)
19                  printf("결과 = %d\n", a / b);
20          else
21                  printf("0으로 나눌 수 없습니다.\n");
22      } else
23          printf("연산자 %c를 지원하지 않습니다.\n", op);
24  
25      return 0;
26  }
```

실행1	1 + 2와 같은 간단한 수식을 입력하시오. > *1 + 2* ↵ 결과 = 3
실행2	1 + 2와 같은 간단한 수식을 입력하시오. > *1-3* ↵ 결과 = -2
실행3	1 + 2와 같은 간단한 수식을 입력하시오. > *13 / 4* ↵ 결과 = 3
실행4	1 + 2와 같은 간단한 수식을 입력하시오. > *13/0* ↵ 0으로 나눌 수 없습니다.
실행5	1 + 2와 같은 간단한 수식을 입력하시오. > *3 x 8* ↵ 연산자 x를 지원하지 않습니다.

- (9행) scanf 함수를 사용하여 1 + 2와 같은 형식의 수식을 입력하여 피연산자는 a와 b에, 연산자는 op에 저장한다. 1+2와 같이 피연산자와 연산자 사이에 빈칸이 없어도 수식이 입력된다.

- (11-23행) 연산자 op에 따라서 연산을 수행하여 결과를 출력하는 코드를 다단계 `if` 문을 사용하여 작성하였다.
- (18-21행) 나눗셈에서는 제수 b가 0인지 여부를 검사한 후 나눗셈을 수행한다.
- (23행) 사용 가능한 연산자가 아니면 마지막 `else`에서 에러 메시지를 출력한다.

중첩된 if 문에서의 else 문제

중첩된 `if` 문에서 목표문이 `if` 문이나 `if-else` 문일 때 `else`가 어느 `if`에 대한 것인지를 잘 판단해야 한다. `else`는 관련된 `else`가 없는 가장 가까이 있는 `if`와 관련된다.

예를 들어서, 다음 문장에서

```
if (p)
    if (q)
        문장1
else            ... 잘못된 들여쓰기
    문장2
```

`else`는 들여쓰기 위치로 판단하면 첫째 `if`와 관련된 것으로 보이지만, 이 문장은 들여쓰기를 잘못한 것으로서 실제로는 가까이 있는 둘째 `if`와 관련되며 이를 명확하게 나타내기 위해서는 다음과 같이 관련되는 if와 같은 위치에 들여쓰기할 필요가 있다.

```
if (p)
    if (q)      ... 첫째 if의 목표문은 if-else 문
        문장1
    else        ... 둘째 if에 대한 else
        문장2
```

`else`를 첫째 `if`와 관련되는 것으로 작성하려면 다음과 같이 첫째 `if`의 목표문을 중괄호 { }를 사용하여 복합문으로 작성하여 목표문의 범위를 명확하게 해야 한다.

```
if (p) {
    if (q)      ... 첫째 if의 목표문은 if 문
        문장1
} else                  ... 첫째 if에 대한 else
    문장2
```

복합문은 한 문장으로도 구성할 수 있으므로 이러한 잘못을 방지하려면 `if`와 `else`의 목표문은 간단한 문장을 제외하고는 중괄호를 사용하여 복합문으로 나타내어 명확하게 하는 것이 좋다.

연습 4.5

1. pH 값을 입력하여 pH 값에 따라서 다음과 같이 출력하는 프로그램을 작성하시오.

pH > 12	강알칼리성
7 < pH ≤ 12	알칼리성
pH = 7	중성
2 < pH < 7	산성
pH ≤ 2	강산성

4.6 switch 문

중첩된 `if` 문을 사용하면 조건에 따라서 여러 문장 중 하나를 선택하여 실행시킬 수 있다. 그렇지만 조건을 판단하는 데에 여러 단계를 거치게 되어서 복잡하다. 선택 조건 대한 판단을 그림 4.5처럼 같은 정수식의 값을 사용하여 할 수 있을 때 switch 문을 사용하면 간단하게 다중 선택문을 작성할 수 있다.

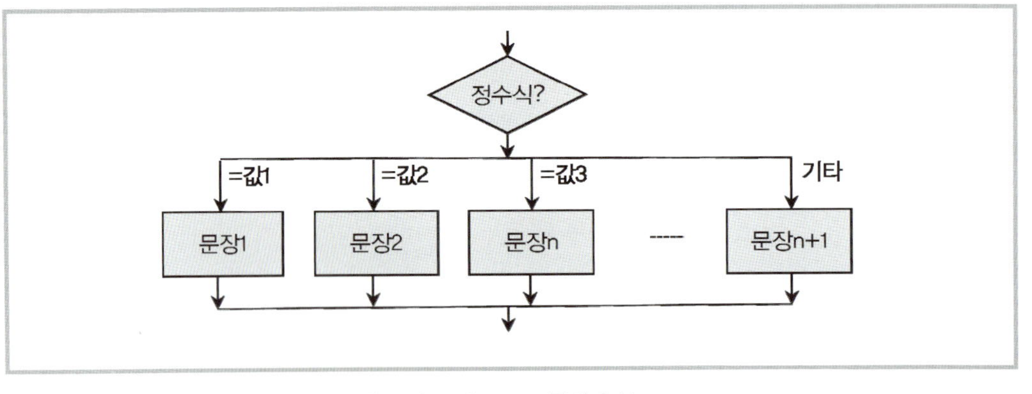

그림 4.5 switch문의 순서도

switch 문의 형식은 다음과 같다.

```
switch (정수식) {
 case 값1 :                  ... 정수식이 값1일 때의 실행 위치
    문장들1                  ... 여러 개의 문장 사용 가능
    break;                   ... switch 문 종료 (break가 없으면 계속하여 실행)
 case 값2 :
    문장들2
    break;
      ⋮
 case 값n :
    문장들n
    break;
 default :                   ... 해당되는 case 값이 없는 경우의 실행 위치
    문장들n+1
}
```

switch 문의 동작은 다음과 같다.

- 괄호 안의 정수식을 계산한 후 정수식의 값에 해당하는 case 위치에 있는 문장부터 순서대로 실행하며 문장들의 실행은 break를 만나거나 switch 문이 끝날 때까지 계속된다.
- switch 문 내에 있는 break 문은 switch 문의 실행을 종료하고 switch 문 다음으로 이동한다.
- default는 정수식의 값에 해당하는 case가 없을 때 실행되는 문장의 위치를 나타낸다. 정수식 값과 일치하는 case가 없는 경우에 default 위치에 있는 문장부터 실행하며, default가 없으면 switch 문의 실행을 종료한다. default 위치는 마지막일 필요는 없지만 대개 마지막에 작성한다.
- 문자는 정수로 표현되므로 switch 문의 정수식에 문자 변수도 사용될 수 있다. 그렇지만 실수식은 switch 문에 사용할 수 없다.

예 4.12 switch 문을 사용한 여러 가지 연산을 수행하는 프로그램

다음은 예 4.11의 프로그램을 switch 문을 사용하여 다시 작성한 것이다.

```
#include <stdio.h>

int main(void)
{
    int  a, b;              /* 피연산자 */
    char  op;               /* 연산자 */

    printf("1 + 2와 같은 간단한 수식을 입력하시오. > ");
    scanf("%d %c %d", &a, &op, &b);
    switch ( op ) {
      case '+':
         printf("결과 = %d\n", a + b);
         break;
      case '-':
         printf("결과 = %d\n", a - b);
         break;
      case '*':
         printf("결과 = %d\n", a * b);
         break;
      case '/':
         if (b != 0)
                  printf("결과 = %d\n", a / b);
         else
                  printf("0으로 나눌 수 없습니다.\n");
         break;
      default:
         printf("연산자 %c를 지원하지 않습니다.\n", op);
    }
    return 0;
}
```

예 4.12에서 모든 조건식이 op가 특정 값 인지 여부를 판단하는 것이므로 예 4.12와 같이 switch 문으로 간단하게 표현할 수 있다. 실행 예는 예 4.11과 같으므로 생략하였다.

다중 case 문

switch 문에서 case는 하나의 값만 나타낼 수 있다. 그렇지만 다음과 같이 여러 값에 대한 case들을 break 없이 연속하여 작성하면 여러 개의 값이 같은 그룹의 문장을 함께 사용할 수 있다.

```
switch (grade) {
 case 4 :
 case 3 :
 case 2 :
    printf("Pass\n");            ... case 2, 3, 4가 함께 사용
    break;                       ... switch 문 종료
 case 1 :
    printf("Weak ");             ... 다음 문장 계속 실행
 case 0 :
    printf("Fail\n");
}
```

그리고 case 1의 문장과 같이 break가 없을 때 다음 case의 문장으로 계속하여 실행한다. 그러므로 grade가 1인 경우에는 두 문장이 연속하여 실행되어 "Weak Fail\n"와 같이 출력된다. 마지막 경우에는 break를 사용할 필요가 없다.

예 4.13 switch 문을 사용한 성적 등급 부여 프로그램

다음은 예 4.10의 프로그램을 switch 문을 사용하여 다시 작성한 것이다.

```
#include <stdio.h>

int main(void)
{
    int  score;
    char grade;

    printf("성적 입력 : ");
    scanf("%d", &score);

    switch ( score / 10 ) {   // 성적의 10자리
      case 10:              // break가 없으므로 다음 문장 실행
      case 9:  grade = 'A'; break;
```

```
14          case 8:  grade = 'B'; break;
15          case 7:  grade = 'C'; break;
16          case 6:  grade = 'D'; break;
17          default: grade = 'F';
18      }
19
20      printf("등급 : %c\n", grade);
21      return 0;
22  }
```

실행1	성적 입력 : *85* 등급 : B
실행2	성적 입력 : *50* 등급 : F
실행3	성적 입력 : *100* 등급 : A
실행4	성적 입력 : *110* 등급 : F

- 예 4.10에서는 score의 특정 범위 포함 여부를 판단하여 등급을 부여하는데, 같은 범위의 성적은 10자리 값이 같으므로 성적의 10자리를 switch 문의 정수식으로 사용하면 예 4.13과 같이 switch 문으로 작성할 수 있다.
- (11행) score를 10으로 나눈 몫이 성적의 10자리 값이므로, score/10을 switch 문의 정수식으로 사용한다.
- (12-13행) 100점도 90점대와 같이 grade에 A를 부여하므로 case 10과 case 9가 같은 문장을 실행하도록 하였다.
- case에서 실행되는 문장이 간단하므로 프로그램을 간결하게 작성하기 위해서 case와 문장들을 한 줄로 작성하였다.
- 이 프로그램은 0부터 100점까지의 유효한 성적에 대해서는 예 4.10과 동작이 같지만 유효한 범위를 벗어난 성적에 대해서는 동작에 차이가 있다. 예를 들어서 score가 110이면 예 4.10은 grade가 A이지만, 이 프로그램에서는 default가 적용되어 F가 된다.

연습 4.6

1. 다음 문장에서 잘못된 점을 지적하시오.

```
float  f;
scanf("%f", &f);
switch(f) {
  case 10.0: …
  case 20.0: …
  default: …
}
```

2. 다음을 완전한 프로그램으로 작성하여 실행시키고 고쳐야 할 점을 지적하시오.

```
switch (color) {
  case 'R' : printf("red\n");
  case 'G' : printf("green\n");
  case 'B' : printf("blue\n");
}
```

3. 먼저 도형 선택 메뉴 값을 입력받고 이 값에 따라서 원의 반지름, 삼각형의 밑변과 높이, 또는 사각형의 가로와 세로 값을 입력받아서 도형의 넓이를 계산하는 프로그램을 switch 문을 사용하여 작성하시오. 메뉴 선택에 사용되는 값은 임의로 정하고 도형 선택 입력을 받기 전에 메뉴 값에 대한 안내문을 출력하시오.

4.7 while 문

C Programming

프로그램을 작성할 때 같은 작업을 반복해서 수행해야 할 경우가 많이 있다. 반복은 어떠한 조건을 만족하는 동안 또는 만족할 때까지 이루어진다. C 언어에서 제공하는 반복문은 while 문, for 문, do-while 문이 있다.

while 문은 그림 4.6과 같이 주어진 조건식을 만족하는 동안 문장을 반복하여 수행하는 반복문을 작성하는 데 사용된다.

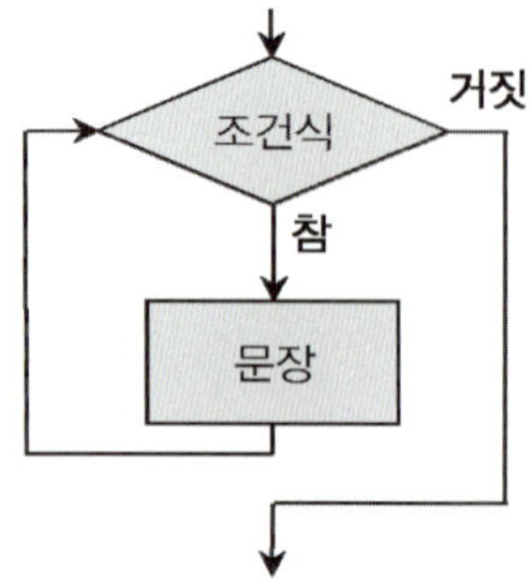

그림 4.6 while 문의 순서도

while 문의 형식은 다음과 같다.

```
while (조건식)
    문장
```

while 문에서 반복할 문장이 여러 개이면 다음과 같이 중괄호로 둘러싸인 복합문을 사용한다.

```
while (조건식) {
    문장
    문장
     ⋮
}
```

반복문을 작성할 때는 반복 종료 조건을 함께 생각해야 한다.

예 4.14 원의 넓이 반복 계산

다음은 음수가 입력될 때까지 반지름을 입력받아서 원의 넓이를 계산하여 출력하는 동작을 반복하는 프로그램이다.

```
1   #include <stdio.h>
2
3   int main(void)
4   {
5       float  r;
6
7       scanf("%f", &r);               // 반지름 입력
8       while (r >= 0) {
9           printf("반지름 = %f, 넓이 = %f\n", r, 3.14159*r*r);
10          scanf("%f",&r);            // 다음 반복을 위한 반지름 입력
11      }
12      return 0;
13  }
```

실행

```
4
반지름 = 4.000000, 넓이 = 50.265440
12
반지름 = 12.000000, 넓이 = 452.388960
3.4
반지름 = 3.400000, 넓이 = 36.316782
-1                                          ... 음수 입력 시 반복 종료
```

- 이 프로그램은 반지름을 반복하여 입력하면서 입력한 반지름에 대한 원의 넓이를 계산하여 출력한다.
- (8행) 반지름으로 음수가 입력될 때 반복이 종료되도록 `while` 문은 조건식 `r >= 0`을 사용하여 반지름 r이 0 이상인 동안 반복 수행하게 하였다.
- 첫 번째 반지름 입력은 `while` 문 앞에서 이루어지며(7행) 반복문의 문장의 끝에서 다음 반복에 사용할 반지름을 입력한다(10행). 입력값을 `while` 문의 조건식에서 사용하는 경우 흔히 이러한 형태로 입력이 이루어진다.
- (9행) 반복문의 문장은 입력한 반지름과 원의 넓이를 함께 출력한다. 원의 넓이 계산식은 간단하므로 별도의 문장 대신에 `printf` 함수의 인수로 사용하였다.

예 4.15 한 줄의 문자 입력에 대한 소문자의 대문자 변환

다음은 [Enter]가 입력될 때까지의 한 줄의 문자들을 읽어서 소문자는 대문자로 바꾸어서 출력하고 나머지 문자는 그대로 출력하는 프로그램이다.

```
1   #include <stdio.h>
2
3   int main(void)
4   {
5       int c;
6
7       c = getchar();                          // 문자 입력
8       while (c != '\n') {
9           if (c >= 'a' && c <= 'z')           // 소문자이면
10                  c = c - 'a' + 'A';          // 대문자로 변환
11          putchar(c);                         // 문자 출력
12          c = getchar();                      // 다음 문자 입력
13      }
14      return 0;
15  }
```

실행

```
abcd EFGH @#$%
ABCD EFGH @#$%
```

- (8행) 한 줄의 문자들은 [Enter]로 끝나므로 [Enter]가 입력될 때 반복이 종료되어야 한다. 함수 getchar는 [Enter]가 입력될 때 문자 '\n'을 반환하므로 while 문의 조건식으로 c != '\n'을 사용하여 [Enter]가 입력될 때까지 반복 실행하도록 하였다.
- (9-10행) 소문자 여부를 판단하는 조건식은 예 4.4에서 이미 보았다. 입력 문자가 소문자일 때 소문자의 대문자로의 변환은 식 c - 'a' + 'A'를 사용하여 할 수 있다. 이 식에서 c - 'a'는 소문자 c의 'a'에 대한 상대적 위치이며 이 값에 대문자의 시작인 'A'를 더하여 문자 c를 대문자로 변환한다. 이와 반대로 대문자를 소문자로 변환하는 식은 c - 'A' + 'a'이다.

예 4.14와 예 4.15는 반복문에서 실행되는 문장이 이전의 반복과 관계없이 현재 입력에 대해 독립적으로 수행되는 프로그램이다. 다음 예는 이러한 유형과는 다르게 반복문의 문장에서 이전 결과를 갱신하여 반복문이 종료될 때 최종적인 결과를 산출하는 프로그램이다.

예 4.16 입력된 정수의 합 계산하기

다음은 0 이하의 정수가 입력될 때까지 입력된 정수의 합을 계산하는 프로그램이다.

```
1  #include <stdio.h>
2
3  int main(void)
4  {
5      int  number;          /* 입력한 정수 */
6      int  sum;             /* 합 */
7
8      sum = 0;                               /* 합의 초기값 */
9      scanf("%d", &number);                  /* 정수 입력 */
10     while (number > 0) {
11         sum = sum + number;
12         scanf("%d",&number);               /* 다음 정수 입력 */
13     }
14     printf("sum = %d\n", sum);
15     return 0;
16 }
```

실행1	*3 10 8 1 2* *5 12* *0* sum = 41
실행2	*5 8 -2 10 7* ... 5, 8만 더함 sum = 13

- (8행) 처음에 합이 0이므로 반복문이 시작되기 전에 sum의 초기값을 0으로 지정한다.
- (11행) 여러 개의 정수의 합은 다음과 같은 문장을 반복하여 구할 수 있다.

  (합) = (이전의 합) + (새로 입력된 정수)

  위 문장에서 새로운 합을 계산하면 이전의 합은 필요 없으므로 합과 이전의 합은 다음과 같이 같은 변수를 사용해도 된다.

  `sum = sum + number;` 또는 `sum += number;`

- (9 12행) 정수 입력은 반복 시작 전(9행)에 첫 번째 입력을 받으며, 반복문의 문장 마지막에 다음 반복을 위해 입력을 받는다(12행). 입력된 정수 number가 양수인 동안(10행) 반복문의 문장이 실행된다.

- 실행 1은 0이 마지막으로 입력될 때 종료한다. 실행 2에서는 한 줄에 여러 개의 정수를 입력했는데 중간에 있는 -2가 입력될 때 반복이 종료하여 5와 8만 더한다.

예 4.17 1부터 10까지의 정수의 합을 계산하기

다음은 1부터 10까지의 정수의 합을 계산하는 프로그램이다.

```
1   #include <stdio.h>
2
3   int main(void)
4   {
5       int  i, sum;
6
7       sum = 0;                        // 합의 초기값
8       i = 1;                          // 첫 번째 더할 값
9       while (i <= 10) {
10          sum = sum + i;
11          i = i + 1;                  // 다음 더할 값
12      }
13      printf("sum = %d\n", sum);
14      return 0;
15  }
```

실행	sum = 55

- 이 프로그램은 예 4.16의 프로그램에서 더할 값이 입력 대신에 1부터 10까지의 정수로 미리 정해지게 수정한 것이다.
- (8행) 변수 i가 더할 값을 저장하는 용도로 사용된다. 변수 i는 처음으로 더할 값인 1로 초기화된다.
- (10행) i를 이전의 합에 누적해서 더하며 이 문장 대신에 `sum += i`를 사용할 수 있다.
- (11행) 값을 순서대로 증가시키면서 합을 계산하도록 반복문의 마지막에서 i 값을 증가시켜서 갱신한다. `i = i + 1` 대신에 `i++`을 사용할 수 있다.
- (9행) i가 10 이하인 동안 반복하며 11이 될 때 반복이 종료된다. 일반화하여 1부터 n까지의 정수의 합을 계산하려면 다른 부분은 변경 없이 while 문의 조건식만 `i <= n`으로 수정하면 된다.

예 4.17의 프로그램에서처럼 while 문에서 반복 조건을 검사하는 데에 사용되며 반복할 때마다 값이 변화하는 변수 i를 **반복 제어 변수**라고 한다. 반복 제어 변수에 대해서 일반적으로 다음의 세 과정이 수행된다.

1. **초기화** : while 문을 실행하기 전에 초기화한다. (예) `i = 1;`
2. **검사** : while 문의 조건식에서 반복 조건을 만족하는지 검사한다. (예) `i <= 10`
3. **갱신** : while 문의 반복 문장을 실행할 때마다 값을 갱신한다. (예) `i = i + 1;`

예 4.18 100 이하의 모든 3의 배수를 출력하기

다음은 100이하의 모든 3의 배수를 출력하는 프로그램이다.

```
#include <stdio.h>

int main(void)
{
    int  n;

    n = 3;
    while (n <= 100) {
        printf("%d  ", n);
        n = n + 3;                          // 또는 n += 3;
    }
    return 0;
}
```

실행	3 6 9 12 15 18 21 24 27 30 33 36 39 42 45 48 51 54 57 60 63 66 69 72 75 78 81 84 87 90 93 96 99

여기에서 변수 n이 반복 제어 변수로 사용되었으며 가장 작은 3의 배수인 3으로 초기화되었다. 조건식은 n이 100 이하인지를 검사하고, 반복 문장에서 n을 3씩 증가시켰다. n을 3 증가시키면 n은 다음의 3의 배수가 된다.

예 4.19 실수의 거듭제곱 계산하기

다음은 실수 r과 정수 n을 입력하여 r의 n제곱을 계산하여 출력하는 프로그램이다.

```
1   #include <stdio.h>
2
3   int main(void)
4   {
5       int  n;
6       float r, prod;
7
8       printf("거듭제곱할 실수 > "); scanf("%f", &r);
9       printf("거듭제곱 횟수 > ");   scanf("%d", &n);
10
11      prod = 1.0;           /* 곱의 초기값 */
12      while (n > 0) {
13          prod = prod * r;
14          n = n - 1;
15      }
16      printf("결과 = %f\n", prod);
17      return 0;
18  }
```

실행	거듭제곱할 실수 > *1.5* 거듭제곱 횟수 > *4* 결과 = 5.062500

- (8, 9행) 거듭제곱할 실수를 변수 r에 거듭제곱 횟수를 변수 n에 입력한다.
- (11행) 합을 구할 때는 초기값을 0으로 지정하지만, 곱을 구할 때는 초기값을 곱셈에 대한 항등원인 1로 지정한다. 이 때문에 변수 prod를 1.0으로 초기화하였다.
- (13행) 다음 문장을 n번 반복하면 prod에는 r의 n제곱이 저장된다.

```
prod = prod * r;
```

- (12, 14행) 위의 문장을 n번 반복하기 위해서 별도의 반복 제어 변수를 사용하지 않고 반복할 때마다 n을 1씩 감소시키고, 반복 조건으로 n > 0을 사용하여 n이 0이 될 때까지 반복 수행하도록 하였다.

연습 4.7

1. [Enter]가 입력될 때까지의 한 줄의 문자들을 읽어서 읽은 문자의 개수와 a부터 g까지의 문자의 개수를 세어서 출력하는 프로그램을 작성하시오.

2. 100 이하의 모든 짝수의 제곱의 합을 계산하여 출력하는 프로그램을 작성하시오.

4.8 for 문

`while` 문에서 반복 제어 변수를 사용하는 경우에 (1) 초기화 (2) 검사 (3) 갱신의 세 과정이 필요하다는 것을 보았다. 이러한 과정은 일반적으로 그림 4.7과 같이 표현될 수 있으며 for 문이 이러한 반복문을 작성하는 데 사용된다.

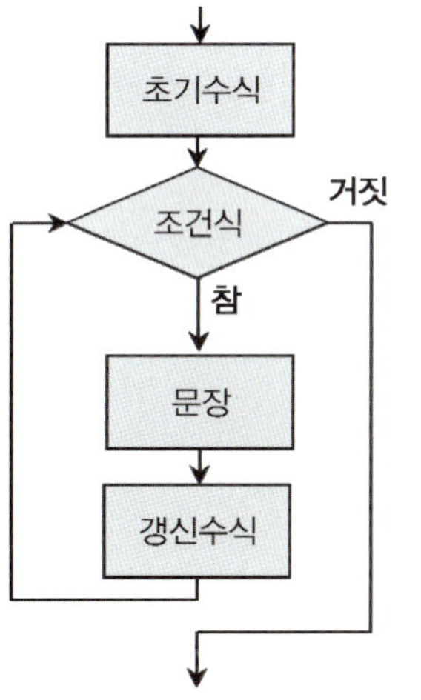

그림 4.7 for 문의 순서도

for 문의 형식은 다음과 같다.

```
for (초기수식; 조건식; 갱신수식)
    문장
```

초기수식은 반복 제어 변수 초기화에 사용되며, 조건식은 참이면 for에 속한 문장이 반복 실행된다. 갱신 수식은 반복 문장 다음에 수행되며 주로 반복 제어 변수의 갱신에 사용된다. 반복 제어 변수를 사용하는 반복문은 for 문을 사용하면 초기화, 검사, 갱신의 세 과정이 한 줄에 표기되므로 더 간결하면서 명확하게 표현할 수 있다.

어떤 문장을 N번 반복하여 실행하는 반복문을 다음과 같이 for 문으로 간결하게 작성할 수 있다.

```
for (i = 1; i <= N; i = i + 1)          ... 1부터 N까지 반복
    문장
```

이 문장은 i가 1부터 N까지, 값을 순서대로 증가하면서 문장을 N번 반복 실행한다. 이 문장에서 반복 제어 변수 i를 다음과 같이 0부터 N-1까지의 값을 갖도록 작성해도 된다.

```
for (i = 0; i < N; i++)                 ... 0부터 N-1까지 반복
    문장
```

예 4.20 1부터 10까지의 정수의 합 계산하기

다음은 예 4.17의 1부터 10까지의 정수의 합을 계산하는 프로그램을 for 문을 사용하여 다시 작성한 것이다.

```
#include <stdio.h>

int main(void)
{
    int  i, sum;

    sum = 0;
    for (i = 1; i <= 10; i++)
        sum = sum + i;
    printf("sum = %d\n", sum);
    return 0;
}
```

실행	sum = 55

이 프로그램은 예 4.17의 8, 9, 11행이 8행의 for 문의 8행 한 줄로 작성되므로 훨씬 간결하다.

예 4.21 정해진 개수의 정수 입력의 평균 계산하기

다음은 먼저 입력할 정수의 개수를 입력받고 이 개수만큼 정수를 입력받아서 정수들의 평균을 계산하는 프로그램이다.

```
1   #include <stdio.h>
2
3   int main(void)
4   {
5       int  i, n;
6       int  number, sum;
7
8       scanf("%d", &n);                     /* 입력할 정수 개수 입력 */
9       sum = 0;
10      for (i = 0; i < n; i++) {
11          scanf("%d", &number);            /* 정수 입력 */
12          sum += number;
13      }
14      if (n > 0)
15          printf("평균 = %g\n", (double)sum / n);
16      return 0;
17  }
```

실행1	*5 10 21 33 15 20* 평균 = 19.8
실행2	*5* *10 20 23 30 40* 평균 = 24.6
실행3	*5 10 20 23 30 40 50 60* ... 50과 60은 입력되지 않음 평균 = 24.6
실행4	*0 10* ... 입력 개수 0

- (10-13행) 이 프로그램은 예 4.16이 종료 조건으로 입력 개수를 지정하도록 수정한 것이나. 정수 입력 및 합의 계산은 반복문 내에서 이루어지며(11행), 정수를 정해진 개수만큼 입력하기 위해서 반복 제어 변수 i를 사용한 for 문이 사용된다(10행). 실행 3과

같이 정수 입력을 지정된 입력 개수보다 많이 입력해도 실제로는 지정된 입력 개수만 입력되어 실행 2와 결과가 같다.

- (15행) 반복문이 종료되면 합 sum을 입력 개수 n으로 나누어서 평균을 계산한다. 입력은 정수일지라도 평균은 소수점 이하 값도 필요하므로 (double)sum과 같이 sum을 실수로 변환한 후 나눗셈을 하여 평균은 실수로 계산되게 한다.
- (14행) 입력 개수 n이 0이거나 음수이면 for 문이 처음부터 조건식이 거짓이 되어 종료되어 정수는 하나도 입력되지 않으며 이 경우에는 평균을 계산할 수 없다. 그러므로 평균은 n이 0보다 큰 경우에만 계산해야 한다. 실행 4는 입력 개수로 0이 입력되어 평균을 계산하여 출력하지 않고 그대로 종료한 예이다.

예 4.22 점화식 수열의 지정된 항을 구하는 프로그램

❶ 다음은 수열 $a_n = 2a_{n-1} - 1$ $(a_1 = 3)$의 a_{10}을 구하는 프로그램이다.

```
1   #include <stdio.h>
2
3   int main(void)
4   {
5       int a, i;
6
7       a = 3;                  // 1항
8       for (i = 2; i <= 10; i = i+1)  // i는 항번호, 2항부터 계산
9           a = 2*a - 1;
10      printf("%d ", a);
11      return 0;
12  }
```

실행	1025

- (7, 9행) 다음 항을 구하면 이전 항은 필요 없으므로 a_n과 a_{n-1}은 같은 변수 a를 사용하여 수열 점화식을 a = 2*a - 1 과 같이 나타내었다(9행). 그리고 1항의 값을 a의 초기값으로 지정하였다(7행).
- (8행) 변수 i를 항 번호를 나타내는 데 사용한다. 반복문에서는 2항부터 구하는 것이므로 i의 초기값을 2로 지정하고, i가 10 이하인 동안 반복하여 수열의 10항을 구하였다.

❷ 다음은 피보나치 수열 $F_n = F_{n-1} + F_{n-2}(F_1 = 0,\ F_2 = 1)$ 의 20항 F_{20}까지의 모든 항을 출력하는 프로그램이다.

```
1   #include <stdio.h>
2   
3   int main(void)
4   {
5       int a, b, c;                    // 연속된 세 항
6       int i;                          // 항 번호
7   
8       a = 0;  b = 1;                  // 1항과 2항
9       printf("%d %d ", a, b);
10      for (i = 3; i <= 20; i++) {
11          c = a + b;
12          printf("%d ", c);
13          // 다음 항을 구하기 위해서 b, c를 각각 a, b로 이동
14          a = b;
15          b = c;
16      }
17  
18      return 0;
19  }
```

실행	0 1 1 2 3 5 8 13 21 34 55 89 144 233 377 610 987 1597 2584 4181

- (8-9행) 변수 a와 b는 각각 1항과 2항으로 초기화하고 두 항의 값을 출력한다.
- (11-15행) 연속적인 세 항을 위해서 변수 a, b, c를 사용하였다. 피보나치 수열 점화식 c = a + b를 사용하여 이전의 두 항인 a와 b로부터 c를 구하고, 다음 항을 구하기 위해 현재의 b와 c를 각각 a와 b로 이동하는 동작을 반복한다.
- (10행) 반복문에서는 3항부터 계산되므로 항 번호를 나타내는 변수 i는 3부터 20까지에 대해서 점화식 계산을 반복하도록 for 문을 작성하였다.
- 두 항 사이의 점화식의 항을 구하기 위해서 항의 값을 저장하는 변수는 한 개만 있으면 되지만, 세 항 사이의 점화식의 항을 구하기 위해서는 세 개의 변수가 필요함을 알 수 있다.

예 4.23 거듭제곱 표 출력 (필드 폭 지정 출력)

```c
#include <stdio.h>

int main(void)
{
    int a;

    for (a = 1; a< = 13; a += 2)
        printf("%2d %6d\n", a, a*a*a*a);
    return 0;
}
```

실행

```
 1   1    1     1
 3   9   27    81
 5  25  125   625
 7  49  343  2401
 9  81  729  6561
11 121 1331 14641
13 169 2197 28561
```

예 4.23은 1부터 13까지의 홀수에 대한 제곱, 세제곱, 네제곱 값의 표를 출력하는 프로그램이다. 출력에서 원래의 값과 거듭제곱 값의 자리가 세로로 나란히 정렬되도록 출력 필드 폭을 지정하였다.

예 4.24 수열의 항과 합 계산

다음과 같이 증가량이 1, 2, 3, ⋯ 같이 1씩 증가되는 수열에 대해서 20항까지의 모든 항과 수열의 합을 출력하는 프로그램이다.

1 2 4 7 11 16 ⋯

```c
#include <stdio.h>

int main(void)
{
    int  a;            /* 수열 항 */
    int  inc;          /* 증가량 */
    int  i;            /* 항 번호 */
    int  sum;          /* 수열의 합 */
```

```
9
10      sum = 0;
11      a = 1;                          /* 수열의 첫째 항 */
12      inc = 1;                        /* 첫 번째 증가량 */
13      for (i=1; i<=20; i++) {
14          printf("%4d", a);           /* i 항 출력 */
15          sum += a;                   /* i 항까지의 합 계산 */
16          a += inc;                   /* 다음 항 계산 */
17          inc++;                      /* 증가량을 증가 */
18      }
19      printf("\n수열 합 = %d\n", sum);
20      return 0;
```

실행	1 2 4 7 11 16 22 29 37 46 56 67 79 92 106 121 137 154 172 191 수열 합 = 1350

이 프로그램에서는 간결하게 나타내기 위하여 증가 연산자와 복합 할당 연산자를 많이 사용하였다.

- (10-12행) 합은 0부터 시작하고, 첫째 항과 첫 번째 증가량은 1이므로 sum은 0으로, 항 a와 증가량 inc는 1로 초기화한다.
- (13행) i는 항 번호를 의미하며, 20항까지 구해야 하므로 i가 20 이하인 동안 i를 증가시키면서 반복한다.
- (14행) 현재 항(i 항) a를 출력한다.
- (15행) sum에 a를 누적하여 더하여 항의 합을 계산한다.
- (16-17행) 현재 항 a에 증가량 inc을 더하여 다음 항을 얻고, 증가량 inc를 1 증가시켜서 다음 증가량을 얻는다.
- (19행) 반복이 끝난 후에 항의 합을 출력한다.

무한루프

while 문에서는 조건식은 생략될 수 없다. 그렇지만 for 문에서는 넣을 수식이 없다면 초기수식, 조건식, 또는 갱신수식은 생략될 수 있다. 특히 조건식이 생략된다면 참으로 간주되어 반복을 중단하는 다른 방법을 사용하지 않는다면 for 문은 무한히 반복되는 무한 루프(infinite loop)가 된다. 다음은 for 문을 사용한 무한 루프이다.

```
for ( ; ; )     ... 무한 루프
    문장
```

while 문에서는 조건식이 생략될 수 없으므로 다음과 같이 조건식에 항상 참인 값을 넣어서 while 문으로도 작성할 수 있다.

```
while (1)              ... 무한 루프
    문장
```

for 문과 while 문의 관계

두 반복문인 for 문과 while 문은 서로 바꾸어서 작성할 수 있다. 다음의 for 문과 while 문은 서로 같은 동작을 하는 문장이다.

<table>
<tr>
<td>for (초기수식; 조건식; 갱신수식)
    문장</td>
<td>초기수식;
while (조건식) {
    문장
    갱신수식;
}</td>
</tr>
</table>

예를 들어서 다음의 for 문은

```
for (i = 10; i > 0; i--) {
    printf("i = %d\n", i);
}
```

다음과 같이 while 문으로 작성할 수 있다.

```
i = 10;
while ( i > 0 ) {
    printf("i = %d\n", i);
    i--;
}
```

연습 4.8

1. 다음과 같은 수열의 200 이하의 모든 항을 출력하는 프로그램을 작성하시오.

(1) 1, 7, 13, 19, 25, … (6씩 증가함)

(2) 3, 6, 12, 24, 48, … (증가량이 3, 6, 12, 24, … 로 2배씩 증가함)

2. 1번에서 제시된 수열의 200 이하의 모든 항의 합을 구하여 출력하는 프로그램을 작성하시오.

3. 순열에 대한 식은 ${}_nP_r = n(n-1) \cdots (n-r+1)$이다. 이 식을 계산하는 프로그램을 작성하고 n = 10, r = 4일 때의 값을 계산해 보시오.

4. 0부터 2까지의 실수를 0.1 간격으로 출력하기 위해서 다음과 같이 프로그램을 작성하였다.

```
for (x = 0.0; x <= 2.0; x = x + 0.1)
    printf("%f\n", x);
```

이 프로그램을 완전한 프로그램으로 만들어서 실행시켜 출력을 확인하고 어떠한 문제가 있는지 말하시오. 그리고 이 문제를 해결하도록 수정하시오.

5. 예 4.24의 수열에 대해서 300 이하의 모든 항과 수열의 합을 출력하는 프로그램을 작성하시오.

4.9 반복문 설계

C Programming

반복문을 설계할 때 반복 횟수가 미리 정해지기도 하지만, 입력내용에 따라서 반복 여부가 결정되는 경우도 많이 있다. 이러한 경우에 다음과 같은 방법들을 사용하여 입력을 종료하도록 할 수 있다.

❶ **데이터 개수를 입력** : 데이터를 입력받기 전에 먼저 입력할 데이터 개수를 입력받은 다음 이 개수만큼 데이터를 입력하는 반복문을 수행한다. 예 4.21이 이러한 방법을 사용한 것이다. 그렇지만 프로그램 사용자가 입력할 데이터의 개수를 미리 세어서 먼저 입력하는

것은 번거로우며, 미리 알 수 없는 경우도 많이 있다.

❷ **보초 값 사용** : 마지막 데이터 다음에 정상적인 데이터로 사용하지 않는 특별한 값을 입력한다. 이 값은 **보초**(sentinel) 값이라고 부르는데 이 값이 입력되면 반복문이 종료된다. 예 4.14에서 음수의 반지름이 입력될 때 반복문을 종료한 것은 이러한 방법을 사용한 것이다

❸ **EOF 사용** : **파일 끝**(end of file)을 나타내는 특별한 입력을 이용하는 것이다. `scanf()` 함수나 `getchar()` 함수는 입력이 파일 끝에 도달했을 때 EOF의 반환값을 제공한다. 그러므로 이러한 표준 입력 함수의 반환값이 EOF이면 더 이상 입력이 없다는 의미이므로 입력의 반복을 종료한다. EOF는 `<stdio.h>`에서 `-1`로 정의된 기호 상수이다. 키보드로 입력을 할 때 UNIX/Linux에서는 Ctrl – D를, Windows에서는 Ctrl – Z와 [Enter]를 입력하면 파일 끝을 나타낸다. 이 방법은 입력 데이터 범위에 제한이 없어서 보초 값을 선택할 수 없는 경우에도 사용할 수 있다.

예 4.25 EOF를 만날 때까지의 정수 입력에 대한 평균 계산하기

다음은 EOF에 도달할 때까지 입력된 정수들의 평균을 구하는 프로그램이다.

```
#include <stdio.h>

int main(void)
{
    int count, sum;                 /* 입력한 정수의 개수, 합 */
    int number;                     /* 입력한 정수 */

    count = 0;
    sum = 0;
    while ( scanf("%d", &number) != EOF ) {
        sum = sum + number;                 /* 누계 */
        count = count + 1;                  /* 입력 개수 */
    }

    printf("The number of inputs = %d\n", count);
    if (count > 0)
        printf("average = %f\n", (double)sum / count);
    return 0;
}
```

<table>
<tr><td>실행</td><td><pre>10 20 30
40 50
60
^Z   ... Visual Studio에서는 ^Z를 세 번 입력해야 처리됨
^Z
^Z   ... gcc 컴파일러는 ^Z를 한 번만 입력해도 됨.
The number of inputs = 6
average = 35.000000</pre></td></tr>
</table>

- (8, 12행) count가 입력 데이터 개수를 세기 위하여 사용된다. 0으로 초기화하며 반복할 때마다 1씩 증가한다. count = count + 1은 count++로 바꿀 수 있다.
- (10행) scanf 함수를 조건식에서 사용하여, 데이터를 입력하면서 EOF 여부를 판단한다. 더 이상 입력이 없을 때 scanf() 함수의 반환값이 EOF가 되어 반복을 종료한다.
- (16-17행) 입력 데이터 개수가 0보다 클 때만 평균을 계산한다. 평균을 소수점 이하의 값까지 구하기 위해서는 실수 나눗셈을 수행하여야 하는 데 sum과 count모두 정수이므로 실수 연산을 위해서 sum을 double 형으로 변환한 후 나눗셈을 수행한다.

scanf 함수에서 잘못된 입력 처리하기 *

scanf 함수의 반환값은 파일 끝을 만나면 EOF를 반환하지만 그렇지 않은 경우는 성공적으로 입력된 변수의 개수를 반환한다. 예를 들어서 scanf 문장에서 형식지정자를 1개만 사용하여 1개의 변수만을 입력하는 경우에 반환값이 1이 아니면 입력이 잘못된 것이다.

예 4.25 프로그램을 실행할 때 다음과 같이 소수점을 포함된 숫자나 문자를 잘못 입력하면 반복문이 종료되지 않고 계속하여 반복된다.

```
10 20. 30                        ... 잘못하여 소수점 입력
```

이러한 동작은 예 4.23의 12행 다음에 printf 문을 추가하여 확인할 수 있다.

```
printf("number = %d, count = %d\n", number, count);          ... 확인용
```

정수가 아닌 입력이 들어올 때 다음과 같이 %d 형식지정자를 사용하여 정수 입력을 받고자 하는 scanf 함수는 입력 오류가 되어서 입력을 하지 않고 반환값 0을 되돌려 준다.

```
scanf("%d", &number)
```

이때 입력 변수 number의 값은 변경되지 않고 이전 값을 유지하게 되는데, 잘못된 입력이 제거되지 않아서 scanf 함수를 반복 실행하면 계속하여 입력 오류 동작을 반복하게 된다.

이에 대한 해결 방안으로 다음과 같이 scanf 함수의 반환값이 1인지 여부를 확인하여, 반환값이 1인 동안에만 반복을 수행하여, 정수가 입력되지 않으면 반복을 종료하도록 할 수 있다. 이 코드는 반환값이 EOF에 대해서도 종료한다.

```
while ( scanf("%d", &number) == 1) {        ... 입력이 잘못되면 반복 종료
    sum = sum + number;
    count = count + 1;
}
```

다른 해결 방안으로 잘못된 입력에 대해서 반복을 종료하는 것 대신에 잘못된 입력을 건너뛰고 입력을 계속하여 받는 방법이 있다. scanf 함수에서 다음과 같이 형식지정자 %*s를 사용하면 잘못된 입력을 무시하고 건너뛰는 동작을 한다.

```
scanf("%*s");             ... 문자열 입력을 건너뜀
```

형식지정자 %*s는 빈칸이 나올 때까지의 문자열 입력을 건너뛰라는 뜻이다. 이와 비슷한 형식지정자는 %*d와 %*f는 정수 자료형과 실수 자료형 건너뛰는 데 사용한다. 다음은 예 4.25의 반복문을 잘못된 입력을 무시하여 건너뛰고 반복 입력을 계속 수행하도록 수정한 프로그램이다.

예 4.26 EOF를 만날 때까지의 정수 입력에 대한 평균 계산하기 (잘못된 입력은 무시)

```
#include <stdio.h>

int main(void)
{
    int count, sum;                 /* 입력한 정수의 개수, 합 */
    int number;                     /* 입력한 정수 */
    int n;

    count = 0;
    sum = 0;
    while ( (n = scanf("%d", &number)) != EOF) {
        if  (n == 1) {                      /* 정수 입력 */
                sum = sum + number;
```

```
14                count = count + 1;
15            } else                              /* 잘못된 입력 */
16                scanf("%*s");                   /* 잘못된 입력을 건너뜀 */
17        }
18
19        printf("The number of inputs = %d\n", count);
20        if (count > 0)
21            printf("average = %f\n", (double)sum / count);
22        return 0;
23    }
```

실행1

```
10 20.40 30
50
^Z
The number of inputs = 4
average = 27.500000
```

- 실행 예에서 20.40가 입력될 때 20은 정수로 입력되고 .40이 잘못된 입력으로 무시된다. 따라서 합 계산에 사용되는 입력 데이터는 10, 20, 30, 50이 된다.
- (12-14행) n이 1이면 정수가 입력되었으므로 합을 계산하고 및 입력 개수를 증가시킨다.
- (15-16행) n이 1이 아니면 (정확히는 0임) 잘못된 형식의 입력이어서 정수가 입력되지 않았으므로 현재의 잘못된 입력 문자열을 건너뛴다.

연습 4.9

1. 파일 끝(EOF)을 만날 때까지 문자를 계속해서 입력받아서 그대로 출력하는 프로그램을 작성하시오.

2. 예 4.25을 잘못된 정수 입력(EOF 포함)을 만날 때까지 정수 입력을 받도록 수정하시오.

4.10 do-while 문

C P r o g r a m m i n g

while 문이나 for 문은 먼저 조건식을 판단하여 참일 때 반복 문장을 수행하므로 조건에 따라서 반복 문장이 전혀 수행되지 않을 수가 있으며, 대부분의 반복문은 이러한 반복문을 사용한다.

그렇지만 그림 4.8과 같이 반복 문장을 먼저 수행한 후에 반복 조건을 판단해야 할 경우도 있다. do-while 문은 이러한 경우에 사용된다.

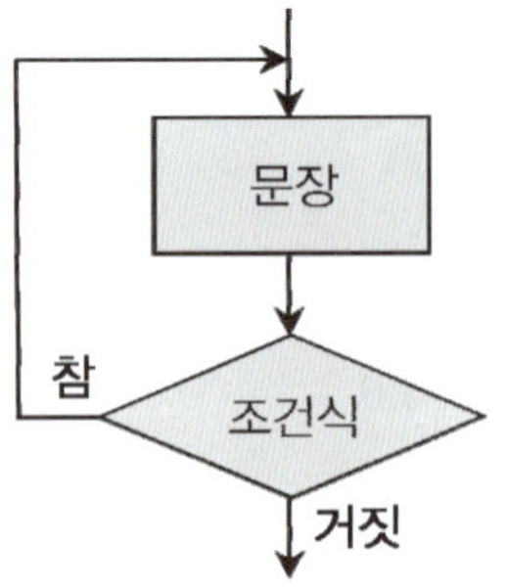

그림 4.8 do-while 문의 순서도

do-while 문의 형식은 다음과 같다.

```
do
    문장
while (조건식);
```

do-while 문의 끝은 세미콜론으로 끝나는 것에 주의하자. do-while 문의 반복 문장은 조건과 관계없이 적어도 한 번은 실행한다. do와 while의 연관 관계를 명확히 하기 위해서 반복되는 문장이 여러 개는 물론 하나일지라도 일반적으로 다음과 같이 중괄호를 사용한 복합문을 사용한다.

```
do {
    문장
    ...
} while (조건식);
```

do-while 문의 전형적인 사용 예는 잘못된 입력이 제공될 때 입력을 반복하도록 하는 입력 검사 프로그램이다

예 4.27 잘못된 입력에 대해서 입력을 반복하는 프로그램

다음은 1부터 5사이의 정수를 입력하여 메뉴를 선택하는데 잘못된 입력에 대해서 다시 메뉴를 선택하게 하는 프로그램이다.

❶ 정수 입력을 검사하여 주어진 범위에서 벗어나면 재입력하는 프로그램

```c
#include <stdio.h>

int main(void)
{
    int menu;

    do {
        printf("Menu select (1-5): ");      /* 입력 안내문 */
        scanf("%d",&menu);                  /* 메뉴 번호 입력 */
    } while (menu < 1 || menu > 5);         /* 잘못된 입력이면 반복 */
    printf("You choose menu %d\n", menu);
    return 0;
}
```

실행1	Menu select (1-5): *5* You choose menu 5
실행2	Menu select (1-5): *7* Menu select (1-5): *2* You choose menu 2

이 프로그램은 반드시 메뉴 선택을 해야 하므로 반복 문장을 한 번 이상 수행하도록 하는 do-while 문이 적합하다. 두 번째 실행 예는 범위에서 벗어난 메뉴 번호를 입력하여 메뉴 번

호를 다시 입력받은 것이다. 그렇지만 문자와 같은 정수가 아닌 입력에 대해서도 처리를 할 수 있도록 하려면 프로그램을 다음과 같이 수정해야 한다.

❷ 정수가 아닌 입력이나 범위에서 벗어난 정수 입력에 대해서 재입력하는 프로그램 ★

```
1   #include <stdio.h>
2
3   int main(void)
4   {
5       int menu;
6       int n = 1;              /* scanf 반환값, 1이 아니면 잘못된 입력 건너뜀 */
7
8       do {
9           do {
10                  if (n != 1) scanf("%*s");           /* 잘못된 입력 건너뜀 */
11                  printf("Menu select (1-5): ");      /* 입력 안내문 */
12                  n = scanf("%d",&menu);              /* 메뉴 번호 입력 */
13          } while (n != 1);
14      } while (menu < 1 || menu > 5);         /* 잘못된 정수 입력이면 반복 */
15      printf("You choose menu %d\n", menu);
16      return 0;
17  }
```

실행

```
Menu select (1-5): a
Menu select (1-5): 6
Menu select (1-5): 3
You choose menu 3
```

이 프로그램은 실행 예에서 같이 6과 같이 범위에서 벗어난 정수 뿐만 아니라 a와 같이 정수 입력이 아닌 경우 재입력을 수행한다.

- (9-13행) 정수 입력이 아닐 때의 재입력 동작에 do-while 문을 사용하였다.
- (10행) scanf 함수의 반환값 n이 1이 아닐 때 재입력에 앞서서 이전에 잘못된 입력을 건너뛰는 동작을 수행한다. n의 초기값을 1로 하여(6행) 최초 입력 시에 건너뛰는 동작을 하지 않도록 하였다.
- (14행) 정수 입력이 유효한 범위에서 벗어나면 do-while 문이 반복 수행한다.

4.11 중첩된 반복문

C Programming

for 문, while 문, do-while 문과 같은 반복문도 문장이므로 반복되는 문장에 다른 반복문이 포함될 수 있으며, 이러한 반복문을 **중첩된 반복문**(nested loop)이라고 한다. 그리고 여기서 안쪽 반복문(inner loop)은 바깥 반복문(outer loop)에 중첩되었다고 한다.

중첩된 반복문에서 안쪽 반복문은 바깥 반복문이 실행될 때마다 새로이 실행되며, 바깥 반복문과 안쪽 반복문은 가능한 한 같은 변수를 반복 제어 변수로 사용하지 않아야 한다. 중첩된 반복문에서 바깥 반복문의 반복 제어 변수가 안쪽 반복문의 반복에 영향을 줄 수도 있고, 그렇지 않고 독립적일 수도 있다.

안쪽 반복문의 반복 제어 변수가 바깥 반복문의 반복 제어 변수와 독립적인 예는 다음과 같다. 이 프로그램에서 안쪽 반복문의 반복 횟수는 고정되어 있다.

예 4.28 구구단 표 출력

다음은 구구단 표를 두 가지 형태로 출력하는 프로그램이다.

❶ 구구단 표를 2단부터 9단까지 가로로 출력한다.

```
#include <stdio.h>

int main(void)
{
    int a, b;

    for (a = 2; a <= 9; a++) {
        for (b = 1; b <=9; b++)     /* a단 출력 */
            printf("%d*%d=%2d  ", a, b, a*b);
        printf("\n");               /* a단 출력 후 줄 바꿈 */
    }
    return 0;
}
```

실행

```
2*1= 2  2*2= 4  2*3= 6  2*4= 8  2*5=10  2*6=12  2*7=14  2*8=16  2*9=18
3*1= 3  3*2= 6  3*3= 9  3*4=12  3*5=15  3*6=18  3*7=21  3*8=24  3*9=27
4*1= 4  4*2= 8  4*3=12  4*4=16  4*5=20  4*6=24  4*7=28  4*8=32  4*9=36
```

```
5*1= 5  5*2=10  5*3=15  5*4=20  5*5=25  5*6=30  5*7=35  5*8=40  5*9=45
6*1= 6  6*2=12  6*3=18  6*4=24  6*5=30  6*6=36  6*7=42  6*8=48  6*9=54
7*1= 7  7*2=14  7*3=21  7*4=28  7*5=35  7*6=42  7*7=49  7*8=56  7*9=63
8*1= 8  8*2=16  8*3=24  8*4=32  8*5=40  8*6=48  8*7=56  8*8=64  8*9=72
9*1= 9  9*2=18  9*3=27  9*4=36  9*5=45  9*6=54  9*7=63  9*8=72  9*9=81
```

구구단 표를 만들려면 2부터 9까지의 각 단에 대해서 1부터 9까지 곱하면서 한 줄로 출력하고 줄을 바꾸는 동작을 반복하면 된다. 이 프로그램에서 변수 a와 b를 각각 피승수(단 번호)와 승수용으로 사용하였다. 바깥 반복문은 반복 제어 변수를 단 번호 a를 사용하고, 2부터 9까지 반복한다(7행). 안쪽 반복문은 곱하는 수 b를 사용하고 1부터 9까지 반복하면서(8행) a와 곱셈을 한 결과를 구구단 형식으로 출력한다(9행). 그리고 구구단의 각 단의 출력이 새 줄에서 시작하도록 개행 문자를 출력한다(10행).

❷ 구구단 표를 2단부터 9단까지 세로로 출력한다.

```
#include <stdio.h>

int main(void)
{
    int a, b;

    for (b = 1; b <=9; b++) {
        for (a = 2; a <= 9; a++)
            printf("%d*%d=%2d  ", a, b, a*b);
        printf("\n");
    }
    return 0;
}
```

실행1

```
2*1= 2  3*1= 3  4*1= 4  5*1= 5  6*1= 6  7*1= 7  8*1= 8  9*1= 9
2*2= 4  3*2= 6  4*2= 8  5*2=10  6*2=12  7*2=14  8*2=16  9*2=18
2*3= 6  3*3= 9  4*3=12  5*3=15  6*3=18  7*3=21  8*3=24  9*3=27
2*4= 8  3*4=12  4*4=16  5*4=20  6*4=24  7*4=28  8*4=32  9*4=36
2*5=10  3*5=15  4*5=20  5*5=25  6*5=30  7*5=35  8*5=40  9*5=45
2*6=12  3*6=18  4*6=24  5*6=30  6*6=36  7*6=42  8*6=48  9*6=54
2*7=14  3*7=21  4*7=28  5*7=35  6*7=42  7*7=49  8*7=56  9*7=63
2*8=16  3*8=24  4*8=32  5*8=40  6*8=48  7*8=56  8*8=64  9*8=72
2*9=18  3*9=27  4*9=36  5*9=45  6*9=54  7*9=63  8*9=72  9*9=81
```

이 프로그램은 앞의 ❶번 프로그램에서 바깥 반복문과 안쪽 반복문의 반복 제어 변수를 서로 바꾸어서 작성한 것으로, 각 줄은 같은 승수에 대해서 단 번호를 2부터 9까지 곱하여 출력한다. 이 프로그램의 결과가 우리가 흔히 사용하는 구구단 표와 같다.

안쪽 반복문의 반복 횟수가 바깥 반복문의 반복 제어 변수에 따라서 정해지는 경우도 많이 있으며, 다음은 이러한 예이다.

예 4.29 패턴을 출력하는 프로그램

다음과 같이 i 번째 줄에 문자 *를 i개 연속하여 출력하는 패턴으로 10줄을 출력하는 프로그램은 다음과 같다.

```
*
**
***
```

```c
#include <stdio.h>
#define N  10            /* 출력할 줄 수 */

int main(void)
{
    int i;               /* 줄번호 */
    int j;

    for (i = 1; i <= N; i++) {
        for (j = 0; j < i; j++)    /* i개의 *를 출력 */
            putchar('*');
        putchar('\n');
    }
    return 0;
}
```

실행

```
*
**
***
****
*****
******
*******
********
*********
**********
```

이 프로그램에서 바깥 반복문의 반복 제어 변수 i는 줄 번호를 나타내며(9행), i 번째 줄은 i개의 *를 출력하므로 바깥 반복문의 반복 제어 변수 i가 안쪽 반복문의 반복 횟수로 사용되어(10행) 안쪽 반복문의 동작에 영향을 준다. 출력할 줄의 개수는 #define을 사용한 기호 상수로 정의하였다(2행).

연습 4.11

1. 다음을 계산하는 프로그램을 작성하시오. 단, 5제곱을 계산하는 부분도 반복문을 사용하여 작성하시오.

   $1^5 + 2^5 + \cdots + 10^5$

2. 다음과 같이 10줄을 출력하는 프로그램을 작성하시오. (힌트: i 번째 줄은 10-i개의 공백과 i개의 *를 출력한다.)

```
    *
   **
  ***
 ****
*****
```

4.12 break와 continue

break 문

4.6절에서 break 문이 switch 문의 실행을 종료시키는 역할을 하는 것을 보았다. break 문은 while 문, for 문, do-while 문과 같은 반복문에서 사용되면 반복문 실행을 종료하고 반복문에서 빠져나가게 한다.

반복문에서 break 문은 일반적으로 다음과 같이 조건문과 함께 사용되며 if 문이 종료조건식을 만족하여 break 문을 만나면 반복문의 나머지 문장(문장들2)을 실행하지 않고 while 문을 종료한다.

```
while (조건식) {
    문장들1
    if (종료조건식)
            break;
    문장들2
}
```

break 문은 반복 문장을 실행하는 도중에 더 이상 반복문을 실행할 수 없는 상황에서 반복문을 끝내는 데 사용할 수 있다. 특히 반복문의 조건식이 항상 참인 무한 루프에서는 break 문의 사용이 필수적이다.

예 4.14의 음수의 반지름이 입력될 때까지 원의 반지름을 입력하여 원의 넓이를 계산하여 출력하는 프로그램은 scanf 함수를 반복문 직전과 반복 문장 끝에서 두 번 사용하였다. 반복 문장 끝에서 입력한 반지름은 다음 반복문에서 사용하기 위한 것으로서 반복 문장 내의 프로그램 기술 순서가 입력이 뒤에, 계산은 앞에 있어서 거꾸로 되어 있는 단점을 가지고 있다. 이 프로그램의 처리 과정을 다음과 같은 순서도로 나타낼 수 있으며. 이 순서도는 다음 예와 같이 무한 루프와 break 문을 사용하여 작성할 수 있다.

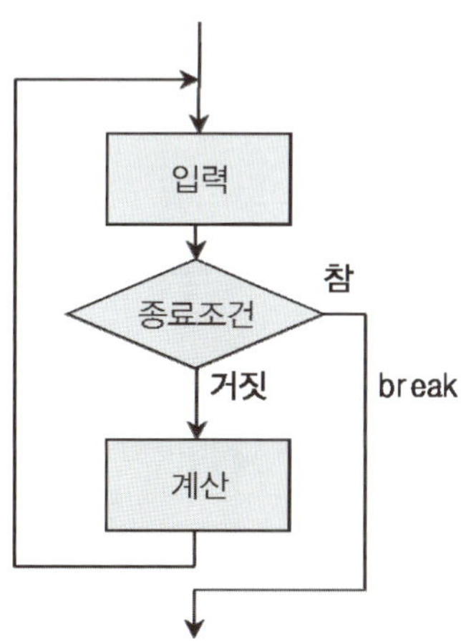

그림 4.9 break를 사용한 반복 종료

예 4.30 break 문을 사용하여 종료하는 원의 넓이 반복 계산 (예 4.14의 재작성)

```
1   #include <stdio.h>
2
3   int main(void)
4   {
5       float r;
6
7       while (1) {
8           scanf("%f", &r);            // 반지름 입력
9           if (r < 0) break;           // 반지름이 음수이면 반복문 종료
10          printf("반지름 = %f, 넓이 = %f\n", r, 3.14159*r*r); // 원의 넓이 계산
11      }
12      return 0;
13  }
```

- (7-8행) 그림 4.9의 순서도에서 반복문의 시작 부분의 입력은 무조건 실행해야 하므로 반복문을 조건식으로 1을 사용하는 while 무한 루프로 구성하고, 반복문의 시작에서 반지름을 입력받는다.
- (9행) 반복문 내에서 if 문을 사용하여 반복 종료 조건(음수 반지름 입력)을 검사하여 종료 조건을 만족하면 break 문을 사용하여 while 반복문을 종료한다.
- (10행) 입력한 반지름을 갖는 원의 넓이를 계산하여 반지름과 함께 출력한다.

다음은 무한 루프가 아닌 보통 반복문에서 도중에 반복문을 종료하는 동작이 포함된 예이다.

예 4.31 잘못된 입력에 대해서 반복문을 종료하는 프로그램

다음은 10개의 양의 정수를 입력하여 이들의 합을 구하는 프로그램인데 10개의 양의 정수가 입력되기 전에 0이나 음수가 입력되면 입력을 중단하고 현재까지의 합을 출력하는 프로그램이다.

```
#include <stdio.h>

int main(void)
{
    int number, count, sum;

    sum = 0;
```

```
8        for (count = 0; count < 10; count++) {
9            scanf("%d",&number);
10           if (number <= 0) break;
11           sum += number;
12       }
13       printf("count = %d, sum = %d\n", count, sum);
14       return 0;
15   }
```

실행1	1 2 3 4 5 6 7 8 9 10 count = 10, sum = 55
실행2	1 2 3 -1 2 count = 3, sum = 6

for 반복문을 사용하여 10개의 정수를 입력받으며, count는 입력 개수를 나타낸다(8-9행). 10개의 양의 정수가 입력되면 for 문이 정상적으로 종료되지만 0이나 음수가 입력되면 반복문 내에서 break 문을 사용하여 for 문이 종료된다(10행). for 문이 종료되면 입력한 정수 개수와 합을 출력한다(13행).

continue 문

continue 문도 for 문, while 문, do-while 문과 같은 반복문에서 사용할 수 있으며 break 문과 달리 반복 문장의 현재 단계의 수행만을 종료하고 다음 반복을 시도한다.

다음은 while 문에서 continue를 사용하는 전형적인 형식의 예이다. if 문이 조건식2를 만족하여 continue 문을 만나면 나머지 문장(문장들2)을 수행하지 않고 현재의 반복 단계를 끝낸 후 다음 반복 단계로 넘어가기 위해 while 문의 조건식1로 이동한다.

```
while (조건식1) {
    문장들1
    if (조건식2)
            continue;          // 다음 반복(조건식1)으로
    문장들2
}
```

다음과 같은 형식의 for 문에서 continue 문을 만나면 반복 문장 중에서 나머지 문장(문장들 2)을 건너뛰고 수식3을 실행한 후 다음 반복을 위하여 조건식1로 이동한다.

```
for (수식1; 조건식1; 수식3) {
    문장들1
    if (조건식2)
           continue;        // 수식3(갱신수식) 으로
    문장들2
}
```

이처럼 for 문에서는 continue 문을 만나면 곧바로 조건식1로 이동하지 않고 갱신 수식인 수식3으로 이동하는 점이 while 문에서의 동작과 다르다.

예 4.32 continue 문을 사용하여 특정 입력의 처리를 생략하는 프로그램

다음 프로그램은 10개의 양의 정수가 입력될 때까지 정수를 입력받아서 이들의 합을 구하여 출력한다. 이 프로그램에서 0이나 음의 정수가 입력되면 이를 무시하고 다시 입력받는다.

```
#include <stdio.h>

int main(void)
{
   int sum, count, number;

   sum = 0;
   count = 0;
   printf("10개의 양의 정수를 입력하시오.\n");
   while (count < 10) {
       scanf("%d", &number);
       if (number <=0) {
              printf("%d는 잘못된 입력입니다.\n", number);
              continue;
       }
       sum = sum + number;
       count++;
   }
   printf("합 = %d\n", sum);
   return 0;
}
```

실행	10개의 양의 정수를 입력하시오. *1 2 -3 4 5 6 -7 8 9 10* -3는 잘못된 입력입니다. -7는 잘못된 입력입니다. *11 12* 합 = 68

이 프로그램에서 입력 정수 number가 0 이하이면 입력 오류 안내문을 출력하고 continue문을 사용하여(12-14행) 합 계산과 count 값 증가(16-17행)를 건너뛰고 다음 반복으로 이동한다. count는 합 계산에 사용되는 0보다 큰 정수의 개수만 센다.

이 프로그램을 다음과 같이 while 문 대신에 for 문을 사용하여 작성한다면

```
for (count = 0; count < 10; count++) {
    scanf("%d", &number);
    if (number <=0) {
        printf("%d는 잘못된 입력입니다.\n", number);
        continue;
    }
    sum = sum + number;
}
```

for 문의 반복 문장 내에서 continue 문을 만날 때에도 count++를 수행하여 예 4.32의 프로그램과 다르게 동작하므로 주의해야 한다. 그리고 이 프로그램의 while 문은 continue 문을 만났을 때 건너뛰는 문장들을 else 문으로 작성하여, continue 문을 사용하지 않고 다음과 같이 작성할 수 있다.

```
while (count < 10) {
    scanf("%d", &number);
    if (number <=0) {
            printf("%d는 잘못된 입력입니다.\n", number);
    } else {
        sum = sum + number;
        count++;
    }
}
```

연습 4.12

1. 예 4.15의 프로그램을 break 문을 사용하여 작성하시오.

4.13 goto

goto 문은 프로그램의 실행 순서를 원하는 곳으로 이동시킬 수 있게 한다. 이러한 문장을 **분기문**(branch statement)이라고 한다. 앞 절에서 보았던 break 문, continue 문도 분기문에 속한다. goto 문을 사용한 프로그램은 이해하기가 어려우므로 특별한 경우를 제외하고는 사용하지 않는 것이 바람직하다.

goto 문은 분기할 위치를 나타내는 **레이블**(label)과 함께 사용된다. 레이블은 식별자 이름에 콜론(:)을 붙인 것으로서 분기하여 수행할 문장 앞에 놓는다. goto 문과 레이블의 형식은 다음과 같다.

```
    goto label;
        ⋮
label:
    문장                    /* 분기하여 실행할 문장 */
```

goto 문을 사용하는 대표적인 예는 중첩된 반복문에서 안쪽 반복문의 반복 문장에서 바깥 반복문을 빠져나는 경우이다. 이 경우에 goto 문을 사용하지 않으면 오히려 프로그램이 복잡해질 수 있다. break 문은 단지 자기가 속한 반복문만을 빠져나올 수 있을 뿐이다.

예 4.33 goto를 사용하여 중첩된 루프를 종료하는 프로그램

다음 프로그램은 정수 n을 입력받아서 1부터 n까지의 정수를 순서대로 출력하는 데 한 줄에 8개씩 출력되도록 한다.

```
1   #include <stdio.h>
2
3   int main(void)
4   {
5       int i, n, number;
6       printf("출력할 마지막 정수 > ");
7       scanf("%d", &n);                    /* n : 출력할 마지막 정수 */
8       number = 1;                         /* number : 출력할 정수 */
9       while (1) {
10          for (i=0; i<8; i++) {  /* 연속된 8개 정수 출력 */
11                  if (number > n) goto end;
12                  printf("%6d", number);
13                  number++;
14          }
15          printf("\n");                   /* 줄바꿈 */
16      }
17  end:
18      printf("\nGood Bye!\n");
19      return 0;
20  }
```

실행

```
출력할 마지막 정수 > 45
     1     2     3     4     5     6     7     8
     9    10    11    12    13    14    15    16
    17    18    19    20    21    22    23    24
    25    26    27    28    29    30    31    32
    33    34    35    36    37    38    39    40
    41    42    43    44    45
Good Bye!
```

이 프로그램은 8개의 연속적인 정수를 출력하는 for 문(10-14행)과 줄을 바꾸어 출력하는 문장(15행)을 while 문(9-16행)을 사용하여 반복하여 실행하는데, 안쪽 반복문인 for 문 안에서 종료 조건(number > n)이 되면 goto 문을 사용하여(11행) 바깥쪽 반복문인 while 문 바깥에 있는 레이블 end가 있는 위치(17행)로 곧바로 이동한다. 이 프로그램은 다음과 같이 number를 8로 나눈 나머지가 0일 때마다 줄을 바꾸는 단순 반복문으로 작성할 수 있다.

```
#include <stdio.h>

int main(void)
{
    int n, number;
    printf("출력할 마지막 정수 > ");
    scanf("%d", &n);                        /* n : 출력할 마지막 정수 */
    number = 1;                             /* number : 출력할 정수 */
    for (number = 1; number <= n; number++) {
        printf("%6d", number);
        if (number % 8 == 0)                /* 8개 출력마다 줄바꿈 */
            printf("\n");
    }
    printf("\nGood Bye!\n");
    return 0;
}
```

4.14 내장 할당과 콤마 연산자

C Programming

내장 할당

할당 연산자 =는 연산자로 다루어지므로 다음과 같이 독립적으로 사용될 뿐만 아니라

```
x = 6
```

다음과 같이 다른 수식에 포함되어서 사용될 수도 있다.

```
z = (x = 6) + 7                 ... 계산식에 내장
(a = b + c) != 5                ... 조건식에 내장
printf("%d", a = b * c);        ... 인수에 내장
```

이렇게 다른 수식에 포함된 할당을 내장 할당(embedded assignment)이라고 한다. 내장 할당을 사용하면 다음 예와 같이 반복문을 간결하게 작성할 수 있다.

예 4.34 내장 할당을 사용한 예 4.15 프로그램의 재작성

예 4.15의 프로그램은 다음과 같이 c = getchar()를 반복문 직전과 반복 문장 마지막에 두 번 사용하였다.

```
c = getchar();                   /* 문자 입력 */
while (c != '\n') {
    if (c >= 'a' && c <= 'z')    /* 소문자이면 */
        c = c - 'a' + 'A';       /* 대문자로 변환 */
    putchar(c);                  /* 문자 출력 */
    c = getchar();               /* 다시 문자 입력 */
}
```

문자 입력 할당문 c = getchar()를 뒤이어 실행되는 조건식 c != '\n'에 다음과 같이 내장 할당으로 포함한다면 getchar() 함수를 한 번만 사용하여 프로그램을 작성할 수 있다.

```
(c = getchar()) != '\n'          ... 조건식에 포함된 내장 할당
```

다음은 예 4.15의 프로그램을 이와 같은 내장 할당 조건식을 사용하여 간결하게 다시 작성한 것이다.

```
#include <stdio.h>

int main(void)
{
    int c;

    while ( (c = getchar()) != '\n') {
        if (c >= 'a' && c <= 'z')          // 소문자이면
            c = c - 'a' + 'A';             // 대문자로 변환
        putchar(c);                        // 문자 출력
    }
    return 0;
}
```

콤마 연산자

for 문에서 초기화 수식이나 갱신 수식에 두 개 이상의 수식을 넣는 것이 필요할 때가 있다. 반복 제어 변수를 두 개 이상 사용할 때가 이러한 경우에 속한다. C 언어에서는 여러 개의 문장을 중괄호 { }로 묶어서 복합문을 만들어서 하나의 문장으로 취급할 수 있는 것과 같이 콤마(comma) 연산자(,)는 여러 개의 수식을 묶어서 하나의 수식으로 만드는 역할을 한다. 그러

므로 콤마 연산자는 for 문에서 수식 위치에 여러 개의 수식을 넣어야 할 때 매우 유용하게 사용될 수 있다. 다음은 콤마 연산자를 사용한 수식의 예이다.

```
i=0, j=0                                  ... 두 수식의 묶음으로 구성된 수식이다.
```

콤마 연산자는 임의의 수식을 묶을 수 있도록 가장 낮은 우선순위를 가진다. 콤마 연산자는 좌결합성을 가지며 콤마 연산자로 묶인 수식들은 왼쪽부터 순서대로 실행된다.

예 4.35 두 개의 반복 제어 변수를 사용하는 for 반복문 (콤마 연산자 사용)

다음은 i, j가 각각 0부터 시작하여 반복할 때마다 i는 1씩, j는 2씩 증가시키고, 두 수의 합이 30 이하인 동안 i와 j의 값을 출력하는 동작을 반복하는 프로그램이다.

```
1   #include <stdio.h>
2   
3   int main(void)
4   {
5       int i, j;
6   
7       for (i=0, j=0; i + j <= 30; i++, j += 2)
8           printf("(%d, %d)\n", i, j);
9       return 0;
10  }
```

실행

```
(0, 0)
(1, 2)
(2, 4)
(3, 6)
(4, 8)
(5, 10)
(6, 12)
(7, 14)
(8, 16)
(9, 18)
(10, 20)
```

이 프로그램에서 for 문은 두 개의 반복 제어 변수 i와 j를 사용한다. 두 변수에 대한 초기화와 갱신을 위하여 초기수식과 갱신수식 모두 두 개의 수식을 넣어야 한다. 이 프로그램과 같이 콤마 연산자를 사용하여 두 개의 수식을 결합하면 한 개의 수식이 사용되어야 하는 위치에 두 개의 수식을 넣을 수 있다(7행).

콤마 연산자를 사용한 수식의 값은 콤마 연산자로 묶은 수식 중 가장 오른쪽에 있는 마지막으로 실행되는 수식의 값과 같다. 콤마 연산자로 묶은 수식의 마지막에 조건식을 넣는다면 콤마 연산자를 조건식에서도 사용할 수 있다.

예 4.14에서는 원의 반지름을 입력하는 scanf 함수가 while 문 직전과 반복 문장 마지막에 두 번 사용하였다. scanf 함수는 예 4.34와 같은 내장 할당을 사용할 수 없지만, 콤마 연산자를 사용하여 조건식과 결합하면 다음 예와 같이 scanf 함수를 한 번만 사용하여 프로그램을 간결하게 작성할 수 있다.

예 4.36 콤마 연산자를 사용한 조건식 (예 4.14 프로그램의 재작성)

다음은 예 4.14의 프로그램을 scanf 함수 호출과 조건식을 콤마 연산자를 사용하여 결합하여 다시 작성한 프로그램이다.

```
#include <stdio.h>

int main(void)
{
    float  r;

    while (scanf("%f", &r), r >= 0)         // 반지름 입력 및 검사
        printf("반지름 = %f, 넓이 = %f\n", r, 3.14159*r*r);
    return 0;
}
```

이 프로그램은 while 문의 조건식 위치에 scanf 함수 호출이 원래의 조건식 r >= 0과 결합되어 한 번만 사용되므로 예 4.14에 비해서 훨씬 간결하다.

예 4.34의 프로그램도 while 문의 조건식 위치에 내장 할당 조건식 대신에 다음과 같이 콤마 연산자를 사용한 조건식을 사용할 수 있다.

```
c = getchar(), c != '\n'
```

다음은 do-while 문을 사용하여 양의 정수가 입력될 때까지 입력을 반복하는 프로그램이다.

```
do {
    scanf("%d",&number);
} while (number <= 0);
```

반복 문장이 하나인 이 프로그램은 다음과 같이 콤마 연산자 사용하여 scanf 함수 호출식을 조건식에 포함시키면 반복할 문장이 없어진다. 그렇지만 형식상 반복되는 문장이 필요하므로 이 위치에 다음과 같이 공문을 사용해야 한다.

```
while (scanf("%d",&number), number <= 0)
    ;                          // 공문
```

여기서는 의도적으로 공문을 사용하였지만 while 문이나 for 문에서 다음과 같이

```
while (조건식);               // 잘못된 예, 틀리기 쉬운 문장
```

조건식 다음에 세미콜론을 붙이면 공문만 반복되므로 주의해야 한다. 이처럼 공문이 필요한 경우에는 줄을 바꾸어서 작성하는 것이 바람직하다.

연습 4.14

1. [Enter]가 입력될 때까지 입력된 문자의 개수를 세어 출력하시오. (단, 반복문의 조건식에 내장 할당식을 포함하시오.)

2. 두 수의 합이 50인 음이 아닌 정수의 쌍을 모두 출력하는 프로그램을 다음과 같이 작성하시오. i는 0부터, j는 50부터 시작하고 반복할 때마다 i는 1씩 증가, j는 1씩 감소시키고 i < j인 동안 i, j의 출력을 반복하시오.

4.15 디버깅

C Programming

프로그램을 작성할 때 처음에 작성한 프로그램이 올바르게 동작하지 않는 경우가 흔히 있다. 문법적인 잘못은 컴파일러가 찾아서 에러 메시지로 알려 주지만, 문법적인 잘못이 없이 프로그램 논리가 잘못된 경우는 작성한 프로그램을 다시 살펴보거나 프로그램 실행 과정을 확인하여 잘못을 찾아야 한다. 이렇게 프로그램의 잘못된 부분을 바로잡는 과정을 디버깅(debugging)이라고 한다.

간단한 프로그램은 프로그램 실행의 중간 결과를 확인하기 위해서 printf 문을 삽입하여 디버깅을 할 수 있다. 그렇지만 프로그램이 크고 복잡해질수록 이러한 방식만으로는 프로그램을 디버깅하기가 어려워진다. 디버거(debugger)는 프로그램의 실행 과정을 추적하여 프로그램의 논리 에러를 찾는 데 도움을 주는 프로그램이다. UNIX/Linux에서는 gdb와 같은 명령어 기반의 디버거가 제공되고 있으며, Visual Studio와 같은 통합개발환경의 컴파일러도 대개 디버거를 함께 제공한다.

디버거는 한 단계씩 프로그램을 실행하는 기능, 중단점(breakpoint) 지정 기능, 중단점까지 프로그램을 실행하는 기능, 현재의 커서 위치까지 프로그램을 실행하는 기능 등을 제공하며 프로그램의 실행 과정에서 변수의 변화를 확인할 수 있도록 하기 위해서 변수값을 감시(watch)하는 기능도 포함한다.

Visual Studio 디버거 사용법

Visual Studio 통합개발환경의 디버거의 사용법을 간단히 소개하면 다음과 같다. 여기서 예시로 사용한 프로그램은 예제 4.24의 프로그램이다. 먼저 프로젝트(Project1)를 생성하고 소스 파일(ex4-24.c)을 추가하고 프로그램을 작성한다.

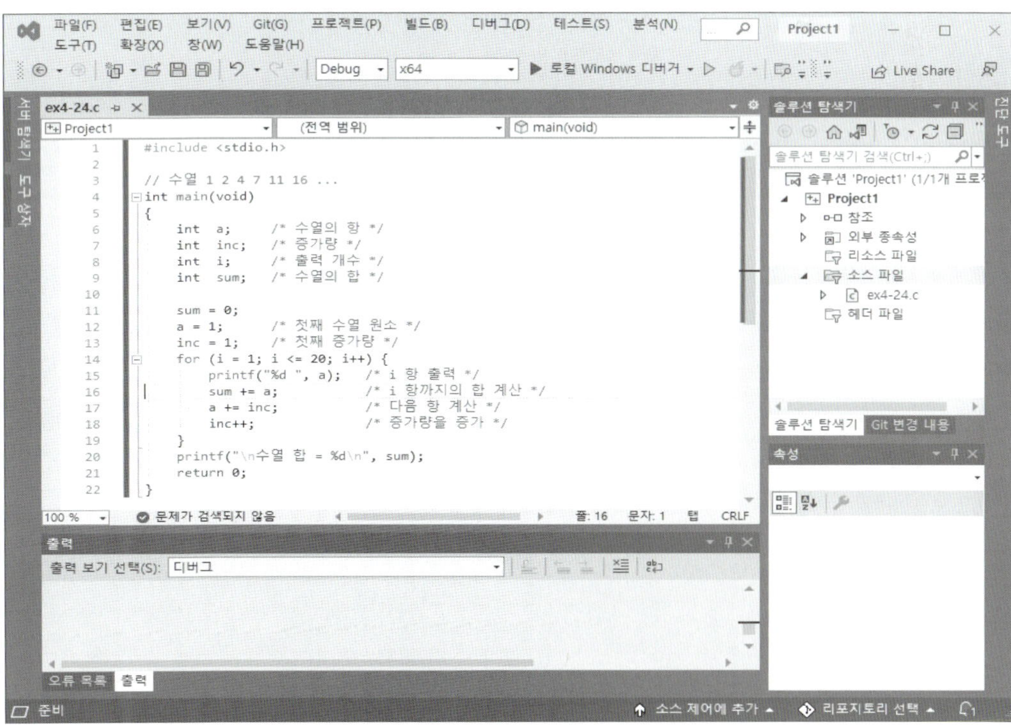

❶ 중단점 설정 (단축키 F9): 프로그램의 중간 결과를 확인하고자 하는 줄 번호 앞의 회색 부분에 커서를 놓고 클릭하면 빨간 원이 생기며 이 지점이 중단점(breakpoint)으로 지정된다. 소스 코드 위치에 커서를 놓고 F9를 눌러도 중단점이 지정된다. 같은 기능을 반복하여 선택하면 중단점이 해제된다.

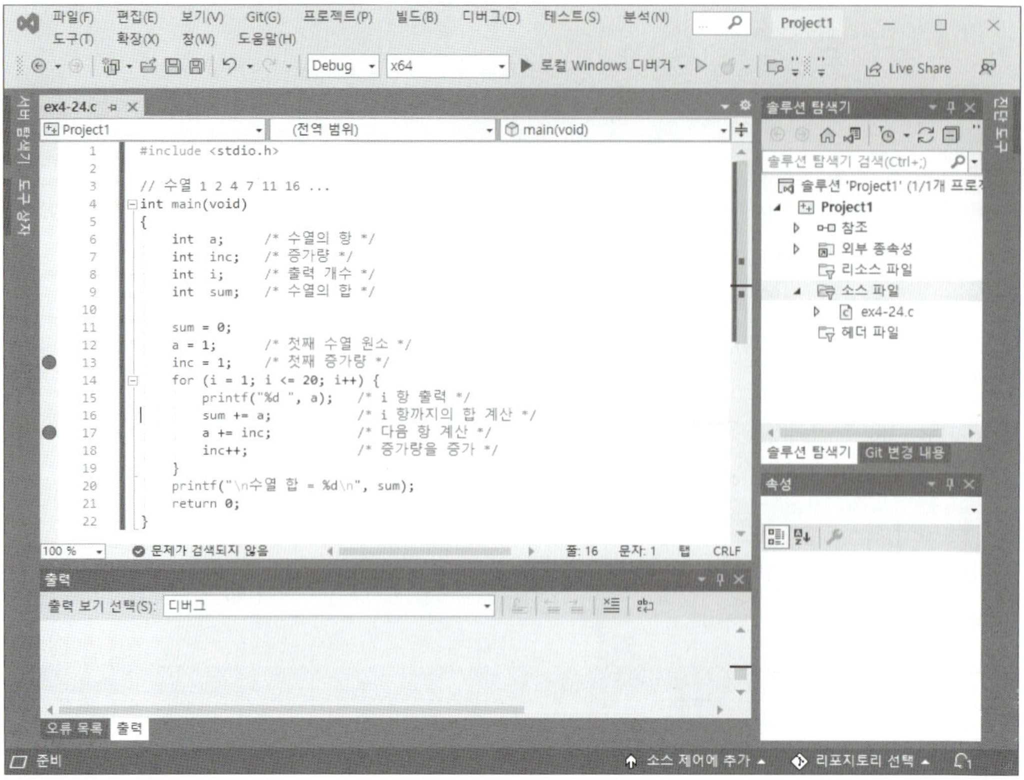

❷ 디버깅 시작 (단축키 F5): [디버그] – [디버깅 시작] 메뉴를 선택하거나 단축키 F5나 단축 아이콘 ▶을 눌러서 프로그램을 디버깅 모드에서 실행시킨다.

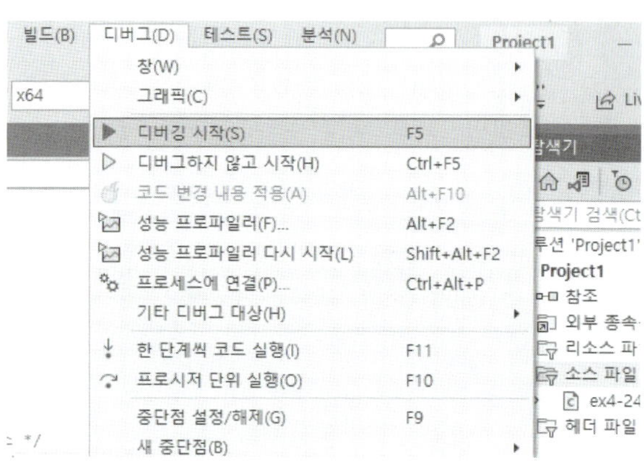

디버깅 시작으로 프로그램을 실행하면 앞에서 설정한 중단점에서 멈추며 빨간 원에 화살표가 표시된다. 이때 변수의 값을 확인할 수 있는 [자동] 창이 생성되어 중단점에서의 변수값을 확인할 수 있다.

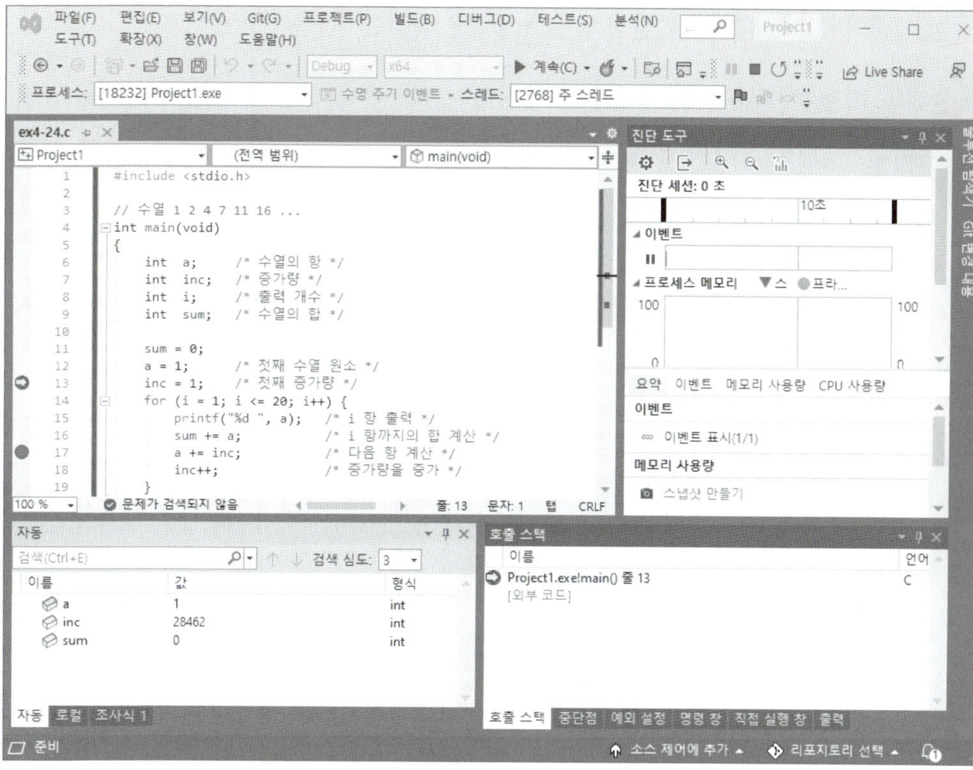

[자동] 창에는 현재까지 사용된 세 개의 변수 값이 출력되는 데 중지점에 있는 문장은 아직 실행되지 않은 것이므로 inc의 값은 아직 1로 되어 있지 않다. 같은 기능을 다시 선택하면 실행을 계속하여 다음에 만나는 중단점에서 정지한다.

❸ **커서 위치까지 디버깅 시작** (단축키 Ctrl-F10) : 중단점을 설정하는 것 대신에 확인하고자 하는 위치에 커서를 놓고 단축키 Ctrl-F10을 누르면 프로그램의 실행은 커서 위치에서 멈추고 회색 부분에 화살표가 표시된다.

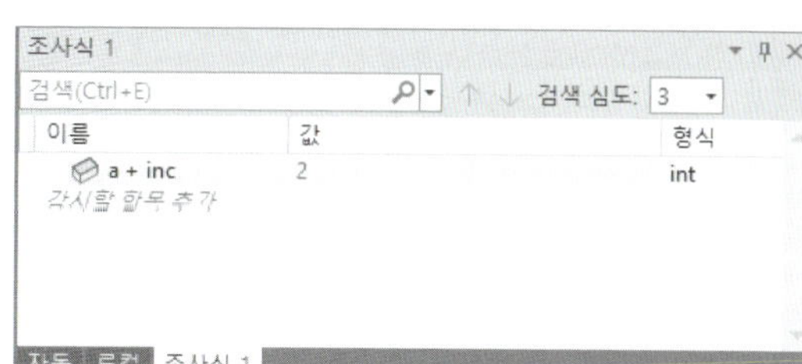

❹ **조사식 설정** : [자동] 창에 기본적인 변수의 값이 자동적으로 나타나지만 [디버그] – [창] – [조사식] – [조사식 n] 메뉴를 선택하여 나타난 조사식 창

에 수식을 조사식(Watch)으로 입력하여 중단점에서의 변수뿐만 아니라 수식의 값도 확인할 수 있다. 조사식 창은 조사식 1, 조사식 2, 조사식 3, 조사식 4의 4개를 사용할 수 있다.

중단점에서 멈추어 [자동] 창이 생성될 때 [조사식 1] 창이 함께 생성되어 메뉴 선택없이 창 아래의 [조사식 1] 탭을 선택하여 조사식을 설정할 수 있다.

⑤ **단계/단위 실행** (단축키 F11/F10): 중단점에서 실행을 계속할 때 단축키 F11을 누르거나 [디버그] - [한 단계씩 코드 실행] 메뉴를 선택하면 프로그램을 코드 한 줄씩 단계적으로 실행할 수 있다. 그리고 단축키 F10을 누르거나 [디버그] - [프로시저 단위 실행] 메뉴를 선택하여도 비슷하게 동작한다. 두 기능의 차이는 함수를 호출할 때 **프로시저 단위 실행**은 한 단계로 간주하여 디버깅하지만, **한 단계씩 코드 실행**은 호출하는 함수로 진입한다. 함수 호출에 대한 상세한 동작은 함수를 배울 때 다룬다.
두 번째 중단점에서 단축키 F10을 누르면 다음 문장에서 멈추고 이 위치에 화살표가 표시된다. [자동] 창의 변수 값도 변경된 내용이 자동적으로 반영된다.

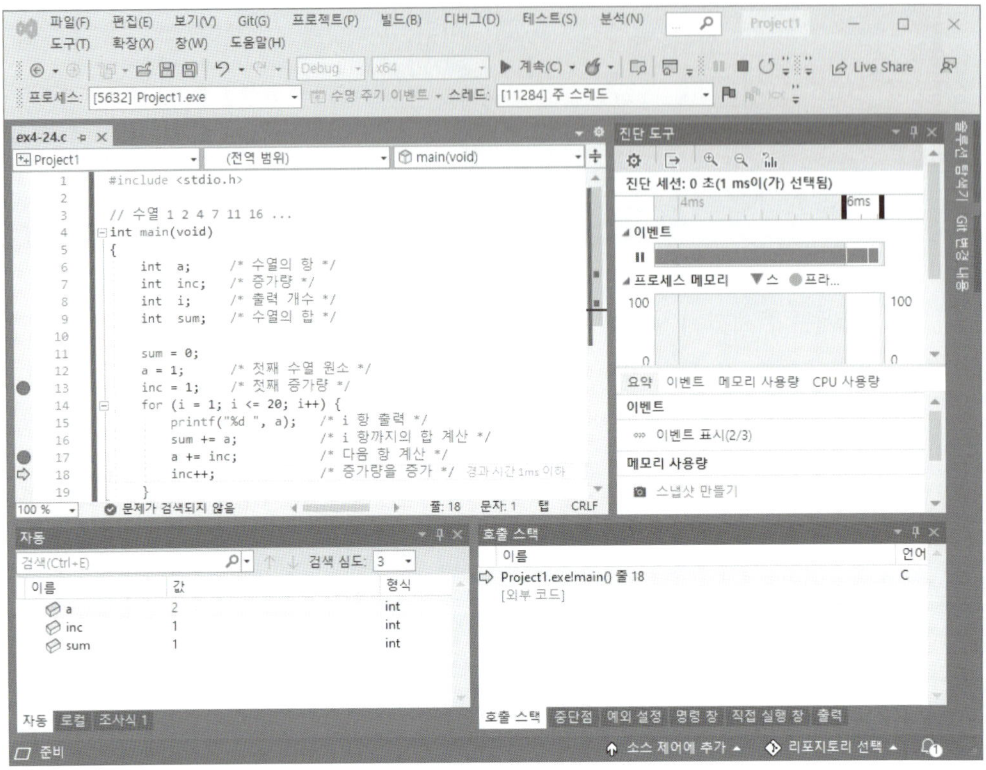

❻ **디버깅 중지** (단축키 Shift-F5) : [디버그] - [디버그 중지] 메뉴를 선택하거나 단축키 Shift-F5 또는 단축 아이콘 ■를 선택하면 프로그램 실행을 완료하지 않고 디버깅 동작을 중지한다.

디버그 메뉴에서 확인할 수 있듯이 Visual Studio에서는 앞에서 설명한 기능 이외에도 많은 기능을 제공한다. 디버깅할 때 반복문 내에 중단점을 설정하면 반복 실행될 때마다 관련된 변수의 값이 변화되는 과정을 printf문을 사용하지 않더라도 쉽게 확인할 수 있으며, 단계 실행을 하면 특정 문장을 수행한 직후의 변화 상태를 확인할 수 있다. 이러한 디버거의 기능을 활용하면 프로그램이 원하는 대로 실행되고 있는지 쉽게 확인할 수 있으며 이를 통하여 잘못된 문장들을 쉽게 찾을 수 있다.

Code::Blocks에서의 디버거 사용법

CodeBlocks 통합개발환경의 디버거의 사용법을 간단히 소개하면 다음과 같다. 여기서 예시로 사용한 프로그램은 예제 4.24의 프로그램이다. 먼저 프로젝트(Project)를 생성하고 소스 파일(main.c)을 작성한다.

❶ Breakpoint 설정 (단축키 F5): 소스 코드 창의 원하는 위치의 녹색 줄 앞에 마우스로 클릭하거나 소스 코드의 원하는 위치에 커서를 놓고 [Debug] - [Toggle Breakpoint] 메뉴를 선택하거나 단축키 F5를 누르면 중단점이 설정된다.

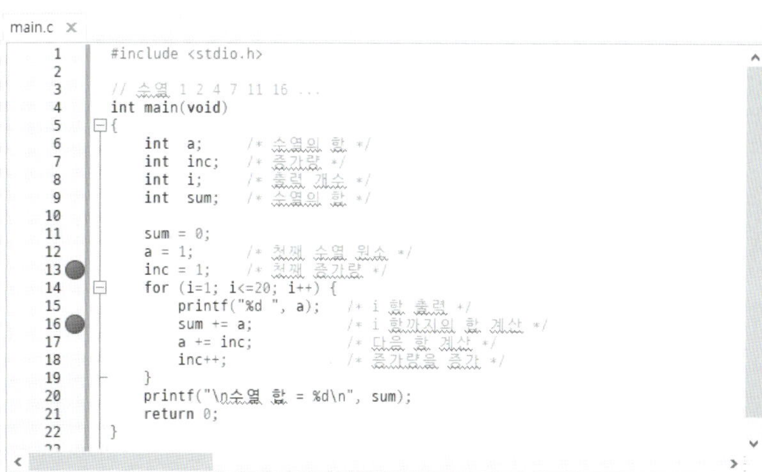

❷ Debug 시작 (단축키 F8, 단축 아이콘) : [Debug] - [Start/Continue] 메뉴를 선택하거나 지정된 단축키/단축 아이콘을 선택하면 디버깅을 시작하여 설정된 중단점에서 멈춘다.

❸ Run to Cursor (단축키 F4, 단축 아이콘) : 소스 코드의 커서 위치까지 실행하고 멈춘다.

❹ Watches 설정 : [Debug] - [Debugging Windows] - [Watches]를 메뉴를 차례대로 선택하면 Watches 창이 나타난다. 여기서 변수 값을 기본적으로 확인할 수 있으며 수식을 추가하여 수식의 값을 확인할 수 있다.

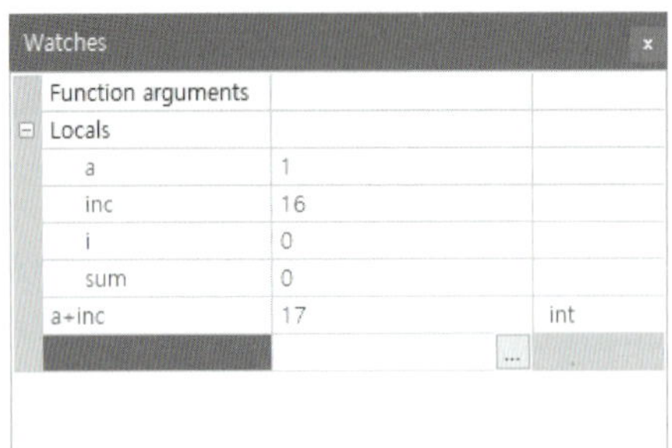

❺ Next Line (단축키 F7, 단축 아이콘) / **Step Into** (단축키 Shift-F7, 단축 아이콘) **실행** : [Debug] - [Next Line] 메뉴를 선택하거나 단축키 F7을 누르면 소스 코드의 줄 단위로 단계적으로 실행하며 [Debug] - [Step Into] 메뉴를 선택하거나 단축키 Shift-F8을 누르면 단계적으로 실행하는 것은 Next Line과 비슷하지만 함수 호출을 할 때 함수로 진입한다.

❻ Stop Debugger (단축키 Shift-F8, 단축 아이콘) : [Debug] - [Stop Debugger] 메뉴를 선택하거나 단축키 Shift-F8 또는 단축 아이콘 을 선택하면 프로그램 실행을 완료하지 않고 디버깅 동작을 중지한다.

복습문제

1 프로그램이 실행되는 순서는 크게 어떻게 세 가지로 구분되는가?

2 복합문의 형식과 용도를 알아보시오.

3 `if` 문과 `if-else` 문의 형식과 용도를 알아보시오.

4 두 수의 비교에 사용되는 연산자에 대해서 알아보시오.

5 여러 개의 비교 결과를 결합하는 데 사용되는 연산자에 대해서 알아보시오.

6 =과 ==의 차이점은?

7 `switch` 문의 형식과 용도를 알아보고 제한점을 말하시오.

8 세 가지 반복문에 대해서 알아보시오.

9 `break` 문의 용도는?

10 콤마 연산자란 무엇이며 어디에 유용하게 사용할 수 있는가?

11 지금까지 배운 연산자들의 우선순위와 결합성에 대해서 알아보시오.

12 반복문의 조건식에서 사용되는 보초(sentinel)란 무엇인가?

13 다음은 옳은 문장인가? 그리고 유용한가?

```
20 + 30;
```

종합문제

1 (x, y) 좌표를 입력하여 좌표값에 따라서 다음과 같이 위치를 출력하는 프로그램을 작성하시오.

좌표	위치
x>0, y>0 :	1사분면
x<0, y>0 :	2사분면
x<0, y<0 :	3사분면
x>0, y<0 :	4사분면
x = 0 :	y축
y = 0 :	x축

2 다음과 같은 출력을 반복문을 사용하여 작성하시오.

Tomorrow and tomorrow and tomorrow and tomorrow and tomorrow !!

3 여러 개의 양의 정수를 입력하여 평균을 계산하는 프로그램을 다음과 같이 작성하시오.

(1) 5개의 정수를 입력하여 평균을 계산한다.

(2) 입력할 정수의 개수를 먼저 입력한 후 정수들을 입력한다.

(3) 정수들을 입력하되 입력을 종료하기 위해서 -1을 입력한다.

(4) 파일 끝에 도달할 때까지 정수들을 입력한다.

4 다음과 같은 여러 학생들의 국어, 영어, 수학 성적을 입력받아서 각 학생의 평균과 국어, 영어, 수학 성적의 전체 평균을 계산하여 출력하시오.

80 70 90

50 80 50

...

성적의 입력은 파일 끝에 도달하였거나 성적 입력이 제대로 되지 않았을 때까지(0부터 100점사이가 아님) 계속하며 출력은 각 학생의 성적 다음에 학생 평균을, 마지막 줄에 과목 평균을 출력한다.

5 2차 방정식 $ax^2+bx+c=0 \ (a \neq 0)$은 판별식 $D=b^2-4ac$의 부호에 따라서 다음과 같이 근을 구한다.

$$D>0 : x_1 = \frac{-b+\sqrt{D}}{2a}, x_2 = \frac{-b-\sqrt{D}}{2a}$$

$$D=0 : x_1 = x_2 = -\frac{b}{2a}$$

$$D<0 : x_1 = -\frac{b}{2a}+\frac{\sqrt{-D}}{2a}i, x_2 = -\frac{b}{2a}-\frac{\sqrt{-D}}{2a}i$$

2차 방정식의 세 계수 a, b, c를 입력받아 방정식의 근을 구하여 출력하는 프로그램을 작성하시오.

6 무리수 e는 다음 무한급수를 사용하여 구할 수 있다.

$$e = 1+\frac{1}{1!}+\frac{1}{2!}+\frac{1}{3!}+\frac{1}{4!}+\cdots$$

이 식을 사용하여 더하는 값이 10^{-12} 보다 작아질 때까지 항의 덧셈 수행을 반복하여 e 값을 구하는 프로그램을 작성하시오. $\frac{1}{n!}=\frac{1}{n}\times\frac{1}{(n-1)!}$ 의 관계식을 이용하면 나눗셈을 사용하여 무한급수의 이전 항에서 다음 항을 간단하게 계산할 수 있다.

7 정수를 2진수로 나타낼 때에 값이 1인 비트 수를 계산하는 프로그램을 작성하시오. 예를 들어서 5는 2진수로 101이므로 값이 1인 비트 수가 2가 된다. (힌트: AND 연산자 &와 시프트 연산자를 사용해야 한다.)

8 (1) 정수를 2진수로 출력하는 프로그램을 다음과 같이 작성하시오.

- 정수의 비트수를 `sizeof(int)*8` 로 계산하여 size에 저장한다.
- mask를 `unsigned int`로 선언하고 2진수로 최상위 비트만 1인 정수로 초기화한다. 이 값은 `1<<(size-1)` 연산으로 구해진다.
- 정수와 mask를 AND 연산하면 mask의 1인 비트 위치가 1인지 여부를 확인할 수 있다. 이 값에 따라서 0 또는 1을 출력한다. 매 반복마다 mask를 오른쪽으로 1비트씩 시프트하면서 mask가 0이 아닌 동안 이 동작을 반복한다.

(2) 앞에서 작성한 프로그램에서 mask를 `int`로 선언했을 때 어떤 동작을 하는지 확인해보시오.

제5장 함수

학습 내용

- 함수와 모듈화 프로그래밍
- 함수 정의
- 함수의 원형 선언과 함수 호출
- 전역 변수와 지역 변수
- 재귀 함수와 재귀 호출
- 기억 클래스
- 다중 모듈 프로그램과 컴파일 방법

5.1 함수

C Programming

우리는 3장에서 `printf` 함수와 같이 라이브러리에서 제공하는 함수를 호출하여 사용하는 방법에 대해서 배웠고 프로그램 작성에 사용하였다. 이 장에서는 함수를 작성하고, 작성한 함수를 호출하는 방법 등에 대해서 배운다. 함수는 원래 수학에서 나온 개념으로서 입력 변수 값에 대해서 출력값을 대응시키며 출력값은 입력 변수 값에 대하여 정해진 규칙에 따라서 결정된다.

C 언어의 함수(function)는 특정한 일을 수행하는 프로그램의 부분이다. 지금까지 다루었던 프로그램은 해결해야 하는 문제가 간단하여 `main` 함수에서 모두 해결하였다. 그렇지만 커다란 문제에 대해서는 문제를 여러 개의 작은 문제로 나누어서 해결하고 작은 문제의 해결된 결과를 종합하여 전체 문제를 해결하는 것이 효과적이다.

C 언어에서는 작은 문제를 해결하는 프로그램들을 함수로 작성하고 `main` 함수 등에서 이러한 함수들을 호출하여 커다란 문제를 해결하는 프로그램을 작성한다. 프로그램 관점에서 함수는 작은 프로그램이라는 의미의 서브프로그램(subprogram)이라고 부른다. 함수를 다른 프로그래밍 언어에서는 서브루틴(subroutine), 프로시저(procedure), 메소드(method)라는 용어로

나타내기도 한다.

함수를 사용하면 프로그램을 여러 개의 함수로 나누어서 모듈화하여 프로그램을 작성하는 **모듈화 프로그래밍**이 가능하며 함수를 사용한 모듈화 프로그래밍은 다음과 같은 여러 가지 장점이 있다.

- 모듈화된 작은 크기의 함수는 대개 수행해야 할 일이 잘 정의되어 있어서 작성하기도 쉽다.
- 전체 프로그램의 논리적인 구조를 명확하게 표현할 수 있어서, 프로그램의 동작을 이해하기가 쉽다.
- 모듈 단위로 프로그램을 작성하여, 프로그램의 디버깅과 유지보수가 쉽다.
- 큰 문제를 해결하는 함수를 작성할 때는 작은 문제를 해결하는 함수의 상세 설계에 대해서 신경을 쓰지 않고, 이러한 함수를 사용하기만 하면 되므로 큰 문제 해결을 쉽게 한다.
- 큰 문제 해결에 반복하여 사용되는 작업을 함수로 작성하면 여러 곳에서 이 함수를 호출하여 재사용할 수 있어서, 같은 프로그램이 여러 곳에서 중복되는 것을 피할 수 있게 한다.

C 프로그램은 main 함수를 포함한 하나 이상의 함수들로 구성되어 있다. 우리는 지금까지 main 함수만으로 구성된 프로그램을 작성하였지만, 다음과 같이 두 개의 함수로 구성된 간단한 프로그램을 예로 들면서 함수 작성에 대한 소개를 시작한다.

예 5.1 두 개의 함수로 구성된 간단한 프로그램

```c
#include <stdio.h>

int add(int a, int b);                      // add 함수 원형 선언

int main(void)
{
    int sum;

    printf("begin main\n");
    sum = add(10, 20);                      // add 함수 호출
```

```
11      printf("sum = %d\n", sum);
12      return 0;                              // 0을 반환 : 성공적 종료
13  }
14
15  // add 함수의 정의
16  int add(int a, int b)
17  {
18      printf("Welcome! function add\n");
19      return a + b;                          // 함수의 계산 결과를 반환
20  }
```

실행

```
begin main                      ... main()에서 출력
Welcome! function add           ... 함수 add()에서 출력
sum = 30                        ... main()에서 출력
```

이 프로그램은 두 함수 main()과 add()로 구성되어 있으며, 함수를 사용한 이 프로그램의 구성에 대한 설명은 다음과 같다.

❶ **함수의 원형 선언** (3행) : 다음 문장은 함수 add()의 원형(prototype) 선언으로서 이 함수가 두 개의 int 자료형 값을 매개변수로 받아서, int 자료형 값을 결과로 반환하는 함수임을 알린다.

```
int add(int a, int b);
```

❷ **함수 호출** (10행) : 다음 문장의 오른쪽 부분은 함수 add()를 호출하여 실행시키는 부분으로서, 함수를 호출할 때 정수 10과 20을 함수의 인수로 넘겨주고, 결과를 반환받는다. 함수의 반환값은 왼쪽 변수 sum에 저장된다.

```
sum = add(10, 20);
```

❸ **함수의 정의** (16-20행) : 함수 add()를 정의하는 부분으로서 함수에게 주어진 특정한 일을 수행하는 프로그램이다. 16행은 세미콜론이 없는 것을 제외하면 함수의 원형 선언 부분과 같으며 매개변수의 이름 및 자료형과 반환값의 자료형을 나타낸다. 중괄호 { ... } 안의 부분은 함수 add의 동작을 나타낸다. 이 함수는 printf() 함수를 호출하여 메시지를 출력하고(18행) 두 매개변수 a, b의 합을 계산한 결과를 반환한다(19행). return은 다음에 있는 수식 a + b의 결과를 호출한 측(10행)에 반환하는 동작을 한다.

main 함수(5-13행)도 운영체제가 프로그램을 실행할 때 처음으로 호출하는 함수를 정의한 것이다. main 함수는 마지막에 return 문을 실행하여 운영체제에 0을 반환하여(12행), 프로그램이 성공적으로 종료하였음을 운영체제에 알려준다. 프로그램이 잘못된 입력 등으로 성공적으로 종료하지 못한 경우에는 운영체제에 0이 아닌 값을 반환할 필요가 있다.

5.2 함수의 정의

C P r o g r a m m i n g

함수의 정의는 함수가 수행하는 일을 기술하는 것이다. 함수는 함수를 호출한 측으로부터 매개변수를 통해 인수를 전달받아서 주어진 일을 수행하고 수행한 계산 결과를 함수를 호출한 측에 반환한다.

함수를 정의하는 형식은 다음과 같으며 함수 헤더와 몸체의 두 부분으로 구성된다.

```
자료형 함수이름(자료형 변수, 자료형 변수, ...)        ... 함수 헤더
{
    변수선언
                                                   ... 함수 몸체
    프로그램 실행문
}
```

함수의 헤더에서 반환값의 자료형, 함수의 이름과 매개변수(parameter)들을 정의한다. 함수 이름으로 식별자 이름을 사용한다. 매개변수는 보통의 변수 선언과 같이 변수 이름을 자료형과 함께 선언하며, 여러 개의 매개변수 선언은 콤마로 구분한다. 원래의 C 언어에서는 함수의 반환값의 자료형이 생략되면 int 자료형으로 처리되었으나, C99부터는 반환값의 자료형을 반드시 선언해야 한다.

함수의 몸체는 함수가 수행하는 프로그램을 기술하는 부분으로서 main 함수와 같이 중괄호 { } 안에 변수 선언과 여러 개의 문장으로 구성된 복합문으로 되어있다. 원래의 C 언어는 함수 몸체에서 먼저 변수 선언을 한 후 프로그램 실행문을 작성해야 하였으나, C99부터는 변수가 사용하기 전에 선언되기만 하면 변수 선언과 실행문이 섞여 있어도 된다.

return 문

함수에서 수행한 결과를 반환해야 하는 경우 return 문을 사용하여 결과값을 반환한다. return 문의 형식은 다음과 두 가지가 있다.

```
return 수식;          ... 수식 값을 함수를 호출한 측에 반환하고 함수 실행 종료
return;              ... 반환 값이 없이 함수 실행을 종료
```

첫 번째 형식은 return 문에 있는 수식의 값을 함수를 호출한 측에 반환하면서 함수의 실행을 끝낸다. 여기서 return 문의 수식의 자료형은 함수 반환값의 자료형과 같아야 한다. 만약에 수식의 값이 함수의 자료형과 다르다면 수식의 결과는 함수의 자료형으로 변환되어 호출한 측에 반환된다.

두 번째 형식은 반환값이 없이 함수의 실행을 끝낸다. 함수 몸체 중간에서 함수 실행을 끝내야 하는 경우에 주로 사용된다. 함수의 몸체의 마지막에 도달하면 return 문이 없더라도 두 번째 형식의 return과 같은 동작을 수행한다.

인수와 매개변수

함수는 함수 헤더에서 정의된 매개변수(parameter)를 통하여 인수(argument)를 전달받는다. 매개변수와 인수는 서로 같은 의미로 사용되기도 하지만 일반적으로 다음과 같이 구분하여 사용한다. 그림 5.1은 두 용어의 차이와 반환값을 설명하는 그림이다.

- **인수** : 함수를 호출할 때 함수에 전달되는 값이다.
- **매개변수** : 함수 정의에서 선언된 인수 값을 전달받는 변수이며, 함수 몸체에서 매개변수를 사용하여 프로그램이 작성된다.

인수는 실제 값을 가지므로 실인자(actual parameter), 매개변수는 값을 전달받는 통로 역할을 하므로 형식인자(formal parameter)라고 부르기도 한다.

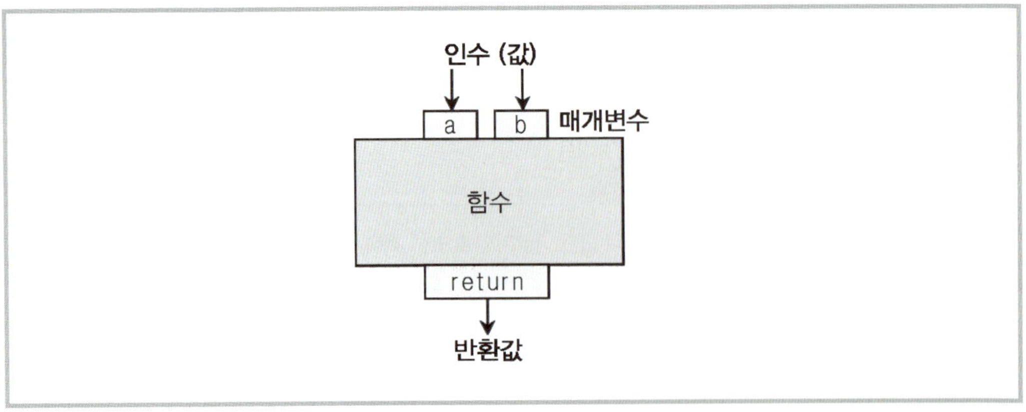

그림 5.1 함수 인수, 매개변수, 반환값

예 5.2 실수의 거듭제곱을 계산하는 함수의 정의

다음은 실수의 거듭제곱을 계산하는 함수 power를 정의하고, 거듭제곱할 실수값과 횟수(정수)를 입력받아서 함수 power를 호출하여 거듭제곱을 계산하여 출력하는 프로그램이다.

```
#include <stdio.h>

double power(double base, int exp);                 /* 함수 원형 선언 */

int main(void)
{
    double a, p;
    int n;

    scanf("%lf %d", &a, &n);
    p = power(a, n);                                /* 함수 호출 */
    printf("power(%g, %d) = %g\n", a, n, p);
    return 0;
}

double power(double base, int exp)                  /* 함수 정의 */
{
    double result;
    int i;

    result = 1.0;
    for (i=0; i<exp; i++)
```

```
23            result *= base;
24        return result;
25    }
```

실행	1.5 6 ↵ power(1.5, 6) = 11.3906

- 함수 정의 (16-25행) : power 함수는 거듭제곱할 실수값과 거듭제곱 횟수를 매개변수 base와 exp를 통하여 전달받아서 for 반복문을 사용하여 실수의 거듭제곱을 계산하여 결과 result를 반환한다. 곱을 계산할 때 초기값을 1로 지정하여 시작한다(21행).
- 함수 원형 선언 (3행) : 프로그램의 앞부분에서 power 함수의 헤더 부분을 복사하여 세미콜론을 붙여서 함수 원형을 선언한다.
- 함수 호출 (12행) : main 함수에서 power 함수가 호출될 때 변수 a와 n이 함수의 매개변수 base와 exp에 대응되는 인수로 사용되었다. 이 함수가 호출되면 a의 값이 매개변수 base로, n의 값이 매개변수 exp로 전달되고, 함수로부터 a의 n 제곱 값을 반환받는다. 그리고 함수의 반환값은 변수 p에 저장된다.

연습 5.2

1. 예 5.2에서 함수 power()는 거듭제곱수 exp가 음수일 때에 어떠한 값을 반환하는가? $b^{-x} = \frac{1}{b^x}$ 이므로 exp가 음수일 때에 절대값 크기로 거듭제곱한 후 역수를 취한 값을 반환하도록 이 함수를 수정하고 이 동작을 확인하는 프로그램을 작성하시오.

2. 정수 n을 인수로 받아 1부터 n까지의 정수의 곱을 계산하는 함수 factorial()과 이 함수의 동작을 확인하는 프로그램을 작성하시오. 함수 factorial()은 인수 n이 0 또는 음수이면 1을 반환한다.

5.3 void 자료형과 함수

C 언어에서 함수를 정의할 때 자료형이 생략되어 있으면 함수의 자료형은 int인 것으로 간주되었으나, C99부터는 함수의 자료형을 반드시 명시적으로 선언해야 한다. 함수는 대개 매개변수를 사용하며 반환값을 제공하지만, 매개변수를 사용하지 않을 수도 있고, 반환값을 제공하지 않을 수 있다.

C 언어는 이처럼 반환값이 없거나 매개변수를 사용하지 않는 경우에 사용할 수 있도록 자료가 없음을 나타내는 void 자료형을 제공한다.

반환값이 없는 함수는 다음과 같이 함수의 자료형을 void로 선언한다.

```
void print_char(char c, int n)   /* 함수의 반환값이 없음 */
{
    ...
}
```

그리고 매개변수를 사용하지 않는 함수들은 매개변수가 없음을 나타내기 위해서 다음과 같이 매개변수의 자료형을 void로 명시할 수 있으며, 매개변수가 없으므로 변수의 이름은 사용하지 않는다.

```
void welcome(void)              /* 매개변수를 사용하지 않음 */
{
    printf("Welcome, function!\n");
}
```

void 형 매개변수는 우리가 main 함수에서 계속하여 사용하였으며, 이는 프로그램을 실행할 때 main 함수가 외부에서 인수값을 받아서 사용하지 않는다는 것을 나타낸 것이다. 그렇지만 main 함수는 외부에서 인수값을 받을 수 있으며 이에 대해서는 9장에서 포인터를 배울 때 다룬다.

예 5.3 void 자료형을 갖는 함수

다음 프로그램에는 문자와 정수 인수를 받아서 정수 개수만큼의 문자를 출력하는 함수 print_char()가 정의되어 있다. 이 함수는 반환값이 없으므로 void 자료형으로 선언되었다.

```c
#include <stdio.h>

void print_char(char c, int n);   // 함수의 원형 선언

int main(void)
{
    print_char('*', 10);          // 함수 print_char()
    print_char('^', 5);           // 함수 print_char()
    return 0;
}

void print_char(char c, int n)    // c: 출력할 문자, n: 출력 횟수
{
    int i;

    for (i=0; i<n; i++)
        putchar(c);
    putchar('\n');
}
```

실행

```
**********
^^^^^
```

- 함수 print_char()는 2개의 매개변수 c와 n을 사용하며 for 문을 사용하여 문자 c를 n번 반복하여 출력하고 줄을 바꾸는 동작을 수행한다. 출력 동작만 수행하고 값을 반환하지는 않으므로 함수의 자료형이 void 형으로 정의되어 있다.
- main 함수에서 print_char 함수를 두 번 호출하였다. 첫 번째 호출은 문자 '*'를 10번 출력하며 두 번째 호출은 문자 '^'를 5번 출력한다. 이처럼 프로그램의 부분을 함수로 작성하면 함수를 여러 번 호출하여 작성된 프로그램을 재사용할 수 있다.

예 5.3에서 작성된 print_char 함수를 사용하면 다음 패턴을 출력하는 프로그램을 쉽게 작성할 수 있다. 여기서 i 번째 줄은 *를 i번 출력한다.

```
*
**
***
****
*****
******
```

이 프로그램은 예 5.3의 main 함수를 다음과 수정하여 작성할 수 있으며 for 문에서 사용하는 반복 제어 변수 i를 for 문에서 선언하였다. main 함수 이후의 print_char 함수를 정의하는 부분은 예 5.3의 프로그램과 같아서 생략하였다.

```
#include <stdio.h>

void print_char(char c, int n);  // 함수 원형 선언

int main(void)
{
    for (int i=1; i<=6; i++)       // for문에서 변수 i를 선언
        print_char('*', i);
    return 0;
}
...
```

실행

```
*
**
***
****
*****
******
```

예 5.4 반환값이 없는 return을 사용하는 함수

다음 프로그램에서 함수 print_sum()은 매개변수 n을 통해서 정수값을 받아서 1부터 n까지의 합을 계산하여 출력하며 반환값은 없다. 이 함수에서 인수가 0 이하이면 에러 메시지를 출력한 후에 함수의 실행을 종료한다.

```
1   #include <stdio.h>
2
3   void print_sum(int n);   /* 함수 원형선언 */
4
5   int main(void)
6   {
7       int number;
8
9       scanf("%d", &number);
10      print_sum(number);   /* 함수 호출 */
11      return 0;
12  }
13
14  /* print_sum(): 1부터 n까지의 합을 출력 */
15  void print_sum(int n)
16  {
17      int i, sum;
18
19      if (n <= 0) {
20          printf("Error: a negative or zero argument\n");
21          return;          /* 반환값이 없는 return */
22      }
23      sum = 0;
24      for (i=1; i<=n; i++)
25          sum = sum + i;
26      printf("Sum from 1 to %d is %d\n", n, sum);
27  }
```

실행1	*10* ↵ Sum from 1 to 10 is 55
실행2	*-4* ↵ Error: a negative or zero argument

이 프로그램에서 함수 print_sum은 먼저 매개변수 n의 유효함을 검사하여 잘못된 값에 대해서는 에러 메시지를 출력한 후에 return 문을 사용하여 함수 실행을 종료하고(19-22행), 유효한 값에 대해서만 1부터 n까지의 합을 계산하여 출력한다(23-27행). 함수 print_sum은 다음과 같이 return 문을 사용하지 않고 작성할 수 있다.

```
void print_sum(int n)
{
    int i, sum;

    if (n <= 0) {
        printf("Error: a negative or zero input\n");
    } else {
        sum = 0;
        for (i=1; i<=n; i++)
            sum = sum + i;
        printf("Sum from 1 to %d is %d\n", n, sum);
    }
}
```

앞에서 예로 사용한 프로그램과 같이 반환값이 없는 void 자료형의 함수는 대개 처리한 결과를 함수 내에서 출력하는 동작으로 구성된다. 그리고 매개변수를 사용하지 않는 함수는 미리 정해진 동작을 수행하거나 입력을 받아서 처리하는 동작을 수행한다.

연습 5.3

1. 매개변수 k와 n을 통하여 두 정수 인수를 받아서 k개의 공백을 넣은 후에 문자 *를 n번 출력하고 줄을 바꾸는 동작을 하는 함수를 작성하시오.

```
void print_star(int k, int n)
```

2. 1번에서 작성한 함수 print_star()를 사용하여 다음과 같이 출력하는 프로그램을 작성하시오.

(a)

```
*
 **
  ***
   ****
    *****
     ******
```

(b)

```
     *
    ***
   *****
  *******
 *********
**********
```

5.4 함수 원형 선언

여러 개의 함수로 구성된 프로그램에서 함수들을 정의하는 특별한 순서는 없으며, 함수 내에서 다른 함수를 정의할 수 없다. 함수는 그림 5.2(a)와 같이 호출되기 전에 함수 원형(prototype)이 선언되어야 한다. 함수의 원형 선언은 컴파일러에게 함수의 반환값의 자료형, 함수 이름, 함수에 전달되는 인수의 개수와 자료형을 알려준다. 우리는 앞의 여러 예에서 다음과 같은 함수의 원형 선언의 예를 보았다.

```
double power(double base, int exp);
void print_char(char c, int n);
void welcome(void);
```

함수 원형 선언은 함수 선언으로 간단히 부르기도 한다. 함수 원형을 선언하지 않거나 정의된 함수와 다르게 선언되어 있으면 컴파일할 때 에러가 발생할 수 있다.

다만 그림 5.2(b)와 같이 뒤에 정의되는 함수가 앞에서 정의된 함수를 호출한다면 함수의 정의에서 함수 헤더가 함수 원형 선언의 역할을 함께 수행하므로 함수 원형 선언은 선택 사항으로 하지 않아도 된다.

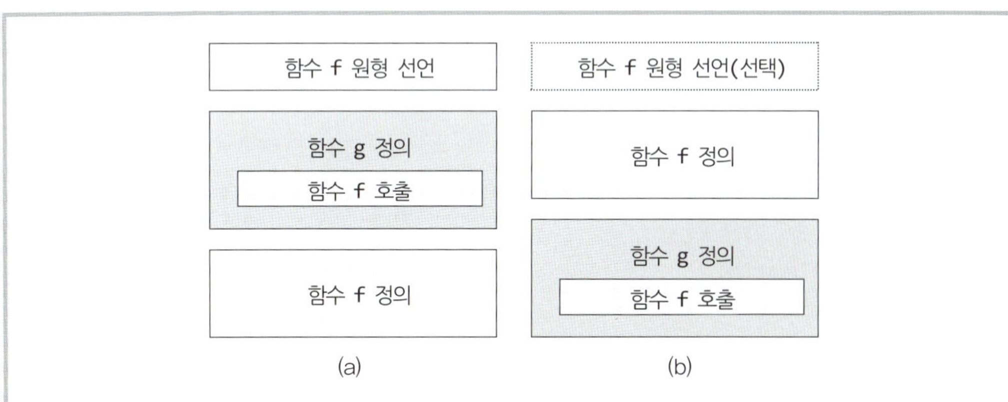

그림 5.2 함수 선언, 호출, 정의에 대한 프로그램 구조

함수의 원형 선언은 다음과 같이 반환값의 자료형과 인수의 자료형과 개수를 선언한다.

```
void print_char(char, int);              ... 자료형만 명시한 함수 원형 선언
```

이 선언은 반환값의 자료형이 void형, 즉 없으며, 인수는 2개이고, 각 인수의 자료형은 char와 int임을 알려준다. 함수 원형 선언을 할 때 위와 같이 인수의 자료형만 명시해도 충분하다.

그렇지만 함수 정의에서의 함수 헤더와 같이 매개변수 이름을 함께 써도 되며, 대부분은 함수 정의에서 헤더를 복사한 후 세미콜론을 붙여서 함수의 원형 선언을 한다.

```
void print_char(char c, int n);          ... 함수헤더; (매개변수 이름 포함)
```

함수 선언은 함수를 호출하는 함수 내에서 할 수도 있지만, 일반적으로는 함수 바깥에서 하며 프로그램에서 사용하는 모든 함수에 대한 원형 선언을 프로그램의 앞에서 하는 것을 권장한다. 라이브러리 함수를 사용할 때 #include를 사용하여 포함하는 헤더 파일에 라이브러리 함수에 대한 원형 선언이 들어있다.

예 5.5 함수 정의 순서와 함수 원형 선언과의 관계

다음은 두 실수 인수를 전달받아서 평균을 계산하여 반환하는 함수 avg를 작성하고, 이 함수를 호출하여 두 실수의 평균을 구하여 출력하는 프로그램을 두 가지 방식으로 작성한 것이다.

❶ 호출되는 함수를 먼저 정의하는 경우는 함수 원형 선언이 없어도 된다.

```
#include <stdio.h>

double avg(double x, double y)          /* 함수 avg() 정의 */
{
    return (x + y) / 2.0;
}

int main(void)
{
    double mean;

    mean = avg(10.0, 15.0);             /* 함수 avg() 호출  */
    printf("average = %.2f\n", mean);
    return 0;
}
```

실행	average = 12.50

❷ 호출되는 함수를 나중에 정의하는 경우는 반드시 함수 원형을 선언해야 한다.

```
1   #include <stdio.h>
2
3   double avg(double x, double y);          /* 함수 avg() 원형 선언 */
4
5   int main(void)
6   {
7       double mean;
8
9       mean = avg(10.0, 15.0);              /* 함수 avg() 호출  */
10      printf("average = %.2f\n", mean);
11      return 0;
12  }
13
14  double avg(double x, double y)           /* 함수 avg() 정의 */
15  {
16      return (x + y) / 2.0;
17  }
```

이 프로그램에서 3행의 함수 avg의 원형 선언이 없다면 컴파일러는 함수 avg의 자료형을 int 자료형으로 간주하는데, 14행의 함수 정의에서 함수 avg의 자료형을 double로 정의하므로 두 자료형이 같지 않아서 컴파일 에러가 발생한다.

연습 5.4

1. 5.2절의 예 5.2의 프로그램에서 함수 원형 선언 대신에 다음과 같이 반환값의 자료형만 선언하도록 수정하고 C++용 컴파일러를 사용하여 컴파일을 해보고 어떠한 에러가 발생하는지 확인하시오. (에러가 발생하지 않는다면 프로그램 이름의 확장자로 C++ 프로그램 확장자인 .cpp나 .C를 사용하고 컴파일해 보시오.)

```
double power();
```

5.5 함수의 호출

사용자가 정의한 함수나 라이브러리 함수는 다른 함수에서 호출하여 사용될 수 있다. 우리는 이미 라이브러리 함수들을 호출하여 사용하였다. 함수를 호출하여 사용하려면 함수가 먼저 정의되어 있거나 함수 원형이 선언되어야 한다.

함수 호출은 3장에서 이미 보았듯이 다음과 같이 함수 이름과 함께 괄호 안에 인수를 콤마로 구분하여 제공하여 이루어진다.

```
함수이름(인수, 인수, ...)
```

인수는 수식을 사용할 수 있으며, 인수 개수와 인수 값의 자료형은 함수 정의와 함수원형에서 선언된 매개변수 개수와 자료형과 일치해야 한다. 인수는 대개 복잡한 수식보다는 상수, 변수, 또는 간단한 수식을 사용한다. 그리고 함수의 반환값이 함수 호출 수식의 값이 된다.

함수를 호출할 때 인수로 사용되는 수식의 값이 호출되는 함수의 대응되는 매개변수로 복사되어 전달된다. 이렇게 인수의 값을 매개변수로 전달하여 함수를 호출하는 방식을 **값에 의한 호출**(call by value)이라고 한다.

다음 프로그램을 예로 들어서 인수 전달을 포함한 함수 호출 동작을 설명해 보자.

```
double avg(double x, double y);          /* 함수 원형 선언 */

int main(void)
{
    double mean, a;
    ...
    mean = avg(15.0, a);                 /* 함수 avg() 호출  */
    ...
    return 0;
}

double avg(double x, double y)           /* 함수 avg() 정의 */
{
```

```
    double m;
    m = (x + y) / 2.0;
    return m;
}
```

main 함수 내의 avg 함수 호출문에서 두 인수 15.0과 a의 값은 avg 함수의 매개변수 x와 y로 복사되어 전달된다. 그리고 함수의 프로그램이 실행되어 return 문이 반환값을 함수 호출 수식의 값으로 전달한다. 그림 5.3은 이러한 과정을 보여준다.

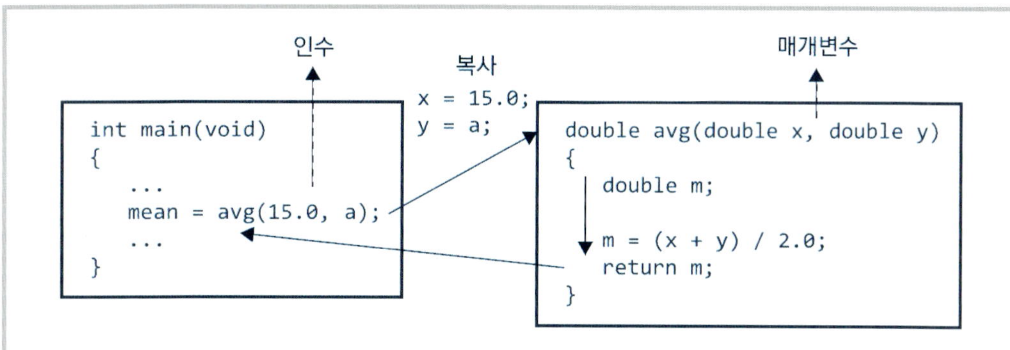

그림 5.3 함수의 값의 복사에 의한 인수 및 반환값 전달 과정

함수를 호출할 때 인수의 값이 복사되어 함수의 매개변수로 전달되므로 함수를 실행하는 동안 매개변수의 값이 변하더라도 호출한 측의 인수에는 전혀 영향이 없다. 그러므로 함수들 사이에 동작의 독립성이 높아진다.

다음은 함수 호출에서 변수를 인수로 사용할 때 함수의 매개변수가 값이 변하더라도 인수로 사용된 변수에 영향이 없음을 보여주는 예이다.

예 5.6 매개변수값을 변화시키는 함수

예 5.3의 프로그램에서 print_char() 함수를 다음과 같이 매개변수 n의 값을 변화키면서 같은 동작을 하도록 작성할 수 있다.

```
#include <stdio.h>

void print_char(char c, int n);

int main(void)
```

```
{
    int count;

    count = 10;
    print_char('*',count);        /* 함수 print_char() 호출 */
    printf("count = %d\n", count);/* 인수로 사용된 변수 출력 */
    return 0;
}

void print_char(char c, int n)    /* c: 출력할 문자, n: 출력 횟수 */
{
    while (n--)                   /* 매개변수 n 값의 변화 */
        putchar(c);
    putchar('\n');
}
```

실행

```
**********
count = 10
```

이 프로그램에서 print_char 함수는 문자를 출력할 횟수를 전달받은 매개변수 n을 0이 될 때까지 감소시키면서 문자 c를 반복하여 출력한다. main 함수에서 print_char 함수 호출 후에 인수로 사용된 변수 count 값이 변화 없이 그대로 10으로 출력되어 매개변수의 변화가 인수로 사용된 변수에 영향을 주지 않음을 확인할 수 있다.

지금까지 배운 내용을 바탕으로 하여 여러 개의 함수로 구성되는 약간 복잡한 프로그램을 작성해 보자.

예 5.7 수학 함수의 그래프를 그리기

수학 함수 값의 크기에 비례하는 개수의 빈칸을 띄운 후에 *를 출력하여 수학 함수의 그래프를 그리는 프로그램을 작성해 보자. 이 프로그램을 다음과 같이 그래프 작성에 필요한 여러 개의 함수를 작성하고, 이를 사용하여 그래프를 그리는 모듈화 프로그래밍을 할 수 있다.

❶ void print_star(int n);

n개의 빈칸을 띄운 후에 *를 출력하고 줄을 바꾸는 동작을 수행한다. 이 함수는 그래프의 출력에 사용된다.

❷ `int position(double y, double min, double max, int maxpos);`

수학 함수값 y를 비례식을 사용하여 0과 maxpos 사이의 정수로 변환하여 반환한다. 여기서 min과 max는 각각 0과 maxpos에 대응되는 함수값이다. y가 min 이하이면 0으로 변환되고 y가 max 이상이면 maxpos로 변환되고, y가 min과 max 사이의 수이면 y에 대응되는 정수는 y와 min과의 차에 비례하여 정해지며 y가 max일 때 대응되는 정수가 maxpos이므로 다음 식에 의하여 정해진다.

$$\mathrm{pos} = \frac{\mathrm{y} - \mathrm{min}}{\mathrm{max} - \mathrm{min}} \cdot \mathrm{maxpos}$$

이 함수의 결과는 그래프를 출력할 때 함수값에 따라서 띄우는 빈칸 수로 사용된다. 그래프를 제대로 그리기 위해서는 min과 max는 그래프를 그릴 범위의 수학 함수값의 최소값과 최대값으로 지정하는 것이 좋다.

❸ 위의 두 함수가 작성되면 그래프를 그리고자 하는 범위의 수학 함수값들을 구한 다음에 position 함수를 호출하여 대응되는 빈칸 수를 얻고 print_star 함수를 호출하여 *를 출력하여 그래프를 그린다.

다음은 이러한 방식으로 작성된 sin 함수의 그래프를 출력하는 프로그램이다.

```
#include <stdio.h>
#include <math.h>

void print_star(int n);
int position(double y, double min, double max, int maxpos);

int main(void)
{
    double x, y;
    int pos;

    // x가 0부터 2pi까지 0.3간격으로 함수값 출력
    for (x = 0.0; x < 6.4; x += 0.3) {
        y = sin(x);
        pos = position(y, -1.0, 1.0, 40);
        print_star(pos);
    }
    return 0;
}

```

```
void print_star(int n)
{
    int i;

    for (i=0; i<n; i++)
        putchar(' ');
    printf("*\n");
}

int position(double y, double min, double max, int maxpos)
{
    int ypos;

    if (min >= max) return 0;

    if (y < min) ypos = 0;
    else if (y > max) ypos = maxpos;
    else ypos = (y - min)/(max - min)*maxpos;
    return ypos;
}
```

실행1

```
                *
                     *
                           *
                              *
                                 *
                                  *
                                  *
                                *
                             *
                        *
                   *
              *
          *
     *
  *
*
*
 *
    *
       *
            *
                 *
```

- (13행) sin 함수 그래프를 그릴 때 한 주기에 대해서 출력하도록 x값을 0부터 2π까지의 범위를 정했으며 20개 이상 출력되도록 x의 간격을 0.3으로 정하였고 마지막 x값이 2π를 바로 넘어서는 6.3을 포함하도록 반복문의 조건을 `x < 6.4`로 하였다. 조건식으로 `x <= 6.3`을 사용하는 경우 실수의 표현 오차로 인해서 6.3이 포함되지 않을 수 있다.
- (34행) (잘못된 인수값 처리) `position` 함수에서 매개변수 `max`가 `min`보다 큰 것을 가정하고 있다. 그렇지만 이 함수를 호출할 때 이 조건을 충족하지 않을 수가 있으므로 `max`가 `min`보다 크지 않으면 반환값을 0으로 주고 함수 실행을 종료한다. 이처럼 함수가 처리할 수 없는 조건의 인수값에 대해서 사전에 차단하는 것이 중요하다.
- (38행) 왼쪽의 실수 수식의 값이 오른쪽 정수 변수 `ypos`에 저장될 때 값이 `double` 형에서 `int` 형으로 자동변환되어 저장된다. 정확히 하려면 다음과 같이 형변환 연산자를 명시적으로 사용해야 한다.

```
ypos = (int)( (y - min)/(max - min)*maxpos );
```

연습 5.5

1. 다음 프로그램의 실행 결과를 확인하고 인수와 매개변수와의 관계를 설명하시오.

```
#include <stdio.h>

void callee(int a, int b);

int main(void)
{
    int a, b;

    a = 1; b = 2;
    callee(a, b);
    printf("(main) a = %d, b = %d\n", a, b);
}

void callee(int a, int b)
{
    a++;  b--;
    printf("(callee) a = %d, b = %d\n", a, b);
}
```

2. 예 5.7에서 작성한 함수를 사용하여 수학 함수 $y = x^2 - 1(-2 \le x \le 2)$의 그래프를 그리는 프로그램을 작성하시오.

5.6 전역 변수와 지역 변수

C Programming

우리는 지금까지 함수의 시작 부분에서 변수를 선언하였다. 함수에서 선언된 변수는 해당 함수에서만 사용할 수 있다. 변수를 사용할 수 있는 유효 범위에 대한 규칙을 변수의 영역 규칙(scope rule)이라고 한다.

C 프로그램에서 변수는 정의된 위치에 따라서 서로 다른 유효 범위를 가지며 유효 범위에 따라서 전역 변수와 지역 변수로 나뉜다.

지역 변수(local variable)는 함수 내에서 선언하며 함수 내부에서만 사용할 수 있다. 그러므로 다른 함수에서 같은 이름의 변수를 선언하는 것이 가능하다. 지역 변수는 함수 시작뿐만 아니라 복합문 블록이 시작되는 중괄호 { 바로 다음에서도 선언을 할 수 있으며 선언된 블록 내에서 유효하다. 함수의 몸체도 하나의 복합문인 것을 기억하자. 그리고 C99 이후부터는 임의의 위치에서 선언할 수 있으며 이 경우는 해당 블록의 선언한 위치 이후에서 유효하다. 지역 변수를 임의의 복합문에서 선언할 수 있을지라도, 대부분의 경우에는 함수의 시작 부분에서 지역 변수를 선언한다.

전역 변수(global variable)는 함수의 바깥에서 선언하며 선언한 이후에 정의된 함수들이 사용할 수 있다. 뒤에서 소개할 기억 클래스 extern을 사용하여 유효 범위를 프로그램 전체로 넓힐 수 있다. 전역 변수와 지역 변수의 이름이 같으면 지역 변수가 유효하며 같은 함수 내의 중첩된 블록들의 지역 변수들의 이름이 같으면 가장 안쪽 블록에서 정의된 지역 변수가 유효하다.

다음을 예로 들어서 변수의 유효범위를 설명해보자.

```
int  b, i; /* 전역변수1 */

int main(void)
{
    int b, i; /* 지역변수1 */
    ...
    {
        int c, i;  /* 지역변수2 */   (가)        (나)
        ...
    }
}
...

int k;   /* 전역변수2 */

f()
{
    ...
}
```

- (가)블록은 지역변수2의 유효 범위이고 (나)블록은 지역변수1의 유효 범위이다. 전역변수1은 시작부분에서 선언하였으므로 전체가 유효 범위이고, 전역변수는 중간에서 선언하였으므로 이후에 정의된 함수 f가 유효 범위이다.
- 변수 i는 세 곳에서 선언되었으며 (가)블록에서는 지역변수2의 i가 유효하고 (나)블록의 (가)블록을 제외한 부분에서는 지역변수1의 i가 유효하다. 나머지 부분에서는 전역변수의 i가 유효하다.
- 변수 b는 지역 변수와 전역 변수로서 선언되었으며 (나)블록에서는 지역변수1의 b가 유효하며 함수 f에서는 전역 변수 b가 유효하다.

위와 같이 전역 변수와 지역 변수의 이름이 같은 것을 허용할지라도 같은 이름을 사용하는 것은 피하는 것이 바람직하다. 그리고 전역 변수는 모든 함수에서 수정될 수 있으므로 개별 함수 동작의 독립성을 위해서는 전역 변수의 사용을 최소화해야 한다.

예 5.8 전역 변수를 함수의 결과를 저장하는 데 사용하는 프로그램

함수는 반환값의 자료형의 1개의 값만 반환할 수 있다. 여러 개의 결과를 제공하기 위해서 전역변수를 사용할 수 있다. 다음 프로그램에서 add_sub() 함수는 두 인수의 합과 차를 계산하며 두 개의 결과는 2개의 전역 변수를 통하여 전달한다.

```
#include <stdio.h>

int sum(int a, int b);
void add_sub(int a, int b);

int sum_global, diff_global;     /* add_sub()의 결과 저장용 전역 변수 */

int main(void)
{
    int  sum_local;              /* 지역 변수 */

    sum_local = sum(10, 20);
    printf("sum_local = %d\n", sum_local);

    add_sub(10, 20);
    printf("sum_global = %d, diff_global = %d\n",
        sum_global, diff_global);
    return 0;
}

int sum(int a, int b)
{
    return a + b;
}

void add_sub(int a, int b)
{
    /* 전역 변수에 결과를 저장한다. */
    sum_global = a + b;
    diff_global = a - b;
}
```

실행

```
sum_local = 30
sum_global = 30, diff_global = -10
```

함수 sum은 두 수를 더한 결과를 반환값으로 제공한다. 그렇지만 함수 add_sub는 반환값으로 2개 이상의 결과를 제공할 수 없으므로 2개의 전역 변수 sum_global과 diff_global을 사용하여 두 수의 합과 차의 결과를 제공한다. 이 함수를 호출한 곳에서도 전역 변수에 접근할 수 있어서 결과를 사용할 수 있다. 이와 같은 특별한 경우에는 전역 변수를 유용하게 사용할 수 있지만 전역 변수의 사용은 가능한 한 최대한 자제해야 하며 많은 함수들이 공통적으로 사용하는 공용성이 높은 변수에 대해서만 전역 변수를 사용하는 것이 바람직하다.

5.7 재귀 함수

C 언어에서 함수는 다른 함수뿐 아니라 자기 자신도 호출할 수 있으며, 이렇게 다음과 같이 자신을 호출하는 것을 재귀 호출(recursion)이라고 하며 이러한 함수를 재귀 함수(recursive function)라고 한다.

```
f_recursive( ... )
{
    ...
    f_recursive( ... );          /* 자신을 호출 */
    ...
}
```

우리가 접하는 문제들 중에는 재귀 호출을 이용하여 해결할 수 있는 문제들이 많이 있다. 재귀 함수는 커다란 자료에 대한 문제를 작은 자료에 대한 같은 문제의 결과를 이용하여 해결하는 형태이며, 재귀 호출을 사용하지 않는 경우보다 프로그램이 간단하게 표현이 되는 경우가 많다.

예를 들어서 1부터 n까지의 정수의 합을 $f(n)$이라고 할 때, 이 값은 반복문을 사용하여 합을 쉽게 계산할 수 있다. 그렇지만 $f(1) = 1$이고 $f(n)$은 1부터 $n-1$까지의 합 $f(n-1)$에 n을 더하여 얻을 수 있으므로, 다음과 같은 재귀적인 관계식을 가지며, 이 값을 계산하는 함수를 재귀 함수로 작성할 수 있다.

$$f(n) = f(n-1) + n \quad (n > 1)$$
$$f(1) = 1$$

예 5.9 재귀 함수로 구현한 1부터 n까지의 정수 합 계산

인수 n에 대해서 1부터 n까지의 합 $f(n)$을 계산하여 반환하는 함수 sum을 앞에서 소개한 관계식을 사용하여 다음과 같이 재귀 함수로 작성할 수 있다.

```
1   #include <stdio.h>
2   
3   int sum(int n);
4   
5   int main(void)
6   {
7       printf(sum(10) = "%d\n", sum(10));
8       printf(sum(1) = "%d\n", sum(1));
9       printf(sum(-1) = "%d\n", sum(-1));
10      return 0;
11  }
12  
13  int sum(int n)  /* 1부터 n까지의 정수의 합을 계산하여 반환 */
14  {
15      if (n == 1)                     /* sum(1) = 1 */
16          return 1;
17      else if (n > 1)                 /* sum(n) = sum(n-1) + n */
18          return sum(n-1) + n;
19      else                            /* 잘못된 인수 */
20          return 0;
21  }
```

실행

```
sum(10) = 55
sum(1) = 1
sum(-1) = 0
```

- (13행) 함수 sum은 매개변수 n에 대하여 1부터 n까지의 정수의 합 $f(n)$을 계산하여 반환하는 동작을 재귀 함수로 구현하며, 매개변수와 반환값은 모두 정수이다.
- (15-16행) $f(1) = 1$이므로 1을 반환한다. 재귀 함수는 이같이 자신을 호출하지 않고 함수 실행을 끝낼 수 있는 **종료 조건**이 반드시 있어야 한다.
- (17-18행) $f(n) = f(n-1) + n \ (n > 1)$ 이므로 sum 함수에서 sum(n-1)과 같이 n-1을 인수로 사용하여 자신의 함수 sum을 재귀 호출하면 $f(n-1)$을 얻을 수 있으며 여기에 n을 더하면 $f(n)$이 되므로 반환값으로 수식 sum(n-1) + n을 사용한다.

- (19-20행) 앞의 관계식에서는 포함되지 않았지만 매개변수가 0 이하의 값이면 합을 계산할 정수가 없는 것이므로 0을 반환한다.
- (7-9행) main 함수에서 재귀함수로 작성된 sum 함수를 위의 세 가지 경우의 동작을 확인하기 위해서 인수로 3, 1, -1을 각각 제공하여 호출하였다.

그림 5.4는 sum 함수가 재귀 호출되는 동작을 나타낸다. 프로그램의 main 함수에서 sum(3)을 호출하면 인수 3이 sum 함수의 매개변수 n에 전달된다. 이를 전달받은 sum 함수에서는 sum(2)를 재귀 호출하고, 인수 2를 전달받고 재귀 호출된 sum 함수는 다시 sum(1)을 재귀 호출한다. 인수 1을 전달받고 재귀 호출된 sum 함수는 더 이상의 재귀 호출 없이 1을 반환한다. sum(1) 값을 반환받은 sum 함수는 2를 더하여 3을 반환하고, sum(2) 값을 반환받은 sum 함수는 3을 더하여 6을 반환한다. main 함수는 sum(3) 값으로 6을 반환받는다. 이처럼 재귀 함수인 sum(3)의 호출은 sum(2), sum(1)을 차례로 호출하게 되고 sum(1)은 재귀 호출 없이 1을 반환한다. 재귀 함수가 정상적으로 동작하려면 궁극적으로는 sum(1)의 경우와 같이 자신을 호출하지 않고 종료될 수 있어야 하고, 종료 조건에 도달할 수 있도록 재귀 호출을 해야 한다.

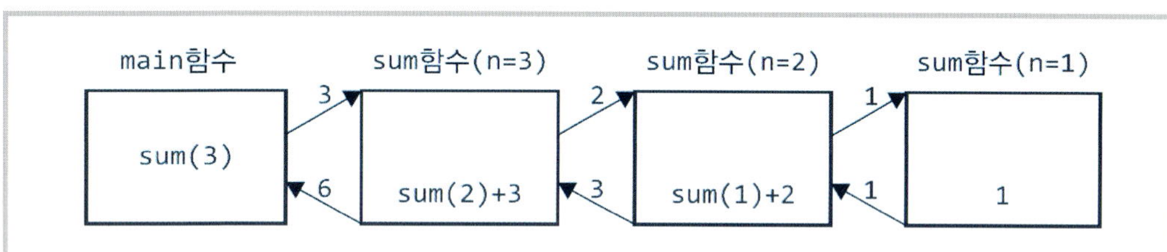

그림 5.4 재귀 함수의 호출 및 반환 과정

예 5.10 점화식 수열의 항 계산

다음은 점화식 $a_n = 2a_{n-1} + 1$ $(a_1 = 3)$으로 표현되는 수열의 n번째 항을 구하는 함수를 작성하고, 이 함수를 사용하여 수열의 항을 계산하는 프로그램을 작성해 보자. 점화식은 재귀적인 관계식이므로 수열의 항을 구하는 함수를 다음과 같이 재귀 함수로 쉽게 작성할 수 있다.

```
#include <stdio.h>

int a(int n);

```

```
5   int main(void)
6   {
7       printf("a(10) = %d\n", a(10) );
8       printf("a(1) = %d\n", a(1) );
9       printf("a(-1) = %d\n", a(-1) );
10      return 0;
11  }
12
13  int a(int n)
14  {
15      if (n == 1) return 3;
16      else if (n > 1) return 2*a(n-1) + 1;
17      else return 0; /* 잘못된 인수 */
18  }
```

실행1

```
a(10) = 2047
a(1) = 3
a(-1) = 0
```

- (15행) 점화식의 1항은 값이 3이므로 3을 반환한다.
- (16행) 1항보다 큰 항에 대해서 $a_n = 2a_{n-1} + 1$ 관계식을 적용하여 반환값으로 재귀 호출을 사용한 수식 2*a(n-1) + 1을 사용한다.
- (17행) 잘못된 항 번호에 대해서 0을 반환하도록 하였다.

함수를 재귀 함수로 구현하면 반복문을 사용하여 구현하는 경우보다 쉽고 간결하게 작성할 수 있는 경우가 많다. 그렇지만 재귀 함수로 구현하면 그렇지 않은 경우보다는 프로그램의 수행 속도가 느려지고 기억장소를 많이 차지하는 단점이 있다.

그리고 재귀 함수는 궁극적으로는 재귀 호출에 의하지 않고 함수를 수행할 수 있는 종료 조건이 있어야 하며 재귀 함수를 호출할 때 최종적으로는 반드시 이 조건에 도달되어야 한다. 재귀 호출이 계속적으로 너무 많이 일어나면 메모리가 부족하게 될 수 있으므로 이러한 일이 발생하지 않도록 주의해야 한다.

다음 예는 재귀 함수를 사용하지 않으면 문제 해결 방법이 복잡하여 초보자들이 프로그램을 작성하기 어렵지만, 재귀 함수를 사용하면 초보자들도 어렵지 않게 프로그램을 작성하여 해결할 수 있는 문제이다.

예 5.11 하노이 탑 문제

하노이에 있는 승려들이 막대에 있는 원반을 다음과 같이 옮기려고 시도했다고 하여 하노이 탑 문제라고 불리는 문제를 해결하는 프로그램을 작성해 보자.

다음 그림과 같이 3개의 막대 a, b, c가 있으며, 막대 a에 n 개의 원반이 큰 원반부터 작은 원반 순서로 놓여 있다. 막대 a에 있는 모든 원반을 다음 규칙을 지키면서 막대 c로 옮긴다. 필요하면 막대 b를 사용할 수 있다. 여기서 원반이 있는 막대 a를 초기 막대, 원반을 옮길 막대 c를 목표 막대, 옮기는 작업에 임시로 사용할 막대 b를 작업 막대라고 한다.

(규칙) 1. 원반은 한 번에 하나씩만 옮긴다.
2. 큰 원반은 작은 원반 위에 놓일 수 없다.

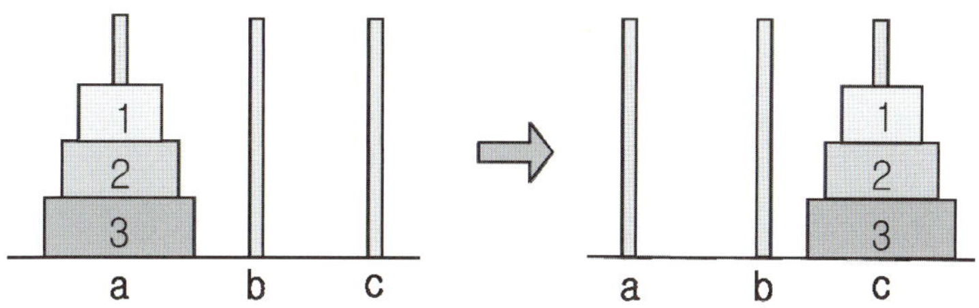

〈초기 상태〉 〈목표 상태〉

이러한 하노이 문제를 해결하는 원반 이동 순서를 결정하는 프로그램을 직접 작성하는 것이 쉽지 않지만, 이 문제는 다음과 같이 동일한 문제에 대한 크기가 작은 문제 해결 결과를 이용하여 큰 문제를 해결하는 방법을 사용하면 재귀 함수로 쉽게 작성할 수 있다.

막대 a에 있는 n 개의 원반은(초기 상태) 다음과 같은 과정으로 막대 c로 모두 옮길 수 있다(목표상태).

1. n-1 개의 원반을 막대 a에서 막대 b로 옮긴다. (원반 n-1개 이동)
2. n 번째 원반을 막대 a에서 막대 c로 옮긴다. (원반 1개 이동)
3. n-1 개의 원반을 막대 b에서 막대 c로 옮긴다. (원반 n-1개 이동)

위에서 과정 1과 3은 원반이 n-1 개이고, 초기 막대와 목표 막대가 다른 것을 제외하고는 같은 문제이다. 따라서 재귀 호출을 사용하여 해결할 수 있다. 그리고 과정 2는 막대에 1개의 원반이 있는 상태이므로 재귀 호출을 사용하지 않고 직접 이동하여 해결할 수 있다.

원반 수 n과 초기 막대 a, 작업 막대 b, 목표 막대 c를 매개변수로 받아서 하노이 탑 문제를 해결하는 함수 hanoi()는 다음 프로그램과 같이 재귀 함수로 작성할 수 있으며 이 함수에서는 원반이 이동되는 순서를 차례대로 출력하여 문제 해결 방법을 제시한다.

```c
#include <stdio.h>

void hanoi(int n, char a, char b, char c);

int main(void)
{
    // 3개의 원반을 옮기는 하노이 탑 문제
    // 초기 막대 'a', 작업 막대 'b', 목표 막대 'c'
    hanoi(3 , 'a', 'b', 'c');
    return 0;
}

void hanoi(int n, char a, char b, char c)
{
    if (n < 1)
        printf("invalid number of discs\n");
    else if (n == 1)
        printf("원반 %d : %c ==> %c\n", n, a, c);
    else {
        hanoi(n-1, a, c, b);                        // a에서 b로 이동
        printf("원반 %d : %c ==> %c\n", n, a, c);   // a에서 c로 이동
        hanoi(n-1, b, a, c);                        // b에서 c로 이동
    }
}
```

실행

```
원반 1 : a ==> c
원반 2 : a ==> b
원반 1 : c ==> b
원반 3 : a ==> c
원반 1 : b ==> a
원반 2 : b ==> c
원반 1 : a ==> c
```

- 원반의 번호는 위의 그림과 같이 위에서부터 1부터 부여한다.
- 함수 hanoi는 초기 막대에 있는 원반 개수을 매개변수 n으로, 초기 막대, 작업 막대, 목표 막대 이름을 각각 문자 매개변수 a, b, c로 받아서 원반의 이동 순서를 출력한다.

- (17-18행) 원반 수가 1이면 원반 1을 막대 a에서 막대 c로 이동한다.
- (19-22행) 원반 수 n이 1보다 크면 위의 n-1 개의 원반은 재귀 호출을 사용하여 막대 a에서 막대 b로 이동하는 과정을 출력하고(20행), 원반 n을 막대 a에서 막대 c로 이동한 다음(21행), 다시 재귀 호출을 사용하여 막대 b로 이동되었던 n-1 개의 원반을 다시 막대 c로 이동하는 과정을 출력한다(22행). 이처럼 이 함수는 2번의 재귀 호출이 포함되어 있다.

연습 5.7

1. 하노이 탑 문제에서 원반의 이동 횟수를 세어서 출력하도록 프로그램을 수정하시오. 이동 횟수는 원반 이동을 표시하는 `printf()` 문의 실행 횟수와 같다. 이동 횟수는 전역 변수를 사용하여 세는 것이 편리하며, `hanoi()` 함수를 호출하기 전에 이동 횟수를 0으로 놓고, `hanoi()` 함수 호출 후에 이 함수에서 계수한 이동 횟수를 출력하면 된다. 이 프로그램을 실행하여 원반이 1개일 때부터 10개일 때까지의 원반 이동 횟수를 조사하시오.

2. 1부터 n까지의 정수의 곱인 팩토리얼 $n!$은 다음과 같이 재귀적으로 정의될 수 있다.

$$n \neq n \cdot (n-1)! \quad (n > 1)$$
$$1! = 1$$

이 관계식을 이용하여 팩토리얼을 계산하는 함수를 재귀 함수로 작성하고 이 함수의 동작을 확인하시오.

5.8 기억 클래스 ★

C Programming

변수를 선언하면 메모리에 변수를 위한 기억장소가 할당된다. 지역 변수와 전역 변수는 기억장소 할당 방법에 차이가 있다.

- 전역 변수는 프로그램이 실행되기 전에 기억장소가 미리 할당되며, 프로그램이 종료

될 때까지 계속하여 유지된다. 이러한 할당을 **정적 할당**이라고 한다. 실행하는 동안 전역 변수를 계속하여 사용하는지 여부와 관계없이 기억장소를 차지하기 때문에 다소 비효율적일 수 있다.

- 지역 변수는 함수 또는 블록에서 선언될 때 기억장소를 할당하며 함수 또는 블록의 실행이 종료되면 기억장소를 자동적으로 회수한다. 이러한 할당을 **동적 할당**이라고 한다. 시간적으로 중복하여 사용하지 않는 변수들이 같은 기억장소를 사용할 수 있기 때문에 기억장소를 효율적으로 사용할 수 있다.

C 언어는 기억장소의 할당 방법을 추가적으로 지정하기 위해서 static, extern, register의 기억 클래스 지정자를 사용하여 변수의 기억 클래스를 명시적으로 정의할 수 있다.

static 지역 변수

기억 클래스 static은 지역 변수에 적용하면 기억장소를 전역 변수와 같이 정적 할당 방법 사용하여 프로그램 실행 동안 기억장소를 유지할 수 있다. 다만 static 지역 변수도 전역 변수와는 다르게 변수의 유효 범위는 선언된 함수나 블록이 된다.

```
static int count;
```

보통의 지역 변수는 이전에 사용된 기억장소가 회수되므로 함수가 이전에 호출될 때 사용했던 값은 없어진다. 이 때문에 함수 내에서 함수 호출 횟수를 기록할 수 없다. static 지역 변수를 사용하면 이전에 사용한 값이 보존되므로 이러한 기록이 가능하다.

다음 프로그램을 예로 사용하여 여러 지역 변수의 동작을 확인해보자.

예 5.12 static 지역 변수와 보통 지역 변수의 동작 확인

```
#include <stdio.h>

void count(void);

int main(void)
{
    count();
    count();
```

```
    count();
    return 0;
}

void count(void)
{
    int a = 0;              // 함수 호출 마다 0으로 초기화
    static int b = 0;       // 프로그램 시작하기 전에 0으로 초기화
    static int c;

    c = 0;                  // 실행 동안 0으로 초기화
    a++;
    b++;
    c++;
    printf("a=%d b=%d c=%d\n", a, b, c);
}
```

실행

```
a=1 b=1 c=1
a=1 b=2 c=1
a=1 b=3 c=1
```

- sum 함수에서 보통 지역 변수 a와 static 지역 변수 b, c가 선언되어, 1씩 증가하는 동작을 수행하고, main 함수에서 sum 함수를 세 번 호출한다.
- 초기화 선언된 지역 변수 a는 함수가 호출될 때마다 0으로 초기화되어 함수 실행을 시작한다. 그러므로 a는 항상 1이 출력된다.
- 초기화 선언된 static 지역 변수 b는 프로그램을 시작할 때 0으로 초기화되며, 함수가 호출될 때는 다시 초기화하지 않는다. 그러므로 b는 이 함수를 호출한 횟수가 출력된다.
- 마지막으로 static 지역 변수 c는 선언할 때가 아닌 실행하는 동안 0으로 초기화한다. 따라서 함수를 실행할 때마다 0으로 시작하여 c는 항상 1이 출력된다.

static 지역 변수는 일반적으로 위의 예제의 변수 b와 같이 초기화 선언을 하고, 호출할 때마다 이전의 값을 갱신하는 동작을 수행하는 데 사용한다. static 지역 변수를 위의 예제의 변수 c와 같이 실행하는 동안에 초기화하는 것은 보통 지역 변수를 사용하는 것과 차이가 없으므로 이러한 방식으로는 거의 사용하지 않는다.

예 5.13 static 지역변수를 사용하는 난수 발생 함수

라이브러리 함수를 사용하지 않고 0부터 m-1사이의 정수 난수(random number) 발생시키기 위해서, 다음 관계식을 사용할 수 있다.

$$X_0 = \text{seed}$$
$$X_n = (aX_{n-1} + b)\ \%\ m$$

난수는 현재의 난수로부터 다음 난수를 얻어서 발생시키며, 16비트 정수(m = 65536) 난수를 생성하는 계수로 a = 25173, b = 13849가 사용될 수 있다.

다음 프로그램은 초기 시드가 17이고, 이 관계식을 사용하여 16 비트 정수 난수를 발생시키는 함수 random을 작성하고 main 함수에서 이 함수를 10번 호출하여 10개의 정수 난수를 발생시킨다.

```c
#include <stdio.h>
unsigned random(void);

int main(void)
{
    int i;

    for (i=0; i<10; i++) {
        printf("%5d ", random());
    }
    printf("\n");
    return 0;
}

unsigned random(void)
{
    static unsigned seed = 17;     // static 지역 변수

    seed = (25173 * seed + 13849) % 65536;
    return seed;
}
```

실행	48574 61999 40372 31453 39802 35227 15504 29161 14966 52039

이 프로그램에서 random 함수는 난수를 저장하기 위하여 static 지역 변수 seed를 사용하였다. seed는 17로 초기화 선언을 하였으며, 앞에서 소개한 관계식을 사용하여 현재의 seed로부터 다음 seed를 생성하여 반환하고, 이 값은 다음 난수 생성에 사용된다. seed를 static 지역 변수로 선언하였기 때문에 seed는 프로그램이 시작할 때 초기화되며 random 함수를 호출할 때 seed는 직전 호출에서 보존된 값이 사용되어 함수를 호출할 때마다 다른 값이 반환된다.

static 전역 변수

기억 클래스 static를 전역 변수에 적용하면 변수의 유효범위를 현재의 파일로 제한하여 현재 파일에서만 사용할 수 있는 전역변수를 선언할 수 있다. 프로그램을 여러 개의 파일로 구성할 때 전역 변수 이름은 전체적으로 중복되지 않아야 한다. static 전역 변수를 사용하면 다른 파일에서 사용하는 전역 변수 이름과 중복되더라도 사용할 수 있다. 사용 예는 다음 절에서 다룬다.

extern 변수

기억 클래스 extern은 변수가 다른 곳에서 선언되었음을 나타내기 위해서 사용되며 다른 곳에서 변수를 위한 기억장소를 할당해 주므로 컴파일러는 이 기억 클래스의 변수를 위한 기억장소를 할당하지 않는다. extern은 프로그램을 여러 개의 파일로 구성할 때 다른 파일에서 선언한 전역 변수를 사용하기 위해서 선언한다. 사용 예는 다음 절에서 다룬다.

register 변수

기억 클래스 register는 변수의 기억장소로 메모리가 아닌 프로세서 내의 레지스터를 사용하도록 지시하며 지역 변수에만 사용할 수 있다. 레지스터는 프로세서 내에 있는 기억장소이므로 매우 빠르게 접근할 수 있다.

```
register int i;
```

그렇지만 프로세서에 있는 레지스터의 수가 제한이 있으므로 변수를 register 선언할지라도 레지스터에 할당이 되지 않을 수 있다. 그리고 많은 컴파일러에서는 register 기억 클래스로 선언을 하지 않을지라도 지역 변수 중 일부를 레지스터에 할당되기도 한다. register 변수는 메모리에 저장되는 것이 아니므로 9장에서 배울 주소 연산자 &를 사용할 수 없다.

5.9 다중 모듈 프로그램

다중 모듈 프로그램

지금까지는 여러 개의 함수를 포함한 프로그램이 하나의 파일로 작성된 것을 보아왔다. 커다란 프로그램을 작성할 때는 주요 함수들을 별도의 파일로 작성하여 하나의 실행 파일로 컴파일할 수 있다. 특히 여러 사람이 프로그램을 나누어서 함께 개발할 때는 더욱 그러하다. 별도의 파일로 작성된 함수들은 나중에 다른 프로그램에서 재사용하기가 쉽다.

여러 개의 파일로 작성된 프로그램을 다중 모듈 프로그램이라고 하며 하나의 파일로 작성된 프로그램을 단일 모듈 프로그램이라고 한다. 다중 모듈 프로그램에서 다른 파일에서 작성된 함수를 호출하여 사용하려면 이 함수에 대한 원형 선언을 미리 해야 한다.

다중 모듈 프로그램을 개발할 때 함수를 별도의 파일에 작성하면서 이 함수의 원형 선언이 포함된 헤더 파일을 함께 작성할 필요가 있다. 이 헤더 파일에는 함수의 원형 선언뿐만 아니라 함수에서 사용하는 나중에 배우게 될 구조체와 매크로도 함께 정의될 수 있다. 이렇게 하면 이 함수를 호출하는 프로그램은 함수에 대한 원형 선언을 직접 하는 것 대신에 함수의 원형 선언이 포함된 헤더 파일을 #include를 사용하여 포함하면 된다. 그림 5.5는 이러한 다중 모듈 프로그램의 구성을 나타낸다.

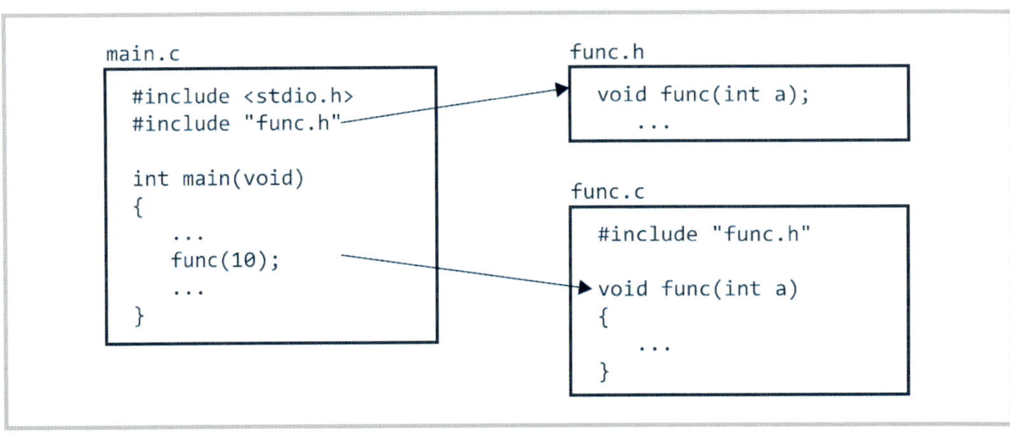

그림 5.5 다중 모듈 프로그램의 구성

예 5.14 다중 모듈 프로그램 - 소수 판정 함수 작성 및 사용

소수(prime number)는 자신과 1로만 나누어지는 정수이다. 다음은 소수 여부를 판단하는 함수를 작성하고, 이 함수를 사용하여 100 이하의 모든 소수를 출력하는 프로그램을 다중 모듈 프로그램으로 작성한 것이다.

파일 main.c

```c
#include <stdio.h>
#include "isprime.h"

int main(void)
{
    int i;

    for (i=2; i<=100; i++) {
        if (isprime(i))
                printf("%d ", i);
    }
    return 0;
}
```

파일 isprime.h

```c
int isprime(int n);
```

파일 isprime.c

```c
#include "isprime.h"

int isprime(int n)        /* n이 소수인지 여부를 판단함 */
{
    int i;

    for (i=2; i<n; i++) {
        if (n % i == 0)
                return 0;          /* 소수가 아님 */
    }
    return 1;                      /* 소수임 */
}
```

실행	2 3 5 7 11 13 17 19 23 29 31 37 41 43 47 53 59 61 67 71 73 79 83 89 97

이 프로그램은 다음과 같이 세 개의 파일로 작성하였다.

- **파일** isprime.c : 정수를 인수로 받아서 소수인지 여부를 판단하는 함수 `isprime`을 작성하였다. 함수 `isprime`은 인수 n에 대하여 1과 n 사이의 모든 정수, 즉 2부터 n-1까지의 정수에 대해서 인수가 나누어지는 정수(`n % i == 0`을 만족)가 있으면 소수가 아니므로 0(거짓)을 반환하고, 없으면 소수이므로 1(참)을 한다.

- **파일** isprime.h : 함수 `isprime`에 대한 원형 선언을 한다. 이 함수를 호출하여 사용하는 프로그램 파일은 직접 함수 원형 선언을 하는 것 대신에 main.c의 2행과 같이 이 헤더 파일을 `#include`를 사용하여 포함한다.

- **파일** main.c : `main` 함수는 함수 `isprime`을 사용하여 2부터 100까지의 모든 정수에 대해서 소수 여부를 판단하여 소수이면 출력하는 동작을 반복한다.

명령어 기반 다중 모듈 프로그램 컴파일

다중 모듈 프로그램을 컴파일하는 가장 간단한 방법은 소스 코드를 작성한 후, 터미널 또는 명령 프롬프트 창에서 소스 코드가 있는 위치로 디렉토리를 이동한 후에 명령어 기반 컴파일러에서 다음과 같이 헤더 파일을 제외한 모든 소스 코드 파일을 인수로 하여 컴파일하는 것이다.

- Unix/Linux 터미널 (gcc가 설치된 Windows에서도 사용 가능)

```
$ gcc main.c isprime.c              ... 실행 파일 a.out 생성
$ gcc main.c isprime.c -o main      ... 실행 파일 main 생성
$ ./main                            ... main 실행
```

- Windows 개발자 명령 프롬프트 창 (Developer Command Prompt)

```
C> cl main.c isprime.c              ... 실행 파일 main.exe 생성
C> cl /Fe:a.exe main.c isprime.c    ... 실행 파일 a.exe 생성
C> main                             ... main.exe 실행
```

gcc는 기본적으로 실행 파일 a.out을 생성하고, "-o 파일이름" 옵션을 사용하여 실행 파일 이름을 지정할 수 있다. Visual Studio에서 제공되는 컴파일러 cl은 기본적으로 첫 번째 인수를

사용한 이름의 실행 파일을 생성하고, "/Fe:파일이름" 옵션을 사용하여 실행 파일 이름을 지정할 수 있다.

UNIX/Linux에서는 대규모의 다중 모듈 프로그램 개발을 명령어 기반으로 효율적으로 할 수 있도록 위해서 make와 같은 유틸리티 프로그램을 제공한다. make에 대한 자세한 사용법은 관련 자료를 참고하기 바란다.

다중 모듈 프로그램에서의 전역 변수 유효 범위

전역 변수는 함수 바깥에서 선언한 변수로서 선언한 이후에 있는 모든 함수에서 사용할 수 있다. 다중 모듈 프로그램은 프로그램이 여러 개의 파일로 나뉘어 작성되므로 전역 변수의 유효 범위를 다음과 같이 두 가지로 구분하여 생각할 수 있다.

❶ 다중 모듈 프로그램 전체에서 사용할 수 있는 전역 변수
❷ 하나의 파일에서만 사용할 수 있는 전역 변수

전역 변수를 하나의 파일에서만 사용하려면 static 전역 변수로 선언을 한다. 다음과 같이 static과 함께 선언된 전역 변수는 다중 모듈 프로그램에서 변수의 유효 범위가 변수가 선언된 파일로 제한된다. static 전역 변수는 다른 파일에서 접근할 수 없다.

```
static int seed;            /* 다른 파일에서 접근할 수 없는 전역 변수 */
```

static 전역 변수는 유효 범위가 선언된 파일로 제한되므로 다른 파일에서 같은 이름의 static 전역 변수를 사용할 수 있다. static을 사용하지 않고 선언된 전역 변수는 프로그램 전체가 유효 범위인 전역 변수가 된다.

static은 전역 변수뿐만 아니라 함수의 사용 범위를 파일 내로 제한하는 데에도 사용할 수 있다. 다음과 같이 함수의 반환값의 자료형이 static과 함께 선언된 static 함수는 다른 파일에서 호출될 수 없다.

```
static int func(...)    /* 다른 파일에서 호출될 수 없는 함수 */
{
    ...
}
```

다중 모듈 프로그램에서의 static 전역 변수와 extern 변수 선언

다음과 같이 두 개의 파일로 작성되었으며 전역 변수 a와 b가 두 파일에서 모두 선언된 프로그램을 생각해보자.

```
/* 프로그램 모듈 1 */

static int a;
int  b;        /* 중복 선언 */

int main(void)
{
   sub();
   ...
}
```

```
/* 프로그램 모듈 2 */

static int a;
int  b;

void sub()
{
   ...
}
```

- static 전역 변수인 a는 유효 범위가 자신의 파일로 제한되므로 두 파일에서 모두 선언된 변수 a는 서로 별개의 변수이다.
- 보통의 전역변수 b는 프로그램 전체가 유효 범위이므로 두 파일의 목적 파일을 링크할 때 중복된 선언이 되어 에러가 발생한다.

기억 클래스 extern과 함께 선언되는 extern 전역변수는 외부에서 선언된 전역 변수임을 나타내기 위해서 사용된다. 앞에서 설명한 전역 변수 b는 에러를 없애려면 한 파일에서만 선언해야 하고 나머지 파일에서는 다음과 같이 extern을 함께 사용하여 변수를 선언해야 한다.

```
extern int b;
```

extern 변수를 선언하면 이 변수가 다른 파일, 즉 외부에서 선언된 변수이므로 이 변수를 위한 기억장소를 할당하지는 않으며 다른 파일에서 선언된 전역 변수 b와 같은 변수로 사용된다. 다음은 앞의 예시에서 전역 변수 b에 대한 에러를 바로잡은 것이다.

```
/* 프로그램 모듈 1 */

static int a;
extern int b;

int main(void)
{
   sub();
   ...
}
```

```
/* 프로그램 모듈 2 */

static int a;
int b;

void sub()
{
   ...
}
```

예 5.15 static 전역변수를 사용하는 다중 모듈 프로그램 - 난수 발생 함수

예 5.13의 난수 발생 함수 random은 seed의 초기값이 고정되어 있으므로, random 함수가 생성하는 난수의 순서는 항상 일정하다. 3장에서 소개한 srand 함수와 같이 seed의 초기값을 지정하는 함수 random_seed가 제공된다면 프로그램을 실행할 때마다 seed의 초기값을 다르게 지정하여 생성하는 난수의 순서를 다르게 할 수 있다.

다음 프로그램은 예 5.13의 random 함수의 seed의 초기값을 지정하는 함수 random_seed를 추가한 것으로서 이 함수들에 대한 헤더 파일과 이 함수를 사용하는 main 함수 파일로 구성된 다중 모듈 프로그램으로 작성되었다.

파일 random.c

```
static unsigned seed = 17;

unsigned random(void)
{
    seed = (25173 * seed + 13849) % 65536;
    return seed;
}

void random_seed(unsigned initseed)
{
    seed = initseed;
}
```

파일 random.h

```
unsigned random(void);
void random_seed(unsigned initseed);
```

파일 main.c

```
#include <stdio.h>
#include <time.h>
#include "random.h"

int main(void)
{
    int i;

```

```
9        random_seed( time(NULL) );     // 초기 seed 설정
10       for (i=0; i<10; i++) {
11           printf("%5d ", random());
12       }
13       printf("\n");
14
15       return 0;
16   }
```

실행1	54424 64657 37950 10927 24628 3933 59898 39451 46864 7785
실행2	14061 11466 26923 38752 14585 29382 7639 27772 45893 9730
실행3	39234 23811 15896 1041 4542 54831 20916 16093 44922 11675

- (random.c 1행) 난수 발생 함수 random과 난수 seed 초기화 함수 random_seed는 같은 변수 seed를 사용해야 하므로 변수 seed는 예 5.13과 같이 static 지역 변수로 선언할 수 없다. 대신에 두 함수를 다른 프로그램과 분리된 파일 random.c에서 정의하고 변수 seed를 다른 파일에서 접근하지 못하도록 static 전역 변수로 선언하였다.
- (random.c 3-7행) random 함수는 seed가 함수 외부에서 static 전역 변수로 선언된 것을 제외하면 예 5.13에서와 같다.
- (random.c 9-12행) random_seed 함수는 인수로 제공된 값으로 seed 값을 지정한다. 이 함수는 random 함수를 호출하기 전에 사용한다.
- (random.h) 헤더 파일 random.h에 파일 random.c에서 정의된 함수에 대한 원형 선언을 하였다.
- (main.c 3행) main 함수에서 random.c에서 정의된 함수를 호출하므로 파일 main.c에 헤더파일 "random.h"를 포함하였다.
- (main.c 9행) 3.6절에서 소개한 현재 시간 정보를 초기 seed로 설정하는 방법을 이 프로그램에서도 사용하여, random_seed 함수의 인수로 time(NULL)을 제공하여 호출하였다. 실행할 때마다 초기 seed가 다르게 지정되므로 실행 1부터 실행 3까지의 실행 예에서 실행 결과가 같지 않음을 확인할 수 있다. 이 결과는 실행할 때마다 변동된다.

다음은 예 5.8에서 전역 변수를 사용하여 결과를 제공하는 add_sub 함수를 main 함수와 분리된 파일에 작성하는 예이다.

예 5.16 extern 전역변수를 사용하는 다중 모듈 프로그램

파일 add_sub.c

```
int sum_global, diff_global;              // add_sub의 결과 저장용 전역 변수

void add_sub(int a, int b)
{
    // 전역 변수에 결과를 저장
    sum_global = a + b;
    diff_global = a - b;
}
```

파일 main.c

```
1   #include <stdio.h>
2
3   void add_sub(int a, int b);
4
5   extern int sum_global, diff_global;              // extern 변수 선언
6
7   int main(void)
8   {
9       add_sub(10, 20);
10      printf("sum_global = %d, diff_global = %d\n",
11          sum_global, diff_global);
12      return 0;
13  }
```

실행

```
sum_global = 30, diff_global = -10
```

- 이 프로그램에서 전역 변수 sum_global과 diff_global를 이 변수에 연산 결과를 제공하는 add_sub.c에서 선언하였고, main.c는 이 전역 변수들을 읽어서 사용하므로 extern 선언을 하였다.
- add_sub.c에서 정의된 함수 add_sub의 원형 선언과 전역 변수 sum_global과 diff_global의 extern 선언을 다음과 같이 헤더 파일 add_sub.h로 작성하고 이 함수를 사용하는 파일에서는 이 파일을 include하여 사용할 수 있다.

```
#include "add_sub.h"                   ... main.c에서 3-5행 대신 사용
```

파일 add_sub.h

```
void add_sub(int a, int b);

extern int sum_global, diff_global;                  // extern 변수 선언
```

통합개발환경을 사용한 다중 모듈 프로그램 컴파일

Visual Studio와 같은 통합개발환경에서는 프로젝트를 만든 후 소스 코드를 여기에 등록하고 컴파일을 한다. 다중 모듈 프로그램의 개발은 다음과 같이 프로젝트에 여러 개의 소스 코드를 추가하는 과정이 포함된다.

다음은 Visual Studio 2022에서의 다중 모듈 프로그램 개발 과정이다. 예 5.16의 소스 코드를 예로 사용하였다.

❶ 프로젝트 생성 : 1장의 1.4절에서 소개한 것처럼 프로젝트를 생성한다.

❷ 소스 코드 추가 및 작성 (단축키 Ctrl-Shift-A) :

1) 소스 파일 add_sub.c 추가 : 솔루션 탐색기의 "소스 파일"에서 마우스의 오른쪽 버튼을 클릭하여 나타난 팝업 메뉴에서 [추가] – [새 항목] 을 선택하여 나타난 "새 항목 추가" 창에서 C++ 파일을 선택하고 이름에 add_sub.c을 입력하고 [추가] 버튼을 선택한다. (파일 이름의 확장자 .c를 반드시 입력한다.)

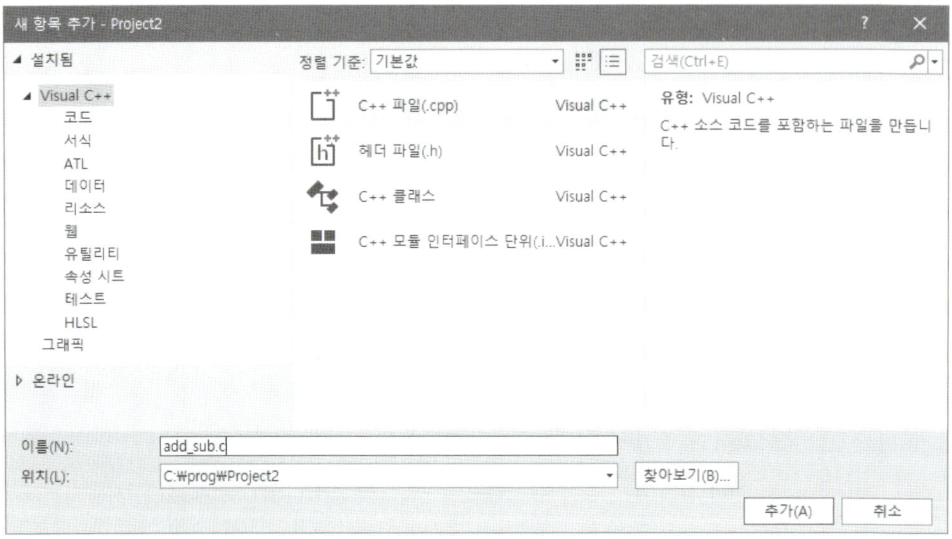

그리고 파일 add_sub.c의 편집기 창에 예 5.16의 add_sub.c 파일 내용을 작성한다.

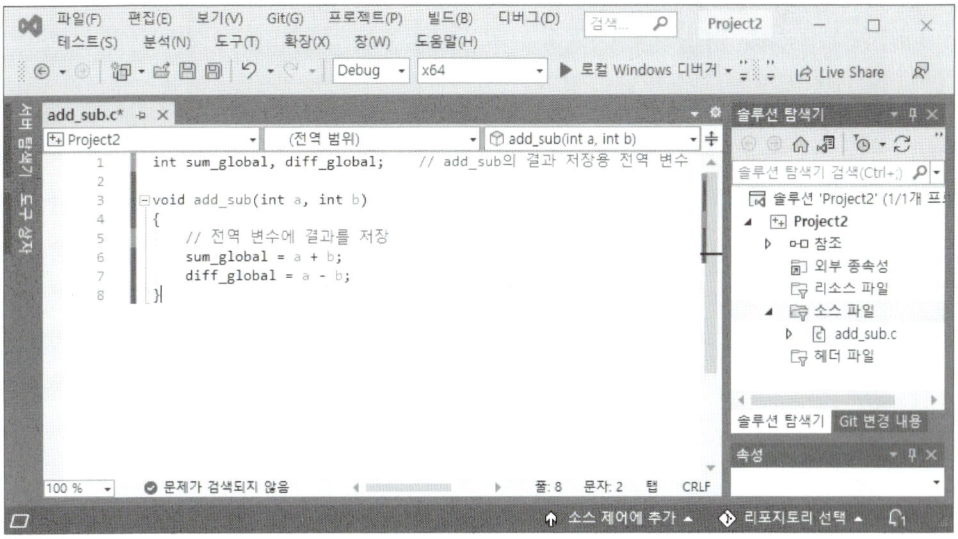

2) 헤더 파일 add_sub.h 추가 : 솔루션 탐색기의 "헤더 파일"에서 마우스의 오른쪽 버튼을 클릭하여 나타난 팝업 메뉴에서 [추가] – [새 항목] 을 선택하여 나타난 "새 항목 추가" 창에서 헤더 파일을 선택하고 이름에 add_sub.h를 입력하고 [추가] 버튼을 선택한다.

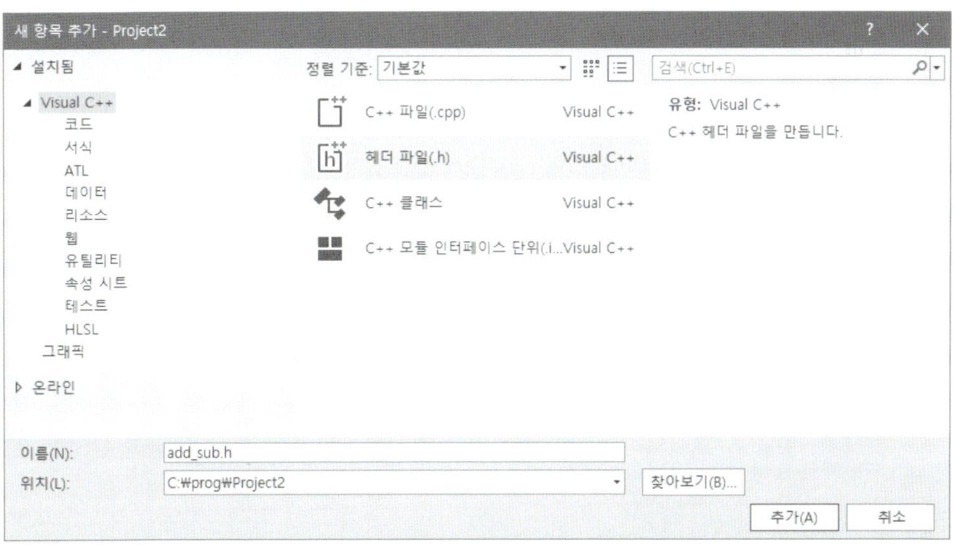

그리고 파일 add_sub.h의 편집기 창에 add_sub.c에서 작성한 함수에 대한 원형 선언이 포함되는 예 5.16의 add_sub.h 파일 내용을 작성한다.

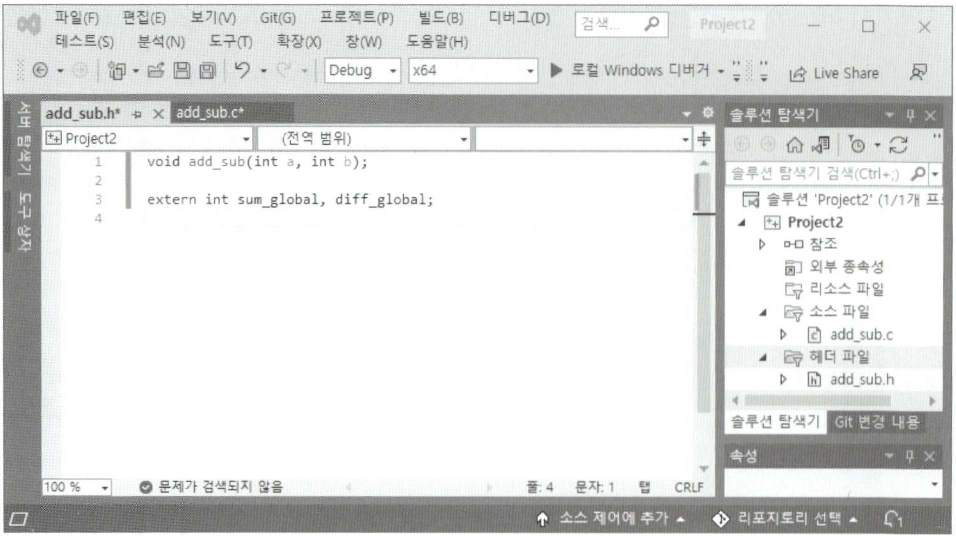

3) 소스 파일 main.c 추가 : 앞에서 설명한 소스 파일 추가 및 작성 방법을 사용하여 파일 main.c를 추가하고 예 5.16의 main.c를 작성한다. (여기서는 #include "add_sub.h"를 포함한 소스 코드를 사용한다.)

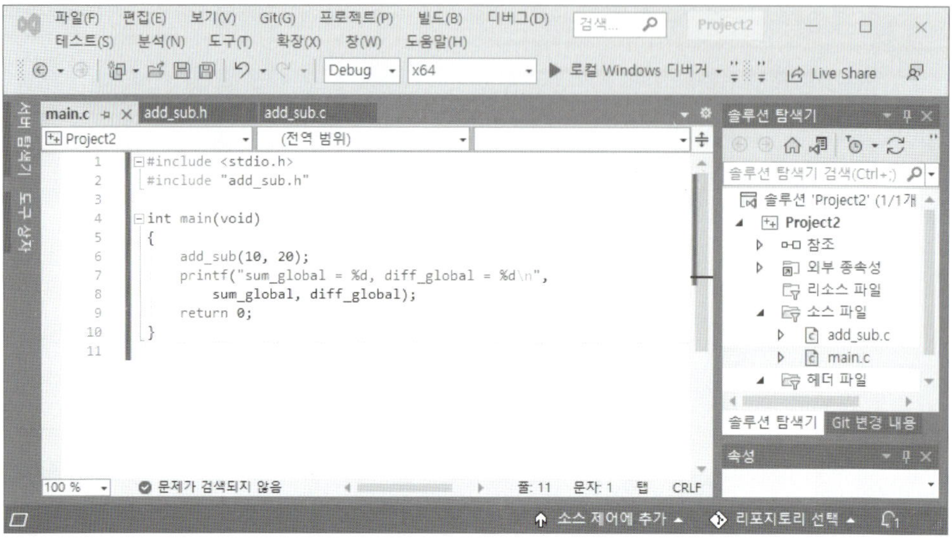

4) 이미 작성된 기존의 소스 파일을 추가하려면 [추가] – [기존 항목] 을 선택하여 나타난 "기존 항목 추가" 창에서 추가할 파일을 선택한다.

❸ **컴파일과 실행하기** : 프로젝트를 구성하는 여러 파일을 작성한 후에 프로그램을 컴파일하고 실행하는 방법은 1장에서 소개한 방법과 같다.

연습 5.9

1. 예 5.14의 다중 모듈 프로그램을 작성하여 실행시켜 보시오.

2. 앞에서 작성하였던 함수들을 포함하는 프로그램 중 하나를 선택하여 다중 모듈 프로그램으로 작성하여 보시오.

복습문제

1 void 자료형의 용도는 무엇인가?

2 return 문의 역할은 무엇인가? 값을 반환하지 않는 함수에서의 return 문의 역할은 무엇인가?

3 함수의 원형은 무엇인가? 그리고 원형을 선언하면 어떠한 장점이 있는가?

4 함수의 인수와 매개변수는 무엇인가? 그리고 함수를 호출할 때 인수는 어떻게 함수의 매개변수로 전달되는가?

5 지역 변수와 전역 변수의 차이점은 무엇인가?

6 static 기억 클래스의 지역 변수는 보통의 지역 변수와 어떠한 차이가 있는가?

7 재귀 함수란 무엇인가?

8 다중 모듈 프로그램을 개발할 때에 헤더파일과 #include는 어떻게 사용되는가?

종합문제

1 예 5.14의 소수를 찾는 프로그램을 다음과 같이 수정해 보시오.

(1) 함수 isprime()는 인수 n에 대하여 2부터 n-1까지의 정수를 나누어 보아서 소수인지를 확인하였다. 이 프로그램은 실제로 2부터 n의 제곱근까지만 검사하면 된다. 이에 대한 이유를 생각해 보시오. 그리고 이를 적용하여 프로그램을 다시 작성하시오. (이 프로그램은 sqrt() 함수를 사용하지 않고도 작성할 수 있다.)

(2) 1부터 100까지의 소수를 구할 때에 짝수는 소수가 아님이 명백하므로 짝수가 소수인지 여부를 조사할 필요가 없다. 이러한 점을 이용하도록 프로그램을 수정하시오.

2 주어진 정수에 대한 모든 약수를 찾아서 출력하는 함수 print_divisor()와 이 함수의 동작을 확인하는 프로그램을 작성하시오. 이 함수는 12에 대해서 1 2 3 4 6 12를 출력한다.

3 자신을 제외한 모든 약수의 합이 자신과 같은 정수를 완전수(perfect number)라고 한다. 주어진 정수에 대해서 완전수인지 여부를 판단하는 함수 is_perfect()와 이 함수를 사용하여 1부터 500사이의 모든 완전수를 찾아서 출력하는 프로그램을 작성하시오.

4 주어진 정수에 대한 모든 소인수를 찾아서 출력하는 함수 print_factor()와 이 함수의 동작을 확인하는 프로그램을 작성하시오. 이 함수는 12에 대해서 2 2 3을, 54에 대해서는 2 3 3 3을 출력한다.

5 학생들에게 계산을 연습시키기 위해서 임의 두 정수를 13 + 56과 같이 출력시키고 덧셈에 대한 답을 입력받는다. 답을 검사하여 "맞았어요" 또는 "틀렸어요"를 출력하고 맞았으면 1을, 틀렸으면 0을 반환하는 함수 test_add()를 작성하시오. 계산 연습에 사용되는 정수의 자리수는 인수에 따라서 정해지면 인수가 1이면 1자리수를, 2이면 2자리수를, 3이면 3자리수를 출력한다. 그리고 정수의 자리수는 학생들이 선택하도록 하고 이 함수를 사용하여 정답을 5번 맞출 때까지 문제를 내는 프로그램을 작성하시오.

6 10진수를 인수로 받아서 2진수로 바꾸어 출력하는 함수 print_bin()을 재귀 함수로 작성하고 이 함수의 동작을 확인하시오. (힌트: 정수 n이 2 이상이면 다음과 같이 2진수로 변환하여 출력을 할 수 있다. 먼저 재귀 호출을 하여 n/2의 2진수 출력을 하고, 다음에 n이 짝수이면 0을 홀수이면 1을 출력한다.)

7 피보나치 수는 다음과 같은 점화식에 의해서 구할 수 있다.

$$F_1 = 0$$
$$F_2 = 1$$
$$F_n = F_{n-2} + F_{n-1} (n \geq 2)$$

(1) 항 번호를 인수로 받아서 해당 항의 피보나치 수를 반환하는 함수 fib()를 재귀 함수로 작성하시오. 이 함수를 작성할 때에 전역 변수를 사용하여 이 함수의 호출 횟수를 기록하시오.

(2) 20번째 피보나치 수를 출력하는 프로그램을 작성하고 함수 fib()의 호출 횟수도 함께 출력하시오. 그리고 호출 횟수가 많으면 그 이유에 대해서 논의하시오.

(3) 예 4.22를 참고하여 함수 fib()를 반복문을 사용하여 작성하고 이 함수를 사용하여 20번째 피보나치 수를 출력하는 프로그램을 작성하시오. 그리고 (1)번과 비교하여 어느 함수가 더 효율적인지에 대해서 논의하시오.

8 4장의 종합문제 7번에서 정수를 2진수로 나타낼 때 값이 1인 비트 수를 계산하는 동작을 함수 count_one()으로 작성하시오. 그리고 두 정수를 2진수로 나타낼 때에 두 정수의 XOR 연산 결과는 어떻게 나타나는 지 생각하고, 함수 count_one()을 사용하여 두 정수를 2진수로 나타낼 때에 비트 값이 서로 다른 비트수를 구하는 프로그램을 작성하시오. 예를 들어서 7과 10은 2진수로 각각 0111과 1010이므로 서로 다른 비트수는 3이 된다.

제6장 배열

학습 내용

- 배열의 개념
- 배열 선언, 배열 원소 접근
- 다차원 배열
- 배열 함수 인수, 변수 접근 수정자
- 배열의 응용 : 정렬, 탐색

6.1 배열

C Programming

지금까지 보았던 변수는 정수, 실수 또는 문자 자료형을 갖는 하나의 값을 저장한다. 이러한 변수를 단순 변수라고 한다. C 언어는 이러한 기본 자료형 이외에도 여러 개의 값으로 구성되는 자료구조를 다룰 수 있는 자료형인 배열과 구조체를 제공한다. 이 장에서는 여러 개의 같은 자료형의 값들을 저장하는 자료구조인 배열에 대해서 배우고 8장에서 구조체에 대해서 배운다.

배열의 필요성

프로그램은 같은 자료형을 가진, 같은 성격의 자료들을 사용하는 경우가 많다. 예를 들어서 학생들의 성적을 처리하는 프로그램에서 학생들의 성적이 이러한 경우에 속한다. 5명의 성적을 나타낼 때 다음과 같이 5개의 변수를 사용할 수 있다.

```
int grade0, grade1, grade2, grade3, grade4;        ... 여러 개의 단순 변수 선언
```

그렇지만 성적의 개수가 많은 경우에는 위와 같이 자료마다 다른 변수 이름을 사용하여 나타내는 것은 매우 번거로운 일이며 자료들의 처리도 각각의 변수마다 개별적으로 해야 하므로

매우 불편하다. 이러한 불편함은 배열을 사용하여 해결할 수 있다.

배열과 배열 선언

배열(array)은 여러 개의 같은 자료형의 값의 모임을 나타내는 자료구조로, 배열을 사용하면 여러 개의 값을 하나의 이름으로 다룰 수 있으므로 매우 편리하다. 배열에 저장된 값들을 배열 원소라고 한다.

배열은 다음과 같이 배열 이름을 배열 원소의 자료형과 원소 개수와 함께 선언한다.

```
int grade[5];                 ... 배열 grade 선언, 5개의 int 자료형 배열 원소
```

여기서 int는 배열 원소의 자료형이며 grade는 배열 이름이고 괄호 [ ]의 숫자 5는 배열의 원소 개수를 나타낸다. 배열의 원소 개수를 배열의 크기라고도 한다.

배열을 선언하면 그림 6.1과 같이 모든 배열 원소를 저장할 수 있는 메모리 공간이 선언한 배열에 할당되며 이 공간에 배열의 원소들이 배치된다.

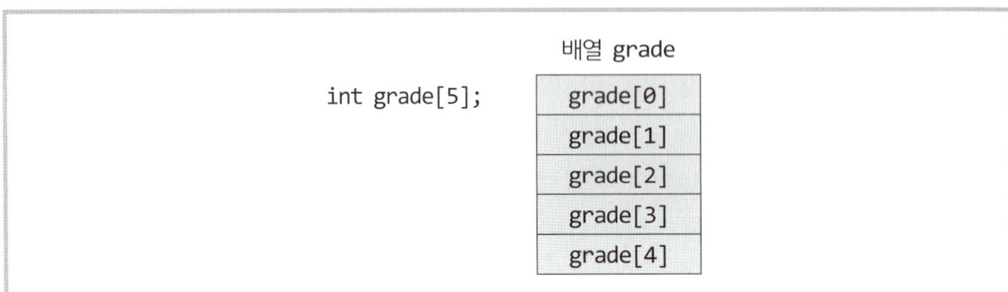

그림 6.1 배열 메모리 할당 및 배열 원소 배치

다음은 여러 가지의 배열을 선언한 예이다. 같은 자료형의 배열들과 단순 변수는 함께 선언할 수 있다.

```
char s[80];                   ... 문자 배열 선언
int a[10], b[5], c[7];        ... 여러 개의 정수 배열을 함께 선언
int i, j, d[10];              ... 정수 배열과 정수 변수를 함께 선언
```

배열 원소 접근

배열의 각 원소는 **첨자**(subscript) 또는 **인덱스**(index)라고 부르는 번호에 의해서 구분되며 첨자는 괄호 [ ] 속에 표시한다. 배열의 첨자는 0부터 시작되며 배열의 크기가 N이면 첨자는 0부터 N-1까지의 정수를 사용할 수 있다. 예를 들어서 앞에서 선언한 배열 grade에 대해서 5개의 원소는 다음과 같이 표현되며, 그림 6.1과 같이 배열 원소들이 메모리에 첨자 순서로 연속적으로 배치된다.

```
grade[0]                  ... 첫 번째 배열 원소
grade[1]                  ... 두 번째 배열 원소
grade[2]                  ... 세 번째 배열 원소
grade[3]                  ... 네 번째 배열 원소
grade[4]                  ... 다섯 번째 배열 원소 (마지막 원소)
```

배열의 첫 번째 원소는 grade[1]이 아니라 grade[0]이며, 배열의 크기가 5인 경우에 grade[4]가 마지막 원소이고 grade[5]는 유효한 배열 원소가 아니므로 주의해야 한다.

대괄호 안에 정수를 사용하는 배열 원소 접근 형식이 배열을 선언하는 형식과 유사하지만, 다음과 같이 두 경우의 의미가 다르므로 이를 혼동하지 않고 구분해야 한다.

```
int grade[5];             ... 배열의 크기가 5인 정수 배열 선언

grade[4] = 100;           ... 첨자가 4인 다섯 번째 배열 원소에 100을 저장
```

C 언어에서는 배열의 첨자가 유효한 범위에 있는지 여부를 검사하지 않으므로 배열에서 첨자가 유효한 범위를 벗어나지 않도록 주의해야 한다. 첨자는 다음과 같이 변수나 수식으로 나타낼 수 있다.

```
grade[i]                  ... 변수로 된 배열 첨자
grade[3*i+2]              ... 수식으로 된 배열 첨자
```

이 경우에 첨자의 값은 프로그램이 실행될 때 주어지므로 유효한 범위인지 조사를 하거나 벗어나지 않도록 주의해야 한다.

배열 원소들은 다음과 같이 같은 자료형의 단순 변수와 똑같이 사용될 수 있다.

정수 변수 int data;	정수 배열 int grade[5];
total = total + data;	total = total + grade[i];
data = 80;	grade[4] = 80;
scanf("%d", &data);	scanf("%d", &grade[i]);

예 6.1 배열을 사용하지 않은 프로그램과 배열을 사용한 프로그램의 비교

다음은 5개의 성적을 입력받아서 총점을 계산하여 출력하는 프로그램을 두 가지 버전으로 작성한 것이다.

❶ 배열을 사용하지 않은 프로그램

```c
#include <stdio.h>

int main(void)
{
    int grade0, grade1, grade2, grade3, grade4, total;

    scanf("%d%d%d%d%d", &grade0, &grade1, &grade2, &grade3, &grade4);
    total = grade0 + grade1 + grade2 + grade3 + grade4;
    printf("총점 = %d\n", total);
    return 0;
}
```

실행	85 76 58 99 68 총점 = 386

❷ 배열을 사용한 프로그램

```c
#include <stdio.h>

int main(void)
{
    int grade[5], total;
    int i;

    for (i=0; i<5; i++)                    /* 성적 입력 */
        scanf("%d", &grade[i]);

```

```
    total = 0;
    for (i=0; i<5; i++)                    /* 총점 계산 */
        total = total + grade[i];

    printf("총점 = %d\n", total);          /* 총점 출력 */
    return 0;
}
```

실행	*85 76 58 99 68* 총점 = 386

- 배열을 사용하지 않은 첫 번째 프로그램은 변수를 성적 개수만큼 선언해야 하며, 성적의 개수가 변하는 경우 변수 선언을 추가하고, 입력과 총점 계산식도 수정해야 하므로 프로그램을 다시 작성해야 한다. 그리고 개수가 커지면 작성하기가 번거로워진다.
- 배열을 사용한 두 번째 프로그램은 성적을 배열로 선언하였고, 입력과 총점 계산에 반복문을 사용하여 성적 개수만큼 반복하였다. 성적 개수가 변하는 경우 배열의 크기와 반복 제어 변수의 상한값에 사용되는 성적 개수를 나타내는 숫자 5를 변경된 수로 수정하면 되므로 프로그램을 쉽게 수정할 수 있다. 배열을 사용하면 이처럼 크기가 변할 때 쉽게 수정할 수 있는 일반화된 프로그램을 작성할 수 있다.

기호 상수를 사용한 배열 크기 지정

배열의 크기와 반복 제어 변수의 상한값은 대개 같은 값이거나 관련이 있으므로 배열의 크기를 기호 상수로 정의한다면 반복 제어 변수의 상한값도 같은 기호 상수로 나타낼 수 있으며, 배열 크기의 수정이 필요할 때 기호 상수로 정의되는 값만 고치면 되므로 프로그램의 수정이 매우 쉬워진다. 다음 프로그램은 예 6.1의 배열을 사용한 두 번째 프로그램을 기호 상수를 사용하여 수정한 것이다.

예 6.2 기호 상수로 배열 크기를 지정한 프로그램

```
#include <stdio.h>
#define SIZE 5                              /* 배열 grade의 크기 */

int main(void)
{
```

```
6       int grade[SIZE], total;
7       int i;
8
9       for (i=0; i<SIZE; i++)                      /* 성적 입력 */
10          scanf("%d", &grade[i]);
11
12      total = 0;
13      for (i=0; i<SIZE; i++)                      /* 총점 계산 */
14          total = total + grade[i];
15
16      printf("총점 = %d\n", total);               /* 총점 출력 */
17      return 0;
18  }
```

이 프로그램의 실행 결과는 예 6.1과 같아서 생략하였다. 배열의 크기를 기호 상수 SIZE로 정의하고, 배열 크기(6행)와 반복 제어 변수 상한값(9, 13행)을 모두 SIZE로 사용하였다.

다음으로 총점 계산에 추가하여 배열에 저장된 여러 개의 자료의 평균과 표준 편차를 계산하는 프로그램을 작성해 보자.

예 6.3 평균과 표준 편차를 계산하기

n개의 자료 $x_0, x_1, \cdots, x_{n-1}$의 평균 m과 표준 편차 s는 다음과 같이 구한다.

$$m = \frac{1}{n}\sum_{i=0}^{n-1} x_i = \frac{1}{n}(x_0 + x_1 + \cdots + x_{n-1})$$

$$s = \sqrt{\frac{1}{n}\sum_{i=0}^{n-1} x_i - m_i^2} = \sqrt{\frac{1}{n}(x_0^2 + x_1^2 + \cdots + x_{n-1}^2) - m^2}$$

이 식을 사용하여 배열에 저장된 자료의 평균과 표준 편차를 계산하는 프로그램을 다음과 같이 작성할 수 있다.

```
#include <stdio.h>
#include <math.h>
#define MAX_ITEM 10                 /* 최대 자료 수 */

int main(void)
{
    double x[MAX_ITEM];
```

```
    double sum, sumsq, mean, stdev;
    int count;
    int n, i;

    for (count=0; count<MAX_ITEM; count++) {
        n = scanf("%lf", &x[count]);                /* 실수 입력 */
        if (n == EOF)                               /* 파일 끝 */
                break;
        else if (n == 0) {                          /* 잘못된 입력 */
                printf("%d 번째 입력이 잘못되었습니다.\n", count+1);
                return 1;                           /* 종료 */
        }
    }
    if (count==0) {
        printf("자료가 없습니다.\n");
        return 1;                                   /* 잘못되어 종료됨 */
    }

    sum = sumsq = 0.0;
    for (i=0; i<count; i++) {
        sum = sum + x[i];                           /* 합 계산 */
        sumsq = sumsq + x[i] * x[i];                /* 제곱합 계산 */
    }
    mean = sum / count;                             /* 평균 */
    stdev = sqrt(sumsq / count - mean * mean);      /* 표준편차 */
    printf("자료개수 = %d\n", count);
    printf("평균 = %.2lf\n", mean);
    printf("표준편차 = %.2lf\n", stdev);
    return 0;
}
```

실행1

```
85 76 58 99 68 90 80.1 70.2 60.4 50.4 40
자료개수 = 10
평균 = 73.71
표준편차 = 14.46
```

실행2

```
85 76 58 99 68 90 80.1 70.2
^Z
자료개수 = 8
평균 = 78.29
표준편차 = 12.26
```

실행3	*85 76 58 99 68 90 80.1 a 70.2* 8 번째 입력이 잘못되었습니다.

- 이 프로그램에서 평균과 표준편차를 계산하기 위하여 입력되는 자료는 배열에 저장하며, 이를 위하여 배열 x를 선언하였다(7행). 배열의 크기 MAX_ITEM은 저장 가능한 최대 자료 개수를 나타내며, 기호 상수 MAX_ITEM은 10으로 정의되어(3행), 이 배열에 최대 10개의 자료를 저장할 수 있다. 최대 자료 개수를 변경하려면 기호 상수로 정의되는 값을 10 대신에 다른 값으로 수정하면 된다.
- 자료는 최대로 배열의 크기만큼 입력되도록 for 반복문을 사용하여 반복 입력하되(12-13행), 파일 끝에 도달하면 반복을 종료하여(14-15행) 입력을 끝낸다. 그리고 숫자가 아닌 값이 입력되면 에러 메시지를 출력하고 비정상 종료를 나타내기 위하여 종료코드를 1로 하여 프로그램 실행을 종료하였다(16-18행).
- 입력된 자료 개수를 세기 위해서 변수 count를 사용하였다(9, 12행). count가 0이면 평균과 표준 편차를 계산하지 않고, 비정상 종료를 나타내기 위하여 종료코드를 1로 하여 프로그램 실행을 종료하였다(16-19행).
- 반복문을 사용하여 입력 자료에 대해서 자료의 합 sum과 자료의 제곱합 sumsq를 계산한 후(26-29행) 앞에서 설명한 공식을 사용하여 평균 mean과 표준 편차 stdev를 계산한다(31-32행). 자료 개수, 평균, 표준 편차를 출력하되, 평균과 표준 편차는 소수점 이하 둘째 자리까지 출력한다(33-35행).
- 실행 예는 실수를 10개를 초과하여 입력하는 경우(마지막 40은 무시됨), 파일 끝에 도달하는 경우와 숫자가 아닌 문자가 입력되는 경우(입력 a가 포함)를 순서대로 보여주었다.

앞의 예들은 배열을 처리할 자료를 저장하는 용도로 사용하였다. 배열은 다음 예와 같이 처리한 결과를 저장하는 용도로도 사용할 수 있다.

예 6.4 자료의 빈도 조사하기

1부터 5까지의 정수 자료를 파일 끝까지 입력받아서 각 자료의 빈도를 계산하는 프로그램을 작성해 보자. 범위를 벗어난 자료는 무시한다. 자료의 값이 5개이므로 빈도를 세기 위해서 크기가 5인 배열을 사용할 수 있다. 배열의 첨자는 0부터 시작하므로 1부터 5까지의 입력에 대해서 첨자 0부터 4까지의 배열 원소값을 증가시켜서 빈도를 구한다. 다음은 이러한 방식으로 작성한 프로그램이다.

```c
#include <stdio.h>

int main(void)
{
    int data;
    int i, frequency[5];

    for (i=0; i<5; i++)                                /* 빈도를 0으로 초기화 */
        frequency[i] = 0;

    while ( scanf("%d", &data) != EOF ) {              /* 자료 입력 */
        if (data >= 1 && data <= 5)                    /* 자료의 범위 검사 */
                frequency[data-1]++;                   /* 빈도 계수 */
    }

    printf("%4s %4s\n", "자료", "빈도");
    for (i=0; i<5; i++)                                /* 빈도를 출력 */
        printf("%4d %4d\n", i+1, frequency[i]);

    return 0;
}
```

실행

```
1 2 1 3 1 4 5 2 3 4 5 6 0 3 2 1 1
^Z
자료 빈도
   1    5
   2    3
   3    3
   4    2
   5    2
```

- 배열 frequency가 1부터 5까지의 정수의 빈도를 저장하기 위하여 사용되었다(6행). 모든 빈도는 0으로 초기화하여 시작하며(8-9행) 정수 data에 대한 빈도는 첨자 data-1의 배열 원소에 저장되어, 해당 자료가 입력될 때마다 관련되는 배열 원소값을 1씩 증가시킨다(13행).
- 빈도를 계수할 때 data가 1과 5 사이에 있는지를 검사하지 않는다면 배열의 첨자가 유효한 범위를 벗어날 수 있어서 문제가 발생할 수 있으므로, data가 유효한 범위의 정수인지 검사하였다(12행).

배열의 초기화 선언

단순 변수와 마찬가지로 배열 원소들도 다음과 같이 배열을 선언할 때 초기값을 부여할 수 있다.

```
int a[4] = { 10, 20, 30, 40 };               ... 배열의 초기화 선언
```

배열의 초기값들은 { } 안에 콤마로 구분하여 나열한다. 배열의 원소들은 나열된 초기값 순서대로 초기화된다. 위의 예에서는 a[0]=10, a[1]=20, a[2]=30, a[3]=40과 같이 초기화된다. 다음은 배열의 초기화 선언과 관련된 여러 가지 사항들이다.

❶ 초기값의 개수가 배열의 크기보다 많으면 에러로 처리된다.

```
int a[4] = { 10, 20, 30, 40, 50 };          /* 틀렸음 */
```

❷ 초기값의 개수가 배열의 크기보다 적으면 나머지 원소들은 0으로 초기화된다.

```
int a[4] = { 10, 20 };                      /* a[0]=10, a[1]=20, a[2]=0, a[3]=0 */
```

❸ 초기값만 주어지고 배열의 크기가 지정되지 않으면 초기값의 개수가 배열의 크기로 된다.

```
int a[ ] = { 10, 20, 30, 40 };              /* 배열의 크기는 4이다. */
```

예 6.5 가중치를 고려한 평균 계산하기

중간고사, 기말고사, 퀴즈, 과제점수, 출석점수가 모두 100점 만점으로 하여 기재되어 있다. 평균을 구할 때 각 점수의 반영 비율은 각각 30%, 30%, 10%, 10%, 20%이라고 한다. 평균은 각 점수에 반영 비율을 곱한 후 더해서 구할 수 있으며 다음은 이러한 가중치를 반영하여

평균을 구하는 프로그램이다.

```
#include <stdio.h>

int main(void)
{
    int score[5];           /* 점수 */
    float mean;             /* 평균 */
    float weight[5] = {0.3, 0.3, 0.1, 0.1, 0.2};    /* 반영 비율 */
    int i;

    for (i=0; i<5; i++)     /* 점수 입력 */
        scanf("%d", &score[i]);

    mean = 0.0;
    for (i=0; i<5; i++)     /* 반영 비율을 적용한 평균 계산 */
        mean += score[i] * weight[i];

    printf("평균 성적 = %.1f\n", mean);      /* 출력 */
    return 0;
}
```

실행

```
90 80 50 70 60
평균 성적 = 75.0
```

이 프로그램에서 각 성적의 반영 비율은 배열 weight에 저장되며, 성적의 반영 비율이 미리 정해져 있으므로 배열을 초기화 선언하였다.

참고

배열의 지정 초기화(Designated Initializer) C99

배열의 초기화 선언에서 앞의 원소만 초기값을 지정하면, 뒤의 나머지 배열 원소는 0으로 초기화된다. 그렇지만 중간에 있는 몇 개의 원소들만 초기값을 지정하려면 앞에 있는 나머지 원소들의 초기값을 다음과 같이 0으로 지정해야 한다.

```
int a[15] = {0, 0, 20, 0, 0, 0, 0, 0, 0, 10, 0, 0, 48};
```

위의 예에서 a[2]=20, a[9]=10, a[12]=48 이며 나머지 원소들은 0으로 초기화된다. 크기가 큰 배열에서 중간에 있는 원소들의 초기값 지정을 위해 0을 넣는 과정에서 0의 개수가 많아서 잘못 입력할 수 있게 된다.

C99는 다음과 같이 0이 아닌 초기값이 지정되는 원소들만 첨자를 명시하여 초기값을 지정할 수 있는 지정 초기화 기능을 제공한다.

```
int a[15] = { [2] = 20, [9] = 10, [12] = 48 };          ... 지정 초기화
```

그리고 지정하는 첨자의 순서는 중요하지 않아서 다음과 같이 작성할 수도 있다.

```
int a[15] = { [12] = 48, [9] = 10, [2] = 20 };
```

다만 첨자는 유효한 범위의 상수 정수이어야 한다.

다음과 같이 배열의 크기를 지정하지 않는 배열의 지정 초기화 선언에서 배열의 크기는 가장 큰 첨자에 의해서 정해진다.

```
int a[] = { [12] = 48, [9] = 10, [2] = 20 };            ... 배열 크기 : 13
```

위의 예는 첨자 12가 가장 크므로, 배열의 크기는 13이다.

배열의 초기화 선언은 다음과 같이 기존 방식과 지정 초기화 방식을 함께 사용할 수 있다.

```
int b[15] = { 1, 2, [4] = 10, 8, 13, [12] = 20 };
```

위와 같이 선언하면 지정 초기화된 값의 다음의 초기값은 다음 위치로 순서대로 지정되어 a[0]=1, a[1]=2, a[4]=10, a[5]=8, a[6]=13, a[12]=20이고 나머지 원소들은 0으로 초기화된다.

sizeof 연산자와 배열의 크기 계산

배열을 크기를 지정하지 않고 초기화 선언을 할 때도, 배열의 크기가 필요할 때가 있다. 이러한 경우에 배열의 크기는 sizeof 연산자를 사용하여 계산할 수 있다.

sizeof 연산자는 자료형, 변수와 수식의 값의 저장에 사용되는 메모리 크기를 바이트 단위로 알려준다. 다음은 여러 가지 sizeof 연산자의 사용 예이다.

```
sizeof(int)            ... 4
sizeof(a)              ... 변수 a 자료형의 크기 (배열이면 배열 전체 크기)
sizeof(b[0])           ... 배열 원소 b[0] 자료형의 크기
sizeof(10.5)           ... 8 (실수 상수는 double 자료형)
```

배열 변수에 대해서는 sizeof 연산자는 배열 전체의 크기를 알려준다. 배열의 크기는 sizeof 연산자를 사용하여 다음과 같이 배열 전체의 크기를 배열 원소의 크기로 나누어서 계산할 수 있다.

```
sizeof(b) / sizeof(b[0])        ... 배열의 크기
```

이러한 배열 크기 계산은 배열의 크기를 지정하지 않고 초기화 선언된 배열에 대해서 다음과 같이 반복문에서 배열 첨자의 범위를 지정하는 데 사용할 수 있다.

```
for (i = 0; i < sizeof(b) / sizeof(b[0]); i++)
    b[i] = 0;
```

배열 간의 할당과 비교

배열은 배열 전체를 관계 연산자를 사용하여 다른 배열과 비교하거나 할당 연산자를 사용하여 다른 배열에 할당할 수 없다. 예를 들어서 다음 문장은 잘못된 것이다.

```
int a[10], b[10];                         ... 배열 a, b 선언
a = b;                                    ... (틀렸음) 배열에 할당할 수 없음
if (a == b)                               ... (틀렸음) 배열 간의 비교를 할 수 없음
    printf("두 배열의 값이 같습니다.");
```

배열의 모든 원소를 다른 배열에 할당하려면, 즉 배열을 다른 배열로 복사하려면 다음과 같이 반복문을 사용하여 각 배열 원소 단위로 할당을 해야 한다.

```
for (i = 0; i < 10; i++)          /* 배열의 할당 */
    a[i] = b[i];
```

그리고 두 배열을 비교하는 것도 각 원소끼리 비교하여, 모든 원소가 같으면 두 배열의 내용이 같으며, 그렇지 않으면 두 배열의 내용이 같지 않은 것으로 판단한다. 다음은 배열 간의 할당과 비교를 수행하는 프로그램이다.

예 6.6 배열 간의 할당(복사)과 비교를 수행하는 프로그램

```
#include <stdio.h>

int main(void)
{
    int a[10] = {1, 2, 3, 4, 5, 6, 7, 8, 9, 10};
    int b[10];
    int i;
    int same;                              // 배열 비교 결과

    for (i=0; i<10; i++)                   // 배열 복사
```

```
11            b[i] = a[i];
12
13        printf("배열 b : ");                          // 배열 b 출력
14        for (i=0; i<10; i++)
15            printf("%d ", b[i]);
16        printf("\n");
17
18        same = 1;                                     // 배열 a와 b를 비교
19        for (i=0; i<10; i++) {
20            if (a[i] != b[i]) {
21                same = 0;
22                break;
23            }
24        }
25        if (same)
26            printf("배열 a와 b의 내용이 같습니다.\n");
27
28        b[8] = 100;
29        printf("배열 b : ");                          // 배열 b 출력
30        for (i=0; i<10; i++)
31            printf("%d ", b[i]);
32        printf("\n");
33
34        for (i=0; i<10 && (same = a[i]==b[i]); i++) // 배열 a와 b를 비교
35            ;
36        if (!same)
37            printf("배열 a와 b의 내용이 같지 않습니다.\n");
38
39        return 0;
40    }
```

실행

```
배열 b : 1 2 3 4 5 6 7 8 9 10
배열 a와 b의 내용이 같습니다.
배열 b : 1 2 3 4 5 6 7 8 100 10
배열 a와 b의 내용이 같지 않습니다.
```

- 이 프로그램에서 두 개의 배열 a와 b가 선언되었으며, 배열 a는 초기화 선언되었다. 먼저 배열 a를 배열 b에 복사한 후 두 배열을 비교하였으며(10-26행), 다음에 배열 b의 일부 원소를 변경한 후 두 배열을 비교하였다(28-37행).

- (10-11행) 반복문을 사용하여 배열 b를 배열 a에 복사하여 두 배열을 같게 한다.
- (13-16행, 29-32행) 배열 b의 모든 내용을 출력한다.
- (18-24행) 반복문을 사용하여 두 배열의 내용을 비교한다. 변수 same이 플래그 변수로 사용되어 처음에 두 배열이 같다고 가정하여 1로 초기화되며(18행), 두 배열을 원소 단위로 비교하여 서로 같지 않은 원소가 발견되면 same을 0으로 바꾸고 반복을 종료한다(20-22행). 두 배열의 내용이 같으면 반복문은 마지막 반복까지 수행한 후에 종료하며 same은 1로 유지된다.
- (34-35행) 두 배열의 내용을 비교하는 또 다른 코드이다. 반복문에서 a[i]와 b[i]의 비교 결과를 same에 저장하고 반복문의 조건식에 포함한다. 반복은 i가 10보다 작으면서 비교 결과가 참인 동안 이루어진다. 두 배열의 원소가 모두 서로 같다면 i가 10이 되어 종료되며 same은 1이 된다. 두 배열의 원소가 하나라도 다르면 같지 않은 위치에서 same이 0이 되어 반복문을 종료한다.
- (25-26행) 두 배열의 비교 결과가 같으면, 즉 same이 1이면 메시지를 출력한다.
- (36-37행) 두 배열의 비교 결과가 같지 않으면, 즉 same이 0이면 메시지를 출력한다. 같지 않은 조건을 명확히 나타내기 위하여 `if` 문의 조건식으로 `same == 0` 대신에 `!same`을 사용하였다.

연습 6.1

1. 여러 개의 같은 자료형의 데이터를 처리하기 위해서 반드시 배열이 필요한 것은 아니다. 이전의 자료가 더 이상 필요 없는 경우에는 이전의 자료가 저장된 변수에 새로운 자료를 저장할 수 있다. 예 6.3의 프로그램을 배열을 사용하지 않고 작성하시오.

2. 0부터 100점 사이에 분포된 성적 자료들을 입력받아서 10점 단위로 빈도를 구하여 출력하는 프로그램을 작성하시오. 단, 100점은 90점대의 빈도에 포함시키고, 범위에서 벗어나는 성적은 무시하시오.

6.2 다차원 배열

다차원 배열

앞에서 소개한 배열은 같은 자료형의 원소들이 1개의 첨자로 구분되므로 1차원 배열이라고 한다. 같은 자료형의 원소들이 2개 이상의 첨자에 의해서 구분되는 배열을 생각할 수 있다. 예를 들어서 행렬의 원소는 행 번호와 열 번호에 의해서 구분되므로 2개의 첨자가 필요하다. 어떤 학생의 여러 과목의 성적을 1차원 배열에 저장하고, 첨자로 과목을 구분한다고 할 때, 같은 반의 학생들의 성적은 2차원 배열에 저장할 수 있으며 추가되는 첨자로 학생을 구분할 수 있다.

일반적으로 N개의 첨자로 배열의 원소들이 구분되는 배열을 N차원 배열이라고 하며 2차원 이상의 배열을 다차원 배열이라고 한다.

다차원 배열은 다음과 같이 각 첨자의 크기와 함께 선언한다.

```
int a[4];                          /* 1차원 배열 */
int b[2][4];                       /* 2차원 배열 */
double c[3][2][4];                 /* 3차원 배열 */
```

다차원 배열 원소 접근

다차원 배열의 원소는 여러 개의 첨자를 사용하여 접근하며, 각 첨자는 모두 0부터 시작하며 해당 차원의 크기가 N이라고 하면 첨자는 N-1까지 사용할 수 있다.

앞에서 선언한 2차원 배열 b는 그림 6.2와 같이 2행 4열로 구성된 정수 배열로서 2×4 배열이라고 한다. 2차원 배열에서 첫 번째 첨자는 행 번호, 두 번째 첨자는 열 번호라고 부른다. 2차원 배열의 원소는 다음과 같이 두 개의 첨자를 사용하여 접근한다.

```
b[0][0]            ... 0행 0열 원소
b[1][3]            ... 1행 3열 원소 (마지막 배열 원소)
b[i][j]            ... i행 j열의 원소
```

	0열	1열	2열	3열
0행	b[0][0]	b[0][1]	b[0][2]	b[0][3]
1행	b[1][0]	b[1][1]	b[1][2]	b[1][3]

그림 6.2 2차원 배열

앞에서 선언한 3차원 배열 c는 3면 2행 4열로 구성된 실수 배열로서 3×2×4 배열이라고 한다. 3차원 배열에서 첫 번째 첨자를 **면 번호**라고 하고 두 번째, 세 번째 첨자를 각각 행 번호, 열 번호라고 부른다. 3차원 배열의 원소는 다음과 같이 세 개의 첨자를 사용하여 나타낸다.

```
c[i][j][k]                ... i면 j행 k열의 원소
```

1차원 배열과 마찬가지로 다차원 배열에서도 대괄호 안에 정수를 사용하는 배열 원소 접근 형식이 배열을 선언하는 형식과 유사하지만, 다음과 같이 두 경우의 의미가 다르므로 이를 혼동하지 않고 구분해야 한다.

```
int b[2][4];              ... 2행 4열 크기의 정수 배열 선언

b[1][3] = 100;            ... 1행 3열 위치의 원소에 100을 저장
```

다차원 배열의 기억장소

다차원 배열의 원소 개수는 각 차원의 크기의 곱과 같다. 앞의 예에서 2차원 배열 b는 2 × 4 = 8개의 원소로 구성되며 3차원 배열 c는 3 × 2 × 4 = 24개의 원소로 구성된다. 다차원 배열은 개념적으로 다차원일지라도 메모리 주소가 1차원이므로 기억장소에는 1차원으로 배치된다. C 언어에서는 그림 6.3과 같이 앞에 있는 왼쪽의 첨자가 작은 원소가 먼저 배치된다. 2차원 배열에서 행 번호가 작은 원소가 먼저 배치되므로 이러한 배치를 **행 우선 배치**라고 한다.

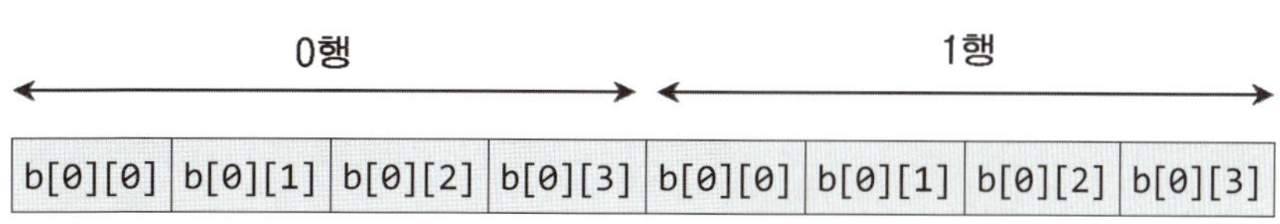

그림 6.3 다차원 배열의 메모리에서의 원소 배치

참고

C 언어는 정확하게 말하면 다차원 배열의 자료형을 제공하고 있지 않다. 앞에서 소개한 2차원 배열은 1차원 배열의 배열, 3차원 배열은 2차원 배열의 배열로 표현한 것이다. C 언어는 이러한 방법으로 차원의 제한을 받지 않고 임의의 다차원 배열을 표현할 수 있다.

그림 6.3에서도 2차원 배열이 여러 개의 1차원 배열로 구성되어 있음을 확인할 수 있다. 2차원 배열의 각 행은 1차원 배열이며 2차원 배열은 이 행들의 배열이다. 2차원 배열 b의 원소 b[i]는 i행을 나타내는 1차원 배열이며, b[i][j]는 1차원 배열 b[i]의 첨자가 j인 원소이다.

3차원 배열 c도 마찬가지로 해석할 수 있다. c[i]는 i면을 나타내는 2차원 배열이고, c[i][j]는 i면 j행을 나타내는 1차원 배열이다. 그리고 c[i][j][k]는 1차원 배열 c[i][j]의 첨자가 k인 원소이다.

예 6.7 다차원 배열을 사용하는 프로그램

다음은 2 × 3 행렬의 원소를 행 우선 순서로 입력을 한 후에 열 우선 순서로 출력을 하는 프로그램이다.

```
#include <stdio.h>
#define ROW     2
#define COL     3

int main(void)
{
    int a[ROW][COL];
    int i, j;                               /* i 행, j 열 */

    for (i=0; i<ROW; i++)                   /* 행 우선 입력 */
        for (j=0; j<COL; j++)
                scanf("%d", &a[i][j]);

    for (j=0; j<COL; j++) {                 /* 열 우선 출력 */
        for (i=0; i<ROW; i++)
                printf("%2d ", a[i][j]);
        printf("\n");                       /* 열을 출력하고 줄 바꿈 */
    }
    return 0;
}
```

실행1

```
1 3 5 2 4 6
 1  2
 3  4
 5  6
```

실행2

```
1 3 5
2 4 6
  1   2
  3   4
  5   6
```

- 2차원 배열 원소를 행 우선으로 접근하려면 바깥 반복문의 반복 제어 변수로 행 번호를, 안쪽 반복문의 반복 제어 변수로 열 번호를 사용하고(10-12행), 열 우선으로 접근하려면 이와 반대로 바깥 반복문의 반복 제어 변수로 열 번호를 사용하고, 안쪽 반복문의 반복 제어 변수로 행 번호를 사용한다(14-18행).
- 행의 크기와 열의 크기를 기호 상수로 정의하여 사용하였다(2-3행).
- 입력이 행 우선 순서로 입력되므로 6개 입력 중 처음 3개는 첫 번째 행에, 나중 3개는 두 번째 행에 입력된다. 두 번째 실행 예는 입력을 행 단위로 줄을 바꾸어 입력한 것이다.

예 6.8 단위 행렬 구성하기

다음은 N × N 행렬에서 행 번호와 열 번호가 같은 원소를 1로 지정하여 단위 행렬을 구성하는 프로그램이다.

```
#include <stdio.h>
#define N       5

int main(void)
{
    double a[N][N];                          // 행렬
    int i, j;                                // i 행, j 열

    // 단위 행렬 원소 지정
    for (i=0; i<N; i++)
        for (j=0; j<N; j++)
                if (i == j) a[i][j] = 1.0; // 대각 원소
                else a[i][j] = 0.0;

    // 행렬 원소 출력
    for (i=0; i<N; i++) {
        for (j=0; j<N; j++)
                printf("%4.1f ", a[i][j]);
        printf("\n");                        // 행 단위로 줄바꿈
```

```
    }
    return 0;
}
```

실행

```
1.0  0.0  0.0  0.0  0.0
0.0  1.0  0.0  0.0  0.0
0.0  0.0  1.0  0.0  0.0
0.0  0.0  0.0  1.0  0.0
0.0  0.0  0.0  0.0  1.0
```

이 프로그램은 행과 열의 크기가 같은 행렬에서 행 번호와 열 번호가 같은 대각 원소를 1로 지정하고, 나머지 원소를 0으로 지정하여 단위 행렬을 구성한다. 수학에서 사용하는 행렬은 대개 실수를 사용하므로 행렬을 저장하는 2차원 배열 a는 double 형으로 선언하였다.

다차원 배열의 초기화

다차원 배열을 선언할 때 초기화하는 방법은 다음과 같이 1차원 배열에서와 같다.

```
int a[2][4] = { 1, 2, 3, 4, 5, 6, 7, 8 };
```

지정된 초기값은 다음과 같이 배열의 원소가 기억장소에 배치되는 순서대로 지정되어 초기화된다.

```
a[0][0]=1, a[0][1]=2, a[0][2]=3, a[0][3]=4
a[1][0]=5, a[1][1]=6, a[1][2]=7, a[1][3]=8
```

그렇지만 다차원 배열의 초기값은 다음과 같이 { }를 사용하여 행 단위를 명시하여 초기화할 수 있다.

```
int a[2][4] = { { 1, 2, 3, 4 }, { 5, 6, 7, 8 } };    ... 행 단위로 구분
```

행 단위로 지정되는 초기값의 개수는 열의 크기를 초과하지 않아야 한다. 그리고 초기값은 행을 명확히 구분할 수 있도록 다음과 같이 행 단위로 줄을 바꾸어서 지정하기도 한다.

```
int a[2][4] = { { 1, 2, 3, 4 },
                { 5, 6, 7, 8 } };
```

다음은 다차원 배열의 초기화와 관련된 여러 가지 사항들이다.

❶ 초기값의 개수가 전체 배열 원소의 수보다 적다면 나머지 원소들은 0으로 초기화된다.

```
int a[2][4] = { 1, 2, 3, 4, 5, 6 };              /* a[1][2]=0, a[1][3]=0 */
```

❷ 행 단위의 초기값의 개수가 각 행의 원소 수보다 적으면 각 행의 나머지 원소들은 0으로 초기화된다.

```
int a[2][4] = { { 1, 2, 3 }, { 5, 6 } };   /* a[0][3], a[1][2], a[1][3] = 0 */
```

❸ 다차원 배열을 초기화 선언할 때는 가장 왼쪽의 첫 번째 첨자의 크기를 제외한 나머지 첨자의 크기는 반드시 지정되어야 한다.

```
int a[ ][4] = { 1, 2, 3, 4,        /* 0행의 초기값 */
                5, 6, 7, 8         /* 1행의 초기값 */
              };
```

위의 예에서 초기값이 8개인데 각 행은 4개의 원소로 되어 있으므로 행의 크기는 2이다. 이 초기화에서는 행을 구분하기 쉽도록 초기값을 행 단위로 줄을 바꾸어 나타내었다. 그리고 다음과 같이 행 단위로 초기값을 지정하면 행 단위의 개수가 행의 크기가 된다.

```
int a[ ][4] = { { 1, 2 },  { 5, 6 } };
```

다음은 예 6.5와 같은 가중치 평균을 구하는 프로그램을 2차원 배열을 사용하여 여러 학생들에 대해서로 확장한 프로그램이다.

예 6.9 여러 명의 가중치 평균 계산하기

다음은 여러 명의 성적에 대해서 가중치 평균을 구하는 프로그램이다. 각 학생에 대해서 중간, 기말고사, 퀴즈, 과제, 출석점수의 5개의 성적이 있으므로 2차원 배열을 사용하여 여러 명의 성적을 저장한다.

```
#include <stdio.h>

int main(void)
{
    int score[3][5] = {  /* 3명의 성적  */
        {80, 70, 90, 80, 85},
        {70, 85, 80, 60, 90},
```

```
                {50, 80, 85, 70, 80} };
    float weight[5] = { 0.3, 0.3, 0.1, 0.1, 0.2 };   /* 가중치 */
    float avg[3];                                  /* 3명의 평균 */
    int  i, j;                                     /* i: 학생, j: 성적 종류 */

    for (i=0; i<3; i++) {/* 각 학생의 가중치 평균 계산 */
        avg[i] = 0.0;
        for (j=0; j<5; j++)
                avg[i] += score[i][j] * weight[j];
    }
    for (i=0; i<3; i++)                 /* 각 학생의 평균 출력 */
        printf("학생 %d의 평균 = %.1f 점\n", i+1, avg[i]);
    return 0;
}
```

실행

```
학생 1의 평균 = 79.0 점
학생 2의 평균 = 78.5 점
학생 3의 평균 = 70.5 점
```

이 프로그램에서 학생들의 성적은 2차원 배열에 초기화 선언을 하여 제공하였다. 2차원 배열의 행 번호 i가 학생 구분에, 열 번호 j가 성적 종류 구분에 사용된다. 성적을 출력할 때 학생 번호는 1번부터 시작하도록 i+1 값을 출력하였다.

참고

다차원 배열의 지정 초기화 C99

C99는 1차원 배열뿐만 아니라 다차원 배열에 대해서도 다음과 같이 0이 아닌 초기값이 지정되는 원소들만 첨자를 명시하여 초기값을 지정할 수 있는 지정 초기화 기능을 제공한다. 초기값이 지정되지 않은 나머지 원소들은 0으로 초기화된다.

```
double matrix[3][3] = { [0][0] = 1.0, [1][1] = 1.0, [2][2] = 1.0 };
```

위의 예는 3 × 3 단위 행렬을 초기화 선언한 것이다.

참고

가변 길이 배열 C99

배열을 선언할 때 배열의 크기를 명시하거나 지정된 초기값 개수에 의해서 배열의 크기가 결정되었다. C99에서는 배열의 크기를 컴파일할 때가 아니라 프로그램을 실행하는 동안 결정되는 변수 또는 수식의 값으로 배열의 크기를 선언할 수 있는 가변 길이 배열이 추가되었다.

```
n = 10;
int a[n];                          // 가변 길이 배열
double b[3*n];                     // 가변 길이 배열
int c[n][n]                        // 가변 길이 2차원 배열
```

이 기능을 사용하면 실제 입력 개수와 관계없이 배열을 최대 가능 크기로 미리 선언하여 메모리를 낭비하거나, 배열의 크기가 작아서 입력을 모두 저장하지 못하는 문제를 없앨 수 있다.

가변 길이 배열은 메모리를 동적으로 할당받아야 하므로 전역 변수나 static 변수로 선언할 수 없으며, 초기화 선언을 할 수 없다.

이 기능은 Visual Studio의 C/C++ 컴파일러에서는 지원하지 않으므로, 이 기능을 사용하려면 gcc 컴파일러를 사용해야 한다.

예 6.10 가변 길이 배열을 사용하는 프로그램 C99 ★

다음은 입력할 정수 개수를 입력받아서 이 크기의 가변 길이 배열을 선언하고, 여기에 정수를 입력받아서 저장하고, 입력받은 역순으로 출력을 하는 프로그램이다. 이 프로그램은 gcc로 컴파일하여야 한다.

```
#include <stdio.h>

int main(void)
{
    int i, n;

    printf("입력할 정수의 개수? ");
    scanf("%d", &n);

    int a[n];              // 가변 길이 배열 (C99)

    printf("%d 개의 정수를 입력하세요\n", n);
    for (i=0; i<n; i++)
```

```
        scanf("%d", &a[i]);

    printf("입력을 역순으로 출력\n");
    for (i=n-1; i>=0; i--)
        printf("%d ", a[i]);
    printf("\n");
    return 0;
}
```

실행

```
입력할 정수의 개수? 5
5 개의 정수를 입력하세요
24 56 89 45 90
입력을 역순으로 출력
90 45 89 56 24
```

연습 6.2

1. 예 6.7의 프로그램을 최대 20명까지의 성적을 입력받아서 2차원 배열에 저장한 후에 각 학생의 가중치 평균을 계산하도록 수정하시오. 학생수가 20명보다 작아도 사용할 수 있도록 하시오.

2. 성적을 다음과 같은 형식으로 파일에 저장한 다음에 표준 입력 방향 전환 기능을 사용하여 문제 1의 프로그램을 실행시키시오.

```
90 80 90 70 80
80 85 90 85 85
75 80 85 90 90
...
```

3. 두 개의 2×3 행렬을 임의의 값으로 초기화한 후에 이 두 행렬의 합을 계산하여 출력하는 프로그램을 작성하시오.

6.3 배열과 함수

1차원 배열 인수

5장에서 배웠듯이 함수를 호출할 때 인수로 사용되는 수식의 값은 호출되는 함수의 매개변수로 복사되어 전달된다. 함수의 인수로 변수를 사용하면 변수의 값이 함수의 매개변수로 복사된다.

배열 이름도 다음과 같이 함수의 인수로 사용될 수 있다.

```
double a[10], avg;
...
avg = average(a);                ... 배열 인수
```

그렇지만 배열 인수는 단순 변수를 인수로 사용하는 것과 동작에 차이가 있다. 배열을 인수로 사용하면 배열의 원소값들이 함수의 매개변수로 복사되어 전달되는 것이 아니라 함수에서 배열 매개변수를 사용하여 인수로 전달된 배열을 직접 접근할 수 있다.

함수에서 배열을 매개변수로 선언할 때 다음과 같이 배열의 크기를 지정하지 않고 대괄호 [ ] 만 사용하여 선언한다.

```
double average(double data[ ])          ... 배열 매개변수
{
    ...
}
```

함수의 매개변수로 사용되는 배열은 이 함수를 호출하는 쪽에서 배열이 선언되어 기억장소가 할당된 후 인수로 전달되기 때문에 함수를 정의할 때 매개변수에서 배열의 크기를 정의할 필요가 없다. 다음과 같이 배열의 크기를 함께 선언해도 되지만, 이 크기는 아무 의미가 없으며, 단지 설명을 위한 용도로 사용할 수 있다.

```
double average(double data[5])  ... 배열 크기 5는 의미 없음, 설명의 용도
{
    ...
}
```

그림 6.4와 같이 배열 a를 인수로 사용하여 함수 average를 호출할 때, 함수 average에서 배열 매개변수 data는 배열 a와 같은 배열을 나타내며, data[i]는 a[i]와 같은 원소이다.

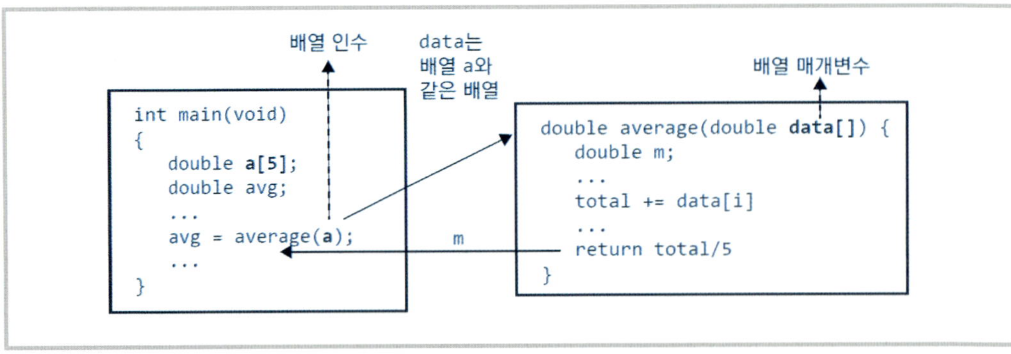

그림 6.4 배열 인수를 사용하는 함수

예 6.11 배열을 인수로 사용하는 함수

다음은 크기가 5인 실수 배열을 인수로 전달받아서 실수 배열 원소의 평균을 계산하여 반환하는 함수를 작성하고, 이 함수를 호출하여 크기가 5인 실수 배열 원소의 평균을 반환받아서 출력하는 프로그램이다.

```
#include <stdio.h>

double average(double data[]);

int main(void)
{
    int i;
    double number[5], avg;

    printf("5개의 수를 입력하세요: ");
    for (i=0; i<5; i++)                  /* 자료 입력 */
        scanf("%lf", &number[i]);
    avg = average(number);               /* 평균 계산 */
    printf("평균 = %f\n", avg);
    return 0;
}

double average(double data[])
{
    double total = 0.0;
```

```
    int i;

    for (i=0; i<5; i++)
        total = total + data[i];
    return total/5;
}
```

실행

```
5개의 수를 입력하세요: 8 10.5 20.3 16 5.1
평균 = 11.980000
```

- 함수 average는 5개의 원소로 이루어진 실수 배열을 인수로 전달받아서 배열 원소의 평균을 구하여 반환한다.
- main 함수에서 배열 number를 인수로 사용하여 average 함수를 호출하면 average 함수에서는 배열 매개변수 data를 사용하여 인수로 전달된 배열 number를 직접 접근한다.

함수 average가 고정된 크기 대신에 임의의 크기의 실수 배열에 대한 평균을 구하여 반환하려면 배열의 크기를 알아야 한다. 함수에서 배열의 크기가 필요한 경우에 배열 인수뿐만 아니라 배열의 크기도 인수로 전달해야 한다.

예 6.12 배열과 배열의 크기를 인수로 전달받는 함수

다음 프로그램은 함수 average의 인수에 배열의 크기를 추가하여 임의의 크기의 실수 배열에 대한 평균을 계산하도록 예 6.11의 프로그램을 수정한 것이다.

```
#include <stdio.h>

double average(double data[], int num);

int main(void)
{
    int i;
    double number[10], avg;

    printf("10개의 수를 입력하세요 : ");
    for (i=0; i<10; i++)                /* 자료 입력 */
        scanf("%lf", &number[i]);
    avg = average(number, 10);     /* 평균 계산 */
```

```
    printf("평균 = %f\n", avg);
    return 0;
}

double average(double data[], int num)
{
    double total = 0.0;
    int i;

    if (num <= 0) return 0.0;      /* 잘못된 배열 크기 */
24
25      for (i=0; i < num; i++)
            total = total + data[i];
    return total / num;
}
```

실행	10개의 수를 입력하세요 : *1 2 3 4.1 5.2 6.3 7.4 8.5 9.6 10* 평균 = 5.710000

- 함수 average는 배열 data와 배열의 크기 num을 인수로 전달받아서 배열 원소의 평균을 계산하여 반환한다. 배열의 크기가 0 이하이면 잘못된 것이므로 0을 반환하는 것으로 잘못되었음을 알린다.
- main 함수는 10개의 실수 입력을 받아서 배열 number에 저장하고, 배열 number와 배열 크기 10을 인수로 사용하여 함수 average를 호출해서 이 배열의 평균을 얻어서 출력한다.

다차원 배열 인수

함수에서 1차원 배열을 인수로 사용할 때는 배열의 크기를 정의할 필요가 없었다. 그렇지만 다차원 배열을 인수로 사용하는 경우는 다차원 배열의 초기화 선언을 할 때처럼 다음과 같이 첫 번째 첨자의 크기를 제외한 나머지 첨자의 크기는 반드시 선언해야 한다.

```
double max_element(int a[ ][3])  ... 첫 번째를 제외한 첨자의 크기를 지정
{
    ...
}
```

첫 번째 첨자의 크기는 정의할 필요가 없지만, 함수가 처리하는 배열의 크기를 명확하게 나타내기 위해서 다음과 같이 크기를 정의해도 된다. 그렇지만 첫 번째 첨자의 크기는 설명을

위한 용도로 사용하는 것이며, 프로그램 동작에 영향을 주지 않는다.

```
double max_element(int a[4][3]) ... 첫 번째 첨자 크기 4는 의미 없음
{
    ...
}
```

예 6.13 2차원 배열을 인수로 사용하는 함수

다음 프로그램에서 함수 max_element()는 인수로 전달받은 2차원 배열의 모든 원소들의 최대값을 찾아서 반환한다.

```
1   #include <stdio.h>
2
3   int max_element(int a[4][3]);
4
5   int main(void)
6   {
7       int b[4][3] ={ {1, 22, 13}, {4, 5, 16}, {7, 8, 9} , {6, 23, 5} };
8
9       printf("2차원 배열 원소의 최대값 = %d\n", max_element(b) );
10      return 0;
11  }
12
13  // 4 x 3 배열 원소의 최대값을 구함
14  int max_element(int a[4][3])
15  {
16      int i, j, max;
17
18      max = a[0][0];                  // 첫번째 원소를 최대값으로 가정
19      for (i=0; i<4; i++)
20          for (j=0; j<3; j++)
21              if (max < a[i][j]) max = a[i][j];
22      return max;
23  }
```

실행	2차원 배열 원소의 최대값 = 23

이 프로그램에서 함수 max_element는 2차원 배열 인수를 사용하며, 처리할 2차원 배열의 크기가 정해져 있으므로 첫 번째 첨자의 크기까지 명시하였다(14행). 모든 원소의 최대값을 구

할 때 첫 번째 원소 a[0][0]를 최대값 max로 가정하고(18행) 시작하였으며 2차원 배열의 모든 원소를 행 우선 순서로 조사하여 최대값을 찾았다(19-21행).

참고

복합 상수(compound literal)와 배열 인수 C99

배열 인수를 사용하는 함수를 호출할 때 다음과 같이 인수로 사용할 배열의 값이 미리 정해진 경우에도 배열을 초기화 선언한 후에 배열 이름을 인수로 전달하였다.

```
double a[] = { 1.0, 3.1, 5.2, 7.3, 9.4 };
total = average(a, 5)
```

C99에서는 여러 개의 상수를 묶음으로 사용할 수 있는 복합 상수(compound literal) 기능이 제공되어, 배열 원소의 값이 정해진 경우는 배열 변수를 선언하지 않고 다음과 같이 복합 상수를 사용하여 배열 인수를 제공할 수 있다.

```
total = average( (double []) {1.0, 3.1, 5.2, 7.3, 9.4}, 5)
```

복합 상수 형식은 다음과 같이 (자료형) {값, 값, ...} 형식으로 되어 있으며 (double [])은 double 형 배열을 나타낸다.

```
(double []) {1.0, 3.1, 5.2, 7.3, 9.4}
```

배열 인수와 보통 인수의 차이점

정수형이나 실수형과 같은 단순 변수가 함수의 인수로 사용되는 경우는 인수로 사용된 변수의 값이 복사되어서 함수의 매개변수로 전달되므로 함수에서 매개변수의 값을 바꾸더라도 원래 호출한 측에서는 인수로 사용된 변수의 값이 바뀌지 않는다는 것을 이미 배웠다.

그렇지만 함수의 인수로 배열을 사용할 때는 함수에서 사용하는 배열 매개변수는 함수를 호출할 때 인수로 전달한 배열과 같은 배열이다. 이처럼 두 배열은 이름이 다를지라도 같은 배열이므로 함수에서 매개변수 배열의 원소의 값을 변경하면 이 함수를 호출할 때 인수로 전달한 배열 원소의 값이 바뀌게 된다. 그러므로 배열 인수를 사용할 때는 의도하지 않게 배열 원소가 수정되지 않도록 주의해야 한다.

배열 인수가 보통의 인수와 다르게 동작하는 이유에 대해서는 9장에서 포인터를 배울 때 자세히 다루기로 한다. 배열 인수의 이러한 점을 이용하면 배열 인수를 통해서 함수의 실행 결과를 얻을 수 있다.

예 6.14 배열 인수를 사용하여 결과를 얻는 함수 - copy_array

다음은 한 배열을 다른 배열로 복사한 후에 복사된 배열의 모든 원소를 출력하는 프로그램이다. 이 프로그램에서 배열 복사와 배열 출력 동작을 함수로 작성하였으며 배열 복사 함수에서 배열 인수를 통하여 복사된 결과를 얻는다.

```
#include <stdio.h>

void copy_array(int d[ ], int s[ ], int len);
void print_array(int s[ ], int len);

int main(void)
{
    int a[5];
    int b[5] = {1, 2, 3, 4, 5};

    copy_array(a, b, 5);           /* 배열 b를 배열 a로 복사 */
    print_array(a, 5);             /* 배열 a의 모든 원소들을 출력 */
    return 0;
}

/* 크기가 len인 배열 s를 배열 d로 복사 */
void copy_array(int d[ ], int s[ ], int len)
{
    int i;

    for (i=0; i<len; i++)
        d[i] = s[i];
}

/* 크기가 len인 배열 s의 원소값들을 출력 */
void print_array(int s[ ], int len)
{
    int i;

    for (i=0; i<len; i++)
        printf("%5d", s[i]);
    printf("\n");
}
```

실행

```
    1    2    3    4    5
```

이 프로그램에서 함수 copy_array()는 정수 배열 s를 정수 배열 d로 복사하는 함수이다. 이 함수를 호출할 때 배열 인수로서 a와 b를 사용했으므로 프로그램을 실행하면 배열 b의 내용이 배열 a로 복사된다. 함수 print_array()는 인수로 전달된 배열의 모든 원소를 출력한다.

예 6.15 배열 원소를 반대로 복사하는 함수와 반대로 배치하는 함수

다음은 배열 원소를 반대로 하여 다른 배열로 복사하는 함수와 배열 원소를 반대로 재배치하는 함수를 작성한 것이다.

```
/* 배열 s의 원소들을 순서를 반대로 하여 배열 d로 복사. 배열 s는 변함 없음 */
void rev_copy(int d[ ], int s[ ], int n)
{
    int from, to;

    for (from=0, to=n-1; from<n; from++, to--)
        d[to] = s[from];
}

/* 배열 s의 원소들을 순서를 반대로 하여 재배치함. */
void reverse(int s[ ], int n)
{
    int front, rear;
    int tmp;

    for (front=0, rear=n-1; front<n/2; front++, rear--) {
        tmp = s[front];
        s[front] = s[rear];
        s[rear] = tmp;
    }
}
```

- 함수 rev_copy는 배열 인수 s의 원소들을 반대 순서로 배열 인수 d로 복사하는 동작을 하며 배열 인수 d는 함수에서 결과를 전달받기 위하여 사용되었다. 반복문에서 배열 s의 첨자 from은 0부터 시작하여 반복할 때마다 증가하고, 배열 d의 첨자 to는 마지막 위치인 n-1부터 시작하여 반복할 때마다 감소한다. 그림 6.5(a)는 이 함수의 동작을 나타낸다.
- 함수 revserse는 인수로 전달된 배열의 원소들을 역순으로 재배치하는 동작을 하며

이 함수의 배열 인수 s는 값을 전달하고 결과를 전달받는 두 가지 용도로 사용된다. 첨자 front는 앞에서부터 시작하여 증가하고, rear는 뒤에서부터 시작하여 감소하면서, 첨자 front와 rear의 배열 원소를 예 2.14에서 배운 바와 같이 임시 변수 tmp를 사용하여 서로 교환한다. 그림 6.5(b)는 이 함수의 동작을 나타낸다.

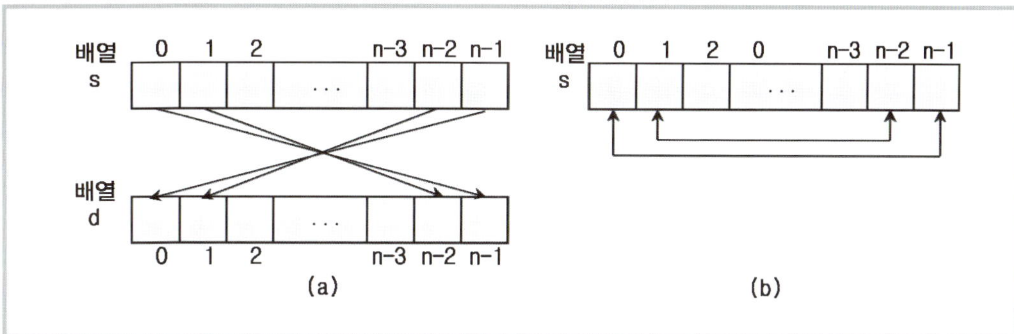

그림 6.5 (a) 함수 rev_copy()의 동작 (b) 함수 reverse()의 동작

다음은 앞에서 작성한 두 함수를 사용하여 동작을 확인하는 프로그램이다.

```
#include <stdio.h>

void rev_copy(int d[ ], int s[ ], int n);
void reverse(int s[ ], int n);
void print_array(int s[ ], int len);

int main(void)
{
    int a[6] = {10, 20, 30, 40, 50, 60};
    int b[6];

    rev_copy(b, a, 6);              /* 배열 a를 역순으로 배열 b에 복사 */
    print_array(b);
    reverse(b);                     /* 배열 b를 역순으로 재배치 */
    print_array(b);
    return 0;
}
// rev_copy, reverse, print_array 함수는 예 6.14와 앞에서 작성한 코드를 사용
```

실행

```
60  50  40  30  20  10
10  20  30  40  50  60
```

연습 6.3

1. 정수 배열과 배열의 크기를 인수로 받아서 최소값을 갖는 배열 원소의 인덱스를 반환하는 다음 함수를 작성하고 이 함수의 동작을 확인하시오.

```
int min_index(int data[ ], int n)
```

2. 3×3 행렬을 나타내는 두 개의 2차원 배열 s와 d를 인수로 받아서 s의 전치 행렬을 d에 저장하는 다음 함수를 작성하고 이 함수의 동작을 확인하시오. 전치 행렬은 행렬의 행과 열을 교환한 행렬이다.

```
void transpose(int s[3][3], int d[3][3])
```

6.4 변수 접근 수정자 const와 배열 인수

함수에서 배열 인수를 사용할 때 인수로 전달된 배열의 원소들이 함수에서 변경될 수 있으므로 의도하지 않게 수정되지 않도록 주의해야 한다고 하였다. 함수에서 의도하지 않은 배열 원소의 변경을 방지하기 위해서 접근 수정자 const를 사용할 수 있다.

접근 수정자는 변수를 선언할 때 자료형 앞에 함께 사용하여 컴파일러가 변수에 접근하는 방법에 영향을 주며 const와 volatile의 두 가지가 있다.

접근 수정자 const

접근 수정자 const는 변수가 읽기 전용 변수로서 값을 변경할 수 없음을 나타내며 다음과 같이 변수를 선언할 때 자료형 앞에 함께 사용한다.

```
const int n = 30;
```

이렇게 선언하면 변수 n은 상수로 사용된다. 프로그램에서 다음과 같이 const로 지정된 변수 n을 변경시키고자 하면

```
n = 20;
```

컴파일할 때 에러 메시지가 출력된다.

const 변수는 상수를 #define을 사용하여 기호 상수로 지정하는 것 대신에 사용할 수 있으며, 기호 상수와는 다르게 자료형을 지정할 수 있는 장점이 있다.

그렇지만 const로 선언된 상수는 값을 컴파일이 아닌 프로그램 실행 동안 사용할 수 있기 때문에 #define을 사용하여 정의된 기호 상수와는 다르게 다음과 같이 배열의 크기를 선언하는 데 사용될 수 없다.

```
int  array[n];            ... 잘못된 배열 선언 (가변 길이 배열에서는 가능)
```

다만, C99에서는 가변 길이 배열이 지원되므로 위와 같은 배열 선언이 가능하다.

접근 수정자 const와 배열 인수

배열을 const와 함께 선언하면 배열 원소를 수정할 수 없다. 그러므로 함수의 배열 인수를 const로 선언하면 함수 내에서 배열 원소의 값을 수정하는 문장을 포함할 때 컴파일러가 이를 알려주므로 함수에서 의도하지 않은 배열 원소의 변경을 방지할 수 있다.

예 6.14의 함수 copy_array에서 소스 배열 인수 s는 수정되지 않아야 하므로 다음과 같이 const로 선언하는 것이 바람직하다.

```
void copy_array(int d[], const int s[], int len)
{
    int i;

    for (i=0; i<len; i++)
        d[i] = s[i];
}
```

이 함수를 작성할 때 반복되는 문장을 다음과 같이 반대로 하여 잘못 작성하였을 때

```
        s[i] = d[i];                  ... 방향을 반대로 잘못 작성
```

배열 s가 const로 선언되었으므로 컴파일러는 잘못되었음을 알려주어, 프로그램이 제대로 실행되지 않는 것을 방지할 수 있다.

접근 수정자 volatile

접근 수정자 volatile은 변수에 저장한 내용이 보존되지 않을 수 있는 휘발성 변수로서 프로그램에서 명시되지 않고서도 변수값이 변경될 수 있음을 나타낸다. 이 접근 수정자는 주로 메모리가 아닌 입출력 장치를 접근하는 용도로 사용되는 변수에 사용된다. 컴파일러는 실행 프로그램을 생성할 때 최적화를 하게 되는데 volatile 변수는 최적화를 하지 않는다. 예를 들어서, 다음 프로그램에 최적화를 적용하면 할당문 a = 10 에 대한 코드는 바로 뒤이어 a가 20으로 바뀌므로 생성되지 않지만, 할당문 b = 100에 대한 코드는 최적화하지 않고 그대로 생성된다.

```
int a;
volatile b;

a = 10;  b = 100;
a = 20;  b = 200;
```

6.5 배열의 응용

C P r o g r a m m i n g

정렬

정렬(sorting)은 자료를 크기 순서대로 나열하는 것이다. 작은 것부터 나열하는 것을 오름차순 정렬이라고 하고 큰 것부터 나열하는 것을 내림차순 정렬이라고 한다. 정렬하는 방법은 여러 가지가 있으며 선택 정렬과 버블 정렬은 간단한 정렬 방법 중 하나이다. 정렬은 배열 자료를 사용하는 대표적인 응용으로서 정렬할 자료를 배열에 저장한 후 배열에 저장되는 순서를 바꾸어서 정렬을 수행한다.

선택 정렬

선택 정렬(selection sort)은 n개의 자료 중 가장 작은 것을 선택하여 첫 번째 원소와 교환한다. 다음에 나머지 n-1 개의 자료 중 가장 작은 것을 선택하여 두 번째 원소와 교환한다. 자료가 2개가 남을 때까지 이와 같은 방식을 반복 수행하면 자료는 작은 것부터 순서대로 정렬된다.

예를 들어서 다음과 같은 5개 자료에 대해서 선택 정렬을 수행하는 과정은 다음과 같으며 4번 반복 후에 정렬이 완료된다. 여기서 밑줄 친 것이 선택된 최소 원소이며, 정렬이 완료된 부분을 굵은 글씨로 나타내었다.

	a[0]	a[1]	a[2]	a[3]	a[4]	
초기값	75	63	88	90	24	a[0]~a[4] 최소 원소(24) 선택, a[0]와 교환
1단계 결과	**24**	63	88	90	75	a[1]~a[4] 최소 원소(63) 선택, a[1]와 교환
2단계 결과	**24**	**63**	88	90	75	a[2]~a[4] 최소 원소(70) 선택, a[2]와 교환
3단계 결과	**24**	**63**	**75**	90	88	a[3]~a[4] 최소 원소(88) 선택, a[3]와 교환
4단계 결과	**24**	**63**	**75**	**88**	90	정렬 완성

예 6.16 선택 정렬

다음은 배열 인수에 저장된 자료들을 선택 정렬을 수행하는 함수 select_sort를 작성하고, 이 함수를 호출하여 배열에 저장된 자료를 정렬하는 프로그램이다.

```
#include <stdio.h>
#define N 5

void select_sort(int data[], int n);
void print_array(int s[], int n);

int main(void)
{
    int i;
    int a[N] = {75, 24, 88, 90, 63};

    select_sort(a, N);   /* 선택 정렬 함수 호출 */
    print_array(a, N);
    return 0;
}

/* 선택정렬 */
void select_sort(int data[], int n) /* data : 정렬할 배열, n : 배열 크기 */
{
    int i;               /* 정렬되지 않은 시작 첨자 */
    int min_i;           /* 최소값의 인덱스 */
    int j;
```

```
23      int temp;
24
25      for (i = 0; i < n-1; i++) {
26      /* data[i]부터 data[n-1]까지의 배열 원소들의 최소값의 첨자 찾기 */
27          min_i = i;          /* data[i]가 최소값이라고 가정 */
28          for (j = i+1; j < n; j++) {
29                  if (data[j] < data[min_i])
30                          min_i = j;          /* data[j]가 새로운 최소값이 됨 */
31          }
32      /* i가 최소값의 첨자가 아니면 두 첨자의 배열 원소 교환 */
33          if (i != min_i) {
34                  temp = data[i];
35                  data[i] = data[min_i];
36                  data[min_i] = temp;
37          }
38      }
39  }
40
41  void print_array(int s[], int len)
42  {
43      int i;
44
45      for (i=0; i<len; i++)
46          printf("%d ", s[i]);
47      printf("\n");
48  }
```

실행	24 63 75 88 90

- 함수 select_sort는 배열 크기가 n인 배열 인수 data로 전달되는 배열에 대해서 선택 정렬 방법으로 배열 원소를 정렬한다. 바깥 반복문의 반복제어 변수 i는 최소 원소를 조사할 시작 첨자로 사용되고(25행), 안쪽 반복문에서 data[i]부터 data[n-1]까지의 원소 중에서 최소 원소 위치 min_i를 찾아서(27-31행) 이 위치의 원소와 data[i]를 교환한다(34-36행). 두 원소의 교환은 min_i와 i가 다를 때만 수행하면 된다(33행).
- main 함수에서 5개의 자료로 구성된 배열 a를 선언하고, select_sort 함수를 호출하여 이 배열 자료를 정렬한 후 print_array 함수를 호출하여 배열을 출력한다.

버블 정렬

버블 정렬(bubble sort)은 인접한 원소와 비교하여 순서가 바뀌었으면 서로 교환하여 정렬하는 방법이다. 이러한 동작을 첫 번째 원소부터 시작하여 n-1개의 원소에 대해서 순서대로 반복하면 가장 큰 원소가 마지막에(n번째) 위치하게 된다. 다음에 첫 번째 원소부터 n-2 개의 원소에 대해서 이 과정을 실행하면 두 번째로 큰 원소가 n-1 번째에 위치한다. 이러한 과정을 2개의 원소에 대해서 실행할 때까지 반복하면 자료는 작은 것부터 순서대로 정렬된다.

예를 들어서 다음과 같은 5개 자료에 대해서 버블 정렬을 수행하는 과정은 다음과 같으며 4번 반복 후에 정렬이 완료된다. 각 단계에서 교환으로 앞으로 이동한 원소를 밑줄로, 정렬이 완료된 부분을 굵은 글씨로 나타내었다.

	a[0]	a[1]	a[2]	a[3]	a[4]	
초기값	63	24	88	90	75	a[0]~a[4] 인접 원소 비교/교환,
1단계 결과	24	63	88	75	**90**	a[0]~a[3] 인접 원소 비교/교환
2단계 결과	24	63	75	**88**	**90**	a[0]~a[2] 인접 원소 비교/교환
3단계 결과	24	63	75	**88**	**90**	a[0]~a[1] 인접 원소 비교/교환
4단계 결과	24	**63**	75	**88**	**90**	정렬 완성

예 6.17 버블 정렬

다음은 배열 인수에 저장된 자료들을 버블 정렬을 수행하는 함수 bubble_sort를 작성하고, 이 함수를 호출하여 배열에 저장된 자료를 정렬하는 프로그램이다.

```
#include <stdio.h>
#define N 5

void bubble_sort(int data[], int n);
void print_array(int s[], int n);

int main(void)
{
    int i;
    int a[N] = {63, 24, 88, 90, 75};

    bubble_sort(a, N);    /* 버블 정렬 함수 호출 */
    print_array(a, N);
```

```
14        return 0;
15    }
16
17    /* 버블 정렬 */
18    void bubble_sort(int data[], int n)
19    {
20        int i;              /* 정렬할 마지막 원소의 첨자 */
21        int j;
22        int temp;
23
24        for (i = n-1 ; i >= 1; i--) {
25            for (j = 0 ; j < i; j++)
26                if (data[j] > data[j+1]) {
27                    temp = data[j];
28                    data[j] = data[j+1];
29                    data[j+1] = temp;
30                }
31        }
32    }
33
34    void print_array(int s[], int len)        ... 예 6.17과 같음
```

실행	24 63 75 88 90

- 함수 bubble_sort는 배열 크기가 n인 배열 인수 data로 전달되는 배열에 대해서 버블 정렬 방법으로 배열 원소를 정렬한다. 바깥 반복문의 반복제어 변수 i는 인접 원소와 비교하는 마지막 첨자로 사용되고(24행), 안쪽 반복문에서 data[0]부터 data[i]까지 원소에 대해서(25행) 앞에서부터 인접 원소와 비교하여 앞의 원소가 더 크면(26행) 비교한 두 인접 원소를 교환한다(27-29행).

예 6.18 개선된 버블 정렬

버블 정렬에서 각 단계에서 자료의 교환이 발생하지 않으면 정렬이 끝난 것을 의미하므로 다음 단계를 실행하지 않고 정렬을 종료할 수 있다. 다음의 bubble_sort 함수는 이러한 방식으로 개선된 버블 정렬을 수행하도록 수정한 것이다.

```
/* 개선된 버블 정렬 */
void bubble_sort(int data[], int n)
```

```
3   {
4       int i;                  /* 정렬을 할 마지막 원소의 인덱스 */
5       int j;
6       int temp;
7       int flag = 1;           /* 1이면 자료 교환이 발생했음을 나타냄 */
8   
9       for (i = n-1 ; flag && i >= 1; i--) {
10          flag = 0;
11          for (j = 0 ; j < i; j++)
12                  if (data[j] > data[j+1]) {
13                          temp = data[j];
14                          data[j] = data[j+1];
15                          data[j+1] = temp;
16                          flag = 1;
17                  }
18      }
19  }
```

- 각 단계에서 자료 교환 발생을 나타내기 위하여 변수 `flag`를 사용한다(7행). 반복문의 각 단계를 시작할 때 `flag`를 0으로 초기화하고, 자료 교환이 이루어질 때(13-15행) `flag`를 1로 설정한다(16행). 안쪽 반복문 실행이 끝났을 때 `flag`가 0이면 이미 자료가 정렬되어 자료 교환이 발생되지 않았으므로 반복문을 종료해야 한다. 이를 위하여 바깥 반복문의 조건식에 `flag && i>=1` 과 같이 `flag`를 포함하여 `flag`가 0이면 반복문 수행이 종료되게 하였다.
- 예 6.17의 `bubble_sort` 함수를 예 6.18의 `bubble_sort` 함수로 교체하여 실행하면 앞의 예시에서 버블 정렬은 3 단계에서 종료된다.

탐색(searching)

탐색은 저장된 자료들 중에서 원하는 자료를 찾는 것이다. 배열에 저장된 자료들 중에서 원하는 자료의 위치를 찾는 가장 간단한 방법은 배열 원소를 처음부터 원하는 자료가 발견될 때까지 순차적으로 탐색하는 것이다. 탐색은 배열 끝에 도달할 때까지 계속한다. 이러한 방법을 **순차 탐색**(sequential search) 또는 **선형 탐색**(linear search)이라고 한다.

예 6.19 순차 탐색

다음은 배열 인수에 저장된 자료를 탐색하여 원하는 값을 순차적으로 탐색하는 함수 linear_search를 작성하고, 이 함수를 호출하여 미리 정의된 정수 배열에서 원하는 값을 탐색하여 결과를 출력하는 프로그램이다. 함수 linear_search는 정수 배열 인수에서 원하는 정수를 가진 원소를 찾으면 그 원소의 첨자를 반환하고, 찾지 못하면 -1을 반환한다.

```
#include <stdio.h>

int linear_search(int data[], int n, int key);

int main(int argc, char *argv[])
{
    int a[10] = {77, 2, 8, 16, 34, 56, 13, 20, 22, 45};      /* 자료 */
    int index;
    int key;

    printf("탐색할 값 ? ");
    scanf("%d", &key);              /* 탐색할 자료 입력 */
    index = linear_search(a, 10, key);
    if (index == -1)
        printf("자료가 없습니다.\n");
    else
        printf("자료가 %d번째에 있습니다.\n", index+1);

    return 0;
}

/* data : 탐색할 정수 배열 */
/* n : 정수 배열의 크기     */
/* key :  탐색할 정수 값    */
int linear_search(int data[], int n, int key)
{
    int i;

    for (i = 0; i < n; i++)
        if (data[i] == key)
                return i;           /* 탐색 성공 */
    return -1;                      /* 탐색 실패 */
}
```

실행1	탐색할 값 ? 34 자료가 5번째에 있습니다.
실행2	탐색할 값 ? 40 자료가 없습니다.

- 함수 linear_search는 정수 배열 data, 배열의 크기 n과 탐색할 값 key를 인수로 전달받아서 배열 data에서 값을 탐색한다. 배열 data를 시작 첨자부터 마지막 첨자까지 순서대로 조사하여(29행) key와 같은 원소를 찾으면(30행) 해당 첨자를 반환하여 탐색을 종료하고(31행), 마지막 원소까지 조사해도 값을 찾지 못하면 유효하지 않은 첨자 -1을 반환하여 탐색하지 못하였음을 알려준다.
- main 함수에서 미리 초기화된 배열에 대해서(7행) 탐색할 값을 입력받아서(12행) linear_search 함수를 호출하여 순차 탐색을 실행하고(13행) 탐색 결과를 출력하였다(14-17행).

순차 탐색 방법은 찾는 자료가 배열에 없는 경우에 배열 전체를 탐색하게 되며 배열에 있는 원소를 찾는 경우도 평균적으로 배열 크기의 반을 탐색한다.

배열에 있는 원소가 크기 순서대로 정렬되어 있으면 이진 탐색(binary search) 방법을 사용하여 탐색 시간을 훨씬 줄일 수 있다. 이진 탐색은 배열의 중간 원소를 먼저 탐색한다. 원하는 자료가 중간 원소보다 작으면 탐색 범위를 아래쪽으로 변경하고, 크면 탐색 범위를 위쪽으로 변경하여 탐색 범위를 절반으로 줄여나간다. 탐색이 성공하거나 탐색 범위가 없어질 때까지 탐색을 계속한다.

예 6.20 이진 탐색

다음은 오름차순으로 정렬된 정수 배열에서 원하는 값을 이진 탐색하는 함수 binsearch를 작성하고, 이 함수를 호출하여 정렬된 정수 배열에서 원하는 값을 탐색하고 결과를 출력하는 프로그램이다. 함수 binsearch는 인수로 전달된 정수 배열에서 원하는 정수를 가진 원소를 찾으면 그 원소의 첨자를 반환하고, 찾지 못하면 -1을 반환한다.

```
#include <stdio.h>

int binsearch(int data[], int n, int key);
```

```
int main(int argc, char *argv[])
{
    int a[10] = {2, 8, 13, 16, 20, 22, 34, 45, 56, 77};    /* 정렬된 자료 */
    int index;
    int key;

    scanf("%d", &key);              /* 탐색할 자료 입력 */
    index = binsearch(a, 10, key);
    if (index == -1)
        printf("자료가 없습니다.\n");
    else
        printf("자료가 %d번째에 있습니다.\n", index+1);

    return 0;
}

/* data : 탐색할 오름차순으로 정렬된 정수 배열 */
/* n : 정수 배열의 크기     */
/* key :  탐색할 정수 값    */
int binsearch(int data[], int n, int key)
{
    int  low, high;         /* 탐색 하한, 상한 */
    int  mid;               /* 탐색할 인덱스 */

    low = 0;
    high = n-1;
    while ( low <= high ) {
        mid = (low + high) / 2;
        if (key == data[mid])
                return mid;         /* 탐색 성공 */
        if (key < data[mid])
                high = mid - 1;     /* 탐색범위를 아래쪽으로 */
        else
                low = mid + 1;      /* 탐색범위를 위쪽으로 */
    }
    return -1;  /* 탐색 실패 */
}
```

실행1	탐색할 값 ? 34 자료가 7번째에 있습니다.
실행2	탐색할 값 ? 40 자료가 없습니다.

- 함수 binsearch는 오름차순으로 정렬된 정수 배열 data에서 원하는 정수를 찾는다. 변수 low와 high는 배열에서 탐색할 첨자 범위의 하한과 상한을 나타낸다(26행). 최초의 탐색 범위는 [0, n-1]이다(29-30행).
- 먼저 탐색값 key를 탐색 범위의 중간값 data[mid]과 비교하여 같으면 해당 첨자를 반환하여 종료한다.(33-34행), 작으면 high를 mid-1로 변경하여 탐색 범위를 아래쪽으로 변경하고(35-36행), 크면 low를 mid+1로 변경하여 탐색 범위를 위쪽으로 변경한 후(37-38행) 축소된 범위에서 같은 방식의 탐색을 반복한다.
- 범위를 변경한 결과 low가 high보다 크게 되면 더 이상 탐색할 자료가 없으므로 탐색을 종료하고 탐색 실패를 나타내기 위하여 -1을 반환한다.

퀵 정렬 ★

퀵 정렬(quick sort)은 앞에서 소개했던 선택 정렬과 버블 정렬에 비해서 효율적으로 정렬을 수행하는 방법으로 자료가 많은 경우에 특히 유용하다. 퀵 정렬은 먼저 정렬할 자료를 피벗(pivot)이라고 부르는 특정한 자료를 기준으로 피벗 이하의 자료는 왼쪽에, 피벗 이상의 자료는 오른쪽으로 재배치하여 분할한다. 자료를 왼쪽 끝과 오른쪽 끝에부터 순서대로 접근하여 왼쪽은 피벗보다 큰 값을 만나고, 오른쪽은 피벗보다 작은 값을 만나면, 두 값을 서로 교환하여 재배치한다. 이 과정을 반복하여 왼쪽과 오른쪽 첨자가 역전되면 분할이 완료된다.

피벗을 선택하는 방법은 여러 가지가 있으나 다음 예는 가운데 첨자 위치에 있는 값 75를 피벗으로 사용한 것으로서 분할이 완료되면 첨자 0~5에 75 이하의 값이, 첨자 6~9에 75 이상의 값이 배치된다.

	a[0]	a[1]	a[2]	a[3]	a[4]	a[5]	a[6]	a[7]	a[8]	a[9]
초기값	63	24	88	90	75	14	35	80	88	90
분할	63	24	20	9	35	14 /	75	80	90	88

분할된 부분에 대해서 더 이상 분할이 필요없을 때까지 반복하면 정렬이 완성된다. 분할된 부분에 대한 정렬도 같은 방법을 사용하면 되므로 퀵 정렬은 분할 작업 후에 재귀 호출을 사용하며 간단하게 작성할 수 있다.

예 6.21 퀵 정렬

```c
#include <stdio.h>

void quick_sort(int data[], int left, int right);
void print_array(int s[], int n);

int main(void)
{
    int a[] = {63, 24, 88, 90, 75, 14, 35, 80, 9, 20};
    int n;

    n = sizeof(a)/sizeof(a[0]);
    print_array(a, n);
    quick_sort(a, 0, n-1);          /* 퀵 정렬 함수 호출 */
    print_array(a, n);
    return 0;
}

/* 퀵 정렬 */
void quick_sort(int data[], int left, int right)
{
    int i, j;
    int mid, pivot, tmp;

    if (left >= right) return;

    /* 분할 */
    mid = (left + right) / 2;
    pivot = data[mid];
    i = left;  j = right;
    do {
        while ( data[i] < pivot ) i++;
        while ( data[j] > pivot ) j--;
        if (i < j) {
                tmp = data[i];
                data[i] = data[j];
                data[j] = tmp;
        }
        if (i <= j) {
                i++; j--;
```

```
40            }
41        } while (i <= j);
42        printf("  pivot= %2d [%2d,%2d] : ", pivot, left, right);
43        print_array(data+left, right-left+1);
44
45        /* 재귀호출 */
46        quick_sort(data, left, j);
47        quick_sort(data, i, right);
48    }
49
50    void print_array(int s[], int len)
51    {
52        int i;
53
54        for (i=0; i<len; i++)
55            printf("%d ", s[i]);
56        printf("\n");
57    }
```

실행

```
63 24 88 90 75 14 35 80 9 20                ... 정렬할 자료
  pivot= 75 [ 0, 9] : 63 24 20 9 35 14 75 80 90 88
  pivot= 20 [ 0, 5] : 14 9 20 24 35 63
  pivot= 14 [ 0, 1] : 9 14
  pivot= 35 [ 3, 5] : 24 35 63
  pivot= 80 [ 6, 9] : 75 80 90 88
  pivot= 90 [ 8, 9] : 88 90
9 14 20 24 35 63 75 80 88 90                ... 정렬 결과
```

- 이 프로그램에서 함수 quick_sort는 퀵 정렬을 재귀 호출을 사용하여 수행한다.
- (27-28행) 분할을 위한 피벗으로 중간 첨자의 자료를 사용한다.
- (29-32행) 첨자 i는 왼쪽 끝부터 시작하여 피벗 이상의 값이 나올 때까지 증가시킨다. 첨자 j는 오른쪽 끝부터 시작하여 피벗 이하의 값이 나올 때까지 감소시킨다.
- (33-37행) 이때의 첨자 i가 j보다 작으면 두 값을 서로 교환하여 재배치한다.
- (38-41행) 그리고 두 첨자가 역전되지 않았으면 첨자 i는 증가, 첨자 j는 감소시킨 후 같은 과정을 반복한다. 첨자가 역전되어 분할이 종료되면 j가 왼쪽 분할의 오른쪽 끝으로, i가 오른쪽 분할의 왼쪽 끝이 된다.
- (42-43행) 분할 동작을 확인하기 위하여 분할 결과를 피벗, 왼쪽 끝, 오른쪽 끝의 위치

와 함께 출력한다.

- (46-47행) 첨자 범위 [left, j]의 왼쪽 분할과 첨자 범위 [i, right]의 오른쪽 분할에 대해서 같은 함수를 재귀 호출하여 정렬을 수행한다.
- 실행 결과에서 분할 결과에 대한 출력은 재귀 호출 과정을 보여주며, 마지막에 정렬된 결과가 출력된다.

복습문제

1 배열이란 무엇인가?

2 배열의 첨자의 범위는 어떻게 되는가?

3 배열을 선언하면서 초기화하는 방법에 대해서 알아보자.

4 다차원 배열의 초기화 선언에서 초기값들이 배열 원소에 지정되는 순서는?

5 함수의 인수로 배열을 사용하는 경우는 단순 자료형의 인수와 어떠한 차이가 있는가?

6 자료형과 크기가 같은 두 배열을 비교하려면 어떻게 해야 하는가?

7 const 접근 수정자에 대해서 알아보자.

종합문제

1 집합을 원소들로 구성된 배열로 나타낼 수 있다. 다음과 같이 두 집합을 나타내는 배열에 대해서 두 집합에 모두 속하는 원소들을 찾아서 출력하는 프로그램을 작성하시오. 이 출력이 교집합에 속하는 원소들이다. (힌트: a의 각 원소에 대해서 배열 b에서 같은 원소가 있는지 조사하여 찾으면 출력한다.)

```
int a[] = {1, 3, 5, 7, 10};
int b[] = {2, 3, 7, 13, 17, 20};
```

2 난수 생성 함수를 사용하여 1부터 6 사이의 값을 생성시켜서 주사위 던지기를 시뮬레이션할 수 있다. 주사위를 6000번 던졌을 때에 나오는 눈의 빈도를 조사하여 결과를 출력하는 프로그램을 작성하시오.

3 다음은 에라토스테네스의 체라고 부르는 소수(prime number)를 찾는 방법으로서 1000 미만의 모든 소수를 다음과 같이 찾는다. 크기가 1000인 정수 배열 prime을 선언한 다음에 정수 k가 소수이면 prime[k]를 1로, 소수가 아니면 0을 저장하도록 하여 1000 미만의 소수를 찾는다. 이를 위해서 처음에 배열 prime의 모든 원소는 소수라고 가정하여 1을 저장한다. 그리고 다른 수의 배수인 수에 대해서는 소수가 아니므로 해당 원소를 0으로 바꾼다. 이러한 방식으로 1000 미만의 모든 소수(prime number)를 찾아서 출력하는 프로그램을 작성하시오.

4 n차 다항식 $p(x)$는 다음과 같다.

$$p(x) = a_0 + a_1 x + a_2 x^2 + \cdots + a_n x^n$$

n차 다항식의 계수들은 실수로서 크기가 n + 1인 배열에 저장할 수 있다. 주어진 x값에 대해서 다항식의 값을 계산하여 반환하는 다음 함수를 작성하시오.

```
double p(double a[ ], double x, double n)
```

여기서 a는 다항식의 계수를 저장하는 배열이고 n은 차수이다. 이 함수는 효율적인 계산을 위해서 Horner의 법칙을 사용하여 구현한다. 5차 다항식에 대한 Horner의 법칙은 다음과 같이 기술되며 이 식은 다항식의 초기값을 a[n]으로 하고 i가 n-1부터 0까지에 대하여 x를 곱하고 a[i]를 더하여 다항식의 값을 갱신하는 동작을 반복하여 구현할 수 있다.

$$p(x) = (((((a_5 x + a_4)x + a_3)x + a_2)x + a_1)x + a_0$$

5 10개의 수를 입력받아서 이들 중에서 같은 것이 있는지 검사하는 프로그램을 작성하시오. (힌트: 10개의 수를 배열에 저장한 다음에 각 배열 원소를 앞에 있는 배열 원소들과 비교한다.)

6 배열 score는 성적을, 배열 rank는 성적의 석차를 저장하는 배열이다. 10명의 성적을 배열 score에 입력받은 후 성적 score[i]의 석차를 계산하여 rank[i]에 저장하는 동작을 모든 성적에 대해서 반복 실행하고, 성적과 석차를 함께 출력하는 프로그램을 작성하시오. (힌트: 자신의 성적보다 큰 성적의 개수가 n이라고 하면 석차는 n+1 등이다.)

7 예 6.19의 개선된 버블 정렬은 다음과 같이 추가적으로 개선할 수 있다. 예 6.19에서는 각 단계에서의 자료 교환 여부만 표시하였으나 각 단계에서의 마지막 자료 교환 위치를 저장하면 이 위치 다음의 교환이 일어나지 않은 부분은 이미 정렬된 것이므로 다음 단계에서 이 위치 이후에 대한 수행을 할 필요가 없다. 이렇게 개선하고 동작을 확인하시오.

8 32비트 정수의 표현 범위는 제한되어 있다. 아주 큰 수를 나타내기 위해서 다음과 같이 정수의 배열을 사용할 수 있다. 정수 배열의 각 원소는 10억 미만의 정수를 저장하고 10억 단위 이상의 자리수는 배열의 다음 원소에 저장한다. 예를 들어서 42,140,000,000를 배열 a에 저장한다면 a[0]에 140000000, a[1]에 42를 저장한다. 이렇게 하면 크기가 4인 정수 배열에는 10^{36}까지의 정수를 나타낼 수 있다. 이러한 배열로 나타내는 큰 정수의 덧셈을 수행하는 다음 함수를 작성하고 이 함수의 동작을 확인하시오. 큰 정수 a와 b의 덧셈 결과를 배열 c에 저장한다.

```
void addbig(int a[ ], int b[ ], int c[ ])
```

9 배열에 저장된 여러 개의 정수 자료에 대해서 버블 정렬을 하고 정렬된 자료에 대해서 이진 탐색을 수행하는 프로그램을 작성하시오. 버블 정렬과 이진 탐색은 예제에서 소개한 함수를 이용하시오.

제7장 문자열

학습 내용

- 문자열과 배열 관계
- 문자열 입출력 함수
- 문자열, 문자 처리 함수
- 문자열의 배열

C Programming

7.1 문자열과 배열

C 언어에는 문자열을 위한 별도의 자료형이 없다. 그렇지만 1차원 문자 배열을 사용하여 문자열을 저장할 수 있다. 이처럼 문자열은 배열과 밀접하게 관계가 있다.

문자열과 배열

"Korea"와 같이 여러 개의 문자로 이루어진 문자열(string)은 그림 7.1과 같이 문자들이 기억장소의 연속적인 위치에 배치되며 문자열의 끝을 나타내기 위해서 마지막에 널 문자 '\0'을 놓는다. 그러므로 문자열을 위한 기억장소의 크기는 나타낼 문자 개수보다 1바이트가 더 크게 된다.

K	o	r	e	a	\0

그림 7.1 문자열의 기억장소 배치

문자열은 문자들이 기억장소의 연속적인 위치에 배치되므로 문자 배열에 문자열을 저장할 수 있다. 그렇지만 문자 배열에 저장된 문자들이 항상 문자열인 것은 아니다. 문자 배열에 저장된 문자들이 문자열이려면 반드시 널 문자 '\0'로 끝나야 한다.

예를 들어서 그림 7.2에서 문자 배열 a는 문자열 끝을 나타내는 널 문자를 포함하므로 문자열 "good"를 저장한 것이지만 문자 배열 b는 널 문자를 포함하지 않으므로 문자열이 아니라 6개의 문자를 저장한 것이다.

char a[6];	g	o	o	d	\0		... 문자열 저장
char b[6];	K	o	r	e	a	n	... 문자열이 아님

그림 7.2 문자 배열과 문자열

문자 배열의 문자열 초기화 선언

문자 배열을 문자열로 초기화하여 선언하려면 다음과 같이 배열의 초기화 방법을 사용할 수 있다. 다만 문자열의 마지막 문자 다음에 널 문자를 지정해야 하며, 널 문자가 저장된 이후의 배열 원소는 초기화할 필요가 없다.

```
char s[4] = { 'd', 'a', 'y', '\0' };
char t[4] = { 'O', 'K', '\0' };
```

문자 배열은 문자를 개별적으로 지정하는 것 대신에 다음과 같이 문자열 상수로 초기화하여 선언할 수 있다.

```
char s[4] = "day";          ... 배열 크기가 문자열의 문자수보다 커야 함
char t[ ] = "OK";           ... 배열 크기가 문자열에 필요한 크기(3)로 됨
```

문자 배열은 문자열에 있는 문자들의 순서대로 초기화되며 문자열의 마지막에 널 문자가 들어간다. 문자 배열을 문자열로 초기화하는 방법이 문자를 개별적으로 지정하여 초기화하는 방법보다 훨씬 편리하기 때문에 주로 이 방법이 사용된다.

문자 배열을 문자열로 초기화할 때 문자 배열의 크기는 널 문자를 포함해야 하므로 문자열의 문자 수보다 커야 한다. 그리고 문자 배열의 크기를 지정하지 않으면 문자열을 저장하는 데 필요한 크기로 지정된다.

문자 배열의 문자열 지정

문자 배열은 배열을 선언한 후에 프로그램 본문에서 원소들의 값을 지정할 수도 있다. 배열은 직접 할당을 할 수 없으므로 문자 배열의 초기화 선언과는 다르게 다음과 같은 문장을 사용할 수 없다.

```
char s[4];

s = "day";                          ... 잘못됨 (배열에 할당할 수 없음)
```

이에 따라서 프로그램 본문에서는 문자열의 각 문자를 문자 배열 원소로 개별적으로 할당해야 한다.

```
s[0]='d';                           ... 배열 원소에 개별적으로 문자 할당
s[1]='a';
s[2]='y';
s[3]='\0';
```

C언어에서는 이러한 작업을 간편하게 할 수 있도록 문자 배열에 문자열을 개별적으로 복사하는 동작을 수행하는 라이브러리 함수 strcpy를 제공하며, 이 함수를 사용하여 문자열을 문자 배열에 복사한다.

```
strcpy(s, "day");                   ... 문자열 "day"를 문자 배열 s로 복사
```

함수 strcpy는 두 번째 인수인 문자열을 첫 번째 인수인 문자 배열로 복사한다. 여기서 첫 번째 인수인 문자 배열의 크기는 문자열을 저장할 수 있는 크기이어야 한다. 그렇지 않으면 문자 배열 다음의 메모리 내용에 영향을 미치는 버퍼 오버플로(buffer overflow)가 발생하여 프로그램 동작에 영향을 줄 수 있다.

이 함수의 원형은 다음과 같으며, 헤더 파일 <string.h>를 포함해야 한다.

```
#include <string.h>
char *strcpy(char *dest, const char *src);
```

참고

strcpy 함수 문제와 해결 방법

Visual Studio에서는 scanf() 함수와 마찬가지로 strcpy() 함수도 버퍼 오버플로 오류를 발생시킬 가능성이 있는 안전하지 않은 함수이기 때문에 컴파일 오류가 발생한다. scanf 함수에 대한 설명에서 소개한 바와 같이 프로젝트 설정에서 SDL 확인을 하지 않도록 하거나 strcpy() 함수 대신에 다음과 같은 원형을 갖는 strcpy_s() 함수를 사용한다. 이 함수에서는 두 번째 인수로 문자열 저장 공간의 최대 길이를 제공한다. 다만 strcpy_s() 함수는 C의 표준함수가 아니라는 제약이 있다.

```
errno_t strcpy_s( char *dest, rsize_t destsz, const char *src );
```

7.2 문자열 입출력

문자열의 입출력은 scanf 함수와 printf 함수를 사용하여 할 수 있으며 줄 단위의 문자열 입출력을 위해서 gets 함수와 puts 함수가 제공된다. 문자열을 입력하기 위해서는 입력 문자열을 저장할 문자 배열을 미리 선언해야 하며 입력되는 문자열의 길이를 미리 알 수 없으므로 문자 배열의 크기는 예상되는 최대 크기로 해야 한다.

문자열 입출력 - gets, fgets 함수와 puts 함수

다음과 같이 문자열을 줄 단위로 입력하기 위해서 gets 함수를, 문자열을 줄 단위로 출력하기 위해서 puts 함수를 사용할 수 있다.

```
char s[80];              ... 최대 79개의 문자를 저장하는 문자 배열 선언

gets(s);                 ... 한 줄의 문자를 입력하여 문자 배열 s에 저장 (사용 미권장)
puts(s);                 ... 문자 배열 s에 저장된 문자열을 출력하고 줄을 바꿈
puts("Korea");           ... 문자열 "Korea"를 출력하고 줄을 바꿈
```

gets 함수는 한 줄의 문자열을 입력하여 인수로 전달된 문자 배열에 저장하는 동작을 수행한다. 이 함수는 '\n'이 입력될 때까지의 문자열을 입력받으며 입력 문자열 끝에는 마지막 입력 문자인 '\n' 대신에 널 문자가 저장된다. 이 함수는 파일 끝(EOF)을 만나도 입력을 종료한다.

puts 함수는 인수로 지정한 문자열을 출력하고 '\n'을 추가로 출력하여 줄을 바꾼다. 이처럼 puts 함수는 gets 함수의 반대 동작을 수행한다.

그런데 gets 함수는 입력되는 문자열의 길이를 검사하지 않기 때문에 문자 배열의 크기보다 더 긴 문자열이 입력되어 버퍼 오버플로가 발생할 수 있다. 문자열 입력의 길이를 사전에 알 수 없어서 이러한 위험을 방지할 수 없기 때문에 현재는 gets 함수는 사용하지 않도록 권장한다.

gets 함수 대신에 다음과 같이 일반적인 줄 단위 문자열 입력 함수인 fgets 함수를 사용할 수 있다.

```
fgets(s, 80, stdin);    ... 한 줄의 문자를 최대 79개까지 입력하여 문자 배열 s에 저장
```

이 함수에서 첫째 인수는 입력을 저장할 문자 배열, 둘째 인수는 최대 입력 가능한 널 문자를 포함한 문자열의 크기로서 문자 배열의 크기로 지정한다. 셋째 인수 stdin은 표준 입력에서 입력받음을 나타낸다. 널 문자 공간을 제외한 최대 79개의 문자 또는 '\n'를 만날 때까지 입력하여 문자 배열 s에 저장하고 마지막에 널 문자를 채운다. 그리고 gets 함수와는 다르게 '\n' 문자도 저장된다.

예 7.1 문자열 초기화 및 fgets 함수와 puts 함수를 사용한 문자열 입출력

```c
#include <stdio.h>
#include <string.h>

int main(void)
{
    char s[10];
    char t[] = "Good";
    int i;

    puts(t);

    strcpy(s, "Korea");
```

```
13      puts(s);
14
15      printf("문자열을 입력하세요: ");
16      fgets(s, 10, stdin);                    /* 한 줄의 문자열 입력 */
17      puts(s);                                /* 문자열 출력 */
18      for (i = 0; s[i] != '\0'; i++)   /* 문자열의 문자단위 출력 */
19          putchar(s[i]);
20      printf("Bye\n");
21      return 0;
22  }
```

실행1	Good Korea 문자열을 입력하세요: *1234567* 1234567 ... '\n'이 포함됨 1234567 Bye
실행2	Good Korea 문자열을 입력하세요: *123456789012* 123456789 123456789Bye

- 문자 배열 t는 문자열로 초기화 선언하였고(7행), 문자 배열 s는 strcpy 함수를 사용하여 문자열로 초기화하였다(12행). 문자열이 지정된 문자 배열 t와 s는 모두 puts 함수를 사용하여 문자열을 개행 문자와 함께 출력하였다(10, 13행).
- 문자 배열 s에 fgets 함수를 사용하여 한 줄의 문자열을 입력하여 저장하고(16행) puts 함수를 사용하여 입력 문자열을 출력하였다(17행). 그리고 같은 문자 배열을 for 반복문을 사용하여 널 문자를 만날 때까지 문자 단위로 출력하였다(18-19행).
- for 반복문(18행)에서 조건식 s[i] != '\0' 은 s[i]가 0이 아닌 것, 즉 참인 것과 같으므로 다음과 같이 조건식을 s[i]로 하여 간단하게 작성할 수도 있다.

```
for (i = 0; s[i]; i++)
```

그리고 문자열을 출력할 때에 '\0'을 만나지 않더라도 문자 배열의 끝에 도달하면 반복문을 종료하도록 하기 위하여 조건식을 다음과 같이 수정할 수 있다.

```
for (i = 0; i < 10 && s[i]; i++)
```

- 첫 번째 실행 예에서 입력 문자열의 길이가 7이므로 문자열 전부와 '\n'까지 저장되어 puts를 사용한 출력에서 줄이 두 번 바뀌었음을 확인할 수 있다. 그렇지만 두 번째 실행 예에서는 입력 문자열의 길이가 9보다 크므로 9개까지만 저장되어 puts를 사용한 출력은 줄이 한 번 바뀐다. 두 실행 예의 차이는 for 반복문을 사용한 문자 단위 출력에서도 확인할 수 있다.

예 7.1에서 문자열 입력 저장을 위한 문자 배열 크기를 fgets 함수의 동작을 확인하기 위하여 10으로 지정하였으나 일반적으로는 한 줄 문자열을 충분히 저장할 수 있는 크기로 선언해야 한다.

예 7.2 gets()와 puts() 함수를 사용한 문자변환 입출력

```c
#include <stdio.h>
#define SIZE   100

int main(void)
{
    char s[SIZE];
    int i;

    fgets(s, SIZE, stdin);                  /* 한 줄의 문자열 입력 */

    for (i = 0; i < SIZE && s[i]; i++) {
        if (s[i] >= 'a' && s[i] <= 'z')     /* 소문자이면 */
            s[i] = s[i] - 'a' + 'A';        /* 대문자로 변환 */
    }
    if (s[i-1] == '\n') s[i-1] = '\0';      /* \n 제거 */

    puts(s);     /* 변환된 문자열 출력 */
    return 0;
}
```

실행

```
abcdefg ABC 1234 !@#$
ABCDEFG ABC 1234 !@#$
```

이 프로그램은 한 줄의 문자열을 입력하여 소문자를 대문자로 변환한 후 출력하는 프로그램으로서 문자열을 입출력하는 데 fgets와 puts 함수를 사용하였다. fgets 함수는 '\n'도 입력된다. 소문자를 대문자로 변환하는 반복문을 실행을 종료할 때(11-14행) 마지막 원소인 s[i]에 널 문자가 저장되어 있으며 s[i-1]가 '\n'이면 이 값을 널 문자로 변경하여 문자열 끝에 있는 개행 문자를 제거하였다.

문자열 입력 - scanf 함수

입력 함수인 scanf 함수는 정수나 실수뿐만 아니라 문자열 입력에도 사용할 수 있다. 문자열 입력을 위해서는 형식 지정자로 %s를 사용하며 공백 문자(white character)가 나올 때까지의 문자열을 입력한다. 여기서 공백 문자는 공백(' ') 뿐만 아니라, 탭('\t'), 또는 개행 문자('\n')를 포함한다.

문자열 입력을 저장하는 인수로 문자 배열을 사용하는데 보통 변수와는 다르게 다음과 같이 인수에 &를 붙이지 않는다.

```
char a[100];

scanf("%s", a);                    ... 문자열 입력, 문자 배열 a 앞에 &를 붙이지 않음
```

fgets 함수와 scanf 함수는 문자열을 입력할 때 문자열 입력의 끝을 판단하는 방법이 개행 문자와 공백 문자로 서로 다르므로 다음과 같은 동작의 차이가 있다.

```
입력: Enter a string

fgets(a, 100, stdin);              ... 문자 배열 a에 "Enter a string\n"이 입력
scanf("%s", a);                    ... 문자 배열 a에 "Enter"가 입력
```

그리고 형식 지정자 %s에 다음과 같이 필드 폭을 지정하여 입력할 최대 문자열의 길이를 제한할 수 있다. 제한 길이를 초과하는 입력 문자열은 다음 입력문에서 사용된다.

```
scanf("%10s", a);                  ... 문자 배열 a에 최대 10문자까지 입력
```

4.9절에서 잘못된 입력을 처리하는 방법으로 소개하였듯이 형식 지정자의 % 다음에 별표 *를 사용하면 해당 자료형의 입력을 변수에 저장하지 않고 생략할 수 있다. 이 기능은 불필요한 입력을 받았을 때 이 입력을 무시하고 다음 입력을 받고자 할 때 유용하다. 입력을 저장하

는 것이 아니므로 이 형식 지정자에 대응되는 인수는 필요 없다.

```
%*s                          ... 문자열 입력 생략
```

예 7.3 scanf 함수를 사용한 여러 가지 문자열 입력

```
1  #include <stdio.h>
2  
3  int main(void)
4  {
5     char  str[20];
6     int   a;
7  
8     scanf("%s", str);               /* 문자열 입력 */
9     puts(str);
10 
11    scanf("%5s", str);              /* 최대 5문자 입력 */
12    puts(str);
13 
14    while ( scanf("%d", &a) != 1)  /* 정수가 입력될 때까지 */
15       scanf("%*s");               /* 잘못 입력된 문자열 무시 */
16    printf("%d\n", a);
17    return 0;
18 }
```

실행

```
university
university
college
colle
50
50
```

실행

```
university college 50
university
colle
50
```

- 이 프로그램에서 첫 번째 입력(8행)은 공백 문자를 만날 때까지의 문자열이, 두 번째 입력(11행)은 최대 5문자까지의 문자열이 입력된다.
- 세 번째 입력(14행)은 정수 입력인데 이전의 문자열 입력이 5문자를 초과하여 입력되

지 않은 문자열이 있거나, 세 번째 입력으로 정수가 아닌 문자열이 입력되었을 때는 정수 입력을 하지 못하여 scanf() 함수의 반환값이 1이 되지 않는다. 이 때 정수 입력을 다시 시도하려면 잘못 입력된 문자열을 무시하고 건너뛰어야 하며 %*s 형식 지정자가 이를 위해서 사용되었다(15행).

- 입력은 첫 번째 실행 예와 같이 한 줄에 하나씩 공급할 수도 있으며, 두 번째 실행 예와 같이 한 줄에 여러 개를 공급할 수도 있다. 두 실행 결과는 같다.

참고

스캔셋을 사용하는 문자열 입력 ★

scanf() 함수에서 형식 지정자를 %s 대신에 %[…]를 사용하면 문자열을 입력할 때 입력할 수 있는 문자들을 지정할 수 있다. 형식 지정자 %[…]의 대괄호 안에 입력할 수 있는 문자들의 집합을 지정하며 이 집합을 스캔셋(scanset)이라고 한다. 다음은 몇 가지의 스캔셋의 예이다.

%[ABC]	… A,B,C로 구성되는 문자열을 입력
%[A-Za-z]	… 알파벳 대소문자로 구성되는 문자열을 입력
%[0-9]	… 숫자로 구성되는 문자열을 입력
%[^0-9]	… 숫자를 제외한 문자들로 구성되는 문자열을 입력
%[^\n]	… \n을 제외한 문자들로 구성되는 문자열을 입력

스캔셋을 나타낼 때 하이픈(-)을 사용하여 범위를 지정할 수 있다. A-Z는 A부터 Z까지의 모든 문자를 나타낸다. 그리고 스캔셋이 매우 클 때는 스캔셋에서 제외되는 문자를 나타내는 것이 더 쉽다. ^ (caret)을 대괄호 [ ] 내의 맨 앞에 쓰면 대괄호에 있는 문자들을 제외한 모든 문자를 나타낸다. 예를 들어서 다음의 scanf 함수는 개행 문자를 제외한 모든 문자를 입력하므로 다음의 gets 함수와 같은 동작을 수행하여 한 줄의 문자열을 입력받아서 문자 배열 s에 저장한다.

```
scanf("%[^\n]",s);
gets(s);
```

문자열 출력 - printf 함수

출력 함수인 printf 함수는 문자열 출력을 위해서도 사용할 수 있다. printf 함수는 형식 지정자 %s를 사용하여 문자열을 출력하며 인수로서 문자열 상수 또는 문자열을 저장한 배열을 사용한다. 다음은 printf 함수의 여러 가지 문자열 출력 예이다.

```
printf("%s", s);              ... 배열 s에 저장된 문자열을 출력
printf("%s\n", s);            ... 배열 s에 저장된 문자열을 출력하고 줄 바꿈
printf("%s\n", "Korea");      ... 문자열 "Korea"를 출력하고 줄 바꿈
```

printf() 함수의 형식 지정자 %s에 대한 추가적인 사항은 다음과 같다.

%5s	필드 폭이 5 (5문자 이상이면 모두 출력)
%-12s	필드 폭이 12이고 왼쪽 정렬하여 출력(-가 없으면 오른쪽 정렬)
%12.5s	필드 폭이 12이고 5문자만 출력

예 7.4 printf() 함수를 사용한 다양한 형식의 문자열 출력

```
#include <stdio.h>

int main(void)
{
    char p[] ="1234567890";

    printf("%s\n", p);          /* 1234567890          */
    printf("%5s\n", p);         /* 1234567890          */
    printf("%15s\n", p);        /*      1234567890     */
    printf("%-15s\n", p);       /* 1234567890          */
    printf("%15.5s\n", p);      /*           12345     */
    printf("%-15.5s\n", p);     /* 12345          */
    return 0;
}
```

실행1

```
1234567890
1234567890
     1234567890
1234567890
          12345
12345
```

연습 7.2

1. 3개의 단어를 입력받아서 각각 문자 배열에 저장한 후에 (단어1, 단어2, 단어3)과 같은 형식으로 출력하시오.

2. gets() 함수는 파일 끝을 만나면 NULL을 반환한다. NULL은 <stdio.h>에 정의되어 있는 기호 상수이다. 이 기능을 이용해서 예 7.2를 수정하여 파일 끝에 도달할 때까지 문자를 입력받아서 소문자를 대문자로 변환하여 출력하는 프로그램을 작성하시오.

7.3 문자열 처리 함수

C Programming

문자열 인수를 사용하는 함수

7.1절에서 문자 배열의 값을 초기화하는 데 strcpy() 함수가 사용될 수 있음을 보았다. 문자열에 대해서 길이 계산, 복사, 비교, 연결 등의 연산이 유용하게 사용될 수 있으며, 이러한 동작은 대개 함수로 구현하여 사용한다. 문자열을 저장하는 문자 배열을 함수 인수로 사용할 때는 문자열의 끝이 널 문자로 표시되므로 배열의 크기를 함수 인수로 전달할 필요가 없다.

예 7.5 문자열의 길이를 구하고 문자열을 복사하는 함수

다음은 문자열의 길이를 구하는 함수 strlen과 문자열을 복사하는 함수 strcpy를 작성한 것이다.

```
int strlen(const char s[ ])
{
    int i = 0;

    while (s[i] != '\0')          /* 널 문자를 만날 때까지 */
        i++;                      /* 길이를 1씩 증가 */
    return i;
}

void strcpy(char dst[], const char src[])
{
    int i;

    for (i=0; src[i] != '\0'; i++)
        dst[i] = src[i];
    dst[i] = '\0';
}
```

- 함수 strlen은 인수로 전달된 문자 배열에 저장된 문자열의 길이를 구하여 반환한다. 문자열의 길이에 널 문자는 포함되지 않으며 문자열의 길이는 널 문자가 저장된 배열 원소의 첨자와 같다.
- 함수 strcpy는 문자 배열 src에 저장된 문자열을 문자 배열 dst로 복사한다. 문자 배열 src는 수정되지 않아야 하므로 const로 선언하였다. 이 함수가 제대로 수행되기 위해서는 배열 dst의 크기가 문자열 src를 저장할 수 있을 정도로 커야 한다. 만약에 그림 7.3과 같이 배열 dst의 크기가 작은 경우에는 배열 dst의 범위를 벗어나서 복사되어 버퍼 오버플로가 발생하여 다른 변수의 내용을 망가뜨릴 수 있으므로 주의해야 한다.

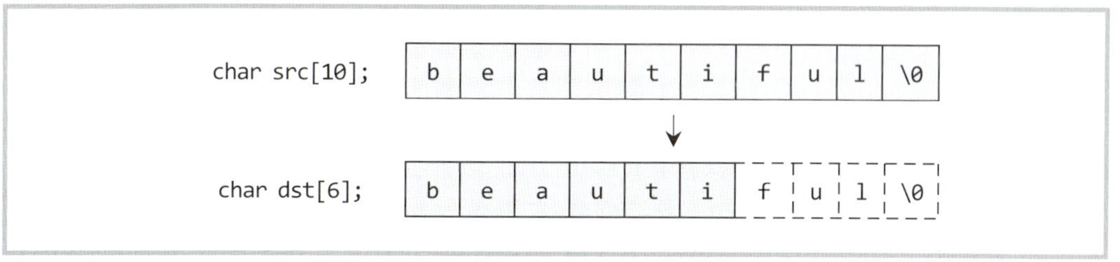

그림 7.3 작은 문자 배열 크기와 문자열 복사

다음은 위의 두 함수를 사용하여 문자 배열에 문자열을 복사하고, 문자열의 길이를 계산하여 출력하는 프로그램이다. 값이 불변인 문자 배열 인수로 문자열 상수를 사용할 수 있다.

```
#include <stdio.h>

int strlen(const char s[ ]);
void strcpy(char dst[ ], const char src[ ]);

int main(void)
{
    char a[30];

    strcpy(a, "language");
    printf("문자열 %s 길이: %d\n", a, strlen(a));
    strcpy(a, "홍길동");
    printf("문자열 %s 길이: %d\n", a, strlen(a));
    return 0;
}

```

실행 (windows)	문자열 language 길이: 8 문자열 홍길동 길이: 6
실행 (linux)	문자열 language 길이: 8 문자열 홍길동 길이: 9

프로그램의 출력에서 한글의 길이가 윈도우와 리눅스에서 다르게 출력되었다. 이 결과로부터 윈도우에서는 한글 한 문자의 길이가 2이고, 리눅스에서는 한글 한 문자의 길이가 3임을 알 수 있다. 두 결과 다른 이유는 두 운영체제에서 사용하는 한글 인코딩 방식이 다르기 때문이다.

참고

한글 인코딩 방식

한글을 2진수로 표현하는 방식 중 널리 사용되는 것이 EUC-KR이라고 불리는 KS 표준 완성형 코드와 UTF-8이라고 불리는 가변 길이 유니코드이다.

윈도우 운영체제에서는 EUC-KR 방식에서 진화한 CP949 방식을 사용하여 한글을 나타낸다. 이 방식에서 한글 한 문자는 2 바이트로 표현된다. 이 인코딩 방식을 사용하면 알파벳과 한글이 아닌 다른 언어의 문자를 표현하는 데 제약이 있다.

리눅스 운영체제는 초기에는 EUC-KR 방식을 사용하였으나 현재는 주로 UTF-8 인코딩을 사용한다. UTF-8 인코딩은 한 문자를 나타내기 위하여 1 바이트부터 4 바이트까지 사용하며, 한글 한 문자는 3 바이트로 표현된다. 이 방식을 사용하면 거의 모든 언어의 문자를 제약 없이 나타낼 수 있다.

예를 들어서 "홍"에 대한 EUC-KR과 UTF-8 인코딩 표현은 다음과 같다.

EUC-KR:	홍	\xC8	\xAB	
UTF-8:	홍	\xED	\x99	\x8D

문자열 처리 라이브러리 함수

여러 가지의 문자열 처리 함수들이 표준 라이브러리 함수로 제공되며 앞에서 구현한 strlen()과 strcpy()도 여기에 포함되어 있다. 이 함수들을 사용하려면 헤더 파일 <string.h>를 포함해야 한다.

```
#include <string.h>
```

표준 라이브러리에서 제공되는 주요 문자열 처리 함수는 표 7.1과 같다. 이러한 함수들은 문자열을 복사하고, 연결하여 붙이고, 비교하고, 길이를 구하는 동작을 수행한다. 문자열 길이를 계산하는 함수 srtlen은 앞에서 직접 작성한 함수와 같은 동작을 수행하며, 문자열 복사, 연결, 비교 함수는 길이가 지정되지 않은 것과 길이가 지정된 두 가지 종류가 제공된다.

표 7.1 문자열 처리 라이브러리 함수

함수	동작
strcpy(s1, s2)	문자열 s2를 문자열 s1으로 복사한다. (copy)
strcat(s1, s2)	문자열 s2를 문자열 s1 뒤에 연결하여 붙인다. (concatenate)
strcmp(s1, s2)	문자열 s1과 문자열 s2를 비교한다. (compare) 사전식 순서로서 문자열 s1이 s2보다 작으면 음수를, 같으면 0을, 크면 양수를 반환한다.
strlen(s1)	문자열 s1의 길이(문자의 개수)를 구한다. (length) 널 문자는 문자열의 길이에 포함되지 않는다.
strncpy(s1, s2, n)	문자열 s2의 최대 n개의 문자를 문자열 s1으로 복사한다.
strncat(s1, s2, n)	문자열 s2의 최대 n개의 문자를 문자열 s1 뒤에 연결하여 붙인다.
strncmp(s1, s2, n)	문자열 s1과 문자열 s2를 최대 n개의 문자까지 비교한다.

문자열 복사

문자열을 복사하는 함수 strcpy(s1, s2)는 널 문자를 만날 때까지 문자열 s2를 문자 배열 s1으로 모두 복사한다. 문자 배열 s1의 크기가 문자열 s2의 내용을 저장하기에 충분하지 않으면 버퍼 오버플로가 발생할 수 있다.

함수 strncpy(s1, s2, n)는 비슷한 동작을 하지만 복사하는 문자 수가 최대 n개까지 가능하여 버퍼 오버플로를 방지할 수 있다. 일반적으로 n은 문자 배열 s1의 크기로 지정한다. 복사할 문자열의 처음 n 바이트에 널 문자가 포함되지 않으면 복사된 문자 배열은 널 문자로 종료되지 않으므로, 문자열로 사용하려면 다음과 같이 마지막 원소를 널 문자로 채워야 한다.

```
strncpy(s1, s2, n);              // n은 문자배열 s1의 크기를 사용
s1[n-1] = '\0';
```

문자열 연결

함수 strcat(s1, s2)은 그림 7.4와 같이 문자열 s1의 널 문자 위치부터 연결할 문자열 s2을 복사하여 두 문자열을 연결하는 동작을 수행한다. 이 함수가 제대로 수행되려면 문자 배열 s1의 크기가 문자열 s2의 내용을 연결하여 함께 저장할 수 있는 크기이어야 한다. 함수 strncat(s1, s2, n)도 최대 n개의 문자를 연결하는 것을 제외하고는 같은 동작을 수행한다. 두 함수는 결과 문자열 s1의 마지막에 널 문자를 추가한다.

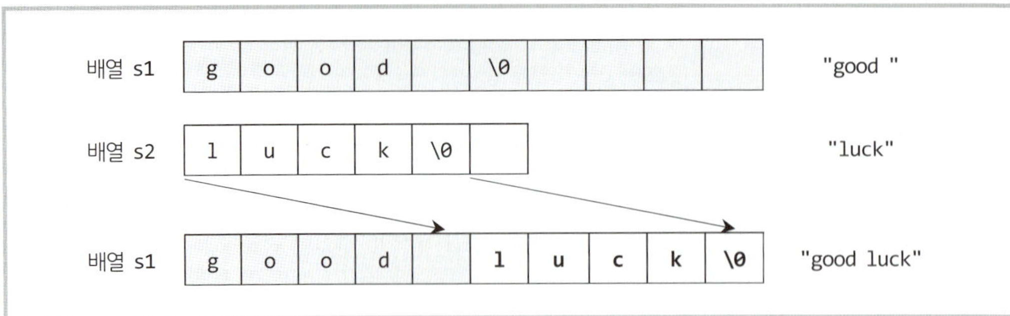

그림 7.4 함수 strcat의 연결 동작

문자열 비교

함수 strcmp(s1, s2)는 두 문자열을 앞에서부터 차례대로 비교한다. 서로 다른 문자가 나타나면 문자열 s1이 문자열 s2보다 사전식 순서로 앞에 있으면(작으면) 음수가, 뒤에 있으면(크면) 양수가 반환되며, 서로 같으면 0이 반환된다. 함수 strncmp(s1, s2, n)는 최대 n개의 문자까지 비교하는 것을 제외하면 같은 동작을 수행한다.

예 7.6 세 문자열을 연결하는 프로그램

다음은 세 개의 문자열을 결합하여 하나의 문자 배열에 저장한 후 출력하는 프로그램이다.

```
#include <stdio.h>
#include <string.h>

int main(void)
{
    char first[ ] = "Dennis ";
    char last[ ] = "Richie ";
    char year[ ] = "1941-2011 ";
```

```
    char info[100];

    strcpy(info, first);          /* 이름 */
    strcat(info, last);           /* 성  */
    strcat(info, year);           /* 연도 */
    printf("%s\n", info);
    return 0;
}
```

실행	Dennis Richie 1941-2011

이 프로그램에서는 결합되는 문자열을 저장할 문자 배열 info는 충분한 크기를 확보하기 위하여 크기를 100으로 선언했다. 문자열은 이름, 성, 연도 순서로 결합하며, 첫 번째 문자열은 strcpy 함수를 사용하여 문자 배열 info에 복사하여 문자 배열을 초기화하였으며, 나머지 두 문자열은 strcat 함수를 사용하여 info에 저장된 문자열 뒤에 붙였다.

예 7.7 두 단어의 비교 결과를 출력하는 프로그램

다음은 두 단어를 입력받아서 비교 결과를 출력하는 프로그램이다.

```
#include <stdio.h>
#include <string.h>
void reverse(char s[]);

int main(void)
{
    char s[80], t[80];
    int result;

    printf("두 단어 입력 : ");
    scanf("%s %s", s, t);

    result = strcmp(s, t);
    printf("비교 결과 = %d : ", result);
    if (result == 0)
        printf("두 단어는 같다.\n");
    else if (result < 0)
        printf("첫째 단어가 작다.\n");
    else
```

```
        printf("첫째 단어가 크다.\n");

    result = strncmp(s, t, 3);
    printf("비교 결과(3문자) = %d\n", result);
    return 0;
}
```

실행1	두 단어 입력 : *abc abpq* 비교 결과 = -1 : 첫째 단어가 작다. 비교 결과(3문자) = -1
실행1 (linux)	두 단어 입력 : *abc abpq* 비교 결과 = -13 : 첫째 단어가 작다. 비교 결과(3문자) = -13
실행2	두 단어 입력 : *abcde abcde* 비교 결과 = 0 : 두 단어는 같다. 비교 결과(3문자) = 0
실행3	두 단어 입력 : *abcde abc* 비교 결과 = 1 : 첫째 단어가 크다. 비교 결과(3문자) = 0 ... 같음

- 두 단어의 비교는 strcmp 함수와 strncmp 함수를 사용하여 각각 수행하였으며 비교 결과와 함께 strcmp 함수의 실행 결과의 부호에 따라서 크기 비교 결과를 메시지로 출력했다. strncmp 함수는 세 문자까지 비교하였다.
- 위의 실행 결과에서, 윈도우의 visual studio로 컴파일하여 실행한 비교 결과는 -1, 0, 1이고, 리눅스에서 gcc로 컴파일하여 실행한 비교 결과는 비교하는 동안 처음으로 발견된 서로 다른 문자의 차이(여기서는 c와 p)이다. 이처럼 strcmp와 strncmp 함수의 반환값은 컴파일러에 따라서 차이가 있으므로 부호만 사용하고, 결과값을 직접 사용하지 않아야 한다.

문자열의 숫자 변환 라이브러리 함수

scanf 함수가 정수 또는 실수를 입력받을 때 사용자는 "12", "3.14"와 같은 문자열을 입력하는 것이다. 이러한 문자열들은 scanf 함수에서 12, 3.14와 같은 숫자로 변환되어 변수에 저장된다.

표 7.2와 같은 라이브러리 함수들을 사용하여 문자열을 정수 또는 실수로 변환할 수 있다. 이

함수들을 사용하려면 다음과 같이 헤더 파일 <stdlib.h>를 포함해야 한다.

```
#include <stdlib.h>
```

표 7.2 문자열의 숫자 변환 라이브러리 함수

함수	동작
atoi(s)	정수 문자열 s를 int 자료형 정수로 변환하여 반환한다.
atol(s)	정수 문자열 s를 long 자료형 정수로 변환하여 반환한다.
atof(s)	실수 문자열 s를 double 자료형 실수로 변환하여 반환한다.
atoll(s)	정수 문자열 s를 long long 자료형 정수로 변환하여 반환한다. C99

이 함수들은 인수 문자열이 정수 또는 실수 형식의 문자열이거나, 해당 형식의 문자열로 시작하면 숫자로 변환하며, 숫자로 시작하지 않는 문자열에 대해서는 0 또는 0.0을 반환한다.

이러한 숫자 변환 함수를 사용하면 숫자 문자열을 수로 바꾸어서 연산을 수행하는 데 유용하게 사용할 수 있다.

예 7.8 문자열을 숫자로 변환하는 프로그램

다음은 숫자 문자열을 숫자로 변환하여 덧셈한 후에 결과를 출력하는 프로그램이다.

```
#include <stdio.h>
#include <stdlib.h>

int main(void)
{
    char s[] = "12.34";          // 실수 문자열
    char t[] = "56";             // 정수 문자열
    char t2[] = "78ab";          // 정수로 시작하는 문자열
    int i;
    double r;

    r = atof(s) + atof(t);
    printf(" 실수 합: %f\n", r);

    i = atoi(s) + atoi(t);
    printf(" 성수 합: %d\n", i);

    i = atoi(t) + atoi(t2);
```

```
    printf(" 정수 합: %d\n", i);

    return 0;
}
```

실행	실수 합: 68.340000 정수 합: 68 정수 합: 134

문자열을 정수로 변환하는 atoi 함수는 다음과 같이 직접 구현할 수도 있다.

예 7.9 atoi() 함수 구현

```
#include <stdio.h>

int atoi(char s[ ]);                  /* 직접 작성 */

int main(void)
{                                              /* 출력 */
    printf("%d\n", atoi("12345"));             /* 12345 */
    printf("%d\n", atoi("123.45"));            /* 123 */
    printf("%d\n", atoi("12abc"));             /* 12 */
    printf("%d\n", atoi("abc"));               /* 0 */
    return 0;
}

int atoi(char s[ ])
{
    int number = 0;
    int i;

    for (i=0; s[i] != '\0'; i++) {
        if (s[i]<'0' || s[i]>'9')              /* 숫자가 아니면 종료 */
            break;
        number = 10*number + (s[i] - '0');
    }
    return number;
}
```

실행	12345 123 12 0

이 프로그램은 표준 라이브러리에서 제공하는 atoi 함수 대신에 직접 작성한 atoi 함수를 사용하였으며 헤더 파일 <stdlib.h>를 포함하지 않는다. atoi 함수는 정수에서 사용하지 않는 문자가 입력되면 그 시점까지의 입력된 정수값을 반환한다.

숫자와 문자열 간의 변환 라이브러리 함수

printf와 scanf 함수와 유사한 다음의 두 함수를 숫자와 문자열 간의 변환에 사용할 수 있다.

```
sprintf(s, "형식 지정 문자열", 출력값 리스트);          ... 숫자를 문자열로 변환
sscanf(s, "형식 지정 문자열", 입력 변수 리스트);        ... 문자열을 숫자로 변환
```

sprintf 함수는 출력을 표준 출력으로 내보내는 것 대신에 첫 번째 인수인 문자열 s에 저장하며 sscanf 함수는 입력을 표준 입력에서 받는 것 대신에 첫 번째 인수인 문자열 s에서 입력받는다. 이 함수들을 사용하려면 printf와 scanf 함수와 같이 헤더 파일 <stdio.h>를 포함하면 된다.

이 함수를 사용하면 예 7.6의 세 문자열을 합치는 프로그램을 다음과 같이 한 문장으로 매우 간단하게 작성할 수 있으며, 필요할 때 문자열 사이에 공백을 매우 쉽게 넣을 수 있다.

```
sprintf(info, "%s%s%s", first, last, year);
sprintf(info, "%s %s %s", first, last, year);     ... 공백을 삽입
```

예 7.10 sscanf와 sprintf 함수를 사용하는 프로그램

다음은 두 문자열 숫자에 대해서 곱셈을 수행하여 문자 배열에 저장하고, 예 7.6과 같은 세 문자열을 결합하는 동작 수행하는 프로그램이다.

```
#include <stdio.h>

int main(void)
{
    char a[] = "129.41";
```

```
    char b[] = "25.83";
    char c[16];                      // 곱셈 결과 문자열 저장
    double x, y, z;

    char last[] = "Richie";
    char first[] = "Dennis";
    char year[] = "1941-2011";
    char info[100];                  // 결합 문자열 저장

    sscanf(a, "%lf", &x);                     // 문자열을 실수로 변환
    sscanf(b, "%lf", &y);
    z = x * y;                                // 실수 곱셈
    sprintf(c, "%9.2f", z);                   // 곱셈 결과를 문자열로 변환

    sprintf(info, "%s %s %s", first, last, year);   // 세 문자열 결합

    printf("곱셈 결과 = %s, 문자열 결합 결과 = %s\n", c, info);
    return 0;
}
```

실행	곱셈 결과 = 3342.66, 문자열 결합 결과 = Dennis Richie 1941-2011

연습 7.3

1. 다음과 같이 연산 이름과 연산을 할 두 정수를 입력받아서 주어진 연산을 수행하여 출력하는 프로그램을 작성하시오. 연산 이름은 add(덧셈), sub(뺄셈), mul(곱셈), div(몫), mod(나머지), power(거듭제곱) 중 하나가 사용된다.

```
입력: add  1  2          출력: 3
입력: power 3  4         출력: 81
```

2. 두 문자열을 입력받아서 문자 배열 a, b에 각각 저장한 후 두 문자열을 비교하여 작은 것을 a에, 큰 것을 b에 저장하고 두 문자 배열의 내용을 출력하는 프로그램을 작성하시오. (힌트: 두 배열의 내용을 교환하기 위해서 임시 저장 배열이 필요하다.)

7.4 문자 처리 함수

C 언어 라이브러리는 문자열뿐만 아니라 문자에 대한 라이브러리 함수도 많이 제공하고 있다. 문자의 종류에 대해서 검사를 하거나 문자의 대소문자 변환을 하는 라이브러리 함수가 표 7.2와 같이 제공되고 있으며 이 함수들을 사용하려면 다음과 같이 헤더 파일 <ctype.h>를 포함해야 한다.

```
#include <ctype.h>
```

표 7.2 문자 처리 라이브러리 함수

함수	동작
int isalpha(int c)	c가 알파벳 문자이면 참
int isalnum(int c)	c가 숫자나 알파벳 문자이면 참
int isascii(int c)	c가 ASCII 코드이면 참
int iscntrl(int c)	c가 제어문자이면 참
int isdigit(int c)	c가 숫자이면 참
int islower(int c)	c가 소문자이면 참
int isupper(int c)	c가 대문자이면 참
int isgraph(int c)	c가 출력 가능한 문자이면 참 (' ' 제외)
int isprint(int c)	c가 출력 가능한 문자이면 참 (' ' 포함)
int ispunct(int c)	c가 구두점 문자이면 참
int isspace(int c)	c가 표준 공백 문자(' ', '\t','\n','\r', '\f',‘\v')이면 참
int isxdigit(int c)	c가 16진수의 숫자이면 참
int tolower(int c)	c가 대문자이면 소문자로 변환
int toupper(int c)	c가 소문자이면 대문자로 변환

일부 컴파일러에서는 char 형에 EOF를 나타내는 -1을 사용할 수 없을 수 있기 때문에 라이브러리의 문자 처리 함수에서 인수는 문자형이 아니라 정수형으로 선언하였다. 그렇지만 문자 처리 함수를 호출할 때 인수로 문자를 사용한다.

예 7.11 문자의 종류를 판단하는 프로그램

다음은 여러 문자에 대해서 문자의 종류를 판단하여 코드 값과 함께 출력하는 프로그램이다.

```
#include <stdio.h>
#include <ctype.h>

int main(void)
{
    char ch[5] = { 'a', '4', 'Z', '?', '\n' };
    char c;
    int i;

    for (i=0; i<5; i++) {
        c = ch[i];
        printf("문자: %c (코드: %d) => ", c, c);
        if (isdigit(c)) printf("숫자     ");
        if (isalpha(c)) printf("알파벳   ");
        if (isupper(c)) printf("대문자   ");
        if (iscntrl(c)) printf("제어문자 ");
        if (ispunct(c)) printf("구둣점   ");
        if (isprint(c)) printf("출력문자 ");
        if (isxdigit(c)) printf("16진수숫자 ");
        printf("\n");
    }
    return 0;
}
```

실행

```
문자: a (코드: 97) => 알파벳   출력문자 16진수숫자
문자: 4 (코드: 52) => 숫자     출력문자 16진수숫자
문자: Z (코드: 90) => 알파벳   대문자   출력문자
문자: ? (코드: 63) => 구둣점   출력문자
문자:
 (코드: 10) => 제어문자
```

이 프로그램에서 문자의 종류를 판단하는 데 라이브러리 함수를 사용하였다. 문자의 코드 값을 10진수로 출력하고, 여러 함수를 사용하여 문자의 종류를 검사하여 해당되는 종류를 출력하였다. 한 문자가 여러 종류에 속할 수 있으므로 `if - else` 문이 아니라 `if` 문의 나열로 작성하였다. 마지막 문자인 `'\n'`은 줄을 바꾸는 제어 문자이므로 마지막 결과와 같이 문자 출력이 줄을 바꾸는 것으로 나타났다.

연습 7.4

1. 예 7.9에서 작성한 `atoi()` 함수를 문자 처리 함수를 이용하여 수정하시오.

2. 문자를 인수로 받아서 대문자는 소문자로, 소문자는 대문자로 변환하고, 나머지 문자는 그대로 반환하는 함수를 작성하고 이 함수의 동작을 확인하시오. 이 프로그램을 작성할 때에 문자 처리 함수를 이용하시오.

7.5 문자열의 배열

C Programming

2차원 문자 배열은 문자열의 배열을 저장하는 데 사용할 수 있다. 다음과 같이 2차원 문자 배열을 문자열들로 초기화하여 선언하면 2차원 문자 배열의 각 행은 주어진 문자열로 초기화된다.

```
char a[4][8] = {"fortran", "python", "java", "c"};
```

그리고 다음과 같이 행의 크기를 지정하지 않으면 초기화에 사용된 문자열의 개수가 행의 크기가 된다.

```
char a[ ][8] = {"fortran", "python", "java", "c"}; ... 4행
```

그림 7.5는 문자열로 초기화된 후의 2차원 문자 배열의 상태이다. 문자열의 길이가 서로 다르므로 짧은 문자열이 저장된 행은 기억장소가 낭비된다.

0행	f	o	r	t	r	a	n	\0
1행	p	y	t	h	o	n	\0	
2행	j	a	v	a	\0			
3행	c	\0						

그림 7.5 2차원 문자 배열에 저장된 문자열의 배열

2차원 문자 배열의 각 행은 문자열을 저장한 1차원 문자 배열이다. 위의 예에서 a[i]는 i행의 문자열을 저장한 1차원 배열을 나타낸다. 2차원 문자 배열의 i행 문자열은 다음과 같이 출력할 수 있다.

```
printf("%s", a[i]);            ... 2차원 문자 배열의 i행에 저장된 문자열 출력
```

예 7.12 2차원 문자 배열에 저장된 모든 문자열 출력

다음은 2차원 문자 배열에 저장된 모든 문자열을 순서대로 출력하는 프로그램이다.

```c
#include <stdio.h>

int main(void)
{
    char  a[4][8] = {“fortran", "python", "java", "c"};
    int i;

    for (i = 0; i < 4; i++)
        printf("%s\n", a[i]);               /* i행의 문자열을 출력 */
    return 0;
}
```

실행

```
fortran
python
java
c
```

3차원 문자 배열은 문자열의 2차원 배열을 저장하는 데 사용할 수 있다. 3차원 문자 배열에서는 2차원 배열 원소가 각 문자열을 저장한 1차원 문자 배열 나타낸다. 다음 프로그램은 3차원 문자 배열을 사용한 예이다.

예 7.13 영, 독, 한 사전 테이블을 구성하고 단어 찾기

다음은 영, 독, 한 사전을 위한 테이블을 3차원 문자 배열로 구성하고, 영어 단어를 입력받아서 해당되는 독일어와 한글 단어를 출력하는 프로그램이다.

```c
#include <stdio.h>
#include <string.h>
```

```
char words[ ][3][40] = {            /* 영, 독, 한 사전 테이블 */
    "dog",       "Hund",  "개",
    "no",        "nein",  "아니오",
    "yes",       "ja",    "예",
    "child",     "Kind",  "아이",
    "I",         "Ich",   "나",
    "you",       "dich",  "너",
    "house",     "Haus",  "집",
    "love",      "Liebe", "사랑",
    "", "",      ""                 /* 마지막에 널 문자열 */
};

int main(void)
{
    char eng[40];
    int i;

    printf("영어 단어를 입력하세요: ");
    scanf("%s", eng);

    i = 0;
    while (strcmp(words[i][0], "")) {       /* 사전 마지막까지 검색 */
        if ( !strcmp(eng, words[i][0]) ) { /* 영어 단어 비교 */
            printf("영어: %s, 독어:%s, 한국어:%s\n",
                   words[i][0], words[i][1], words[i][2]);
            return 0;
        }
        i++;
    }
    printf("사전에 없습니다.\n");
    return 1;
}
```

실행1	영어 단어를 입력하세요: *you* 영어: you, 독어:dich, 한국어:너
실행2	영어 단어를 입력하세요: *school* 사전에 없습니다.

이 프로그램에서 각 단어는 배열 크기가 40인 1차원 문자 배열에 저장되어 최대 39자까지 저장할 수 있다. 영어, 독어, 한국어의 같은 뜻의 단어들을 함께 저장하기 위하여 3행의 2차원 문자 배열을 사용한다. 그리고 많은 수의 단어에 대해서 이러한 정보를 저장하기 위하여 여러 면의 이러한 2차원 문자 배열로 구성되는 3차원 문자 배열을 사용하였다. 3차원 배열은 면의 크기를 미리 지정하지 않고 사전의 마지막을 표시하기 위해서 초기값에 NULL 문자열 ""을 사용하였다.

main 함수는 영어 단어를 입력받은 후 사전에서 널 문자열을 검사하여 사전의 마지막까지 사전을 검색하며(25행) 입력 영어 단어에 대한 사전 검색 결과가 성공이면(26행) 관련되는 독어 단어와 한글 단어를 함께 출력하고 종료코드로 0을 반환한다. 그리고 검색이 실패이면 메시지와 함께 프로그램을 실행한 측에 이를 알릴 수 있도록 종료코드로 1을 반환한다.

연습 7.5

1. 2차원 문자 배열을 선언하고 5개의 문자열을 입력하여 이 배열에 저장하고 추가로 문자열을 입력한 후 배열에 저장된 5개의 문자열과 비교하여 같은 문자열이 있는 지를 알려주는 프로그램을 작성하시오.

2. 예 7.13의 사전 자료를 프로그램에서 초기화하는 것 대신에 파일에 저장하고 표준입력 방향 전환을 이용해서 파일에서 입력하여 3차원 문자열 배열을 초기화하도록 프로그램을 수정하시오.

복습문제

1 문자열은 내부적으로 어떻게 표현되는가?

2 문자 배열과 문자열은 어떠한 차이가 있는가?

3 `gets()`와 `scanf()` 함수를 사용한 문자열 입력 방법을 비교하시오.

4 `puts()`와 `printf()` 함수를 사용한 문자열 출력 방법을 비교하시오.

5 여러 가지 문자열 처리 함수에 대해서 사용법을 알아보시오.

6 여러 개의 문자열을 2차원 문자 배열에 저장하는 방법에 대해서 알아보시오.

7 문자의 종류를 검사하는 여러 가지 함수들에 대해서 알아보시오.

종합문제

1 함수 `gets()`와 같이 사용자로부터 한 줄의 문자열을 입력받되 입력받는 문자열의 크기를 제한할 수 있는 다음의 함수를 작성하시오. 그리고 이 함수의 동작을 확인하는 프로그램을 작성하시오.

int getline(char s[], int n)

이 함수는 입력받는 문자열을 문자 배열 s에 저장하며 n은 문자 배열의 크기이다. 입력 문자열의 끝에는 `'\0'`을 저장한다. 따라서 저장할 수 있는 문자열의 최대 길이는 `n-1`이다. 반환값은 문자열의 길이이다.

2 다음의 왼쪽과 같은 형식의 날짜를 읽어서 다음의 오른쪽의 두 가지 형식으로 출력하는 프로그램을 작성하시오.

2006/6/20 June 20, 2006 2006년 6월 20일

3 문자열들을 파일 끝을 만날 때까지 입력받아서 `"th"`로 시작하는 문자열만 출력하는 프로그램을 작성하시오.

4 예 7.9의 `atoi()` 함수를 참고하여 진법수 base와 임의의 진법의 숫자를 표기하는 문자열 s을 인수로 받아서 10진수로 변환하여 반환하는 다음 함수를 작성하고 여러 진법의 숫자에 대해서 동작을 확인하시오. 변환은 16진법까지 가능하도록 하시오.

int convert_base(char s[], int base)

5 "12,345,678"과 같은 형식의 문자열을 정수로 변환하여 출력하는 프로그램을 작성하시오. 문자열에서 숫자와, ',' 이외의 문자를 만나면 이전까지의 문자열을 정수로 변환한다.

6 4개의 실수 문자열을 입력받아서 실수로 변환한 후에 모두 더하여 결과를 출력하는 프로그램을 작성하시오.

7 문자열들을 파일 끝을 만날 때까지 입력받아서 입력 문자열의 길이의 빈도를 조사하는 프로그램을 작성하시오. 빈도를 저장하기 위해서 정수 배열을 사용할 수 있다. 빈도는 길이가 20일 때까지 조사하고 20보다 긴 문자열의 빈도는 한꺼번에 조사하고 첨자가 0인 원소를 이용하시오. (입력 문자열로 영문 문서나 영문 웹사이트의 본문 내용을 추출하여 사용하면 편리하다.)

8 행맨(hangman) 게임은 하나의 단어를 숨겨두고 그 단어의 길이만큼 화면에 밑줄을 표시한 후, 사용자가 영문자를 하나씩 입력하면서 단어를 맞추는 게임이다. 사용자가 입력한 문자가 있으면 그 문자를 화면에 보여준다. 입력된 문자의 수가 지정한 횟수를 초과하면 맞추지 못한 것으로 간주한다. 이러한 행맨 프로그램을 작성해 보시오. 이 프로그램을 위한 숨겨진 단어로 적절한 단어를 사용하시오.

제8장 구조체

학습 내용

- 구조체 개념
- 구조체(struct) 정의, 변수 선언, 멤버 접근
- 구조체 함수 인수와 반환값
- 구조체의 배열
- 열거형(enum), 공용체(union), 비트필드 구조체
- 자료형 정의(typedef)

C Programming

8.1 구조체

배열은 여러 개의 같은 자료형의 값들을 저장할 수 있는 자료형이다. 그렇지만 배열은 서로 다른 자료형의 값들을 함께 표현할 수는 없다. 여러 개의 임의의 자료형의 값들을 함께 표현하기 위하여 구조체를 사용할 수 있다. 배열과 구조체는 여러 자료로 구성되는 복합 자료형으로서 자료들을 조직화하는 데 매우 유용하다.

구조체란?

학생의 학번, 이름, 학과를 저장하는 변수들을 다음과 같이 선언할 수 있다.

```
int     id;                 /* 학번 */
char    name[10];           /* 이름 */
int     dept;               /* 학과 코드 */
```

두 학생에 대한 자료를 위해서는 다음과 같이 변수를 선언할 수 있다.

```
int     id1, id2;
char    name1[10], name2[10];
int     dept1, dept2;
```

위와 같이 세 종류의 변수들을 학생마다 별도로 선언한다면 매우 불편할 것이다. 이렇게 서로 연관이 있는 자료들은 개별적으로 다루는 것보다는 집합체로서 다루면 편리할 것이다. 구조체(structure)는 서로 관련이 있는 임의의 자료형의 값들로 구성되는 복합 자료형이다. 구조체를 사용하면 여러 개의 임의의 자료형의 값들을 하나의 이름으로 묶음으로 다룰 수 있어서 편리하다.

구조체 정의

구조체를 사용할 때는 먼저 구조체의 자료구조를 정의하기 위해서 구조체를 정의한 후에 정의된 구조체의 자료형을 갖는 변수를 선언한다. 구조체는 다음과 같이 정의한다.

```
struct student {                        ... 구조체 정의
    int     id;             /* 학번 */
    char    name[10];       /* 이름 */
    int     dept;           /* 학과 코드 */
};
```

struct는 구조체를 나타내는 예약어이다. student는 정의하는 구조체의 이름으로서 구조체 태그(tag) 이름이라고도 부른다. 중괄호 { } 안에 변수를 선언하는 것과 같은 형식으로 구조체의 자료구조를 정의한다. 그리고 마지막에 세미콜론으로 끝난다. 앞에서 예시한 구조체는 학번, 이름, 학과 코드를 각각 저장하기 위한 세 개의 원소 id, name, dept로 구성된다. 이러한 구조체의 원소를 필드(field) 또는 멤버(member)라고도 한다.

구조체를 정의할 때 같은 자료형의 멤버는 다음과 같이 함께 선언할 수도 있다.

```
struct foo {
    int a, b, c[5];             ... 같은 자료형의 필드를 함께 선언
    char s[20];
    double x, y;
};
```

구조체 변수 선언

구조체 정의는 단순히 구조체의 자료구조만을 정의하는 것으로서 구조체를 위한 기억장소를 할당하지는 않는다. 정의된 구조체 자료형의 변수를 선언해야 구조체 변수를 위한 기억

장소가 할당된다. 구조체 자료형의 변수는 다음과 같이 선언한다.

```
struct student person;                    ... 구조체 변수 선언
struct student p1, p2;
```

변수 person, p1, p2는 모두 앞에서 정의한 구조체 자료형인 struct student의 자료구조를 갖는 변수이다. 그림 8.1은 구조체 정의와 기억장소를 할당하는 구조체 변수 선언과의 관계를 보여준다. 비유하자면 구조체 정의는 틀을 만드는 것이고, 구조체 변수 선언은 틀을 사용하여 물건을 만드는 것과 같다.

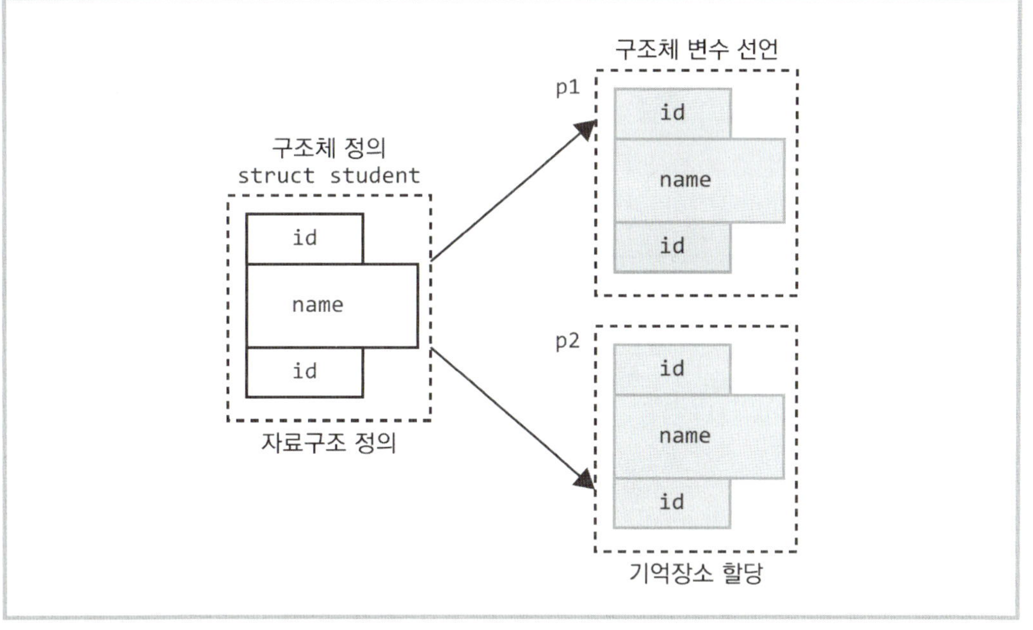

그림 8.1 구조체의 정의와 구조체 변수 선언과의 관계

구조체 변수는 다음과 같이 구조체를 정의하면서 함께 선언할 수도 있다.

```
struct student {                    ... 구조체 정의와 함께 구조체 변수 선언
    int     id;
    char    name[10];
    int     dept;
} person;
```

그리고 구조체를 정의할 때 변수를 함께 선언하는 경우에는 다음과 같이 구조체의 태그 이름을 생략할 수 있다.

```
struct {                          ... 태그 이름을 생략
    int     id;
    char      name[10];
    int     dept;
} p1, p2;
```

그렇지만 태그 이름을 생략하면 구조체 정의와 함께 선언한 변수 이외에는 이 구조체 자료형의 변수를 선언할 수 없으며, 태그 이름은 구조체를 설명하는 역할도 하므로 태그 이름을 부여하는 것이 바람직하다. 따라서 구조체는 구조체 정의와 구조체 변수 선언을 별도로 하는 것을 권장한다.

구조체 자료형으로 선언된 변수의 구조체 멤버들은 배열 원소와 마찬가지로 그림 8.2와 같이 기억장소의 연속적인 위치에 배치된다.

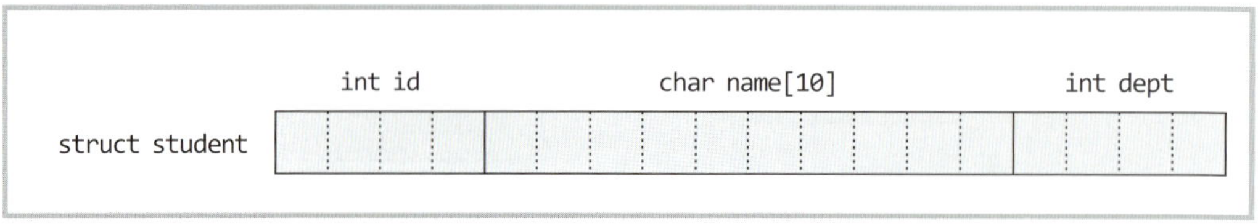

그림 8.2 구조체 멤버의 배치

구조체 변수의 멤버 접근

구조체 변수의 각 멤버는 멤버 연산자 .를 사용하여 다음과 같이 변수 이름과 멤버 이름을 결합하여 표현한다. 연산자 .를 도트 연산자라고도 부른다.

```
person.id                         ... 구조체 변수 person의 멤버 id
person.name
person.dept
```

구조체 변수의 멤버는 같은 자료형의 보통 변수와 똑같이 취급된다. 다음은 구조체 멤버에 값을 할당하거나 입력받는 예이다.

```
person.id = 1234;                 ... 정수 멤버 person.id에 정수값 지정
scanf("%d", &person.dept);        ... 정수 멤버 person.dept에 정수 입력
scanf("%s", person.name);         ... 문자 배열 멤버 person.name에 문자열 입력
```

구조체는 임의의 자료형의 멤버들로 구성될 수 있지만 같은 자료형의 멤버들로 구성하여 사용하는 경우도 많이 있다. 자료구조가 같은 자료형의 값들로 구성된 경우도 구조체를 사용하면 다음과 같이 멤버들의 이름을 부여할 수 있으므로 첨자로 원소들을 구분하는 배열을 사용하는 것보다 편리한 경우가 많다.

```
struct point {
    double x;           // x 좌표
    double y;           // y 좌표
};
```

예 8.1 구조체를 사용한 간단한 프로그램

다음은 두 가지 구조체를 정의하고 이를 사용하는 간단한 프로그램이다.

```
#include <stdio.h>
#include <string.h>
#include <math.h>

struct student {                    // 학생 정보
    int id;                         //   여러 자료형으로 구성
    char name[12];
    int dept;
};

struct point {                      // 2차원 좌표
    double x, y;                    //   같은 자료형으로 구성
};

int main(void)
{
    struct student p;
    struct point a, b;
    double dx, dy, distance;

    p.id = 1234;
    strcpy(p.name, "홍길동");
    p.dept = 101;
    printf("학번: %d, 이름: %s, 학과코드: %d\n", p.id, p.name, p.dept);

    printf("두 점의 x, y좌표 입력하세요.\n");
```

```c
    scanf("%lf %lf", &a.x, &a.y);          // 첫 번째 점의 좌표 입력
    scanf("%lf %lf", &b.x, &b.y);          // 두 번째 점의 좌표 입력
    dx = a.x - b.x;
    dy = a.y - b.y;
    distance = sqrt(dx*dx + dy*dy);        // 두 점 사이의 거리 계산
    printf("distance = %f\n", distance);

    return 0;
}
```

실행

```
학번: 1234, 이름: 홍길동, 학과코드: 101
두 점의 x, y좌표 입력하세요.
10 10
22 26
distance = 20.000000
```

이 프로그램에서 구조체 student는 여러 자료형으로 구성되었으며 구조체 point는 같은 자료형으로 구성되었다. 구조체 변수 p는 멤버 값을 직접 지정한 후 출력하였고, 2차원 좌표를 나타내는 구조체 변수 a와 b는 멤버 값들을 입력받은 후에 두 점 사이의 거리를 계산하여 출력하였다.

중첩된 구조체

구조체는 임의의 자료형을 멤버로서 포함할 수 있으며, 구조체 자료형의 멤버도 사용할 수 있다. 구조체 멤버를 포함한 구조체를 **중첩된 구조체**라고 한다. 다만 중첩된 구조체는 자기 자신의 구조체는 포함할 수 없다.

예를 들어서 삼각형은 세 점으로 표현할 수 있으므로 삼각형을 표현하는 자료형을 다음과 같이 앞에서 정의한 구조체 point 자료형의 멤버를 포함하는 중첩된 구조체로 정의할 수 있다.

```c
struct triangle {                    ... 중첩된 구조체
    struct point a;
    struct point b;
    struct point c;
};
```

구조체의 멤버가 구조체인 경우에 멤버의 참조는 다음과 같이 **멤버 연산자** .를 반복해서 사

용한다.

```
struct triagle p;

p.a.x = 0;                  ... 구조체 변수 p의 멤버 a의 멤버 x
p.a.y = 10;                 ... 구조체 변수 p의 멤버 a의 멤버 y
```

구조체의 초기화

구조체는 배열과 마찬가지로 다음과 같이 { }를 사용하여 변수 선언과 함께 각 멤버의 값을 초기화할 수 있다. 초기값의 개수가 멤버 수보다 적으면 나머지는 0으로 간주된다.

```
struct point a = {10.0, 15.1};         ... a.x = 10.0, a.y = 15.1

struct date {
    int month;                          ... today.month = 3
    int day;                            ... today.day = 1
    int year;                           ... today.year = 2022
} today = {3, 1, 2022};
struct date d = {7, 17};                ... d.month = 7, d.day = 17, d.year = 0
```

구조체나 배열을 멤버로 포함한 구조체는 더 이상 구분되지 않는 원소 개수의 초기값이 필요하며, 배열과 구조체 멤버의 초기값은 { }을 사용하여 구분하여 나타낼 수 있다. 그리고 문자 배열 멤버의 초기값은 문자열로 지정할 수 있다. 다음은 이러한 구조체 변수의 초기화에 대한 예이다.

```
struct test {                                   ... 배열과 구조체를 포함한 구조체
    int a;
    int d[2];
    struct point p;
};
struct test s1 = {1, 2, 4, 5.1, 7.2};           ... 전체 원소 5개
struct test s2 = {1, 2, 4, 5.1};                ... s2.p.y = 0
struct test t1 = {1, {2, 4}, {5.1, 7.2}};       ... 배열과 구조체 값을 { }로 구분
struct test t2 = {1, {2}, {5.1, 7.2}};          ... t2.d[1] = 0

struct student p = {2022, "James", 110};    ... p.id=2022, p.name="James", p.dept=110
```

위에서 struct test 자료형은 한 개의 정수와 크기가 2인 정수 배열과 2개의 실수로 구성되는 구조체 멤버를 포함하므로 5개의 초기값이 필요하다.

예 8.2 두 개의 복소수를 곱하는 프로그램

두 복소수 $a+bi$와 $c+di$의 곱셈은 다음 식과 같이 수행하며 구조체로 표현된 두 복소수의 곱셈을 수행하는 프로그램을 다음과 같이 작성할 수 있다.

$$(a+bi)\times(c+di)=(ac-bd)+(ad+bc)i$$

```c
#include <stdio.h>

struct complex {                    /* 복소수 */
    double real;
    double imag;
};

int main(void)
{
    struct complex x = {1.0, 2.0};
    struct complex y = {2.0, -3.0};
    struct complex m;     /* 곱셈 결과 */

    m.real = x.real * y.real - x.imag * y.imag;
    m.imag = x.real * y.imag + x.imag * y.real;
    printf("복소수 곱셈 결과 = %.2f + %.2f i\n", m.real, m.imag);

    return 0;
}
```

실행

```
복소수 곱셈 결과 = 8.00 + 1.00 i
```

이 프로그램에서 복소수는 구조체 complex를 정의하여 나타내었으며, 두 복소수 변수는 초기화 선언으로 값을 지정하고 곱셈을 수행하여 결과를 출력하였다.

참고

복소수 자료형 _Complex C99 ★

2장에서 C99에서 추가된 복소수 자료형 _Complex를 소개하였다. 이 자료형은 다음과 같이 실수와 허수부 자료형을 함께 나타내어 사용한다.

```
double _Complex x;
```

헤더파일 〈complex.h〉를 포함하여 사용한다면 _Complex 대신에 다음과 같이 complex로 사용할 수 있다.

```
#include <complex.h>
...
double complex x;
```

대문자 I가 허수 i를 나타내는 데 사용되며 복소수에 대해서 사칙 연산을 수행할 수 있다. 그리고 실수부와 허수부를 얻는 데 creal(x) 함수와 cimag(x) 함수가 사용될 수 있다.

다음은 예 8.2를 복소수 자료형을 사용하여 작성한 프로그램이다. 이 프로그램은 Visual Studio에서는 지원되지 않는다.

```
#include <stdio.h>
#include <complex.h>

int main(void)
{
    double complex x = 1.0 + 2.0*I;
    double complex y = 2.0 - 3.0*I;
    double complex m;               // 곱셈 결과

    printf("x = %.2f + %.2f i\n", creal(x), cimag(x));
    printf("y = %.2f + %.2f i\n", creal(y), cimag(y));

    m = x * y;
    printf("x * y = %.2f + %.2f i\n", creal(m), cimag(m));
    return 0;
}
```

[실행]

```
x = 1.00 + 2.00 i
y = 2.00 + -3.00 i
x * y = 8.00 + 1.00 i
```

예 8.3 삼각형의 무게중심 구하기

삼각형의 세 꼭지점의 좌표가 (x_1, y_1), (x_2, y_2), (x_3, y_3),일 때 삼각형의 무게중심 G의 좌표는 다음과 같이 구할 수 있다.

$$G = \left(\frac{x_1 + x_2 + x_3}{3}, \frac{y_1 + y_2 + y_3}{3} \right)$$

이 삼각형의 무게중심을 구하는 프로그램을 이 식을 사용하여 다음과 같이 작성할 수 있다.

```c
#include <stdio.h>

struct point {                          /* 2차원 좌표 */
    double x, y;
};

struct triangle {                       /* 삼각형 */
    struct point a, b, c;
};

int main(void)
{
    struct triangle p = { {0, 0}, {10, 15}, {50, 15} };
    struct point g;                     /* 무게중심 */

    g.x = (p.a.x + p.b.x + p.c.x) / 3.0;
    g.y = (p.a.y + p.b.y + p.c.y) / 3.0;

    printf("무게중심 = (%g, %g)\n", g.x, g.y);

    return 0;
}
```

실행	무게중심 = (20, 10)

이 프로그램에서 점과 삼각형을 나타내는 자료형을 구조체로 정의하였으며, 삼각형 변수 p를 초기화 선언하였고, 무게중심을 앞에서 제시한 식을 사용하여 계산하여 결과를 출력하였다.

참고

구조체의 지정 초기화(Designated Initializer) C99

C99에서 0이 아닌 초기값이 지정되는 원소들만 첨자를 명시하여 초기값을 지정하는 배열의 지정 초기화 기능이 제공됨을 6장에서 소개하였다. C99는 구조체에 대해서도 이와 같은 지정 초기화 기능을 제공한다.

구조체에 대한 지정 초기화는 다음과 같이 0이 아닌 초기값이 지정되는 원소들만 *.member* 형식으로 멤버 이름을 명시하여 초기값을 지정한다.

```
struct data d = { .year = 2022, .month = 5, .day=30 };
struct student s = { .id = 20221234, .name = "Hong Gildong" };
```

값이 지정되지 않는 멤버는 0으로 초기화된다. 초기값을 지정할 때 멤버 이름을 명시하므로 멤버의 순서는 상관없다.

구조체 변수의 할당

배열은 할당과 비교를 허용하지 않았다. 구조체는 배열과는 다르게 같은 구조체 자료형의 변수로 할당하는 것을 허용한다. 구조체 변수를 같은 구조체 자료형의 다른 구조체 변수에 할당하면 구조체 변수의 모든 멤버들의 값이 그대로 복사되어 두 구조체 변수는 같은 내용을 갖게 된다.

그렇지만 두 구조체 변수를 직접 비교하는 것은 허용되지 않으며 배열에서와 같이 모든 멤버들을 개별적으로 비교해야 한다.

예 8.4 구조체 변수 할당과 비교

다음은 두 개의 구조체 변수를 선언한 후, 한 구조체 변수 값을 다른 구조체 변수에 직접 할당하고, 두 구조체 변수를 멤버 별로 비교하는 프로그램이다.

```
#include <stdio.h>

struct point {
    double x;
    double y;
};

int main(void)
```

```
    {
        struct point p1 = {4.0, 10.0};
        struct point p2;


        p2 = p1;                                /* 구조체 변수 할당 */
        printf("점 p2의 좌표: (%g, %g)\n", p2.x, p2.y);

        if (p1.x == p2.x && p1.y == p2.y)       /* 구조체 변수 비교: 멤버 별로 */
            printf("두 점 p1과 p2는 같다.\n");

        return 0;
    }
```

실행	점 p2의 좌표: (4, 10) 두 점 p1과 p2는 같다.

연습 8.1

1. 두 복소수 $a+bi$와 $c+di$의 나눗셈은 다음과 같이 수행한다. 두 복소수를 나눗셈하는 프로그램을 작성하시오.

$$\frac{a+bi}{c+di}=\frac{ac+bd}{c^2+d^2}+\frac{bc-ad}{c^2+d^2}i$$

2. 학생의 학번, 이름, 생일을 멤버로 갖는 구조체를 정의하고 두 학생에 대한 구조체 변수를 선언하고 값을 지정하시오. 그리고 두 학생의 생일을 비교하여 나이가 더 많은 사람의 이름을 출력하시오. 이 프로그램에서 생일은 연, 월, 일로 구성되므로 구조체 자료형으로 정의할 수 있다.

8.2 구조체 함수 인수와 반환값

구조체 변수 간에 직접 할당할 수 있는 것과 같이, 구조체는 함수의 인수로서 전달될 수 있으며 함수의 반환값으로 사용될 수 있다. 구조체 변수가 함수의 인수로 사용될 때 구조체 변수의 모든 내용이 복사되어 함수로 전달되며 반환값으로 사용될 때도 마찬가지로 복사된다.

그렇지만 구조체의 크기가 큰 경우에는 복사에 소요되는 시간이 길어져서 구조체 자료형을 함수 인수 또는 반환값으로 사용하는 것은 비효율적일 수 있다. 이러한 비효율을 해결하는 방안으로 포인터를 사용할 수 있으며 자세한 방법은 9장에서 포인터를 배울 때 소개한다.

함수에서 인수로 전달된 구조체 변수는 값이 복사되어 전달되기 때문에 배열과는 다르게 함수에서 매개변수 값이 바뀌더라도 함수를 호출한 측의 인수로 사용된 구조체 변수의 내용에는 전혀 영향을 주지 않는다.

예 8.5 함수 인수와 반환값으로 구조체를 사용하는 함수

다음은 두 점 사이의 거리와 중점 좌표를 구하는 두 개의 함수를 작성하고 두 점의 좌표를 입력받은 후 이 함수들을 호출하여 얻은 거리와 중점을 출력하는 프로그램이다.

```c
#include <stdio.h>
#include <math.h>

struct point {
    double x, y;
};

double distance(struct point a, struct point b);
struct point midpoint(struct point a, struct point b);

int main(void)
{
    struct point p, q, m;

    scanf("%lf %lf", &p.x, &p.y); /* 두 점의 좌표 입력 */
    scanf("%lf %lf", &q.x, &q.y);
    printf("거리 = %g\n", distance(p, q));
```

```c
    m = midpoint(p, q);
    printf("중점 = (%g, %g)\n", m.x, m.y);
    return 0;
}

/* distance: 두 점 사이의 거리를 계산함 - 구조체 인수 사용 */
double distance(struct point a, struct point b)
{
    double      dx, dy, distance;

    dx = a.x - b.x;
    dy = a.y - b.y;
    distance = sqrt(dx*dx + dy*dy);
    return distance;
}

/* midpoint: 두 점의 중점의 좌표를 계산함 - 구조체 인수, 반환값 사용 */
struct point midpoint(struct point a, struct point b)
{
    struct point mid;

    mid.x = (a.x + b.x) / 2.0;
    mid.y = (a.y + b.y) / 2.0;
    return mid;
}
```

실행

```
10 12
14 15
거리 = 5
중점 = (12, 13.5)
```

이 프로그램에서 두 점 사이의 거리를 구하는 함수 distance와 중점을 구하는 함수 midpoint를 작성하였다. 두 함수는 점을 나타내는 구조체 point 자료형의 인수를 사용하였다. 그리고 함수 midpoint에서 중점을 계산하여 이 구조체 자료형의 값으로 반환되었다.

연습 8.2

1. 두 개의 복소수를 인수로 받아서 복소수의 사칙 연산을 하여 결과를 반환하는 4개의 함수들과 이 함수의 동작을 확인하는 프로그램을 작성하시오. 4개의 함수는 두 개의 인수와 반환값이 모두 복소수 구조체 자료형이다.

8.3 구조체의 배열

C Programming

구조체 배열

여러 학생에 대한 학번, 이름, 학과 코드를 다음과 같이 여러 개의 배열을 사용하여 표현할 수 있다.

```
#define MAX_STU 50              /* 최대 학생 수 */

int id[MAX_STU];                /* 학번 */
char name[MAX_STU][10]          /* 이름 */
int dept[MAX_STU];              /* 학과 코드 */
```

여기서 세 개의 배열 id, name, dept의 같은 첨자의 원소값들은 같은 학생에 대한 것이다. 이러한 자료를 구조체 자료형의 배열로 선언하는 것이 자연스러우면서도 프로그램에서 다루기가 편리하다. 다음은 위의 세 배열을 구조체의 배열로 바꾸어서 선언한 것이다.

```
#define MAX_STU 50

struct student {                    /* 학생 정보 구조체 */
    int     id;
    char    name[10];
    int     dept;
};
struct student sdata[MAX_STU];      /* 구조체 배열 */
```

구조체 배열의 각 원소에 접근하는 방법은 배열의 원소가 구조체이므로 다음과 같이 구조체 배열 원소에 대해서 구조체 멤버 접근 방법을 적용하면 된다.

```
sdata[i].id                        ... 첨자 i인 구조체 배열 원소의 멤버 id
```

다음은 구조체 배열의 멤버를 사용하는 예이다.

```
sdata[i].id = 202274501;
scanf("%d", &sdata[i].dept);
scanf("%s", sdata[i].name);
```

구조체 배열의 초기화 선언

구조체 배열도 다음과 같이 초기화 선언을 할 수 있으며, 더 구분할 수 없는 멤버의 순서대로 값이 지정된다. 문자 배열은 초기값을 문자열로 지정할 수 있다.

```
struct student s[4] = {
    2020101, "홍길동", 100, 2021102, "김하나", 100,
    2022851, "박두나", 101, 2023431, "이세나", 200 };
```

지정되는 초기값은 다음과 같이 구조체 원소 단위로 { }로 구분할 수도 있으며, 배열의 크기를 지정하지 않으면 초기값 개수에 의해서 크기가 정해진다.

```
struct student s[] = {
    {2020101, "홍길동", 100}, {2021102, "김하나", 100},
    {2022851, "박두나", 101}, {2023431, "이세나", 200}
};
```

그리고 C99에서 지원하는 구조체 배열의 지정 초기화는 다음과 같이 첨자와 멤버가 결합된 이름을 사용하여 값을 지정할 수 있다.

```
struct student s[4] = {                          ... 지정 초기화 C99
    [0] = {2020101, "hong", 100},
    [2].id = 2021102, [2].name = "kim", [3].dept = 200
};
```

예 8.6 구조체 배열의 검색

다음은 구조체 배열에 초기화 선언되어 저장된 학생들의 자료를 입학년도로 검색하는 프로그램이다. 학번은 7자리 정수로 앞의 4자리가 입학년도이다.

```c
#include <stdio.h>

struct student {
    int id;              /* 7자리정수, 앞의 4자리가 입학년도 */
    char name[10];
    int dept;
};

int main(void)
{
    struct student s[] = {
                2023101, "홍길동", 100,
                2023102, "김하나", 100,
                2022851, "박두나", 101,
                2021431, "이세나", 110,
                2019001, "정다운", 200,
                2022300, "한다해", 101,
                2023003, "최윤", 201
    };
    int i, year;

    printf("검색할 입학년도는 ? ");
    scanf("%d", &year);

    for (i = 0; i < sizeof(s) / sizeof(s[0]); i++)
        if (s[i].id/1000 == year)
            printf("%d %s %d\n", s[i].id, s[i].name, s[i].dept);
    return 0;
}
```

실행1	검색할 입학년도는 ? *2023* 2023101 홍길동 100 2023102 김하나 100 2023003 최윤 201
실행2	검색할 입학년도는 ? *2020*

이 프로그램에서 학생들의 자료는 배열의 크기를 명시하지 않고 구조체 배열을 초기화 선언하여 제공하였다(11-19행). 이러한 구조체 배열의 원소 개수는 6장 배열에서 소개한 바와 같이 `sizeof` 연산자를 사용하여 `sizeof(s) / sizeof(s[0])`와 같이 배열 전체 크기를 배열 원소의 크기로 나누어서 얻을 수 있다(25행). 7자리 학번 중 앞의 4자리인 입학년도는 학번을 1000으로 나누어서 얻을 수 있다(26행). 모든 자료를 검색하여 해당되는 입학년도의 학생에 대한 정보를 출력하였다.

예 8.7 구조체 배열 자료의 정렬

다음은 예 8.6의 구조체 배열 검색에 사용한 자료를 버블 정렬을 사용하여 학번에 대한 오름차순 정렬을 하여 출력하는 프로그램이다.

```
#include <stdio.h>

struct student {
    int id;                 /* 7자리정수, 앞의 4자리가 입학년도 */
    char name[10];
    int dept;
};

struct student s[] = {
    2023101, "홍길동", 100,
    2023102, "김하나", 100,
    2022851, "박두나", 101,
    2021431, "이세나", 110,
    2019001, "정다운", 200,
    2022300, "한다해", 101,
    2023003, "최윤", 201
};

int main(void)
{
    struct student temp;          /* 교환에 사용되는 임시 변수 */
    int n;                                      /* 배열의 크기 */
    int i, j;

    n = sizeof(s) / sizeof(s[0]);
    for (i = n-1 ; i >= 1; i--)               /* 버블 정렬 */
        for (j = 0 ; j < i; j++) {
```

```
28              if (s[j].id > s[j+1].id) { /* 학번을 기준으로 정렬 */
29                  temp = s[j];
30                  s[j] = s[j+1];
31                  s[j+1] = temp;
32              }
33          }
34
35      for (i=0; i<n; i++)                          /* 출력 */
36          printf("%8d %-8s %4d\n", s[i].id, s[i].name, s[i].dept);
37
38      return 0;
39  }
```

실행

```
2019001 정다운    200
2021431 이세나    110
2022300 한다해    101
2022851 박두나    101
2023003 최윤      201
2023101 홍길동    100
2023102 김하나    100
```

이 프로그램은 예 6.17에서 소개한 버블 정렬 방법을 사용하여 구조체 배열의 원소들을 정렬한다. 자료는 학번 순서로(28행) 정렬을 하는 데 정렬 과정에서 구조체 자료들 간에 교환(29-31행)이 많이 발생한다. 구조체의 크기가 큰 경우에는 자료 교환에 시간이 많이 소요되어 비효율적일 수 있다. 이에 대한 해결책은 9장에서 포인터를 배울 때 소개한다. 정렬된 자료 출력에서 이름은 길이가 다를 수 있으므로 형식지정자 `%-8s`를 사용하여 폭을 일정하게 하고 왼쪽 정렬을 하여 출력하였다(36행).

예 8.8 길이의 단위를 변환하는 프로그램

다음 프로그램은 길이를 새로운 단위로 변환하는 프로그램이다. 다음과 같이 길이, 단위와 변환할 단위를 순서대로 입력하면 변환된 단위로 환산된 길이가 출력된다.

5 km mile

```
#include <stdio.h>
#include <string.h>

struct length_unit {     /* 단위 환산 정보에 대한 구조체 */
```

```
    char name[30];                  /* 길이 단위 이름 */
    char abbrev[6];                 /* 길이 단위 (약어) */
    double stdunit;                 /* 표준 단위로 표시한 길이 */
};

double search_unit(char name[]);

int main(void)
{
    double      length;
    charold_unit[30], new_unit[30];
    double      old_stdunit, new_stdunit;
    int status;

    printf("길이, 단위, 새 단위를 입력하세요(예: 5.2 km mile)\n");
    scanf("%lf %s %s", &length, old_unit, new_unit);
    old_stdunit = search_unit(old_unit);
    new_stdunit = search_unit(new_unit);
    if (old_stdunit > 0.0 && new_stdunit > 0.0) {
        printf("%g %s = ", length, old_unit);
        length = length * old_stdunit / new_stdunit;
        printf("%g %s\n", length, new_unit);
    }
}

double search_unit(char name[])
{
    static struct length_unit units[] = {  /* 길이 단위 환산표 */
        "meter","m",     1,                /* 표준 단위 */
        "kilometer","km", 1000,
        "inch", "in",    0.0254,
        "feet", "ft",    0.3048,
        "yard", "yd",    0.9144,
        "mile", "mi",    1609.3,
        "자",   "ja",    0.303,
        "리",   "li",    3927.27
    };
    int n, i;

    n = sizeof(units)/sizeof(units[0]);  /* 배열 크기 */
    for (i=0; i<n; i++) {
```

```
46            if ( strcmp(name, units[i].name) == 0 ||
47                    strcmp(name, units[i].abbrev) == 0 )
48                        return units[i].stdunit;
49        }
50
51        printf("단위 %s는 지원하지 않습니다. ", name);
52        printf("사용할 수 있는 단위는 다음과 같습니다.\n");
53        for (i=0; i<n; i++)
54            printf("%s(%s) ", units[i].name, units[i].abbrev);
55        printf("\n");
56        return 0.0; /* not found */
57    }
```

실행1	길이, 단위, 새 단위를 입력하세요(예: 5.2 km mile) *3.5 km mile* 3.5 km = 2.17486 mile
실행2	*2 m 자* 2 m = 6.60066 자
실행3	길이, 단위, 새 단위를 입력하세요(예: 5.2 km mile) *2 k mi* 단위 k는 지원하지 않습니다. 사용할 수 있는 단위는 다음과 같습니다. meter(m) kilometer(km) inch(in) feet(ft) yard(yd) mile(mi) 자(ja) 리(li)

이 프로그램에서 길이 환산표는 함수 search_unit가 제공한다(30행). 이 함수에는 길이 단위 환산표가 구조체의 배열로 저장되어 있으며, static 변수로 초기화 선언하여 함수를 호출할 때마다 다시 초기화되지 않도록 하였다(31-42행). 단위 환산을 위한 구조체 length_unit는 길이 단위의 이름을 원래 이름 name과 약어 abbrev를 모두 저장하여 두 이름을 모두 사용할 수 있게 하였다.

이 함수에 길이 단위의 이름을 인수로 전달하면 함수는 길이 단위 환산표를 검색하여 이 길이에 대한 미터 단위로 환산된 길이를 반환한다(45-49행). 단위가 잘못되었으면 에러 메시지를 출력하고 0.0을 반환한다(51-56행). 단위 이름의 비교에 함수 strcmp()가 사용되었으며 비교하는 두 문자열이 같으면 0이 반환된다(46-47행).

main 함수에서 길이의 변환은 단위를 제대로 입력했을 때만 이루어진다(23행). 원래 단위를 미터 단위로 환산한 길이가 old_stdunit에, 변환할 단위의 미터 단위로 환산한 길이가

new_stdunit에 저장되는 데(21-22행), 이 두 값을 나누어서 단위를 환산할 때 길이에 곱할 배율을 얻을 수 있다(25행).

연습 8.3

1. 예 8.6의 프로그램의 입력값을 파일로 미리 준비한 후에 표준입력 방향전환 기능을 사용하여 입력을 제공하여 수행시키시오.

2. 지역 또는 식별번호, 국, 번호로 구성되는 전화번호용 구조체와 이름, 집 전화번호, 휴대폰 전화로 구성되는 전화번호부용 구조체를 정의하시오. 10명의 전화번호를 저장할 수 있는 전화번호부 구조체의 배열을 선언하고 전화번호부 자료를 저장하시오. 없는 전화번호에 대해서는 지역번호를 0으로 저장한다. 저장된 자료가 10개 미만인 경우에는 저장된 자료의 끝을 나타내기 위해서 널 문자열을 이름으로 저장한다. 그리고 이름으로 전화번호를 검색하는 프로그램을 작성하시오.

8.4 열거형

구조체를 소개할 때 예로 든 다음의 구조체에서 세 번째 멤버는 학과를 나타내기 위해서 학과 이름 대신에 학과 코드를 사용하였다.

```
struct student {
    int     id;             /* 학번 */
    char    name[10];       /* 이름 */
    int     dept;           /* 학과 코드 */
};
```

학과 코드는 대개 숫자 그 자체로는 특별한 의미가 없고 단순히 학과를 구별하는 용도로 사용된다. 프로그래머가 학과 코드를 일일이 기억하기가 어려우므로 다음과 같이 기호 상수를 정의하여 학과 코드값으로 사용할 수 있다.

```
#define KOREAN       1         /* 국어국문학과 */
#define ENGLISH      2         /* 영어영문학과 */
#define LAW          3         /* 법학과 */
#define ECONOMY      4         /* 경제학과 */
#define BUSINESS     5         /* 경영학과 */

struct student s;
s.dept = LAW;
```

그런데 이 방법의 단점은 모든 학과에 대해서 학과 코드에 대한 기호 상수를 일일이 정의해야 한다는 것이다. 이렇게 하는 것은 코드를 부여해야 할 대상이 증가하면 매우 귀찮은 일이 된다. 열거형(enumerated type)을 사용하면 이러한 코드 부여를 매우 간편하게 할 수 있다.

열거형은 다음과 같이 예약어 enum를 사용하여 정의된다.

```
enum deptcode {Korean, English, Law, Economy, Business};
```

여기서 deptcode는 열거형 이름이며, 위와 같이 정의된 열거형 deptcode는 중괄호 안에 있는 5개의 값만을 가질 수 있다. 중괄호 안에 나열된 식별자를 열거형 상수라고 하며 열거형 상수에는 0, 1, 2, ⋯ 순서로 정수값이 자동으로 부여된다. 그러므로 열거형은 정수 자료형이다.

열거형 상수에 부여되는 값을 다음과 같이 =을 사용하여 지정할 수도 있다.

```
enum deptcode {Korean=1, English, Law, Economy, Business};
```

위에서 값이 명시적으로 지정되지 않은 열거형 상수는 왼쪽의 상수보다 1씩 증가하여 지정된다. 위와 같이 열거형을 정의하면 앞에서 정의된 기호 상수처럼 값이 1부터 부여된다. 열거형 상수가 중간에 건너뛰는 경우에 다음과 같이 건너뛰는 열거형 상수 값만 지정하여 정의할 수 있다.

```
/* Korean = 100, English = 101, Law = 200, Economy = 300, Business = 301 */
enum deptcode {Korean=100, English, Law=200, Economy=300, Business};
```

열거형 변수는 다음과 같이 열거형을 먼저 정의한 다음에 열거형 변수를 별도로 선언할 수도 있으며,

```
enum deptcode {Korean, English, Law, Economy, Business};          ... 정의
enum deptcode dept;                                               ... 변수 선언
```

다음과 같이 열거형을 정의하면서 함께 선언할 수도 있다.

```
enum deptcode {Korean, English, Law, Economy, Business} dept;
```

예 8.9 열거형을 사용한 프로그램

컴퓨터 주변 장치에는 키보드, 마우스, 스캐너, 레이저 프린터, 잉크젯 프린터, 플로터가 있다. 이 품목들에 대해서 입력 장치는 100번부터, 출력 장치는 200번부터 코드를 부여한다. 다음은 코드를 입력하였을 때 해당 품목이 무엇인지 출력하는 프로그램이다.

```
#include <stdio.h>

enum itemcode {
    Keyboard=100, Mouse, Scanner,          /* 코드 100, 101, 102 */
    Laser=200, Inkjet, Plotter             /* 코드 200, 201, 202 */
};

int main(void)
{
    enum itemcode item;

    printf("품목 코드를 입력하세요. ");
    scanf("%d", &item);            /* 코드 입력 */
    printf("품목 코드 %d : ", item);
    switch (item) {
    case Keyboard:
        printf("keyboard\n"); break;
    case Mouse:
        printf("mouse\n"); break;
    case Scanner:
        printf("scanner\n"); break;
    case Laser:
        printf("laser printer\n"); break;
    case Inkjet:
        printf("inkjet printer\n"); break;
    case Plotter:
        printf("plotter\n"); break;
    default:
        printf("없음\n");
    }
    return 0;
```

```
}
```

실행1	품목 코드를 입력하세요. 200 품목 코드 200 : laser printer
실행2	품목 코드를 입력하세요. 103 품목 코드 103 : 없음

이 프로그램에서 품목 코드는 열거형 itemcode으로 정의하여 지정하였다. 열거형을 사용하면 프로그램에서 숫자 코드 대신에 열거형 상수 이름을 사용할 수 있기 때문에 프로그램을 작성할 때 숫자 코드를 기억하지 않아도 된다.

8.5 공용체와 비트 필드 구조체 ★

C Programming

공용체

구조체와 같이 여러 멤버로 구성되는 자료형으로 공용체가 있다. 공용체(union)는 여러 멤버들로 구성되는 자료형으로서 구조체와는 다르게 공용체를 구성하는 멤버들이 같은 기억장소를 공유한다.

공용체는 다음과 같이 구조체와 같은 형식으로 정의되며 공용체 변수를 선언하는 방법도 구조체와 같다.

```
union data {                    ... 공용체 정의
    double  x;
    int     n;
    char    c;
};

union data number;              ... 공용체 변수 선언
```

그리고 공용체 멤버의 집근 방법은 다음과 같이 구조체 멤버의 접근 방법과 같다.

```
number.n    number.x   number.c          ... 공용체 변수 멤버 접근
```

그림 8.3은 구조체와 공용체 멤버에 대한 메모리 공간에서의 배치를 비교한 것이다. 구조체는 멤버들이 연속적인 위치에 순서대로 배치되지만, 공용체는 멤버들의 최대 크기의 메모리 공간이 할당되며, 이 공간을 모든 멤버들이 공유한다.

```
struct data1 {
   double x;
   int n;
   char c;
};

union data2 {
   double x;
   int n;
   char c;
};
```

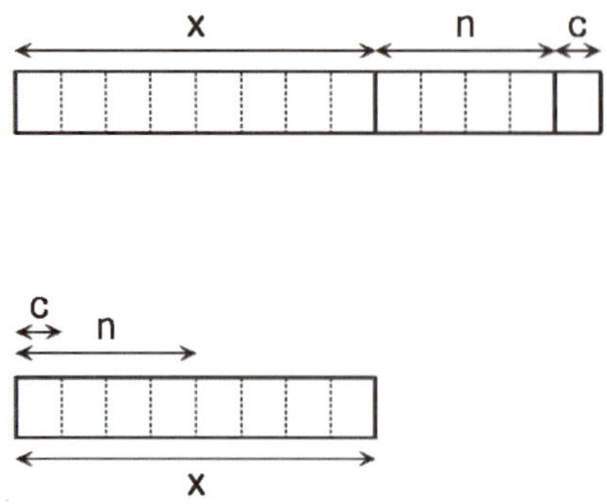

그림 8.3 구조체와 공용체의 메모리 배치 비교

공용체는 여러 자료형의 멤버들 중 한 번에 한 멤버만 사용하는 경우에 같은 기억장소를 공유하므로 메모리를 절약할 수 있다. 그러므로 실수, 정수, 또는 문자 중 하나의 자료를 저장하는 목적으로 공용체를 사용할 수 있는 데, 공용체만 사용해서는 저장된 자료의 자료형을 알 수 없으므로, 다음과 같이 구조체 내에서 공용체 멤버를 사용하고, 공용체가 어떠한 멤버로 값이 저장되었는지 명시하는 것이 일반적인 사용 방법이다.

```
struct mixed {
    int type;           /* 자료형: 1: int, 2: double, 3: char */
    union {             /* 자료는 int, double, char 형 중 하나임 */
        double x;
        int    n;
        char   c;
    } data;
};
```

다음은 공용체를 포함하는 이러한 복합 자료형을 사용하는 프로그램 예이다.

예 8.10 여러 가지 자료형의 자료를 저장하는 공용체

```
#include <stdio.h>

struct mixed {
    int type;              /* 자료형: 1: double, 2: int , 3: char */
    union {                /* 자료: double, int, char 형 중 하나임 */
        double  x;
        int     n;
        char    c;
    } data;
};

int main(void)
{
    int  i;
    struct mixed a[3];

    a[0].type = 1;  a[0].data.x = 30.15;
    a[1].type = 2;  a[1].data.n = 100;
    a[2].type = 3;  a[2].data.c = 'y';

    for (i=0; i<3; i++) {
        switch (a[i].type) {
        case 1: printf("%g\n", a[i].data.x);
                break;
        case 2: printf("%d\n", a[i].data.n);
                break;
        case 3: printf("%c\n", a[i].data.c);
                break;
        default: printf("invalid type\n");
        }
    }
    return 0;
}
```

실행

```
30.15
100
y
```

이 프로그램은 정수, 실수, 문자 중 하나의 자료를 저장하기 위해서 앞에서 설명한 공용체를 포함한 구조체 mixed를 사용하였다. 자료를 저장할 때 공용체 자료형의 구조체 멤버 data에 저장되는 자료의 자료형에 따라서 다음과 같이 type을 함께 지정하였다(17-19행).

```
a[0].type = 1;            // 실수 1, 정수 2, 문자 3
a[0].data.x = 30.15       // 실수 data.x, 정수 data.n, 문자 data.c에 저장
```

저장된 자료를 다른 형식의 자료형으로 접근할 필요가 있는 경우가 있으며, 이러한 목적으로 공용체를 사용할 수 있다. 다음 프로그램은 이러한 예이다.

예 8.11 공용체를 사용한 정수 자료형의 바이트 단위 접근

```c
#include <stdio.h>

union altdata  {
    int n;                  // 정수 멤버
    char b[4];              // 바이트 단위 접근용 멤버
};

int main(void)
{
    union altdata data;

    data.n = 0x12345678;

    printf("1st byte = %04x\n", data.b[0]);
    printf("2nd byte = %04x\n", data.b[1]);
    printf("3rd byte = %04x\n", data.b[2]);
    printf("4th byte = %04x\n", data.b[3]);

    return 0;
}
```

실행

```
1st byte = 0078
2nd byte = 0056
3rd byte = 0034
4th byte = 0012
```

이 프로그램에서 정수를 바이트 단위로 접근하기 위하여 정수와 크기 4의 문자 배열로 구성된 공용체 altdata를 정의하여 사용하였다(3-6행). 먼저 정수를 공용체 변수의 정수 멤버 n에 저장한 후에(12행), 문자 배열 멤버를 사용하여 바이트 단위로 접근하여 출력하였다(14-17행).

비트 필드 구조체 ★

MS-DOS 운영체제에서는 저장 공간을 절약하기 위하여 파일이 생성되고 수정된 날짜를 그림 8.4와 같이 연, 월, 일을 16비트로 결합한 형식으로 저장하였다. 2.12절에서 소개한 비트 연산자를 사용하면 이러한 형식의 날짜 정보로부터 연, 월, 일을 분리하여 얻을 수 있다. 그렇지만 비트 필드 구조체를 사용하면 연, 월, 일을 더욱 편리하게 접근할 수 있다.

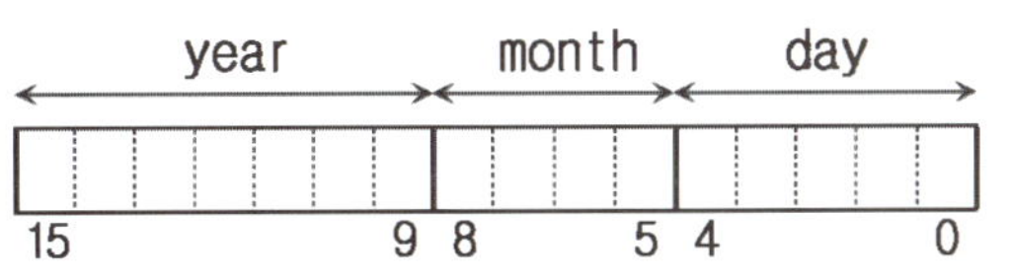

그림 8.4 MS-DOS의 날짜 형식과 비트 필드 구조체

구조체에서 int 또는 unsigned 형의 멤버를 사용하는 경우에 멤버가 사용하는 비트 수를 지정할 수 있다. 비트 수가 지정된 멤버를 비트 필드(bit field)라고 하고, 비트 필드를 포함한 구조체를 비트 필드 구조체라고 한다. 구조체에서 비트 필드 멤버는 다음과 같이 콜론(:) 다음에 비트 크기를 지정하여 정의한다.

```
struct field_date {                 // MS-DOS date format
    unsigned short day: 5;
    unsigned short month: 4;
    unsigned short year: 7;
};
```

이 비트 필드 구조체는 MS-DOS의 날짜 형식을 정의한다. 세 멤버가 5비트, 4비트, 7비트씩, 총 16비트를 사용한다. 비트 필드 구조체에서 각 멤버의 비트 배치는 아래 자리부터 이루어져서 윈도우에서는 그림 8.4와 같이 배치된다.

비트 필드 멤버의 자료형은 메모리 할당과 정렬 단위의 의미도 가지고 있다. 한 비트 필드가 정렬 단위의 경계를 넘어서서 할당될 수 없다. 구조체 field_date에서 비트 필드 멤버 자료형인 short은 16비트 크기이므로 세 비트 필드 멤버가 모두 포함될 수 있다. 이 구조체가 비트 필드 멤버의 자료형으로 char를 사용하면 8비트 단위로 정렬해야 하며 8비트에 두 멤버를 할당할 수 없으므로 세 멤버가 모두 다른 바이트에 할당되어 구조체는 24비트를 사용하게 된다. 비트 필드 멤버의 자료형으로 int를 사용하면 32비트가 할당되어서 세 멤버가 사용하고 남은 16비트는 사용되지 않은 채로 남아있게 된다. 따라서 비트 필드 멤버의 자료형은 이러한 사항을 고려하여 정해야 한다.그리고 정렬 단위의 자료형 내에서의 각 멤버가 저장되는 순서는 컴파일러에 따라서 하위 비트에서부터 저장되거나 상위 비트에서부터 저장된다. 그림 8.4는 하위 비트에서부터 저장된 것이다.

그렇지만 비트 필드 멤버는 비트 단위로 할당되므로 주소를 얻을 수 없다. 그리고 컴파일러가 비트 필드 멤버를 접근하는 코드를 생성할 때 조금 더 실행 시간이 소요되는 기계어 코드를 생성할 수 있는 단점을 가지고 있다.

예 8.12 비트 필드 구조체를 사용하는 프로그램

```
#include <stdio.h>

struct field_date {      // MS-DOS date format
    unsigned short day: 5;
    unsigned short month: 4;
    unsigned short year: 7;
};

int main(void)
{
    struct field_date d = {12, 3, 23};

    printf("20%02d년 %d월 %d일\n", d.year, d.month, d.day);
    d.day = 20;
    d.month = 11;
    d.year = 9;
    printf("20%02d년 %d월 %d일\n", d.year, d.month, d.day);
    printf("size = %d\n", sizeof(d));
    return 0;
}
```

실행	2023년 3월 12일 2009년 11월 20일 size = 2

이 프로그램은 연, 월, 일을 MS-DOS형식의 비트 필드 구조체로 나타내어 구조체의 각 필드에 값을 저장하였다(3-7행). 이 형식에서 연도는 0부터 99까지의 두 자리만 저장한다. 날짜는 초기화 선언(11행)과 직접 지정한 후(14-16행) 각각 출력하였다. 연도 앞에 20을 넣어서 출력하였는데, year가 한 자리 값이어도 09와 같이 0을 붙여서 두 자리로 출력할 수 있도록 형식지정자 %02d를 사용하였다(13, 17행). 그리고 비트 필드 구조체의 크기를 확인하기 위해 출력하였다(18행).

8.6 자료형 정의

C 언어에는 char, int, float, double과 배열 그리고 뒤에서 배울 포인터 등의 기본 자료형이 제공된다. 그리고 구조체, 공용체와 열거형과 같은 새로운 자료형을 정의할 수 있음을 배웠다. 그렇지만 구조체, 공용체나 열거형은 이름 앞에 항상 struct나 enum을 사용해야 하므로 자료형의 이름이 길어졌다. 이러한 불편함은 새로운 자료형 이름을 정의하는 형 정의 예약어 typedef를 사용하여 해결할 수 있다.

새로운 자료형은 다음과 같이 typedef 문을 사용하여 정의한다.

```
typedef short int WORD;          ... 자료형 WORD 정의, 자료형 short int 대신에 사용
```

새로 정의된 WORD 자료형은 다음과 같이 short int 대신에 사용할 수 있다

```
WORD b;                          ... short b; 와 같음
```

다음과 같이 typedef 문을 사용하여 구조체, 공용체 또는 열거형을 새로운 자료형으로 형 정의하여 복잡한 자료형 이름 대신에 간단한 자료형 이름을 사용할 수 있다. 구조체, 공용체나 열거형을 정의하면서 자료형 이름을 함께 정의하면 형 정의된 자료형으로 변수 선언을 할 수 있으므로 태그 이름은 생략해도 무방하다.

```
typedef struct student Student;          // 구조체 형 정의
typedef struct {                         // 구조체 정의와 함께 형 정의
    double x;
    double y;
} Point2d;
typedef enum {false, true} BOOL;         // 열거형 정의와 함께 형 정의

Sudent s;                                // struct student s;
Point2d p1, p2;                          // struct { ... } p1, p2;
BOOL flag;                               // enum { ... } flag;
```

위에서 형 정의한 BOOL 자료형 대신에 2.4절과 4.3절에서 소개한 바와 같이 C99부터 _Bool 또는 bool 자료형이 기본 자료형으로 제공되며, true와 false도 1과 0 대신에 사용할 수 있다.

복잡한 자료형을 간단히 표시하는 목적 이외의 형 정의를 하는 이유는 여러 시스템 환경에서 사용할 수 있는 프로그램을 만들기 위해서이다. 실행되는 컴퓨터나 사용하는 컴파일러와 관계없이 어떤 변수를 특정한 비트 크기로 사용하고자 할 때, C 언어의 기본 자료형을 직접 사용하는 것 대신에 형 정의를 하여 새로운 자료형으로 변수를 선언하는 것이 좋다.

C언어에서 int 자료형은 컴파일러에 따라서 크기가 다르다. 그러므로 정확한 크기가 필요한 프로그램에서는 다음과 같이 새로운 자료형을 정의하여 사용할 수 있다.

```
typedef long DWORD;          // 32비트 정수
typedef short WORD;          // 16비트 정수
typedef char BYTE;           // 8비트

DWORD   a;                   // long int a;
WORD    b;                   // short int b;
BYTE        c;               // char c;
```

위의 형 정의는 32비트 컴파일러용으로 작성된 것으로서, 기본 자료형 대신에 위에서 정의된 자료형을 사용하여 프로그램을 작성한다면 다른 컴파일러에서 자료형의 크기가 달라졌을 때 typedef 문만 수정하여 원하는 크기를 유지하도록 하면 된다. 예를 들어서 64비트 컴퓨터에서 long 자료형을 64비트로 나타내는 gcc 컴파일러를 사용한다면 32비트 정수 자료형을 위해서는 다음과 같이 int 자료형으로 형 정의를 수정해야 한다.

```
typedef int DWORD;           // 32비트 정수, long이 64비트인 컴파일러
```

형 정의를 하는 또 다른 이유는 위와는 반대로 컴퓨터 사용 환경의 발전에 따라서 자료형의 크기를 변경할 수 있도록 하기 위해서이다. 자료에 대한 크기는 int 형으로 나타낼 수 있지만, 다음과 같이 size_t 형을 정의하고 변수 len을 이 자료형으로 선언하면 컴퓨터의 발전에 따라서 크기의 표현 범위가 변경되었을 때 이에 맞도록 형 정의만 변경하여 쉽게 대처할 수 있다.

```
typedef unsigned long  size_t;

size_t len;
```

형 정의는 배열 자료형에 대해서도 적용할 수 있다. 배열에 대한 형 정의는 다음과 같이 배열을 선언하는 것과 같은 형식으로 한다.

```
typedef int vector[10];          // vector는 정수의 1차원 배열형
typedef int matrix[5][10];       // matrix는 정수의 2차원 배열형

vector a, b;                     // int a[10], b[10];
matrix p;                        // int p[5][10];
```

그리고 같은 자료형에 여러 형태의 자료형을 함께 정의할 수 있으며, 형 정의에서 앞에서 정의된 형을 사용할 수 있다.

```
typedef double LENGTH, vector[10], matrix[5][5];      // 세 가지 형태의 자료형 정의
typedef vector matrix2[4];       // 앞에서 정의된 자료형 사용

LENGTH  l;                       // double l;
vector  a;                       // double a[10];
matrix  p;                       // double p[5][5];
matrix2 s;                       // vector s[4]; 즉 double s[4][10];
```

예 8.13 형 정의를 사용한 프로그램

다음은 여러 개의 자료형을 정의한 다음에, 정의된 자료형으로 변수를 선언하여 사용한 프로그램이다.

```
#include <stdio.h>

typedef char BYTE;                          // 8 비트
typedef short WORD;                         // 16 비트
```

```c
typedef long DWORD;                        // 32 비트
typedef double Vector[3];                  // 실수 배열
typedef struct { double x, y; } Point;     // 2차원 좌표 구조체

int main(void)
{
    BYTE a = 10;
    WORD b = -1000;
    DWORD c = 100000;
    Vector v = { 1.0, 2.0, 3.0 };
    Point p = { -15.0, 12.0 };

    printf("a = %d, b = %d, c = %d\n", a, b, c);
    printf("v = (%g, %g, %g)\n", v[0], v[1], v[2]);
    printf("p = (%g, %g)\n", p.x, p.y);
    return 0;
}
```

실행

```
a = 10, b = -1000, c = 100000
v = (1, 2, 3)
p = (-15, 12)
```

참고

자료형 size_t

앞에서 형 정의의 예로든 size_t 자료형은 표준 헤더 파일에서 형 정의된 자료형이어서 실제로는 자료형 정의 없이 프로그램에서 사용할 수 있다. 문자열 길이를 계산하는 표준 라이브러리 함수 strlen의 반환값도 다음과 같이 size_t 자료형으로 되어있다.

```c
size_t strlen(const char str[]);
```

그리고 printf 함수도 size_t 자료형의 출력을 위한 형식지정자 %zd를 별도로 제공하여 size_t 자료형의 크기 변동에 따라서 %d 또는 %ld를 선택하여 사용하는 것 대신에 %zd를 고정하여 사용하게 한다.

```c
len = strlen(s);
printf("%zd", len);          ... %zd : size_t 자료형 형식 지정자
```

복습문제

1 구조체란 무엇인가?

2 구조체를 사용하면 어떠한 장점이 있는가?

3 날짜와 시간, 요일을 나타내는 구조체를 정의해 보시오.

4 구조체 멤버의 접근 방법은?

5 구조체 변수의 치환과 비교 방법에 대해서 알아보시오.

6 구조체 변수를 함수의 인수로 사용할 때에 보통 인수와 같이 값에 복사되어 전달된다. 구조체 변수의 인수에 대해서 이러한 방식은 어떠한 단점이 있는가?

7 열거형이란 무엇이며 어떠한 경우에 주로 사용하는가?

8 새로운 이름의 자료형을 정의하는 방법에 대해서 알아보시오. 형 정의는 어떠한 경우에 유용하게 사용할 수 있는가?

9 공용체란 무엇인가? 그리고 공용체는 어떤 경우에 유용하게 사용될 수 있는가?

10 구조체에서 비트 필드란 무엇이며 어떤 경우에 유용하게 사용할 수 있는가?

종합문제

1 음식 이름과 가격, 판매 수량을 저장하기 위한 구조체를 정의하시오. 그리고 식당에서 취급하는 10개의 음식에 대한 이러한 정보를 저장할 수 있는 구조체 배열을 선언하고 적절한 값으로 초기화하시오. 이 구조체 배열에 저장된 음식의 총 판매 가격을 계산하는 프로그램과 음식 가격이 싼 순서대로 정렬하여 출력하는 프로그램을 작성하시오.

2 분수는 정수의 분자와 분모로 구성된 다음 구조체로 나타낼 수 있다.

```
struct fraction {
        int num;            /* 분자 */
        int denom;          /* 분모 */
};
```

분자와 분모는 두 수의 최대 공약수가 1이 아니면 기약 분수 형태로 저장하기 위해서 두 수를 각각 최대 공약수로 나눈 값을 저장한다. 최대 공약수는 예 5.19에서 소개한 gcd() 함수를 사용하여 얻을 수 있다. 이때에 분수의 덧셈, 뺄셈, 곱셈, 나눗셈을 수행하는 다음 함수들을 작성하시오.

```
struct fraction add(struct fraction a, struct fraction b);
struct fraction sub(struct fraction a, struct fraction b);
struct fraction mul(struct fraction a, struct fraction b);
struct fraction div(struct fraction a, struct fraction b);
```

분수의 사칙 연산은 다음과 같이 수행된다.

$$\frac{q}{p} + \frac{s}{r} = \frac{qr+ps}{pr} \qquad \frac{q}{p} - \frac{s}{r} = \frac{qr-ps}{pr}$$

$$\frac{q}{p} \cdot \frac{s}{r} = \frac{qs}{pr} \qquad \frac{q}{p} \div \frac{s}{r} = \frac{qr}{ps}$$

그리고 이 함수들의 동작을 확인하는 프로그램을 작성하시오.

3 다음과 같이 프로세서에 대한 코드 상수로 구성되는 열거형이 정의되어 있으며 열거형에 정의된 코드 상수 순서대로 관련된 이름을 2차원 문자 배열에 저장하였다.

```
enum cputype { I486, Pentium, P2, P3, P4, Athelon, Other };
char cpuname [ ][20] = { "i486", "Pentium", "Pentium2", "Pentium3",
                "Pentium4", "Athelon", "Other"  };
```

사람들이 소유하고 있는 컴퓨터에 대한 정보를 저장하기 위해서 소유자 이름, 프로세서 종류, 프로세서 속도(MHz 단위), 메모리 양(MB 단위)으로 구성되는 구조체를 정의하시오. 프로세서 종류는 앞에서 정의된 열거형을 사용한다. 이 구조체의 배열을 선언하여 10명의 컴퓨터 정보를 저장하고 저장된 모든 컴퓨터의 정보를 출력하되 프로세서 종류는 코드 대신에 프로세서 이름을 출력하도록 프로그램을 작성하시오.

4 다음은 미국의 각 도시에 대한 주와 인구 자료이다.

도시	인구(천명)	state
Los Angeles	7000	CA
New York	12000	NY
Seattle	1500	WA
Chicago	6000	IL
Boston	4000	MA

(1) 이 자료를 위한 구조체를 정의하고 자료들을 입력하여 구조체 배열에 저장하는 프로그램을 작성하시오.

(2) 도시의 이름을 입력받아서 구조체 배열을 검색하여 이 도시의 모든 정보를 출력하는 작업을 반복적으로 수행하는 프로그램을 추가하여 작성하시오. 도시의 이름으로 $가 입력되면 반복을 종료한다.

5 다음은 공항, 전화번호, 위도, 경도를 표시한 것이다.

공항	전화	위도	경도
SEL	2-554-8976	37.5	139.7
DTX	33-567-2365	32.1	67.3
NYK	67-543-7865	15.3	89.0
JPL	52-785-2578	43.6	78.2
LAX	18-768-5243	63.2	57.3

(1) 이 자료를 위한 구조체를 정의하고 자료들을 저장할 구조체의 배열을 선언하고 위의 자료로 초기화하시오.

(2) 키보드에서 위도와 경도를 입력받아서 가장 가까운 공항의 이름 및 전화 번호를 출력하여 주는 작업을 반복적으로 수행하는 프로그램을 작성하시오. 위도에 음수가 들어오면 반복을 종료한다.

6 사람의 이름, 키, 몸무게를 저장하는 구조체 person을 정의하고 구조체 인수를 받아서 비만도를 계산하여 반환하는 다음 함수를 작성하시오.

```
int calculate_BMI(struct person data);
```

비만도(BMI)는 키와 몸무게를 사용하여 다음과 같이 계산한다.

표준몸무게 = (키 - 100) × 0.9

비만도 = (몸무게 - 표준몸무게) / 표준몸무게 × 100 (%)

어떤 사람의 이름, 키, 몸무게를 입력받아서 구조체 변수에 저장하고 이 함수를 사용하여 이 사람에 대한 비만도를 계산하여 출력하시오.

제9장 포인터

학습 내용

- 포인터 개념과 포인터 변수 선언
- 주소 연산자 &와 간접 참조 연산자 *
- 포인터 연산
- 포인터와 배열, 포인터와 문자열과의 관계
- 포인터의 배열
- 구조체 포인터와 간접 멤버 연산자 ->
- 포인터 함수 인수
- main 함수 인수와 명령어 인수
- 포인터를 사용하는 라이브러리 함수
- 복잡한 포인터 사용
- 자기 참조 구조체와 동적 자료구조

9.1 포인터의 기초

C Programming

포인터와 메모리 주소

C 언어의 가장 큰 특징 중의 하나가 메모리 주소를 나타내는 포인터(pointer)이다. 변수 뿐만 아니라 메모리에 저장되는 문자열 상수와 const로 선언된 상수도 메모리 주소가 있으며 이것이 포인터가 된다.

우리는 8장에서 구조체를 함수의 인수로 전달하거나 함수의 반환값으로 사용할 때 구조체의 모든 값이 복사되어 전달되기 때문에 구조체의 크기가 커지면 비효율적이 된다는 것을 배웠다. 만약에 구조체의 값 대신에 구조체가 저장된 메모리의 주소를 전달한다면 값들이 일일이 복사될 필요가 없기 때문에 훨씬 효율적일 것이다. 포인터를 사용하면 이러한 것이 가능하다.

포인터와 주소 연산자 &

변수 a에 대해서 &a는 변수 a의 값이 저장된 메모리 주소, 즉 **변수의 주소**를 반환한다.

```
&a        ... 변수 a의 주소
```

여기서 &는 단항 연산자로서 **주소 연산자**라고 한다. 컴퓨터는 일반적으로 메모리의 각 주소에 바이트 크기의 자료를 저장한다. 여러 바이트 크기의 변수는 여러 개의 연속적인 주소에 걸쳐서 저장되며 메모리의 시작 주소가 변수의 주소가 된다. 예를 들어서 그림 9.1과 같이 100번지부터 103번지까지 저장되는 32비트 크기의 변수 a에 대해서, 변수의 주소 &a는 시작 주소인 100이 된다.

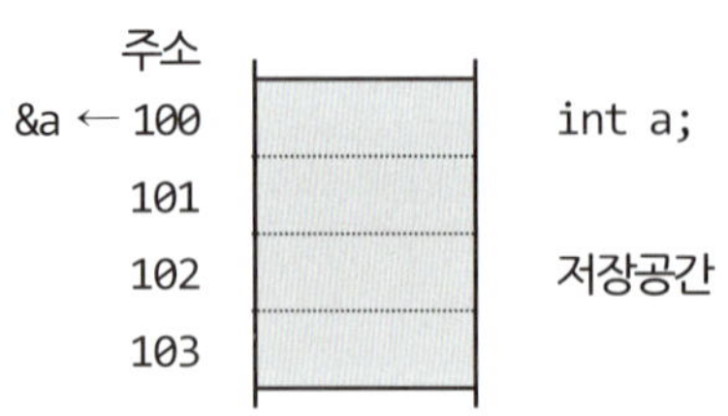

그림 9.1 변수와 주소 연산자

printf 함수에서 다음과 같이 포인터 값을 출력하기 위한 형식지정자 %p를 제공하며 주소를 16진수로 출력한다.

```
printf("%p", &a);            ... %p는 포인터 출력용 형식 지정자 (16진수)
```

포인터 값을 출력할 때 %p 대신에 %x, %o, %u와 같은 부호없는 정수용 형식지정자를 사용해도 되지만, 일부 컴파일러에서는 경고 메시지를 출력한다.

예 9.1 변수와 상수의 주소 출력

다음은 주소 연산자 &를 사용하여 변수, const 상수와 문자열의 주소를 출력하는 프로그램이다.

```
#include <stdio.h>

int  p, q;                      /* 전역 변수 */
const int max = 100;            /* 상수 */

int main(void)
```

```
7  {
8      int  a, b;
9
10     printf("address of a, b = %p, %p\n", &a, &b);     /* 지역 변수 주소 */
11     printf("address of p, q = %p, %p\n", &p, &q);     /* 전역 변수 주소 */
12     printf("address of const max = %x\n", &max);      /* const 상수 주소 */
13     printf("address of a string = %x\n", "univ");     /* 문자열 상수 주소 */
14     return 0;
15 }
```

실행 (윈도우)	address of a, b = 00CFFA00, 00CFFA04 address of p, q = 0089A344, 0089A340 address of const max = 892160 address of a string = 899054
실행 (리눅스 64비트)	address of a, b = 0x7ffd77e75140, 0x7ffd77e75144 address of p, q = 0x55aab278f014, 0x55aab278f018 address of const max = b278d004 address of a string = b278d057

- printf 함수에서 포인터 값은 형식지정자 %p를 사용하여 출력한다(10-11행). 주소 출력은 16진수로 주소의 전체 자릿수를 출력한다. 주소 자릿수는 시스템에 따라서 다르며 첫째 실행 예는 16진수 8자리로, 둘째 실행 예는 16진수 12자리로 출력되었다.
- 주소는 부호 없는 정수이므로 %u, %x, %o와 같은 형식지정자를 사용하여 출력할 수도 있으며(12행), 이 형식에서는 필요한 자릿수만큼 출력된다.
- 문자열 상수를 %s가 아닌 %p 주소 형식지정자 또는 %x와 같은 정수 형식지정자를 사용하여 출력하면(13행) 문자열 상수가 저장된 메모리의 시작 주소가 출력된다.
- 출력되는 주소는 컴퓨터와 컴파일러에 따라서 다를 수 있다.

포인터 변수 선언

메모리 주소, 즉 포인터를 저장하는 변수를 포인터 변수라고 한다. 포인터 변수는 다음과 같이 포인터가 가리키는 곳에 저장된 자료형과 함께 변수 이름 앞에 *를 붙여서 선언한다.

```
int  *p;                      ... p는 int 형 포인터 변수
char *q;                      ... q는 char 형 포인터 변수
double *r;                    ... r은 double 형 포인터 변수
```

p, q, r은 서로 다른 자료형에 대한 포인터 변수로서 그림 9.2와 같이 p는 int 형 자료의 주소를, q는 char 형 자료의 주소를, r은 double 형 자료의 주소를 저장하는 데 사용된다.

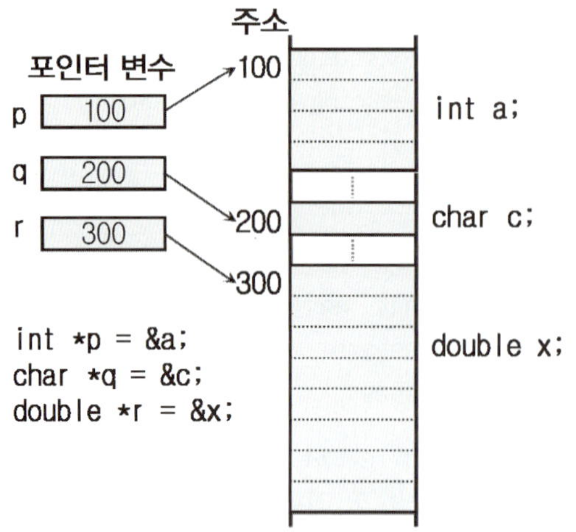

▌그림 9.2▌ 포인터 변수의 자료형과 메모리

포인터 변수는 다음과 같이 보통 변수 또는 다른 포인터 변수와 함께 선언할 수 있다.

```
int  a, *p;           ... 보통 변수와 포인터 변수를 함께 선언
char b, *q;
double c, *r, *s;     ... 여러 개의 포인터 변수를 함께 선언
```

그리고 주소 연산자를 사용하여 같은 자료형의 변수의 주소를 포인터 변수에 저장할 수 있다.

```
p = &a;               ... 변수 a의 주소를 포인터 변수 p에 저장
q = &b;               ... 변수 b의 주소를 포인터 변수 q에 저장
r = &c;               ... 변수 c의 주소를 포인터 변수 r에 저장
```

자료 접근과 간접 연산자 *

포인터 변수 p에 대해서 *p는 포인터 변수 p가 가리키는 위치의 내용, 즉 포인터 값의 메모리 주소에 저장된 내용을 반환한다.

```
*p      ... 포인터 변수 p가 가리키는 위치의 내용 (포인터 p 참조 내용)
```

보통 변수 a는 변수 이름 a를 사용하여 메모리에 저장된 내용을 직접 접근하는 데 비해서 포인터 변수 p를 사용하면 *p를 사용하여 메모리에 저장된 내용을 간접적으로 접근한다. 그림 9.3은 이러한 동작을 보여준다. 자료 접근에 사용되는 *를 간접(indirect) 연산자 또는 간접 참조(dereferencing) 연산자라고 한다. 그리고 *p를 포인터 p가 참조하는 내용이라고도 부른다. 포인터가 참조하는 내용의 자료형은 포인터의 자료형에 따라서 정해진다.

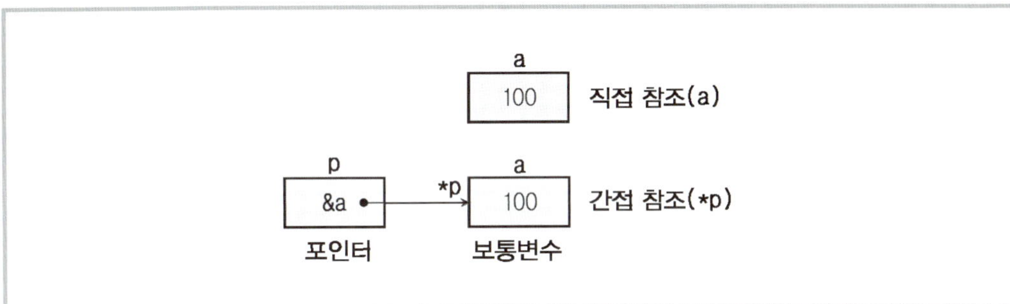

그림 9.3 직접 참조와 포인터를 사용한 간접 참조

간접 연산자 *는 단항 연산자로서 곱셈 연산자와 같은 기호를 사용하지만 아무런 관계가 없으며 주소 연산자 &와 반대되는 역할을 한다. 그리고 포인터 변수 선언을 할 때 사용하는 *와도 구분해야 한다. 다음은 *의 세 종류의 사용 예이다.

```
int *p;            ... *는 포인터 변수 선언
a = *p;            ... *는 간접 연산자 (포인터 p가 참조하는 내용)
b = 3 * a;         ... *는 곱셈 연산자
```

다음 예에서 p에 a의 주소가 저장되었으므로 *p는 a와 같다.

```
int  a, b, c, *p;  ... p는 int 형 포인터 변수

p = &a;            ... p에 a의 주소 저장
b = *p;            ... b = a (*p는 a와 같음)
*p = c;            ... a = c (*p는 a와 같음)
```

따라서 위 문장의 동작은 *p를 a로 바꾼 문장의 동작과 같다.

간접 연산자 *와 주소 연산자 &는 모두 단항 연산자로서 다른 단항 연산자와 마찬가지로 괄호 다음의 연산 우선순위를 갖는다. 그림 9.4은 주소 연산자와 간접 연산자와의 관계를 나타낸 것으로서, 포인터 변수 p에 변수의 주소 &a가 저장되면, 포인터가 가리키는 내용 *p로 변

수 a를 참조할 수 있음을 보여준다.

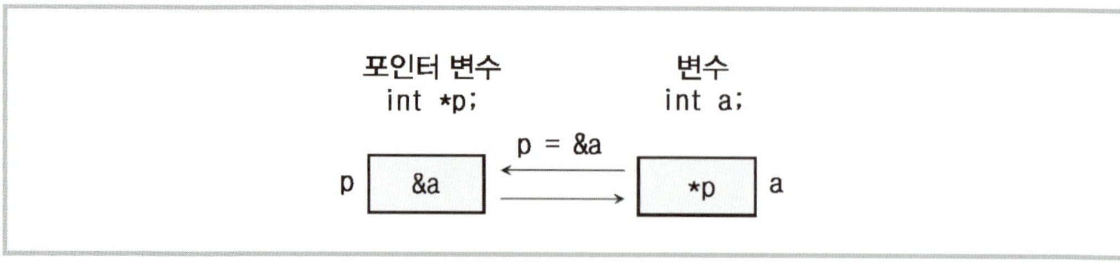

▌그림 9.4▐ 주소 연산자와 간접 연산자

포인터 변수의 초기화

포인터 변수는 반드시 초기화를 한 다음에 사용해야 한다. 다음과 같이 포인터 변수를 초기화하지 않고 사용한다면 포인터가 임의의 주소를 가리킬 수 있으므로 실행 오류가 발생하거나 우리가 알지 못하는 메모리의 내용을 망가뜨릴 수 있다.

```
int *p, a, b = 100;

a = *p;                 ... 오류 (p가 초기화 안됨)
*p = b;                 ... 오류 (p가 초기화 안됨)
```

포인터 변수는 대개는 실행문에서 초기화하지만, 보통 변수처럼 선언할 때 초기화할 수 있다. 다음은 포인터 변수를 초기화하는 예이다.

```
int a, b, *p;
int *q = &b;            ... 포인터 q는 포인터 선언과 함께 초기화

p = &a;                 ... 포인터 p는 실행문에서 초기화
```

포인터 변수가 가리키는 것이 없음을 나타내려면 NULL로 초기화한다. NULL은 <stdio.h>에서 0으로 정의되어 있다. 초기화되지 않은 포인터와 마찬가지로 NULL로 초기화된 포인터도 간접 연산자를 사용하여 포인터가 가리키는 내용을 참조할 수 없다.

예 9.2 포인터 변수를 사용한 프로그램

```
#include <stdio.h>

int main(void)
{
    int a, b, *p;

    a = 10;
    p = &a;

    b = *p;              /* b = a와 같음 */
    *p = 20;             /* a = 20과 같음 */

    printf("a = %d, b = %d\n", a, b);

    return 0;
}
```

실행	a = 20, b = 10

이 프로그램에서 변수 a를 직접 접근하는 것 대신에 포인터 변수 p를 사용하여 간접적으로 접근하여 읽기와 쓰기를 하였다.

C Programming

9.2 포인터 연산

포인터와 정수의 덧셈, 뺄셈

포인터는 정수와의 덧셈, 뺄셈을 할 수 있다. 포인터와 정수와의 덧셈, 뺄셈의 결과는 포인터 자료형이며 정수끼리의 덧셈, 뺄셈과는 차이가 있다. 포인터에 1을 더하면 주소가 1이 증가하는 것이 아니라 포인터가 가리키는 자료형의 크기만큼 증가한다.

포인터가 가리키는 자료형의 크기가 n 바이트일 때 포인터에 i를 더하면 주소는 i*n만큼 증가한다. 그림 9.5는 크기가 4 바이트인 자료형의 포인터 변수 p에 대한 덧셈, 뺄셈의 결과를 보여준 것이다.

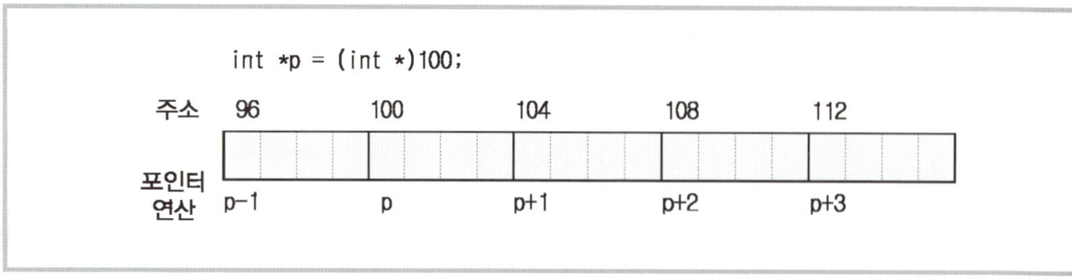

▌그림 9.5▐ 포인터의 증감과 메모리 주소와의 관계

그림 9.5에서 포인터 변수 p의 초기값 지정에 사용된 (int *)는 int 포인터 자료형으로 변경하기 위한 형 변환 연산자이다. 다음은 100을 정수와 주소로 각각 사용한 예이다.

```
100                    ... 정수 100
(int *)100             ... 정수형 포인터(주소) 100
```

포인터와 정수와의 덧셈과 뺄셈이 가능하기 때문에 포인터 변수에 대해서 증가 연산자 ++와 감소 연산자 --를 사용할 수 있다. 포인터 변수 p가 배열 원소의 주소일 때 p++는 다음 원소의 주소로 변경되며, p--는 이전 원소의 주소가 된다.

예 9.3 포인터의 덧셈, 뺄셈

다음은 포인터의 덧셈과 뺄셈의 결과를 확인하는 프로그램이다. 이 프로그램은 동작 확인용으로서 특별한 경우를 제외하고는 포인터 변수에 주소를 이렇게 직접 지정하지는 않는다.

```
#include <stdio.h>

int main(void)
{
    long *p;
    char *q;
    double *r;

    p = (long *)100;            /* long 포인터로 형 변환 */
    q = (char *)200;            /* char 포인터로 형 변환 */
    r = (double *)300;          /* double 포인터로 형 변환 */
    p++;                        /* p는 주소가 4 증가 */
    q--;                        /* q는 주소가 1 감소 */
    r = r + 5;                  /* r은 주소가 5*8=40 증가 */
    printf("p=%d q=%d r=%d\n", p, q, r);         /* 변화된 주소 출력 */
```

```

    return 0;
}
```

실행	p=104 q=199 r=340

포인터는 정수와의 덧셈, 뺄셈 이외에 같은 포인터 자료형에 대한 포인터 간의 뺄셈은 할 수 있으며 그 밖의 산술 연산은 사용할 수 없다. 두 포인터의 뺄셈의 결과는 포인터가 아니라 정수이며 두 포인터의 주소를 뺄셈한 결과를 포인터가 가리키는 자료형의 크기로 나눈 것이다. 예를 들어서 다음 문장에서 포인터 변수 p가 주소 4012이고 q가 주소 4000이라고 하면 주소의 차이는 12이고 이 값을 int 자료형의 크기 4로 나눈 결과는 3이다. 따라서 x에는 정수 3이 저장된다.

```
int *p, *q, x;

x = p - q;                  /* 포인터 간의 뺄셈, 결과는 정수 */
```

포인터 간의 뺄셈은 두 포인터가 같은 배열 원소의 주소일 때에 특히 의미가 있으며 뺄셈 결과는 두 포인터가 가리키는 위치 사이의 원소 개수로서, 배열 첨자의 차이와 같다.

```
int a[10], *p, *q, x;

p = &a[1];                  /* 배열 원소 a[1]의 주소 */
q = &a[5];                  /* 배열 원소 a[5]의 주소 */
x = q - p;                  /* x = 4 (배열 첨자의 차이와 같음) */
```

포인터 변수는 다음과 같이 다른 포인터와 비교 연산을 할 수 있다. 포인터의 비교는 주로 같은 배열 내의 원소들의 위치를 비교하는 데 사용된다.

```
p < q
p == q
```

그리고 포인터가 가리키는 곳의 유무를 확인하고자 할 때 다음과 같이 NULL과 비교할 수 있다.

```
p != NULL
```

포인터 연산과 간접 연산자의 결합

포인터 변수에 대해서 간접 연산자를 증가 연산자 또는 감소 연산자와 함께 사용할 수 있으며 사용 형태에 따라서 동작의 의미를 잘 생각해야 한다. 다음은 여러 가지 형태의 결합하여 사용한 예이다.

```
*p++      ... 포인터 p가 가리키는 자료를 사용한 후 p를 증가시킴
(*p)++    ... 포인터 p가 가리키는 자료를 사용한 후 자료를 증가시킴
*--p      ... 포인터 p를 감소시킨 후에 p가 가리키는 자료를 사용함
--(*p)    ... 포인터 p가 가리키는 자료를 감소시킨 후에 사용함
```

예 9.4 여러 가지 포인터 연산을 사용한 프로그램

```c
#include <stdio.h>

int main(void)
{
    int a[6] = {10, 20, 30, 40, 50, 60};
    int *p, *q, x;

    p = &a[0];
    q = &a[5];
    x = q - p;            // 포인터 간의 뺄셈
    printf("p = %p, q = %p\n", p, q);
    printf("포인터 차이 = %d\n", x);

    x = *p++;             // 포인터 참조 내용 사용 후 포인터 증가
    printf("x = %d, p = %p\n", x, p);

    q = &a[1];
    if (p == q)
        printf("p와 q가 같다.\n");

    (*p)++;                       // 포인터 참조 내용 증가
    printf("a[1] = %d\n", a[1]);

    return 0;
}
```

실행	p = 00CFF924, q = 00CFF938 포인터 차이 = 5 x = 10, p = 00CFF928 p와 q가 같다. a[1] = 21

- (8-11행) 포인터 변수 p와 q에 배열의 첫째 원소와 마지막 원소의 주소를 저장하고, 두 포인터의 차이를 계산한 후 두 포인터 값과 함께 출력하였다. 출력된 포인터 값의 차이는 0x14 = 20이고, 포인터 뺄셈 결과는 5로 20을 4로 나눈 값이다.
- (14-15행) 포인터 p가 참조하는 내용(a[0])을 x에 저장한 후 p를 증가시킨다. x는 a[0]의 값이 출력되었고 p는 앞에서 출력된 p 값보다 4가 증가하였다. 이 주소는 a[1]의 주소와 같다.
- (17-19행) q에 a[1]의 주소를 저장한 후 p와 비교하면 두 값은 같다.
- (21-22행) 포인터 p가 참조하는 내용(a[1])이 증가하며 p의 값은 그대로 유지된다. a[1]가 1이 증가한 21이 출력되었다.

연습 9.2

1. 다음 문장들은 증감 연산자와 간접 연산자가 함께 사용되었다. 각 문장의 동작을 설명하시오.

```
int a, b, *p, *q;
```

(1) `*p-- = a;`   (2) `b = *++q;`   (3) `(*p)--;`

2. 다음에서 p와 r은 각각 주소 3000과 5000으로 초기화되어 있다고 한다. 이 프로그램의 출력을 적으시오.

```
int      *p, *q;
double   *r;
...
q = p + 5;
r = r - 2;
printf("%u %u %u\n", q, r, q - p);
```

9.3 포인터와 배열

C 언어에서 포인터와 배열은 매우 밀접한 관계가 있다. 배열 이름은 배열의 시작 주소값을 가지며 배열 원소 자료형에 대한 포인터 상수이다. 다음 예를 통해서 배열 이름과 포인터와의 관계를 살펴보자.

예 9.5 포인터 상수인 배열 이름

```
1   #include <stdio.h>
2
3   int main(void)
4   {
5       double s[16];
6
7       printf("value of array name s = %p\n", s);
8       printf("address of s[0] = %p\n\n",  &s[0]);
9       printf("value of s+1 = %p\n",  s + 1);
10      printf("address of s[1] = %p\n",  &s[1]);
11      return 0;
12      }
```

실행

```
value of array name s = 0061FEA0
address of s[0] = 0061FEA0

value of s+1 = 0061FEA8
address of s[1] = 0061FEA8
```

- 배열 이름 s를 포인터형 또는 정수형 형식 지정자로 출력하면 배열의 시작 주소가 출력되며, 이 주소는 배열의 첫 번째 원소인 s[0]의 주소와 같다(7-8행).
- 배열 이름에 1을 더한 s+1의 값을 출력하면 s 값보다 8 크며, 이 값은 배열의 두 번째 원소인 s[1]의 주소와 같다(9-10행). 여기서 배열 이름이 포인터 자료형임을 확인할 수 있다.

배열에서 다음 원소의 주소는 원소의 자료형의 크기만큼 크다. 자료형의 크기는 sizeof 연산자를 사용하여 구할 수 있으며, 배열 원소 s[i]의 주소는 다음 식과 같다.

```
s[i]의 주소 = 배열 s의 시작 주소 + i * (배열 원소 자료형의 크기)
  &s[i]           s                        sizeof(type)
```

배열 원소에 접근하려면 기계어에서 내부적으로 위와 같은 주소 계산이 필요하다.

배열 이름은 포인터 자료형 상수이므로 배열 이름과 정수의 덧셈, 뺄셈은 포인터 변수와 정수의 덧셈, 뺄셈과 같은 동작을 한다. 예 9.5에서 double 형 배열 이름 s에 1을 더한 결과가 포인터 연산과 같이 배열의 시작 주소에서 8이 증가되는 것을 확인하였다. 예를 들어서 s + i는 배열의 시작 주소에 i가 더해지는 것이 아니라 i에 배열 원소의 자료형의 크기 8을 곱한 값이 더해진다.

그러므로 배열 원소 s[i]의 주소 &s[i]는 s + i로 나타낼 수 있다. 그리고 이 주소의 내용 *(s + i)는 s[i]와 같다. 즉 다음의 왼쪽과 오른쪽 표현은 같은 의미이다.

```
s + i ≡ &s[i]          ... 배열 원소 s[i]의 주소
*(s + i) ≡ s[i]        ... 배열 원소 s[i]의 내용
```

그렇지만 배열 이름은 상수이므로 다른 값으로 할당될 수 없으며 증감 연산자도 사용할 수 없다. 배열 이름은 포인터 상수이므로 같은 자료형의 포인터 변수에 저장할 수 있으며 배열의 원소들은 다음과 같이 포인터 변수를 사용하여 접근할 수 있다.

```
int a[10], *p, b;

p = a;              // p에 배열 a의 시작 주소 저장
b = *(p+3);         // b = a[3]
p++;                // p를 다음 원소의 주소로 증가 (p = a + 1, 즉, p = &a[1])
b = *p;             // b = a[1]
```

포인터 변수 p에 배열의 시작주소인 배열 이름 a가 저장된 경우에 다음 네 가지 표현은 모두 같은 배열 원소를 나타낸다.

```
a[i]   *(a+i)   p[i]   *(p+i)          ... 같은 배열 원소를 의미
```

포인터를 사용한 배열 처리

포인터 변수에 배열의 시작 주소를 저장한다면 포인터를 증가시키면서 다음 배열 원소를 참조할 수 있다. 포인터를 사용한 배열 원소 참조는 배열 원소의 주소 계산이 필요 없으므로 배열로 작성된 프로그램보다 더 효율적일 수 있다.

예 9.6 배열과 포인터를 사용한 프로그램 비교

다음은 배열의 모든 원소의 합을 구하는 프로그램을 배열과 포인터를 사용하여 각각 작성한 프로그램이다

```
1   #include <stdio.h>
2
3   // 배열의 원소 합 계산
4   int main(void)
5   {
6       int a[10] = {1, 3, 5, 7, 9, 11, 13, 15, 17, 19};
7       int i, sum;
8       int *p;
9
10      // 배열로 작성한 프로그램
11      sum = 0;
12      for (i = 0; i < 10; i++)
13          sum = sum + a[i];
14      printf("sum = %d\n", sum);
15
16      // 포인터로 작성한 프로그램
17      sum = 0;
18      for (p = a; p < a + 10; p++)
19          sum = sum + *p;
20      printf("sum = %d\n", sum);
21
22      return 0;
23  }
```

실행	sum = 100 sum = 100

- (11-13행) 배열 첨자를 i를 증가시키면서 모든 배열 원소를 접근하여 배열의 합을 계산하였다. a[i]를 접근하기 위해서 내부적으로 배열 원소의 주소 계산이 필요하다.

- (17-19행) 포인터로 작성한 프로그램은 배열 첨자 i를 증가시키는 것 대신에 배열 원소에 대한 포인터 p를 증가시켜서 다음 배열 원소를 가리키게 하였다. 포인터를 사용하면 그 자체가 배열 원소의 주소이므로 배열 원소 a[i]를 참조할 때 수행되는 주소 계산이 필요 없다. 그리고 포인터의 동작 범위를 나타내기 위해서 배열의 마지막 원소의 다음 주소인 a + 10 또는 &a[10]을 사용할 수 있다.

참고

포인터의 배열 복합 상수 초기화 C99

다음과 같이 포인터를 배열 이름으로 초기화하는 것 대신에

```
int a[] = {1, 3, 5, 7, 9, 11, 13, 15, 17, 19};
int *p = a;
```

6.3절에서 소개했던 배열 인수로 사용한 복합 상수를 다음과 같이 포인터의 초기값 지정에도 사용할 수 있다.

```
int *p = (int []) {1, 3, 5, 7, 9, 11, 13, 15, 17, 19};
```

연습 9.3

1. 6장의 예 6.14의 copy_array 함수를 배열 대신에 포인터를 사용하여 배열 원소에 접근하여 수행하도록 수정하시오.

```
void copy_array(int *d, int *s, int len);
```

9.4 포인터와 문자열

C Programming

포인터를 사용한 문자열 접근

문자열은 7장에서 문자 배열에 널 문자로 끝나는 문자열을 저장하여 나타내었다. 포인터와 배열의 관계에서 볼 수 있듯이 문자열도 포인터를 사용하여 나타내어 다룰 수 있다.

문자열 상수는 다음과 같이 문자 배열의 초기값으로 뿐만 아니라 문자형 포인터 변수의 초기값으로 사용될 수 있다.

```
char s[] = "computer";          ... 배열 s에 "computer" 저장
char *p = "computer";           ... p에 "computer"의 시작 주소 저장
```

그렇지만 두 선언에서 문자열이 저장되는 방식은 다음과 같은 차이가 있으며 그림 9.6는 이러한 차이점을 보여준다.

- char 배열 s는 문자열 "computer"를 저장하기 위한 널 문자를 포함한 9개 문자의 공간을 할당받아서 여기에 문자열을 초기값으로 저장한다.
- char 형 포인터 변수 p는 문자열 상수 "computer"가 저장된 메모리의 시작 주소로 초기화되며 포인터 변수 p는 자체적인 문자열 저장공간이 없다.

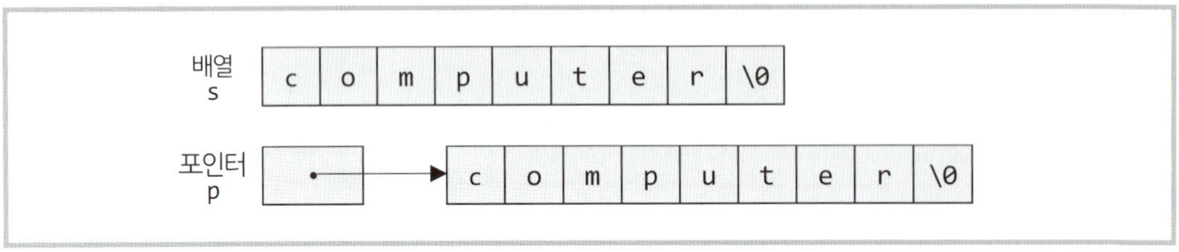

그림 9.6 문자열로 초기화된 포인터 변수와 문자 배열

문자형 포인터는 문자 배열과는 다르게 다음과 같이 문장 중에서도 문자열 상수나 문자 배열을 할당할 수 있으며, 이때 포인터 변수에 할당되는 문자열 또는 문자 배열의 시작 주소가 저장된다.

```
char s[ ] = "university";
char *p;

p = "computer";                 ... p에 문자열 "computer"의 주소 저장
p = s;                          ... p에 문자 배열 s의 주소 저장
```

그렇지만 문자 배열에는 위와 같이 주소가 할당될 수 없으므로 문자 배열에 대한 문자열 할당은 7장에서 소개한 바와 같이 문자열을 복사하는 라이브러리 함수 strcpy() 또는 strcpy_s()를 사용하여 수행해야 한다.

```
char s[ ] = "university";
char t[20];

strcpy(t, "computer");          ... 배열 t에 문자열 "computer"를 복사
strcpy(t, s);                   ... 배열 t에 배열 s에 저장된 문자열을 복사
strcpy_s(t, 20, s);             ... 복사 문자열의 길이를 20개로 제한
```

함수 strcpy()의 복사 대상이 되는 첫 번째 인수로 문자 배열 대신에 문자 포인터 변수를 사용할 수 있다. 이때 문자열은 문자 포인터가 가리키는 곳으로 복사되며, 문자 포인터 변수는 문자열을 복사할 수 있는 충분한 메모리 공간에 대한 시작 주소를 가지고 있어야 한다. 다음은 이러한 메모리 공간을 확보하지 않은 문자 포인터를 잘못 사용하는 예이다.

```
char *p;
strcpy(p, "computer");          ... 틀렸음 (p가 메모리 공간 주소로 초기화되지 않음)
```

위에서 char 형 포인터 p는 초기화되지 않았으므로 문자열을 복사할 수 있는 기억장소를 전혀 확보하고 있지 않아서 잘못된 것이다.

위의 프로그램은 다음과 같이 문자 포인터를 배열과 같은 확보된 기억장소의 주소로 초기화하여 해결할 수 있다.

```
char *p, s[20];
p = s;                          ... p는 배열 s의 시작 주소를 저장
strcpy(p, "computer");          ... strcpy(s, "computer")와 같음
```

이 프로그램은 문자열 "computer"를 포인터 p가 가리키는 곳, 즉 배열 s에 복사한다.

문자열 저장을 위한 기억장소는 위와 같이 배열을 사용하여 확보할 수 있지만, 다음과 같이 메모리 공간을 할당하는 라이브러리 함수 malloc()를 사용하여 프로그램이 실행되는 동안 동적으로 할당받아서 확보할 수도 있다. 이 함수는 헤더파일 <stdlib.h>를 포함하여 사용해야 한다.

```
#include <stdlib.h>
...
char *p;
p = (char *)malloc(20);         ... 20바이트의 메모리 공간을 할당 받음
strcpy(p, "computer");
```

다음과 같이 문자열 상수의 주소로 초기화된 포인터 p를 strcpy 함수의 복사 대상으로 사용한 예로서 문자열을 복사하면 문자열 상수가 변경되므로 잘못 사용한 것이다.

```
char *p =  "university";
strcpy(p,  "computer");          ... 틀렸음 (문자열 상수가 변경됨)
```

예 9.7 문자열에 대한 포인터를 사용한 프로그램

다음은 문자 배열과 문자 포인터 변수를 사용하여 문자열을 다루는 프로그램으로서 strcpy 함수를 사용한 문자열 복사 동작을 수행한다.

```
#include <stdio.h>
#include <string.h>
#include <stdlib.h>

int main(void)
{
    char s[80];
    char t[] = "Korea";
    char *str = "Victory";
    char *p;

    printf("t   : %s\n", t);        // 문자배열에 저장된 문자열
    printf("str : %s\n", str);      // 문자 포인터가 가리키는 문자열

    strcpy(s, t);                   // 문자 배열에 문자열 복사
    printf("s   : %s\n", s);

    p = (char *)malloc(20);         // 20 바이트 메모리 할당
    strcpy_s(p, 20, str);           // 할당된 메모리에 문자열 복사(최대 20개)
    printf("p   : %s\n", p);

    return 0;
}
```

실행

```
t   : Korea
str : Victory
s   : Korea
p   : Victory
```

- printf 함수에서 문자열 형식 지정자 %s에 대응되는 인수로 문자열의 시작 주소를 나타내는 문자 배열 또는 문자 포인터 변수를 사용한다(12-13,16,20행).
- strcpy 함수를 사용하여 문자 배열(15행) 또는 동적으로 할당된 메모리 공간(18-19행)에 문자열을 복사하였다.
- 메모리를 동적으로 할당받아서 특정 문자열을 복사할 때 다음과 같이 strlen 함수로 문자열 크기를 얻어서 필요한 크기만 할당받아서 사용할 수 있다.

```
p = (char *)malloc(strlen(str))+1...(str)+1);        // 18행의 대체 코드
```

포인터를 사용한 문자열의 문자 접근

문자열이 문자 배열 s에 저장될 때, 문자열에 있는 문자들은 배열 원소 s[i]를 사용하여 접근할 수 있다. 문자열에 있는 문자는 배열 원소를 사용하는 것 대신에 문자 포인터 p를 사용하여 접근할 수 있다. p가 문자열 내의 위치를 가리킨다면 *p는 이 위치에 있는 문자이다. *p가 NULL이면 p는 문자열 끝에 도달한 것이다.

예 9.8 문자열 처리에 포인터를 사용한 프로그램

다음은 포인터를 사용하여 문자열 길이를 계산하는 프로그램이다.

```
#include <stdio.h>

int main(void)
{
    char s[80], *p;
    int len;

    printf("Enter a string: ");
    scanf("%s",s);

    // 문자열 길이 계산
    p = s;                  // 배열 시작주소로 포인터 초기화
    len = 0;
    while (*p) {            // 널 문자가 아닌 동안 반복
        p++;
        len++;
    }
    printf("the length of string %s = %d\n", s, len);
```

```
19        return 0;
20    }
```

실행	Enter a string: *printer* the length of string printer = 7

- 이 프로그램에서 문자 포인터 p는 배열의 시작 주소 s부터 시작하여 널 문자를 저장한 주소에 도달할 때까지 증가하면서 길이 len을 함께 증가시킨다. 포인터 p가 문자열 끝에 도달하면 while 문의 조건식 *p은 널 문자 '\0'이 되므로 거짓이 되어 반복문이 종료된다.
- 반복문의 조건식(14행)은 다음과 같이 p가 가리키는 내용의 참조(*p)와 p의 증가(p++)를 함께 표현하여 나타낼 수도 있다.

```
while (*p++)
    len++;
```

연습 9.4

1. 다음과 같이 문자열 p와 문자 배열 str이 선언되었다. 문자열 p를 문자 배열 str에 복사하는 프로그램을 포인터를 사용하여 작성하시오.

```
char *p = "university";
char str[80];
```

(힌트: 2개의 문자 포인터 변수 s와 t를 선언하여 p와 str을 각각 저장한 후에 s가 가리키는 문자가 널 문자가 될 때까지 *t++ = *s++; 문장을 반복 수행한다.)

9.5 포인터의 배열

같은 자료형의 자료들을 배열을 사용하여 한 묶음으로 나타낼 수 있듯이 같은 자료형에 대한 포인터들도 배열을 사용하여 한 묶음으로 나타낼 수 있다. 다음은 정수 포인터의 배열을 선언한 것이다.

```
int  *pa[5];
```

정수 포인터 배열 pa는 그림 9.7과 같이 5개의 int 형 포인터를 저장할 수 있다.

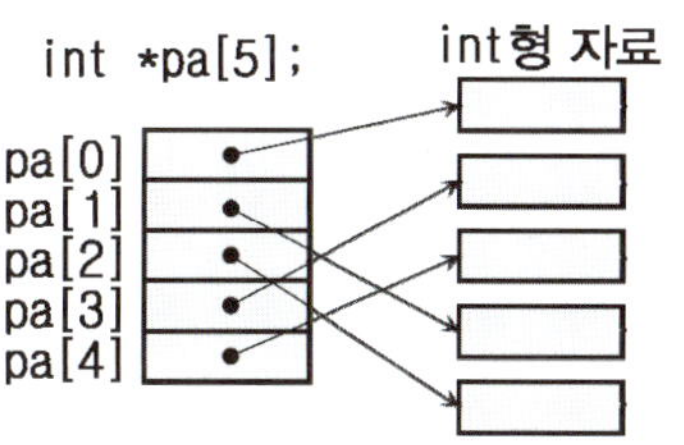

그림 9.7 포인터의 배열

포인터의 배열은 특히 문자열의 배열을 나타내는 데에 유용하게 사용될 수 있다. 7.5절에서 2차원 문자 배열을 사용하여 여러 개의 문자열을 저장하는 것을 이미 소개하였다. 여러 개의 문자열은 문자 포인터의 배열을 사용하여 나타낼 수 있다. 다음 예는 두 가지 방법을 비교한 것이다.

예 9.9 여러 개의 문자열 저장

❶ 2차원 문자 배열을 사용한 문자열 저장

```
#include <stdio.h>

char a[4][10] = {"database", "network", "java", "c"};

int main(void)
{
    int  i;

```

```
    for (i = 0; i < 5; i++)
        printf("%s\n",a[i]);
    return 0;
}
```

실행	database network java c

❷ 문자 포인터의 배열을 사용한 문자열 저장

```
#include <stdio.h>

char *p[4] = {"database", "network", "java", "c"};

int main(void)
{
    int  i;

    for (i = 0; i < 4; i++)
        printf("%s\n",p[i]);
    return 0;
}
```

실행	database network java c

- 위의 두 프로그램의 결과는 같을지라도 문자열들은 그림 9.8과 같이 서로 다르게 저장된다.
- 2차원 문자 배열 a의 초기값으로 사용된 문자열은 배열 a에 저장된다. 문자 배열에 저장할 수 있는 문자열의 길이는 행의 크기에 제한을 받으며 배열 a는 최대 9문자의 문자열을 저장할 수 있다. 그리고 짧은 문자열에 대해서는 행의 나머지 공간은 사용되지 않는다.

- 포인터의 배열 p의 초기값으로 사용된 문자열은 해당 문자열 상수들이 메모리에 배치되고 포인터 배열의 원소들은 각 문자열의 시작 주소를 저장한다. 컴파일러는 문자열 상수 저장에 필요한 크기의 메모리만 할당하여 사용하므로 메모리를 낭비하지 않으며, 사용할 수 있는 문자열 길이에 제한이 없다.

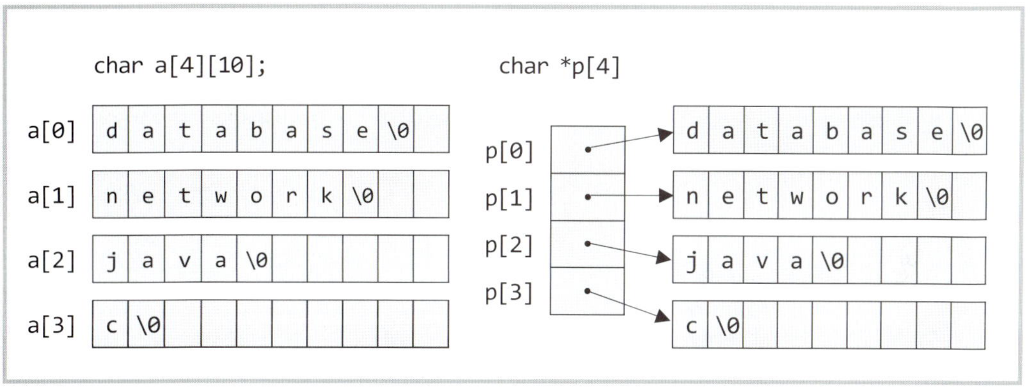

그림 9.8 2차원 문자 배열과 문자 포인터 배열의 비교

연습 9.5

1. 문자 포인터 배열을 10개 이상의 문자열을 초기화하여 선언하시오. 그리고 문자열을 입력받아서 저장된 문자열의 배열에서 입력 문자열을 검색하여 검색 결과를 출력하는 프로그램을 작성하시오. 문자열 비교에 strcmp() 함수를 사용할 수 있다.

9.6 구조체 포인터

C Programming

구조체 변수에 대해서도 다른 자료와 마찬가지로 변수의 시작 주소를 포인터로 다룰 수 있으며, 구조체 포인터를 사용하여 구조체 멤버에 접근할 수 있다.

다음과 같은 구조체 자료형의 변수 s와 포인터 변수 p에 대해서

```
struct data {
    double x;
    int n;
    char c;
};
struct data s, *p;

p = &s;                           ... 포인터 변수 p에 구조체 변수 s의 주소를 저장
```

&s는 그림 9.9와 같이 구조체 변수의 시작 주소를 나타내며, 구조체 포인터 변수 p에 구조체 변수의 주소 &s를 저장하면 포인터를 사용하여 멤버에 접근할 수 있다.

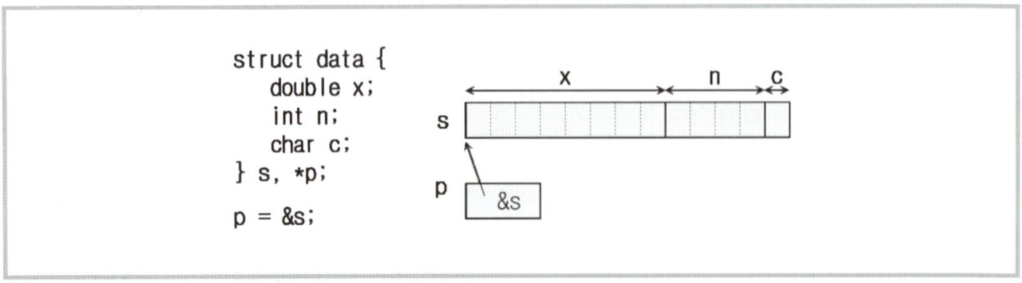

그림 9.9 구조체 포인터

구조체 포인터 p에 대해서 *p는 s와 같으므로 구조체 멤버 s.n은 s대신에 다음과 같이 *p를 사용하여 접근할 수 있다.

```
(*p).n                  ... s.n과 같음
```

멤버 연산자 .은 괄호와 같이 가장 높은 우선 순위를 가지므로 *p는 반드시 괄호를 사용하여 간접 연산자 *를 먼저 실행한 후에 멤버에 접근해야 하며, 이와 같은 멤버 접근은 매우 번거롭다.

구조체 포인터를 사용한 멤버 접근은 다음과 같이 구조체 포인터 연산자 ->를 사용하여 간단히 접근할 수 있으며, 이 연산자를 간접 멤버 연산자라고도 한다.

```
p->n                    ... (*p).n과 같음
```

예 9.10 구조체 포인터를 사용한 구조체 멤버의 초기화

다음은 구조체 변수의 값을 지정하는 프로그램으로서 구조체 포인터를 사용하여 멤버의 값을 지정하고 구조체 변수를 사용하여 멤버의 값을 확인하는 프로그램이다.

```
#include <stdio.h>
#include <string.h>

struct data {
    double x;
    int n;
    char c;
};

int main(void)
{
    struct data s, *p;

    // 구조체 포인터를 사용한 값 지정
    p = &s;
    p->x = 2.83;
    p->n = 100;
    p->c = 'Z';

    // 구조체 값 출력
    printf("%g %d %c\n", p->x, p->n, p->c);         // 구조체 포인터 사용
    printf("%g %d %c\n", s.x, s.n, s.c);    // 구조체 변수 사용

    return 0;
}
```

실행

```
2.83 100 Z
2.83 100 Z
```

- 이 프로그램에서 구조체 변수의 멤버를 구조체 포인터를 사용하여 지정하였으며, 실행 결과로부터 구조체 포인터를 사용한 멤버 접근과 구조체 변수를 사용한 멤버 접근 결과가 같음을 확인할 수 있다.

예 9.11 구조체 포인터를 사용한 구조체 배열 검색

다음은 예 8.6의 프로그램을 구조체 포인터를 사용하여 멤버를 접근하도록 수정한 프로그램이다.

```c
#include <stdio.h>

struct student {
    int id;                 // 7자리정수, 앞의 4자리가 입학년도
    char name[10];
    int dept;
};

int main(void)
{
    struct student s[] = {
                2023101, "홍길동", 100,
                2023102, "김하나", 100,
                2022851, "박두나", 101,
                2021431, "이세나", 110,
                2019001, "정다운", 200,
                2022300, "한다해", 101,
                2023003, "최윤", 201
    };
    struct student *p;
    int n;                  // 배열 원소 수
    int year;

    printf("검색할 입학년도는 ? ");
    scanf("%d", &year);

    n = sizeof(s)/sizeof(s[0]);
    for (p = s; p < s + n; p++)
        if (p->id/1000 == year)
                printf("%d %s %d\n", p->id, p->name, p->dept);
    return 0;
}
```

실행

```
검색할 입학년도는 ? 2022
2022851 박두나 101
2022300 한다해 101
```

- 이 프로그램에서 구조체 배열의 원소를 검색할 때 배열의 첨자 대신에 구조체 변수 s에 대한 포인터 p를 증가시키면서 배열을 검색하였으며(28행), 구조체 포인터 연산자 ->를 사용하여 멤버에 접근하였다(29-30행). 구조체 배열을 검색하는 범위는 첨자를 사용할 때의 `i < n` 대신에 구조체 포인터로 n개의 구조체 배열 원소를 이동한 위치를 사용한 `p < s + n`을 사용하였다(28행).

연습 9.6

1. 예 9.11의 수정 예를 참고로 하여 예 8.8의 `search_unit()` 함수를 구조체 배열을 검색할 때에 구조체 포인터 변수를 사용하도록 수정하시오.

C Programming

9.7 포인터와 함수 인수

함수의 인수 전달 방법

C 언어는 함수를 호출할 때 인수의 값이 복사되어 함수의 매개변수로 전달된다는 것을 5장에서 이미 배웠으며, 6장에서 배열을 함수 인수로 사용할 때는 함수에서 배열 원소를 직접 접근할 수 있다는 것도 이미 언급하였다.

함수 호출 시에 인수를 전달할 때 인수의 값이 전달되면 **값에 의한 호출**(call by value)이라고 하며 인수의 주소가 전달되면 **참조에 의한 호출**(call by reference)이라고 한다. 값에 의한 호출은 함수 간에 독립성이 유지되는 장점이 있지만, 구조체와 같이 큰 자료형을 함수의 인수로 사용할 때는 구조체의 내용 전체가 복사되어 매개변수로 전달되므로 비효율적이다.

함수를 호출할 때 인수로 사용된 변수의 값 대신에 주소가 전달되면 다음과 같은 장점이 있다.

- 자료의 크기가 큰 자료형의 변수인 경우에, 함수의 인수로 변수의 주소를 사용하면 값을 복사하여 매개변수로 전달하는 것으로 인한 시간 낭비를 막을 수 있어서 효율적이다.
- 변수의 주소가 함수의 매개변수로 전달되므로, 주소가 전달된 변수의 값을 호출된 함수에서 바꿀 수 있어서 인수를 함수의 결과를 받는 용도로 사용할 수 있다.

C 언어는 값에 의한 호출만 지원한다. 그렇지만 변수의 주소를 명시적으로 얻을 수 있는 주소 연산자 &를 제공하므로 함수의 인수로서 변수 대신에 포인터 자료형인 변수의 주소를 사용하면 앞에서 언급한 참조에 의한 호출과 같은 기능을 수행할 수 있다.

포인터 함수 인수

함수 인수로서 변수의 주소를 전달하려면 함수를 정의할 때 다음과 같이 함수의 매개변수의 자료형을 다음과 같이 포인터 자료형으로 선언하고, 함수의 코드에서 간접 연산자 *를 사용하여 전달된 포인터가 가리키는 내용을 참조하여 읽어서 사용하거나, 포인터가 가리키는 내용을 수정하여 실행 결과를 반영할 수 있다.

```
// 포인터 인수를 사용하는 함수 정의
void func( ... , int *p)          ... 함수 매개변수를 포인터 자료형으로 선언
{
    ... = *p;                     ... 포인터 참조 내용을 읽어서 사용
    *p = ...;                     ... 실행 결과를 포인터 참조 위치에 저장
}
```

포인터 함수 인수를 사용하는 함수를 호출할 때는 다음과 같이 주소 연산자 &를 사용하여 변수의 주소를 인수로 전달한다.

```
// 포인터 인수를 사용하는 함수 호출
int d;                            ... 함수 인수로 주소를 전달할 변수

d = 10;
func( ... , &d);                  ... 함수 호출: 인수로 변수의 주소 전달
```

그림 9.10는 앞에서 설명한 사항을 그림으로 나타낸 것으로서, 함수를 정의할 때 포인터 함수 매개변수를 나타내기 위해서 포인터 변수를 선언할 때와 같이 int *p를 사용하고, 함수를 호출할 때는 변수의 주소를 전달하기 위해서 &d를 사용하여, 서로 다른 형식이 사용됨에 유의하자. 그리고 함수 코드에서 사용하는 *p는 변수 d와 같은 내용이다.

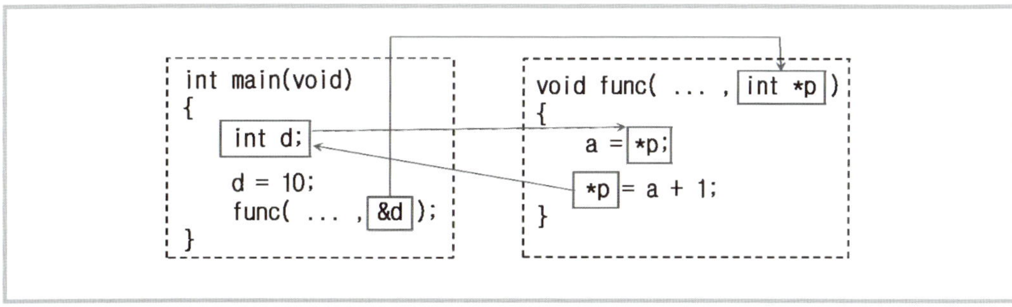

▌그림 9.10▌ 포인터 함수 인수 사용

예 9.12 포인터 인수를 사용하여 결과를 반환하는 함수

다음은 두 개의 포인터 인수를 통하여 두 개의 계산 결과를 반환하는 함수 add_sub를 작성하여 사용하는 프로그램이다.

```
1  #include <stdio.h>
2  
3  void add_sub(int a, int b, int *padd, int *psub);
4  
5  int main(void)
6  {
7      int sum, diff;
8  
9      add_sub(10, 20, &sum, &diff); // 결과를 저장할 변수의 주소를 인수로 전달
10     printf("sum = %d\n", sum);
11     printf("diff = %d\n", diff);
12     return 0;
13 }
14 // 포인터 함수 인수를 통한 결과 전달
15 void add_sub(int a, int b, int *padd, int *psub)
16 {
17     *padd = a + b;
18     *psub = a - b;
19 }
```

실행	sum = 30 diff = -10

- 함수 add_sub는 두 정수값을 인수 a, b로 전달받아서 포인터 인수 padd와 psub를 통하여 a와 b의 덧셈과 뺄셈 결과를 반환한다(3, 15행). 함수에서 포인터가 가리키는 내용

인 *padd와 *psub에 덧셈과 뺄셈 결과를 각각 저장하였다(17-18행).

- 함수를 호출할 때 결과를 변수 sum과 diff에 저장하기 위하여 포인터 인수 값으로 두 변수의 주소인 &sum과 &diff을 제공하였다(9행).

함수의 반환값은 1개만 가능하지만, 예 9.12와 같이 포인터 함수 인수를 사용하면 함수에서 포인터 인수를 통하여 여러 개의 결과를 전달받을 수 있다. 이에 대한 대표적인 예가 scanf 함수이다. 다음에서 scanf 함수 호출은 두 개의 변수 a와 x의 주소를 인수로 제공하여 정수와 실수 입력을 전달받는다.

```
int a;
double x;

scanf("%d %lf", &a, &x);          // a와 x의 주소를 제공하여 정수와 실수를 입력
```

예 9.13 포인터 인수를 값을 전달받고 결과를 반환하는 데 함께 사용하는 함수

다음 프로그램에서 함수 swap은 포인터 인수를 통하여 값을 교환할 두 변수의 주소를 전달받아서 두 주소에 저장된 내용을 교환한다.

```
#include <stdio.h>

void swap(int *p, int *q);

int main(void)
{
    int  a, b;

    a = 10;  b = 20;
    printf("before swap: a = %d, b = %d\n", a, b);
    swap(&a, &b);                    // 변수의 주소를 인수로 전달
    printf("after  swap: a = %d, b = %d\n", a, b);
    return 0;
}

void swap(int *p, int *q)
{
    int tmp;

    tmp = *p;
```

```
    *p = *q;
    *q = tmp;
}
```

실행	before swap: a = 10, b = 20 after swap: a = 20, b = 10

- 이 프로그램에서 함수 swap을 호출할 때 두 변수의 주소를 인수로 전달하면 두 변수의 값이 교환된 결과를 얻게 된다. 이처럼 함수 swap의 두 인수는 모두 변수의 주소를 전달하고 결과를 전달받는 용도로 사용된다.

참고

C++ 참조 ★

C++ 언어에서는 참조(reference)라고 하는 새로운 자료형을 제공한다. 참조는 변수에 별명(alias)을 붙이는 것으로서 참조 변수와 원래의 변수는 완전히 같은 변수가 된다. 참조 변수는 다음과 같이 &를 사용하여 선언한다.

```
int c;
int &cref = c;
```

위에서 참조 변수 cref는 변수 c의 별명이 되어서 c와 같은 변수가 된다. 참조 변수를 선언할 때는 반드시 초기화를 해야 한다.

참조는 함수에서 참조 매개변수로 주로 사용되어 함수의 참조에 의한 호출을 지원한다. 함수의 참조 매개변수는 인수로 전달된 변수의 별명으로 사용되므로 인수로 전달된 변수값을 변경시킬 수 있다. 참조 인수를 사용하면 포인터 인수를 사용할 때와 같이 간접 연산자 *를 사용할 필요가 없이 매개변수 이름을 그대로 사용하면 되므로 프로그램이 더 간단하다. 다음은 예 9.13에서 작성한 swap 함수를 C++ 참조 매개변수를 사용하여 다시 작성한 것이다.

```
void swap(int &x, int &y)
{
    int tmp;

    tmp = x;
    x = y;
    y = tmp;
}
```

그리고 참조 매개변수를 사용한 함수를 호출할 때 다음과 같이 변수 이름을 그대로 사용한다.

```
int a=10, b=20;
swap(a, b);
```

구조체 포인터 인수

앞에서 언급했듯이 구조체를 인수로 사용해야 할 때는 구조체 대신에 구조체 포인터를 사용하는 것이 구조체의 값을 복사할 필요가 없어서 인수 전달이 효율적이므로 바람직하다. 다음은 구조체 포인터 인수를 사용하는 프로그램의 예이다.

예 9.14 구조체 포인터 인수를 사용하는 함수

다음은 예 8.5에서 작성했던 두 점 사이의 거리를 계산하는 distance 함수를 예 8.5에서 작성했던 포인터 인수를 사용한 함수로 다시 작성한 프로그램이다.

```
#include <stdio.h>
#include <math.h>

struct point {
    double x, y;
};

double distance(struct point *p, struct point *q);
void print_point(struct point *p);

int main(void)
{
    struct point a = {1.0, 4.0};
    struct point b = {5.0, 2.0};

    printf("점 a의 좌표: ");
    print_point(&a);
    printf("\n점 b의 좌표: ");
    print_point(&b);
    printf("\n두 점 사이의 거리: %f\n", distance(&a, &b));
    return 0;
}

double distance(struct point *p, struct point *q)
{
    double  dx, dy, distance;

    dx = p->x - q->x;
    dy = p->y - q->y;
```

```
    distance = sqrt(dx*dx + dy*dy);
    return distance;
}

void print_point(struct point *p)
{
    printf("(%g,%g)", p->x, p->y);
}
```

실행

```
점 a의 좌표: (1,4)
점 b의 좌표: (5,2)
두 점 사이의 거리: 4.472136
```

- distance 함수는 두 개의 struct point 구조체 포인터를 인수로 전달받아서 포인터를 사용하여 두 점의 좌표를 참조하여 두 점 사이의 거리를 계산하여 반환한다.
- print_point 함수는 struct point 구조체 포인터를 인수로 전달받아서 포인터가 가리키는 점의 좌표 출력하는 함수이다.

함수의 결과를 구조체로 직접 반환할 수 있지만, 이 경우도 구조체 값 전체가 복사되어 호출한 측으로 전달되므로 큰 구조체에 대해서는 역시 비효율적이다. 구조체 포인터 인수를 사용하면, 결과를 저장할 구조체의 주소를 전달받아서 이 구조체에 함수의 결과를 직접 저장하여 함수의 결과를 반환할 수 있다.

예 9.15 함수 인수를 통하여 결과를 반환하는 함수

다음은 구조체 포인터 인수를 사용하여 구조체로 표현된 두 복소수의 덧셈과 곱셈 수행 결과를 제공하는 함수를 작성하고, 이를 사용하여 복소수 연산을 수행하는 프로그램이다.

```
#include <stdio.h>

struct complex {
    double re;
    double im;
};

void assign(struct complex *p, double real, double imag);
void add(struct complex *result, struct complex *p, struct complex *q);
```

```c
void prt(struct complex *p);

int main(void)
{
    struct complex c1, c2, c3;

    assign(&c1, 1.0, 2.0);        /* c1 : 1 + 2 i */
    assign(&c2, 3.0, 4.0);        /* c2 : 3 + 4 i */
    add(&c3, &c1, &c2);           /* c3 = c1 + c2 */
    prt(&c3);
    return 0;
}

/* p가 가리키는 복소수값 지정 */
void assign(struct complex *p, double real, double imag)
{
    p->re = real;
    p->im = imag;
}

/* p, q가 가리키는 복소수를 더하여 result가 가리키는 복소수에 저장 */
void add(struct complex *result, struct complex *p, struct complex *q)
{
    result->re = p->re + q->re;
    result->im = p->im + q->im;
}

/* p가 가리키는 복소수를 출력 */
void prt(struct complex *p)
{
    printf("%g + %g i\n", p->re, p->im);
}
```

실행	4 + 6 i

- 함수 assign, add는 모두 복소수를 나타내는 struct complex 구조체 포인터 인수를 사용하여 함수의 실행 결과를 저장한다.
- 함수 assign은 구조체 포인터 인수가 가리키는 복소수에 인수로 전달된 실수부와 허수부 값으로 복소수 값을 지정한다.

- 함수 add는 구조체 포인터 인수가 가리키는 복소수에 구조체 포인터를 통하여 전달된 두 복소수에 대한 덧셈을 수행하여 결과를 저장한다.
- 함수 prt는 구조체 포인터 인수가 가리키는 복소수를 출력한다.
- 이 프로그램은 세 함수를 사용하여 복소수 값을 지정하고, 덧셈을 수행한 후 덧셈 결과를 출력한다.

참고

복소수 자료형을 사용한 예9.15의 재작성 C99 ★

8장에서 소개했듯이 C99는 복소수 자료형 _Complex 또는 complex를 제공한다. 이 자료형을 사용하면 예 9.15의 프로그램은 다음과 같이 매우 간결하게 작성할 수 있다. 이 프로그램은 Visual Studio의 Microsoft C/C++ 컴파일러에서는 지원되지 않는다.

```
#include <stdio.h>
#include <complex.h>

int main(void)
{
        double complex c1, c2, c3;

        c1 = 1 + 2*I;
        c2 = 3 + 4*I;
        c3 = c1 + c2;
        printf("%g + %g i\n", creal(c3), cimag(c3));

        return 0;
}
```

const 포인터 함수 인수

포인터 함수 인수로 사용할 때 포인터가 함수의 결과를 저장하는 용도로 사용하지 않는다면 포인터가 가리키는 내용이 바뀌지 않아야 한다.

함수에서 포인터 인수가 가리키는 곳의 내용이 바뀌지 않도록 하려면 함수의 매개변수를 다음과 같이 const 자료형으로 선언한다.

```
void func(const int *p, ... )            ... 매개변수를 const 포인터로 선언
```

포인터 자료형이 const와 함께 선언되면 포인터가 가리키는 곳의 내용이 상수라는 의미가 되며, 내용을 변경할 수 없게 되어서 함수를 작성할 때 잘못하여 값이 바뀌는 것을 방지할 수 있다.

예 9.15의 함수 add에서 입력 복소수로 사용되는 복소수 포인터 인수 p와 q를 다음과 같이 const 자료형으로 선언하여, 이 인수가 입력 전용으로 사용된다는 것을 표시할 수 있다.

```
void add(struct complex *result, const struct complex *p, const struct complex *q);
```

7장에서 소개한 문자열 처리함수들은 다음과 같은 함수의 원형을 가지며, 포인터가 가리키는 문자열이 변경되는 것을 방지하지 위하여 const 자료형을 사용하였다.

```
char *strcpy(char *dest, const char *src);
char *strcat(char *dest, const char *src);
int strcmp(const char *s1, const char *s2);
size_t strlen(const char *s);
```

배열과 포인터 함수 인수

6장에서 배열 함수 인수를 사용하면 함수를 호출할 때 전달된 배열을 함수에서 그대로 사용할 수 있다는 것을 배웠다. 함수의 인수를 배열로 선언하는 것은 같은 자료형의 포인터 자료형으로 선언하는 것과 같은 의미이기 때문에 이러한 동작을 수행한다. 즉 배열 함수 인수는 포인터 함수 인수와 같다.

변수를 배열로 선언할 때는 배열 원소들을 저장할 기억장소가 할당되며 배열 이름은 이 기억장소의 시작 주소를 나타낸다. 그렇지만 함수의 인수를 배열로 선언하는 것은 실제로는 포인터 자료형으로 선언하는 것이므로, 배열을 위한 기억장소를 할당하지 않고 배열의 시작 주소를 전달받는 용도로 사용된다. 그러므로 같은 자료형의 배열 인수와 포인터 인수는 서로 바꾸어 사용할 수 있다. 예를 들어 다음과 함수의 원형은 같은 의미이며

```
int strlen(char s[]);
int strlen(char *s);
```

문자열 길이를 계산하는 이 함수는 다음과 같이 여러 형태로 작성할 수 있다.

❶ 배열 인수를 사용하는 함수, 배열 원소를 사용한 문자 참조

```
int strlen(char s[ ])                    // 배열 인수
{
    int i = 0;

    while (s[i] != '\0')                 // 배열 원소 사용 문자 참조
        i++;
    return i;
}
```

❷ 포인터 인수를 사용하는 함수, 배열 원소를 사용한 문자 참조

```
int strlen(char *s)                      // 포인터 인수
{
    int i = 0;

    while (s[i] != '\0')                 // 배열 원소 사용 문자 참조
        i++;
    return i;
}
```

❸ 포인터 인수를 사용하는 함수, 포인터를 사용한 문자 참조

```
int strlen(char *s)                      // 포인터 인수
{
    char *p = s;

    while (*p != '\0')                   // 포인터 사용 문자 참조
         p++;
    return p - s;                        // 길이 = 마지막 주소와 시작 주소의 차
}
```

함수 반환값으로서의 포인터

함수의 반환값으로 포인터를 반환할 수 있다. 주의할 점은 반환되는 포인터는 확보된 기억 공간에 대한 주소이어야 한다는 것이다. 함수의 지역변수의 주소는 반환값으로 사용할 수

없다. 함수의 지역변수의 주소를 반환한다면 지역변수는 함수의 실행이 끝나면 더 이상 사용할 수 없으므로 잘못된 것이다.

예를 들어서 두 복소수를 포인터 인수로 받아서 복소수를 덧셈한 결과를 복소수 포인터로 반환하는 함수 add를 다음과 같이 작성하면 여기서 반환되는 포인터는 함수의 지역변수 result의 주소이므로 잘못이다.

```
struct complex *add(struct complex *p, struct complex *q)
{
    struct complex result;              // 지역변수

    result.re = p->re + q->re;
    result.im = p->im + q->im;
    return &result;                     // 잘못된 포인터 반환 - 지역변수의 주소
}
```

다음은 함수의 반환값으로 포인터를 반환하는 함수를 사용하는 프로그램이다.

예 9.16 포인터를 반환하는 함수를 사용하는 프로그램

다음은 문자열 내의 문자의 위치를 찾아서 포인터로 반환하는 함수 index_ch를 포함하고 이를 사용하는 프로그램이다.

```
#include <stdio.h>

char *index_ch(char *s, char c);

int main(void)
{
    char s[] = "C language";
    char *p = "pointer";
    char *q;

    q = index_ch(s, 'a');          /* 문자를 찾는 예 */
    if (q) printf("%c\n", *q);
    else printf("Not found\n");

    q = index_ch(p, 'x');          /* 문자를 찾지 못하는 예 */
    if (q) printf("%c\n", *q);
```

```
    else printf("Not found\n");

    return 0;
}

char *index_ch(char *s, char c)
{
    while (*s != '\0') {
        if (*s == c)              /* 문자를 찾았으면 */
        return s;                 /* 포인터를 반환 */
        s++;
    }
    return NULL;          /* 문자를 찾지 못했으면 NULL 포인터를 반환 */
}
```

실행	a Not found

- 함수 index_ch는 인수로 전달된 포인터 s가 가리키는 문자열에서 문자 인수 c가 있는지를 찾아서 해당 위치에 대한 포인터를 반환한다. 문자를 찾지 못했으면 NULL 포인터를 반환한다. 이 프로그램에서 반환되는 포인터는 입력으로 받은 문자열 내의 문자를 가리키므로 유효한 주소이다.
- main 함수에서 문자열에서 문자를 찾는 경우와 문자를 찾지 못하는 경우에 대해서 index_ch 함수를 호출하여 결과를 출력하였다.

포인터를 사용한 구조체 자료 정렬 ★

예 8.7에서 구조체 자료를 구조체의 한 멤버값의 순서로 정렬하는 프로그램을 보았다. 정렬에 사용되는 구조체의 이 멤버를 키(key)라고 한다. 자료를 정렬하는 과정에서 자료들의 교환이 발생한다. 그런데 구조체의 크기가 커질수록 자료를 교환하는 데 걸리는 시간도 함께 증가한다.

이러한 문제점은 구조체 배열을 직접 정렬하는 것 대신에 구조체 배열 원소에 대한 포인터를 포인터 배열에 저장한 후 키값에 따라서 구조체 포인터 배열을 정렬하여 해결할 수 있다.

예 9.17 포인터 정렬을 사용한 구조체 자료의 정렬

다음은 학번, 이름, 성적으로 구성된 구조체의 배열을 구조체 포인터 배열을 사용하여 성적이 높은 순서로 정렬한 후 출력하는 프로그램이다.

```c
#include <stdio.h>

#define N       100                         // 최대 자료 수

struct student {                            // 학생 성적 자료
    int         id;
    charname[10];
    int         score;
};
void print_student(struct student *pdata[], int n);
void select_sort(struct student *pdata[], int n);

struct student data[N];             // 구조체 배열 (자료 저장)

int main(void)
{
    int  count, i;
    struct student *pdata[N];       // 구조체 포인터 배열 (정렬용)
    struct student *p;

    for (i=0; i<N; i++) {           // 성적 자료를 구조체 배열에 입력
        p = &data[i];
        if (scanf("%d %s %d", &p->id, p->name, &p->score) != 3)
                break;  // 파일 끝이거나 불완전한 자료를 만나면 입력 종료
    }
    count = i;                      // 입력 자료 수

    for (i=0; i<count; i++)                 // 구조체 포인터 배열 초기화
        pdata[i] = &data[i];

    printf("BEFORE sort\n");
    print_student(pdata, count);            // 정렬 전 자료 출력

    select_sort(pdata, count);              // 구조체 포인터 배열 정렬

    printf("AFTER sort\n");                 // 정렬 후 자료 출력/
```

```
    print_student(pdata, count);
    return 0;
}

// 구조체 포인터 배열에 저장된 순서대로 구조체 자료 출력
void print_student(struct student *pdata[], int n)
{
    int i;
    struct student *p;

    for (i=0; i<n; i++) {
        p = pdata[i];
        printf("%10d %-10s %4d\n",p->id, p->name, p->score);
    }
}

// 구조체 포인터가 가리키는 자료의 성적의 내림차순으로 포인터 배열을 선택 정렬
void select_sort(struct student *pdata[], int n)
{
    int i;                              // 정렬되지 않은 시작 첨자
    int m_i;                            // 최대키의 첨자
    int j;
    struct student *temp;

    for (i = 0; i < n-1; i++) {
        // pdata[i]부터 pdata[n-1]까지가 가리키는 구조체들 중
        // 최대키를 갖는 구조체의 첨자찾기
        m_i = i;
        for (j = i+1; j < n; j++) {
                if (pdata[j]->score > pdata[m_i]->score)
                        m_i = j;
        }
        // i가 최대키의 첨자가 아니면 두 첨자의 포인터 배열 원소 교환
        if (i != m_i) {
                temp = pdata[i];
                pdata[i] = pdata[m_i];
                pdata[m_i] = temp;
        }
    }
}
```

실행	<pre>2023101 *홍길동 85*
	2023102 *김하나 91*
	2022851 *박두나 60*
	2021431 *이세나 76*
	2019001 *정다운 32*
	2022300 *한다해 95*
	2023003 *최윤 42*
	^Z
	BEFORE sort
	    2023101 홍길동 85
	    2023102 김하나 91
	    2022851 박두나 60
	    2021431 이세나 76
	    2019001 정다운 32
	    2022300 한다해 95
	    2023003 최윤 42
	AFTER sort
	    2022300 한다해 95
	    2023102 김하나 91
	    2023101 홍길동 85
	    2021431 이세나 76
	    2022851 박두나 60
	    2023003 최윤 42
	    2019001 정다운 32</pre>

- (21-25행) 키보드에서 학생 성적 정보를 입력받아서 구조체 배열에 저장한다. 학번, 이름, 성적을 순서대로 입력받는 데 EOF를 만나거나 자료가 잘못되거나 불충분하여 3개의 자료를 입력받지 못하면 입력을 종료한다.
- (26행) 반복문 종료 후의 i 값이 입력받은 자료 수로서 count에 저장한다.
- (28-29행) 구조체 포인터 배열 pdata를 구조체 배열 data의 원소들의 주소로 순서대로 초기화한다.
- (31-37행) 학생 성적을 정렬 전에 출력하고, 정렬을 수행한 후 다시 출력한다.
- (42-51행) 함수 print_student는 구조체 포인터 배열 인수를 받아서 이 포인터 배열에 저장된 순서로 포인터가 가리키는 구조체 자료를 출력한다.
- (54-76행) 함수 select_sort는 구조체 포인터 배열 인수를 받아서 포인터 배열을 포인터가 가리키는 구조체 자료의 성적의 내림차순으로 정렬한다.

연습 9.7

1. 예 9.13의 프로그램에 복소수의 뺄셈, 곱셈, 나눗셈을 수행하는 함수를 추가하여 작성하시오. 추가되는 함수들도 함수 add()와 같이 결과를 포인터 인수를 통하여 반환한다. 그리고 이 함수들의 동작을 확인할 수 있도록 main 함수를 수정하시오.

9.8 main 함수의 인수

프로그램을 Windows의 명령 프롬프트 또는 UNIX/Linux의 셸에서 실행시킬 때에 다음과 같이 실행 프로그램 이름을 명령어로 입력하여 실행하였다.

```
C:\prog> program
```

명령어를 입력할 때 다음과 같이 명령어 인수를 명령어와 함께 사용하여 실행하는 경우가 많다.

```
C:\prog> copy file1 file2                ... file1, file2는 명령어 인수
```

C 프로그램의 main 함수는 명령어와 함께 전달되는 명령어 인수를 문자열의 배열로 전달받을 수 있다. main 함수는 명령어의 인수를 전달받기 위해서 다음과 같이 두 개의 인수를 사용한다.

```
int main(int argc, char *argv[ ])
```

여기서 argc는 명령어에 있는 인수의 개수이며 argv는 명령어 행에 있는 인수 문자열들을 가리키는 문자 포인터 배열이다. 인수의 개수에는 명령어 이름도 포함된다.

명령어 행에서 다음과 같이 입력하는 경우에

```
C> echo I am a boy
```

main 함수의 argc 인수와 argv 배열 인수는 그림 9.11과 같은 값을 가진다.

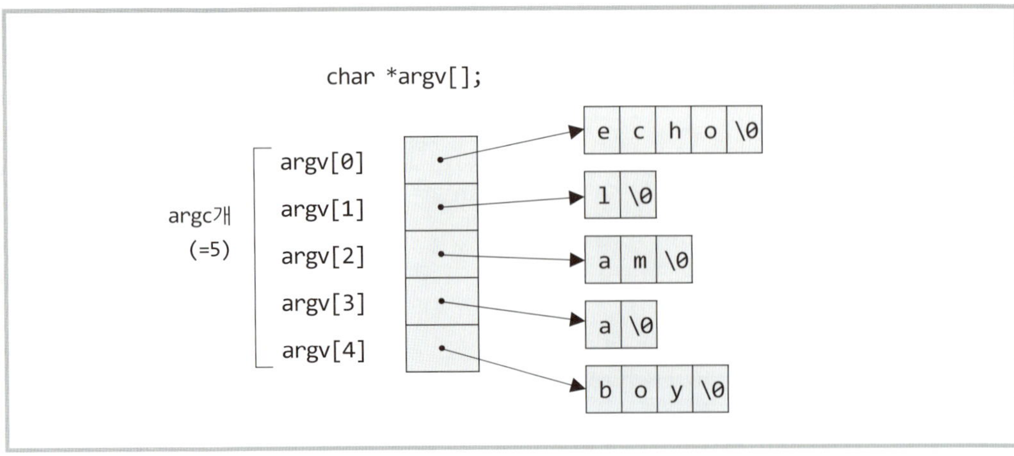

▌그림 9.11▐ main 함수의 명령어 인수 전달

포인터 배열의 첫 번째 문자열은 명령어 자체이며 명령어의 인수들은 두 번째 문자열부터이다. 이처럼 표준 입력을 통해서 뿐만 아니라 명령어 인수를 사용하여 프로그램에 필요한 정보를 전달할 수 있다.

예 9.18 main 함수의 인수를 사용하는 프로그램

다음은 명령어 이름을 포함하여 모든 명령어의 인수를 순서대로 출력하는 프로그램이다.

```
/* myecho.c */
#include <stdio.h>

int main(int argc, char *argv[])
{
    int i;

    printf("명령어 = %s\n", argv[0]);
    // 모든 인수 출력
    for (i=1; i<argc; i++)
        printf("%s\n", argv[i]);
    return 0;
}
```

실행1

```
C> myecho word1 word2 "in out" 123          ... 명령어 입력
명령어 = myecho
word1
word2
```

```
in out                          ... 따옴표를 사용한 인수
123
```

- main 함수로 전달된 문자열 중에서 명령어인 첫 번째 문자열을 먼저 출력하고 명령어 인수인 나머지 모든 문자열을 순서대로 출력하였다.
- 명령어 인수에서 "in out"과 같이 따옴표를 사용하면 하나의 인수로 사용된다.
- 123과 같은 숫자도 문자열로 전달된다.

Visual Studio에서의 명령어 인수 입력 : 명령어 인수는 명령어 창 또는 셸에서 명령어를 직접 입력하여 프로그램을 실행시킬 때 주로 사용되지만, Visual Studio와 같은 통합 개발 환경에서도 다음과 같이 명령어 인수를 제공할 수 있다.

❶ **프로젝트 속성 선택** : [프로젝트] - [Project 속성] 메뉴를 선택하거나 솔루션 탐색기의 Project에서 마우스의 오른쪽 버튼을 클릭하여 나타난 팝업 메뉴에서 [속성]을 선택한다.

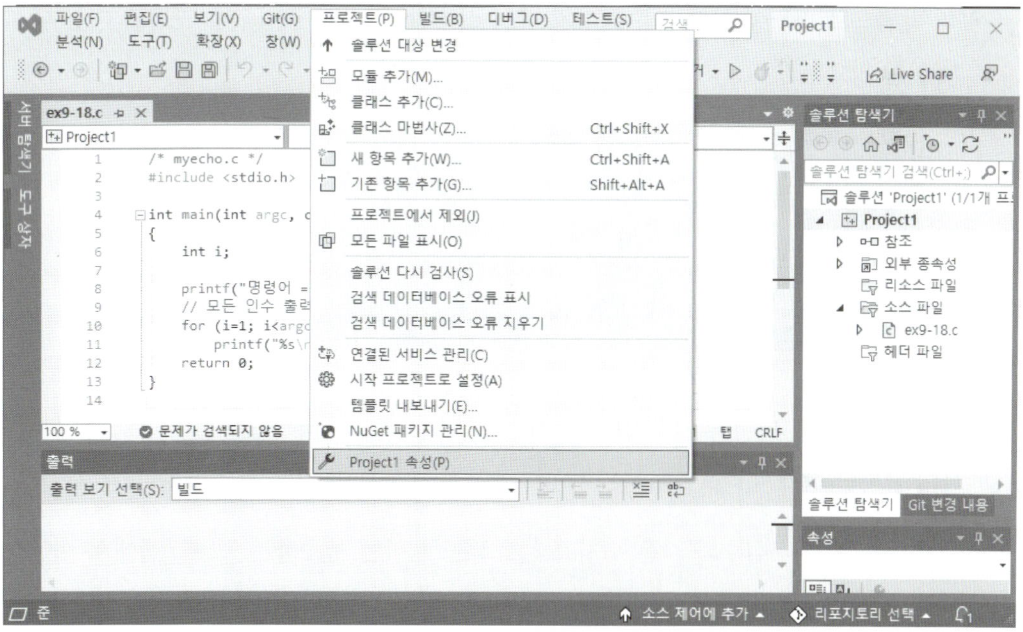

❷ **명령어 인수 입력** : 나타난 "속성 페이지" 창에서 [구성 속성] - [디버깅]을 선택하고 [명령 인수] 항목에 명령어 인수를 입력하고 [확인] 버튼을 누른다.

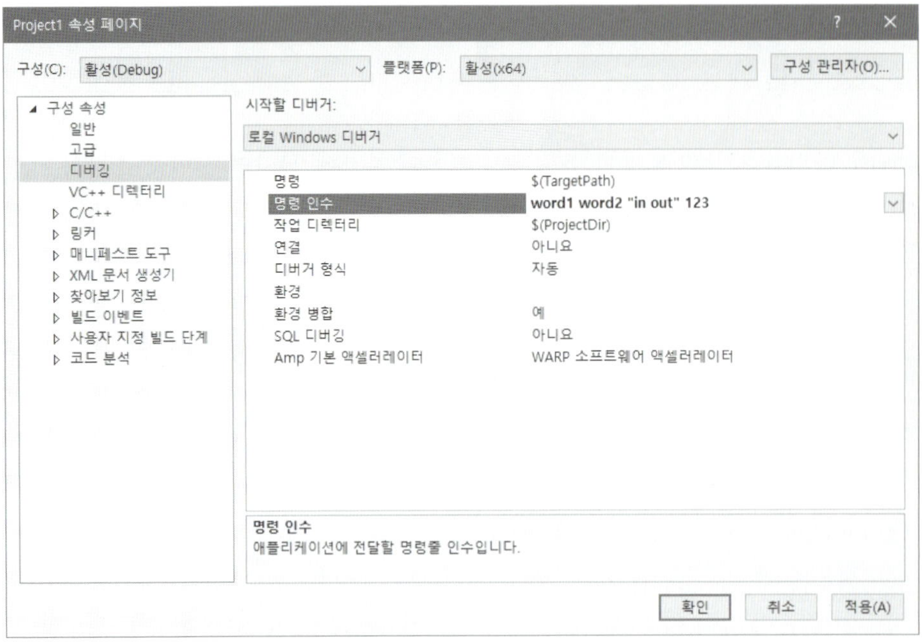

❸ **컴파일과 실행하기** : 프로그램을 컴파일(빌드)하고 실행한다. 명령어 인수를 변경하려면 앞의 방법으로 명령어 인수를 수정하고 다시 실행한다. 명령어 인수만 변경할 때는 다시 컴파일할 필요는 없다.

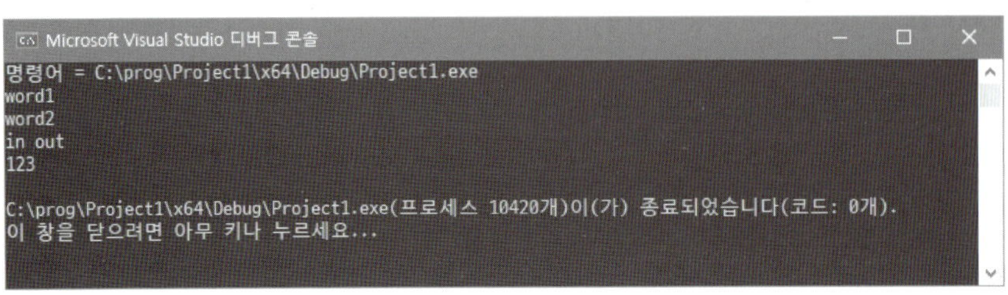

Code::Blocks에서의 명령어 인수 입력 : `[Project] - [Set programs's arguments..]` 메뉴를 선택하여 나타난 창에서 Program arguments 입력 칸에 명령어 인수를 입력한다.

명령어 인수로 정수나 실수와 같은 숫자를 사용하여 계산에 사용하는 프로그램에서는 명령어 인수가 문자열로 전달되므로 문자열을 정수나 실수로 변환한 후 계산에 사용해야 한다. 문자열을 정수나 실수로 변환하기 위해서 7장에서 배운 함수 atoi, atof, atol이나 sscanf를 사용할 수 있다.

예 9.19 명령어 인수의 합을 계산하는 프로그램

다음은 다음과 같이 명령어 인수로 전달된 숫자들을 모두 더하는 프로그램이다.

```
C> add 10.2 2.5 4                ... 또는 통합개발환경에서 명령어 인수 입력
16.7
```

```c
// add.c
#include <stdio.h>
#include <stdlib.h>

int main(int argc, char *argv[])
{
    double sum, x;
    int i;

    sum = 0.0;
    for (i=1; i<argc; i++) {
        x = atof(argv[i]);                  // 실수 문자열을 실수로 변환
        sum = sum + x;
    }
    printf("%g\n", sum);
    return 0;
}
```

실행1

```
C> add 10.2 2.5 4 1e2 hello
116.7
```

- 이 프로그램은 모든 명령어 인수로 전달된 숫자를 더하여 출력하며, 명령어 인수가 없는 경우에는 0이 출력된다.
- 함수 atof는 hello와 같은 숫자가 아닌 문자열은 0으로 변환하며, 1e2와 같은 실수 표기 문자열도 실수로 변환한다.

연습 9.8

1. 예 9.18의 프로그램을 명령어 창(또는 bash 셸)에서 다음과 같이 실행하여 출력을 확인하시오. 명령어 인수와 다르게 출력된다면 그 이유는 무엇인가?

```
C> myecho *.c
```

C Programming

9.9 포인터를 사용하는 라이브러리 함수 ★

C 언어에서 제공되는 라이브러리 함수 중에서 포인터를 인수 또는 반환값으로 사용하는 것들이 많이 있다. 앞에서 이미 보았던 문자열 처리 함수도 포인터 인수를 사용한다. 이 절에서는 포인터를 사용하는 여러 가지의 유용한 라이브러리 함수를 소개한다.

문자열 탐색 라이브러리 함수

어떤 문자열에서 문자나 문자열을 찾아야 할 경우가 많이 있다. 이러한 기능을 수행하는 여러 함수들이 표 9.1과 같이 라이브러리 함수로 제공된다. 이 함수들은 문자 포인터 인수를 사용하여 문자열을 전달받는다. 그리고 일부 함수들은 문자 포인터를 반환하며, 원하는 결과를 찾지 못할 때는 NULL 포인터를 반환한다.

표 9.1 문자열 탐색 라이브러리 함수

함수	동작
strchr(s, c)	문자열 s에서 문자 c가 처음 있는 위치의 포인터 반환
strrchr(s, c)	문자열 s에서 문자 c가 마지막으로 있는 위치의 포인터 반환
strstr(s1, s2)	문자열 s1에서 문자열 s2가 처음으로 포함된 위치의 포인터 반환
strspn(s1, s2)	문자열 s1에서 accept 문자열 s2에 포함된 문자들로만 구성된 문자열 s1의 시작 부분 문자열의 최대 길이를 반환 (s2에 포함되지 않은 첫 문자 위치)
strcspn(s1, s2)	문자열 s1에서 reject 문자열 s2에 포함되지 않은 문자들로만 구성된 문자열 s1의 시작 부분 문자열의 최대 길이를 반환 (s2에 포함된 첫 문자의 위치)
strpbrk(s1, s2)	문자열 s1에서 accept 문자열 s2에 포함된 문자가 처음 있는 위치의 포인터 반환

이 함수들은 문자열을 다루는 프로그램을 작성할 때 매우 유용하다.

예 9.20 문자열 탐색 함수를 사용하는 프로그램

```
#include <stdio.h>
#include <string.h>

int main(void)
{
```

```
    char t[100];
    char s[] = "$1,890.12### is paid.";
    char *chr_set;
    int n;
    char *p;

    printf("처리대상 문자열 = %s\n", s);

    // 특정 문자의 위치 탐색
    p = strchr(s, 'i');
    if (p) printf("strchr : %s\n", p);
    p = strrchr(s, 'i');
    if (p) printf("strrchr: %s\n", p);

    // 특정문자열이 포함된 위치 탐색
    p = strstr(s, "###");
    if (p) printf("strstr : %s\n", p);

    // 특정문자들로 구성된 시작부분 문자열 탐색
    chr_set = "1234567890$,.";
    n = strspn(s, chr_set);
    strncpy(t, s, n);
    t[n] = '\0';
    printf("strspn : n = %d, t = %s\n", n, t);

    // 특정문자들을 만날 때까지의 시작부분 문자열 탐색
    chr_set = " \t\n";
    n =strcspn(s, chr_set);
    strncpy(t, s, n);
    t[n] = '\0';
    printf("strcspn: n = %d, t = %s\n", n, t);

    // 특정문자들을 만난 위치 탐색
    p = strpbrk(s, chr_set);
    if (p) printf("strpbrk: %s\n", p);

    return 0;
}
```

실행

```
처리대상 문자열 = $1,890.12### is paid.
strchr : is paid.
```

```
strrchr: id.
strstr : ### is paid.
strspn : n = 9, t = $1,890.12
strcspn: n = 12, t = $1,890.12###
strpbrk:  is paid.
```

- (7행) 문자 배열 s에 저장된 문자열을 탐색 대상 문자열로 사용한다.
- (15-16행) strchr 함수를 사용하여 문자 i가 처음 나타난 위치를 찾아서 이 위치부터의 문자열을 출력한다.
- (17-18행) strrchr 함수를 사용하여 문자 i가 마지막으로 나타난 위치를 찾아서 이 위치부터의 문자열을 출력한다.
- (21-22행) strstr 함수를 사용하여 문자열 ###가 포함된 위치를 찾아서 이 위치부터의 문자열을 출력한다.
- 앞의 세 가지 동작에서 지정된 문자나 문자열의 위치를 찾지 못하면 NULL 포인터가 반환되며, 이때는 출력하지 않는다.
- (25-29행) strspn 함수를 사용하여 통화표시에 사용되는 문자들인 "0123456789$.,"에 속한 문자들만으로 구성된 시작 부분 문자열을 탐색하여 길이를 구한 후, strncpy 함수를 사용하여 이 길이만큼 문자 배열 t에 복사한 후 복사한 문자열을 출력한다. 문자 배열 t는 널 문자로 끝나지 않을 수 있으므로 복사된 길이 다음에 널 문자를 추가한다.
- (32-36행) strcspn 함수를 사용하여 공백 문자들인 " \t\n"를 만날 때까지의 시작 부분 문자열을 탐색하여 길이를 구한 후 앞의 동작과 같은 동작을 수행한다.
- (39-40행) strpbrk 함수를 사용하여 공백 문자들인 " \t\n"를 처음으로 만나는 위치를 찾아서 이 위치부터의 문자열을 출력한다.

시간과 날짜 라이브러리 함수와 자료형

C 언어에서는 시간과 날짜에 대한 여러 가지 동작을 수행하는 라이브러리 함수가 제공되며 구조체 포인터가 이 함수들에서 중요하게 사용된다. 시간과 날짜 라이브러리 함수에서는 시간과 날짜를 표현하기 위하여 다음과 같은 구조체를 사용한다. 그리고 이 구조체의 정의와 시간과 날짜 함수에 대한 원형 선언이 헤더 파일 <time.h>에 포함되어 있다.

```
#include <time.h>

struct tm {
    int tm_sec;         /* Seconds.       [0-60] */
    int tm_min;         /* Minutes.       [0-59] */
    int tm_hour;        /* Hours.         [0-23] */
    int tm_mday;        /* Day.           [1-31] */
    int tm_mon;         /* Month.         [0-11], 0은 1월 */
    int tm_year;        /* Year - 1900.   1900년부터의 년수 */
    int tm_wday;        /* Day of week.   [0-6], 0은 일요일 */
    int tm_yday;        /* Days in year.  [0-365] */
    int tm_isdst;       /* DST, 섬머타임   [-1/0/1] */
};
```

이 구조체에서 tm_isdst 필드는 섬머타임이라고 불리는 일광절약시간(daylight saving time) 사용 여부를 나타내는 것으로서 사용하면 양수를, 사용하지 않으면 0을, 정보가 없으면 음수를 갖는다.

시간과 날짜는 tm 구조체 이외에도 시간에 대한 연산을 용이하게 하기 위해서 정수 자료형으로도 표현되며 시간을 나타내기 위한 정수 자료형으로 time_t 자료형이 정의되어 있다. 이 자료형은 기본적으로 1970년 1월 1일 0시부터의 시간을 초 단위로 나타낸 것이다.

시간과 날짜에 관한 라이브러리 함수들은 표 9.2와 같다. 이 함수들은 현재의 시간을 제공하고 시간의 표현 형식을 tm 구조체, 정수, 문자열들 간의 변환을 수행한다. 함수들의 인수는 대부분 포인터 자료형을 사용하며 인수 tp는 정수 시간 포인터를, 인수 tmptr은 구조체 시간 포인터를 나타낸다. 이 인수에 대해서는 정수 시간과 구조체 시간을 인수로 전달하기 위해서 값 대신에 주소를 전달해야 한다.

표 9.2 시간과 날짜 라이브러리 함수

함수	동작
time(tp)	현재 시간을 정수 시간으로 반환하며, tp가 널이 아니면 tp가 가리키는 곳에도 현재의 정수 시간을 저장
mktime(tmptr)	구조체 시간 tmptr을 정수 시간으로 변환하여 반환
asctime(tmptr)	구조체 시간 tmptr을 문자열로 변환하고 문자열 포인터 반환
ctime(tp)	정수 시간 tp를 문자열로 변환하고 문자열 포인터 반환

localtime(tp)	정수 시간 tp를 구조체 시간으로 변환하고 구조체 포인터 반환
gmtime(tp)	정수 시간 tp를 그리니치 표준시의 구조체 시간으로 변환하고 구조체 포인터 반환
difftime(t1, t2)	정수 시간 t1과 t2의 차이를 double 자료형으로 반환
clock()	프로그램이 실행된 이후에 경과된 시간을 클럭 수로 반환. 클럭 수를 상수 CLOCKS_PER_SEC로 나누면 초로 변환됨.

함수 clock의 반환값인 클럭 수는 clock_t 자료형을 사용한다. time_t 자료형과 clock_t 자료형은 8.6절에서 소개한 size_t 자료형과 마찬가지로 시스템에 따라서 크기가 다를 수 있으며, printf 함수에서 크기에 따라서 형식 지정자를 %d 또는 %ld 등으로 선택해서 사용해야 한다.

예 9.21 시간, 날짜 함수를 사용하는 프로그램

다음은 현재 시간을 다양한 형식으로 출력하고, 시간을 측정하는 프로그램이다.

```
e <stdio.h>
#include <time.h>

int main(void)
{
    time_t t;
    struct tm *tmptr;
    clock_t clk;
    int i, s;

    t = time(NULL);
    printf("현재 시간(정수) : %d\n", t);

    // 구조체 필드를 이용한 시간 출력
    tmptr = localtime(&t);
    printf("%d년 %d월 %d일 %d시 %d분\n", 1900 + tmptr->tm_year,
        tmptr->tm_mon + 1, tmptr->tm_mday, tmptr->tm_hour, tmptr->tm_min);

    // 문자열 시간 변환 함수를 이용한 시간 출력
    printf("%s", ctime(&t));
    printf("%s\n", asctime(tmptr));

    // 시간 측정
    clk = clock();                              // 시작 시간
```

```
25         s = 0;
26         for (i=0; i<1000000000; i++)
27                 s += 2;
28         clk = clock() - clk;                    // 마지막 시간과 시작 시간과의 차이
29         printf("시간 차이 %d (%d 초)\n", clk, clk/CLOCKS_PER_SEC);
30 
31         return 0;
32 }
```

실행1

```
현재 시간(정수) : 1647080369
2022년 3월 12일 19시 19분
Sat Mar 12 19:19:29 2022
Sat Mar 12 19:19:29 2022

시간 차이 6147596 (6 초)
```

- (11-21행) `time` 함수를 사용하여 현재 시간을 얻고, `localtime` 함수를 사용하여 구조체 시간으로 변환한 후 구조체 필드를 사용하여 시간을 직접 출력하였다. 그리고 정수 시간과 구조체 시간을 각각 `ctime` 함수와 `asctime` 함수를 사용하여 문자열 시간으로 변환하여 출력하였다. 두 문자열 결과는 같다.
- (24-29행) 코드의 실행시간을 측정하기 위해서 시작과 마지막 지점에서의 `clock` 함수 값의 차이를 구한다.
- (12,29행) `time_t` 자료형과 `clock_t` 자료형의 값의 출력 형식 지정자로 `%d`를 사용하면 컴파일러에 따라서 크기가 달라서 경고 메시지가 출력되며, 경고 메시지의 안내에 따라서 형식 지정자를 수정할 필요가 있다.

9.10 복잡한 포인터 ★

C Programming

포인터의 포인터

포인터 변수는 다른 변수의 주소, 즉 포인터를 저장하는 데 사용되는 변수이다. 포인터 변수도 다른 변수와 마찬가지로 기억장소를 가지고 있으며 변수의 주소가 있다. 이러한 포인터

변수의 주소는 포인터의 포인터라고 할 수 있다.

포인터의 포인터를 저장하는 변수는 다음과 같이 *를 두 번 사용하여 선언한다.

```
int **pp;                    ... 포인터의 포인터 선언
```

그리고 포인터의 포인터에 대해서 *(*pp)와 같이 간접 연산자 *를 두 번 적용하면 원래의 자료를 접근할 수 있다. 간접 연산자 *는 단항 연산자로서 우결합성을 가지므로 *(*pp)는 괄호 없이 **pp로 나타낼 수 있다.

이와 같은 방식으로 계속하면 포인터들을 여러 단계로 중첩하여 선언할 수 있다. 예를 들어서 포인터의 포인터의 포인터는 다음과 같이 선언할 수 있다.

```
int  ***ppp;                 ... 포인터의 포인터의 포인터 선언
```

그렇지만 이렇게 여러 단계로 중첩된 포인터는 사용하기가 어려우므로 사용을 권장하지 않는다.

예 9.22 포인터의 포인터 동작을 확인하는 프로그램

```c
#include <stdio.h>

int main(void)
{
    int a;
    int *p;             // 정수 포인터
    int **pp;   // 정수 포인터의 포인터

    a = 10;
    p = &a;
    pp = &p;
    printf("자료:   a = %d, *p = %d, **p = %d\n", a, *p, **pp);
    printf("포인터: p = %p, *pp = %p\n", p, *pp);
    printf("포인터의 포인터: pp = %p\n", pp);
    return 0;
}
```

실행

```
자료:   a = 10, *p = 10, **p = 10
포인터: p = 00FDFAE0, *pp = 00FDFAE0
포인터의 포인터: pp = 00FDFAE8
```

- 이 프로그램에서 세 변수 a, p, pp의 관계는 그림 9.12와 같다. 실행 결과에서 *pp는 p와 같으며 *p, **pp는 모두 a와 같다는 것을 확인할 수 있다.

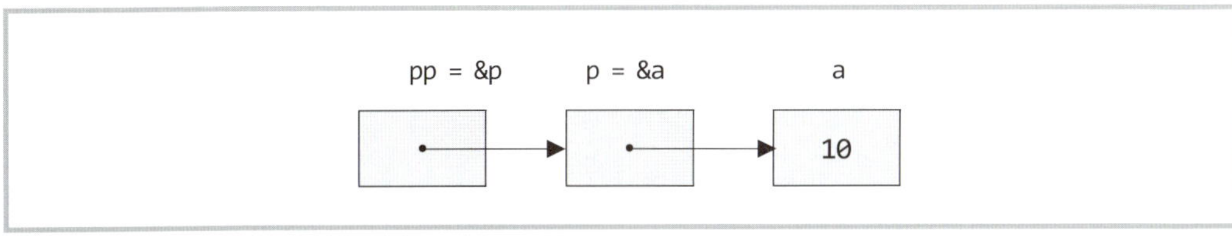

그림 9.12 포인터의 포인터 변수

9.5절에서 다음과 같이 문자 포인터 배열을 사용하여 문자열들의 배열을 다루는 예제를 보았다.

```
char *pa[5];                    ... 문자 포인터 배열
```

배열 이름은 배열 원소 자료형에 대한 포인터 상수이므로 포인터 배열의 이름인 pa는 포인터의 포인터 형 상수이다. 함수 인수로 배열 대신에 포인터 자료형을 사용할 수 있는 것처럼 함수의 인수로서 포인터의 배열을 사용하는 것 대신에 포인터의 포인터로 선언할 수 있다. 예를 들어서 다음과 같은 함수 원형은 같은 자료형의 인수를 선언한 것이다.

```
int func(char *p[]);            ... 포인터 배열 인수
int func(char **p);             ... 포인터의 포인터 인수
```

예 9.23 포인터 배열에 저장된 모든 문자열을 출력하는 함수

다음은 문자 포인터 배열로 저장된 모든 문자열을 출력하는 함수를 작성하고, 이 함수를 사용하여 모든 문자열을 출력하는 프로그램이다.

```
#include <stdio.h>

void print_all1(char *pa[], int n);
void print_all2(char **pa, int n);
void print_all3(char **pa, int n);

int main(void)
{
    char *sa[5] = {"database", "network", "java", "file", "c"};
    print_all1(sa, 5);
```

```c
    print_all2(sa, 5);
    print_all3(sa, 5);
    return 0;
}

void print_all1(char *pa[], int n)        /* 포인터 배열 인수 */
{
    int  i;

    for (i = 0; i < n; i++)
        printf("%s ",pa[i]);
    printf("\n");
}

void print_all2(char **pa, int n)         /* 포인터의 포인터 인수 */
{
    int  i;

    for (i = 0; i < n; i++)
        printf("%s ",pa[i]);
    printf("\n");
}

void print_all3(char **pa, int n)         /* 포인터의 포인터 인수 */
{
    char **p;

    for (p = pa;  p < pa + n; p++)
        printf("%s ", *p);
    printf("\n");
}
```

실행

```
database network java file c
database network java file c
database network java file c
```

- 세 함수는 print_all1, print_all2, print_all3는 모두 포인터 배열에 저장된 포인터가 가리키는 문자열을 모두 출력하는 같은 동작을 수행한다. 문자 포인터 배열을 인수로 받기 위해서 print_all1은 문자 포인터 배열로, print_all2와 print_all3는 문자 포인

터의 포인터로 인수를 선언하였지만, 세 함수의 인수 선언은 모두 같은 자료형을 사용한 것이다.

- 그림 9.13은 함수 인수 pa가 배열 이름 sa를 전달받아서 가리키는 자료를 나타낸다. 이 그림은 함수 인수 pa가 포인터의 포인터라는 것을 명확하게 보여준다.
- 포인터 배열의 원소에 접근할 때 함수 print_all1과 print_all2는 pa[i]와 같이 배열 원소 형식을 사용하였고, 함수 print_all3은 포인터의 포인터 변수 p를 pa로 초기화한 다음에 p를 증가시키면서 *p로 문자열 포인터에 접근하여 처리한다.

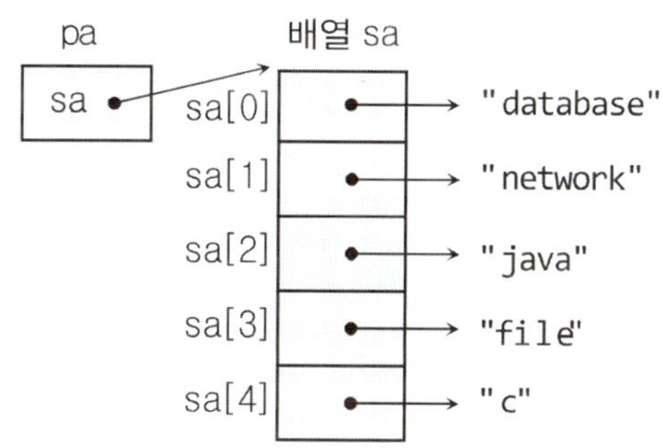

그림 9.13 포인터 배열을 사용한 문자열의 배열

함수 포인터

함수에 대한 포인터, 간단히 말해서 함수 포인터는 함수의 시작 주소를 의미하며 함수 포인터 변수는 함수의 시작 주소를 저장하는 변수이다. 함수 포인터 변수는 다음과 같이 선언한다.

```
int  (*f)(int a, int b);                   ... 함수 포인터 변수 f 선언
```

여기서 변수 f는 반환값이 int 형이고, 두 개의 인수가 모두 int 형인 함수의 시작 주소를 저장하는 포인터 변수이다.

함수 이름은 함수의 시작 주소를 나타낸다. 함수 포인터 변수는 다음과 같이 같은 자료형의 함수 원형을 갖는 함수 이름을 할당하여 사용할 수 있다.

```
int add(int x, int y);                     ... 함수 포인터 f와 같은 함수 원형의 함수

f = add;                                   ... 함수 포인터 변수 값 할당
```

함수 포인터 변수 f가 가리키는 함수는 다음과 같이 간접 연산자 *를 사용하여 호출할 수 있다. 여기서 *f는 괄호와 함께 사용해야 한다.

```
(*f)(arg1, arg2)                ... 함수 포인터를 사용한 함수 호출
```

그렇지만 함수 포인터를 사용한 호출은 다음과 같이 간접 연산자를 사용하지 않고 함수 포인터 변수만 사용하여 직접 호출을 해도 된다.

```
f(arg1, arg2)                   ... f는 함수 포인터 변수
```

다음은 앞에서 설명한 내용을 종합하여 함수 포인터 변수를 선언하여 함수 이름을 할당하고, 함수 포인터 변수를 사용하여 함수를 호출하는 예를 나타낸 것이다.

```
double (*g)(double x);          ... 함수 포인터 변수 g 선언

g = sin;                        ... g에 sin 함수를 할당
y = (*g)(x);                    ... y = sin(x)와 같음
y = g(x);                       ... y = sin(x)와 같음
```

다음과 같은 double 형을 반환하는 함수 g1의 원형 선언과 함수 포인터 변수 g2의 선언을 혼동하지 않고 구분할 수 있어야 한다.

```
double *g1(double x);           ... double 형 포인터를 반환하는 함수의 원형 선언
double (*g2)(double x);         ... double 형을 반환하는 함수 포인터 변수 선언
```

여러 개의 함수 포인터를 저장하는 함수 포인터 배열을 다음과 같이 선언할 수 있다.

```
int  (*farray[4])(int a, int b); ... 함수 포인터 배열 선언
```

이 배열은 여러 개의 함수 포인터를 저장할 수 있으며 다음과 같이 배열 원소를 사용하여 함수를 호출한다.

```
farray[2](x, 20);               ... 첨자 2인 배열 원소가 가리키는 함수 호출
```

예 9.24 함수 포인터를 사용하는 프로그램

다음은 함수 포인터 배열을 4개의 함수 이름으로 초기화하여 선언한 다음에 같은 인수 값에 대하여 반복문으로 4개의 함수를 순서대로 호출하는 프로그램이다.

```
#include <stdio.h>
#include <math.h>
```

```
double square(double x);
double (*f[4])(double x) = { sin, cos, tan, square };

int main(void)
{
    int i;
    double x = 3.141592 / 6;            // 30 degree

    for (i=0; i<4; i++)
        printf("%g\n", f[i](x) ); // f[i]에 저장된 함수를 호출
    return 0;
}

double square(double x)
{
    return x*x;
}
```

실행

```
0.5
0.866025
0.57735
0.274156
```

- 이 프로그램은 함수 포인터의 배열 f를 사용한다. 배열 f는 4개의 함수의 시작 주소를 저장하고 있다. 4개 중에서 3개는 표준 라이브러리 함수이고, square는 프로그램에서 정의된 함수이다.
- f[i](x)는 인수로 x를 전달하여 f[i]에 저장된 함수를 호출하는 문장이다. 4개의 함수를 반복문을 사용하여 순서대로 호출하여 실행결과를 출력한다.

함수 포인터 인수

함수 포인터는 호출되는 함수에서 사용할 함수를 알려주기 위해서 함수의 인수로 사용할 수 있다. 함수를 인수로 전달하기 위해서는 함수를 정의할 때 매개변수를 함수의 포인터로 선언하고 함수를 호출할 때는 함수 이름 또는 함수 이름이 저장된 함수 포인터를 인수로 전달한다.

함수 포인터 인수를 사용하는 함수의 대표적인 예로 **퀵 정렬**(quick sort)을 수행하는 라이브러리 함수 qsort를 들 수 있다. 퀵 정렬은 효율적인 정렬 방법으로 알려져 있다. 이 함수는 다음과 같은 함수 원형을 가지며, 네 번째 인수 compare가 함수 포인터이다.

```
void qsort(void *base, size_t num, size_t size, int (*compare)(void *, void *));
```

함수 qsort는 임의의 자료형의 1차원 배열을 정렬할 수 있는 함수로서, 첫째 인수 base는 정렬할 배열의 시작 주소이고 둘째 인수 num은 정렬할 배열 원소의 개수이며, 셋째 인수 size는 정렬할 배열 원소의 크기이다. 그림 9.14는 세 인수의 의미를 나타낸다.

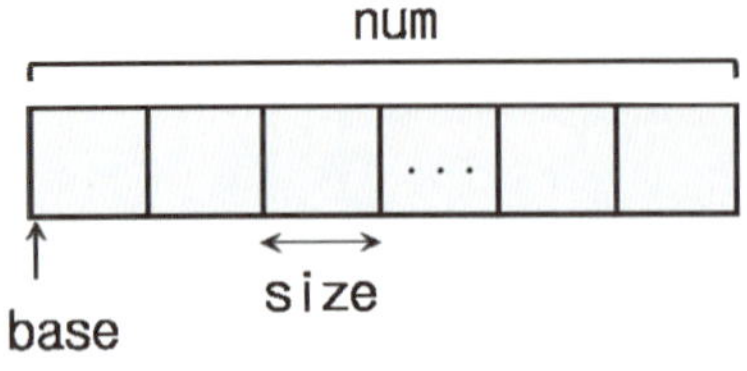

그림 9.14 qsort 함수의 인수 의미

마지막 인수는 정렬할 자료들을 비교하는 함수에 대한 포인터로서 다음과 같은 원형을 갖는다.

```
int (*compare)(const void *a, const void *b);
```

이 비교 함수의 인수는 비교할 자료를 가리키는 포인터인데 임의의 자료형에 대해서도 사용할 수 있게 하며, 비교 함수 내에서 자료가 변경될 수 없게하기 위하여 인수의 원형을 const void *로 선언하였다. 이 함수의 반환값이 음수이면 첫 번째 인수가 참조하는 자료가 앞에 정렬되고, 양수이면 두 번째 인수가 참조하는 자료가 앞에 정렬된다. 0이면 두 자료는 같은 것을 의미한다.

예 9.25 함수 포인터를 인수로 사용하는 qsort() 함수

다음은 이러한 qsort() 함수를 사용하여 정수 배열과 구조체 포인터 배열을 정렬하는 프로그램이다.

```
#include <stdio.h>
#include <stdlib.h>

struct student {
```

```
    int id;
    char name[12];
    int score;
};

int comp_int(const void *p, const void *q);
int comp_student(const void *p, const void *q);

struct student s[] = {
    2023101, "홍길동", 85,
    2023102, "김하나", 91,
    2022851, "박두나", 60,
    2021431, "이세나", 76,
    2019001, "정다운", 32,
    2022300, "한다해", 95,
    2023003, "최윤"  , 42,
};

int main(void)
{
    int data[] = {63, 24, 88, 90, 75};
    struct student **ps; // 동적할당 포인터 배열 주소
    struct student *p;
    int num, i;

    // 정수 배열의 정렬
    num = sizeof(data) / sizeof(data[0]);
    qsort(data, num, sizeof(int), comp_int);
    printf("data 정렬 결과\n");
    for (i=0; i<num; i++)
        printf(" %d", data[i]);
    printf("\n");

    // 구조체 포인터 배열의 정렬
    num = sizeof(s) / sizeof(s[0]);
    ps = malloc(num*sizeof(void *));        // 포인터 배열 공간 할당
    for (i=0; i<num; i++)                   // 구조체 포인터 배열 초기화
        ps[i] = &s[i];
    qsort(ps, num, sizeof(void *), comp_student);
    printf("\n구조체 정렬 결과\n");
    for (i=0; i<num; i++) {
```

```
        p = ps[i];
        printf("%8d %-8s %3d\n",p->id, p->name, p->score);
    }

    return 0;
}

int comp_int(const void *p, const void *q)
{
    int a, b;

    a = *(int *)p;                      // 포인터를 int 포인터로 바꾸어 int 자료 참조
    b = *(int *)q;
    return a - b;
}

int comp_student(const void *p, const void *q)
{
    struct student *ps, *qs;

    ps = *(struct student **)p;    // 구조체 포인터 자료 참조
    qs = *(struct student **)q;
    return ps->score - qs->score;
}
```

실행

```
data 정렬 결과
 24 63 75 88 90

구조체 정렬 결과
 2019001 정다운     32
 2023003 최윤       42
 2022851 박두나     60
 2021431 이세나     76
 2023101 홍길동     85
 2023102 김하나     91
 2022300 한다해     95
```

- qsort 함수에 인수로 제공되는 비교 함수는 void 포인터 인수로 선언하지만, 비교 함수를 작성할 때는 원래의 자료형에 대한 포인터로 형 변환하여 비교할 자료에 접근해

야 한다.

- (57-58행) 정수 배열의 정렬을 위한 비교 함수 comp_int는 포인터 인수를 (int *)를 사용하여 정수 포인터로 변환한 후 간접 연산자 *를 사용하여 정수에 접근하여 두 정수의 차이를 비교 결과로 반환하였다.
- (66-68행) 구조체 포인터 배열의 정렬을 위한 비교 함수 comp_student는 포인터 인수를 (struct student **)를 사용하여 구조체 포인터의 포인터로 변환한 후 간접 연산자 *를 사용하여 구조체 포인터에 접근하였다. 구조체 포인터가 가리키는 구조체의 score 멤버를 비교하여 차이를 비교 결과로 반환하였다.
- (40-42행) main 함수에서 구조체 배열 대신에 구조체 포인터 배열을 사용하여 성적 순서로 정렬하기 위해 구조체 배열 크기의 구조체 포인터 배열 공간을 malloc 함수를 사용하여 동적으로 할당받아서, 구조체 배열 원소의 주소로 초기화하여 정렬에 사용하였다.

연습 9.10

1. 두 개의 복소수를 인수로 받아서 사칙 연산의 결과를 반환하는 4개의 함수들이 다음과 같이 함수에 대한 포인터 배열 p의 초기값으로 지정되어 있다.

```
struct complex add(struct complex a, struct complex b);
struct complex sub(struct complex a, struct complex b);
struct complex mul(struct complex a, struct complex b);
struct complex div(struct complex a, struct complex b);
struct complex (*p[4])(struct complex a, struct complex b) = { add, sub, mul, div };
```

복소수에 대한 구조체 struct complex를 정의하고 사칙 연산을 수행하는 4개의 함수를 작성하시오. 그리고 연산을 다음과 같이 메뉴 형태로 입력받고 뒤이어 두 복소수의 실수부와 허수부를 입력받아서 두 복소수에 대해서 연산을 수행하는 main 프로그램을 작성하시오.

```
0: 덧셈,  1: 뺄셈,  2: 곱셈,  3: 나눗셈
```

9.11 복잡한 자료형과 형 정의 ★

C Programming

8.6절에서 typedef을 사용하여 기본 자료형, 구조체 자료형과 이 자료형의 배열에 대한 형 정의에 대해서 다루었다. 포인터와 함수 원형을 포함한 복잡한 자료형에 대해서도 형 정의를 할 수 있다. 새로운 자료형을 정의하면 복잡한 자료형을 간결하게 표현할 수 있게 된다.

다음은 포인터와 함수 원형에 대한 형 정의의 예이다.

```
typedef int *pint_t;
typedef int **p2int_t;
typedef char *pcharArr_t[10];
typedef int cmpFunc_t(const void *p, const void *q);
```

typedef 다음에 사용하고자 하는 포인터 변수와 함수 원형 선언 형식으로 새로운 자료형을 정의한다. 다음은 앞에서 정의된 자료형을 사용하는 예이다.

```
pint_t p;                  // int *p;  (typedef 문의 pint_t를 p로 바꿈)
p2int_t pp;                // int **pp;
pcharArr_t parr;           // char *parr[10];
cmpFunc_t cmp_int;         // int cmp_int(const void *p, const void *q);
```

위에서 형 정의된 자료형을 사용한 4개의 변수는 위의 주석과 같은 선언과 같다.

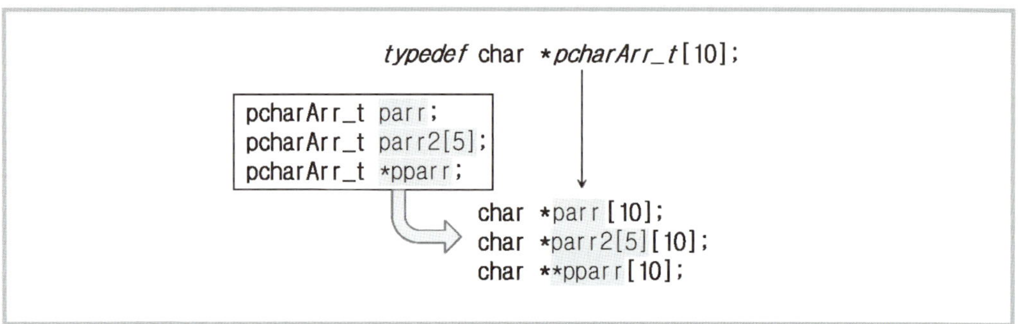

그림 9.15 형 정의 자료형 선언에 대한 원 자료형 변환

typedef으로 정의된 자료형은 보통의 자료형과 같이 배열이나 포인터 등으로도 선언할 수 있으며 그림 9.15와 같이 typedef 문에서 정의된 자료형 이름을 이 자료형으로 선언된 변수

를 포함한 오른쪽 표현으로 바꾸고 typedef을 없애면 형 정의된 자료형 선언을 원래의 자료형 선언으로 변환할 수 있다.

예를 들어서 위에서 가장 복잡한 다음 선언은

```
cmpFunc_t cmp_int;
```

이 자료형에 대한 형 정의문을 사용하여 다음과 같이 원 자료형으로 변환할 수 있다.

```
typedef int cmpFunc_t(const void *p, const void *q);        // 형 정의문
====>    int cmp_int(const void *p, const void *q);          // 원 자료형 변환
```

이러한 형 정의된 자료형을 사용하면 예 9.25의 비교 함수에 대한 함수 원형 선언(10-11행)을 다음과 같이 간단하게 선언할 수 있게 된다.

```
cmpFunc_t comp_int;
cmpFunc_t comp_student;
```

복잡한 자료형을 typedef로 형 정의된 자료형을 사용하면 간단하게 나타낼 수 있지만, 배열, 포인터, 또는 함수 선언이 명시적으로 드러나지 않아서 자료형 이름을 잘 정의하지 않으면 형 정의문의 참조 없이는 자료의 유형을 명확하게 파악하기 어려울 수 있다.

9.12 자기참조 구조체와 동적 자료구조 ★

지금까지 다루었던 자료구조는 변수를 선언하여 메모리를 할당받고 자료구조의 크기가 고정된 정적 자료구조이다. 프로그램에서 다루는 자료의 크기와 개수가 미리 정해져 있지 않은 경우는 실행 시간에 자료구조를 위한 메모리를 동적으로 할당받고 필요에 따라서 그 크기를 증가 또는 감소시킬 수 있는 동적 자료구조가 매우 유용하다. 동적 자료구조를 구현하는 데에는 자료 간의 연결이 필요하며, 이를 위해서 포인터를 주로 사용한다.

지기 참조 구조체

구조체는 자신과 같은 유형의 구조체를 멤버로 포함할 수 없지만, 자신과 같은 구조체에 대

한 포인터는 구조체 멤버에 포함할 수 있다. 다음과 같이 자신과 같은 구조체에 대한 포인터를 멤버로 갖는 구조체를 **자기 참조 구조체**라고 한다. 그리고 이러한 포인터를 **자기 참조 포인터**라고 한다.

```
struct node {                         ... 자기 참조 구조체
    int data;
    struct node *next;  ... 자기 참조 포인터
}
```

자기 참조 구조체의 자기 참조 포인터 멤버는 같은 구조체의 자료들을 연결하는 데에 사용되기 때문에 **링크**라고도 부른다. 자기 참조 구조체는 동적으로 자료를 생성하거나 제거해야 하고 자료 간의 연결을 변경해야 하는 동적 자료구조를 나타내는 데 유용하게 사용된다. 자료를 삽입, 삭제 또는 순서를 변경할 때 자기 참조 구조체에서 링크가 변경될 수 있다. 다음에 연결되는 자료가 없으면 자기 참조 포인터는 NULL 값을 갖는다.

예 9.26 연결된 자기 참조 구조체를 구성하는 프로그램

다음은 그림 9.16과 같이 각 노드에 자료를 저장하고 노드들을 연결한 다음에 각 노드의 자료를 연결된 순서대로 출력하는 프로그램이다.

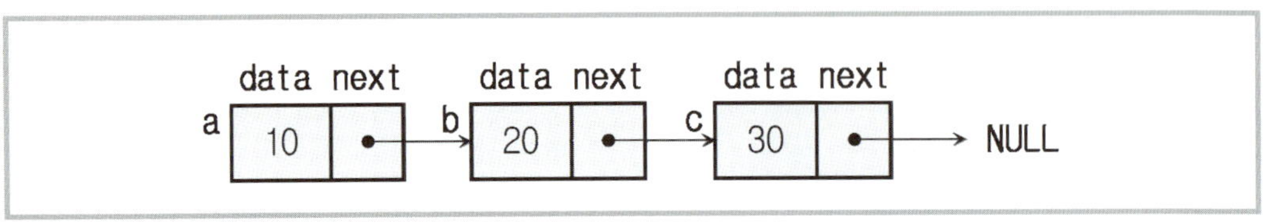

그림 9.16 자기 참조 구조체를 사용하여 연결된 노드

```
#include <stdio.h>

struct node {                                // 자기 참조 구조체
    int data;
    struct node *next;
};

int main(void)
{
    struct node a, b, c;            // 세 개의 노드
    struct node *p;
```

```
12
13        // 노드 값 저장
14        a.data = 10;
15        b.data = 20;
16        c.data = 30;
17
18        // 노드 연결
19        a.next = &b;                      // a ==> b
20        b.next = &c;                      // b ==> c
21        c.next = NULL;                    // c ==> NULL
22
23        // 자료값을 연결된 순서대로 출력
24        p = &a;                           // 첫 노드의 주소
25        while (p != NULL) {
26            printf("%d ", p->data);
27            p = p->next ;                 // 다음 노드로 이동
28        }
29
30        return 0;
31    }
```

실행	10 20 30

- (10, 14-16행) 세 개의 자기 참조 구조체 변수를 선언하여 노드로 사용하고 각 노드의 data 멤버에 자료를 저장하였다.
- (19-21행) 세 개의 노드가 그림 9.15와 같이 연결되도록 각 노드의 next를 다음 노드의 주소로 지정하고, 마지막 노드의 next를 NULL로 지정하였다.
- (24-28행) 노드들이 연결된 순서대로 노드이 data를 출력하였다. 구조체 포인터 변수 p는 첫 번째 노드 a의 주소로 초기화한다. 포인터 p가 가리키는 노드의 자료를 출력하고 다음 노드의 주소인 p->next로 p 값을 갱신한 후 p가 NULL이 될 때까지 같은 동작을 반복하여 모든 노드의 자료를 출력한다. 세 개의 구조체가 next 포인터로 연결되었기 때문에 구조체 변수 b와 c를 전혀 사용하지 않고 모든 노드의 자료를 출력할 수 있다.

동적 메모리 할당/반환

예 9.26에서는 구조체 변수를 선언하여 노드를 만들었으나 일반적으로 동적 자료구조를 구성할 때 프로그램을 실행하기 전에는 필요한 자료의 양을 미리 알기 어려우므로 자료를 저장하기 위한 메모리를 변수 선언을 통해서 확보하는 것 대신에 필요할 때마다 자료를 위한 메모리를 동적으로 할당받고 더 이상 필요 없을 때 사용했던 메모리 공간을 반환한다.

메모리는 다음과 같은 함수 원형을 갖는 라이브러리 함수 malloc를 사용하여 동적으로 할당받을 수 있다.

```
void *malloc(size_t size);                    ... 메모리 동적 할당
```

이 함수 원형 선언은 헤더 파일 <stdlib.h>에 포함되어 있다. malloc 함수는 size 바이트의 메모리를 할당하고 시작 주소를 반환한다. 만약에 시스템에 주어진 크기의 사용 가능한 메모리가 없으면 NULL을 반환한다. 예 9.7과 예 9.25에서 이미 사용했던 이 함수는 메모리가 어떤 자료형을 위해서 사용될지 미리 알지 못하므로 반환 자료형은 void 형에 대한 포인터로 되어 있으며, 자료형 type의 자료 저장에 사용되는 경우에 반환되는 주소를 형 변환 연산자 (type *)를 사용하여 해당 자료형의 포인터로 변환하여 사용한다. 다음은 구조체 자료를 위한 메모리 할당을 받아서 메모리 주소를 구조체 포인터 변수에 저장하는 예이다.

```
struct node *p;
p = (struct node *)malloc(sizeof(struct node));     ... 구조체용 메모리 할당
```

그리고 예 9.25에서 보았듯이 원소 개수가 N개인 type 자료형의 배열에 대한 메모리를 다음과 같이 동적으로 할당받아서 사용할 수 있다.

```
type *p;
p = (type *)malloc(sizeof(type) * N);     ... 원소 개수가 N인 배열 공간 할당
```

여기서 동적 할당된 배열의 원소는 p[i]와 같이 배열 형식으로 접근할 수 있다.

문자열을 버퍼에 입력받은 후 다음과 같이 malloc 함수를 사용하여 필요한 크기만큼 메모리를 할당받아서 포인터 변수에 주소를 저장한 후, 여기에 입력 문자열을 복사하여 저장할 수 있다.

```
char buf[80], *p;

scanf("%s", buf);
p = (char *)malloc(strlen(buf)+1);         ... 문자열 저장공간 할당(널문자 포함)
strcpy(p, buf);
```

7.5절에서 여러 개의 문자열을 2차원 문자 배열에 저장하는 예를 보았다. 많은 수의 입력 문자열을 저장해야 할 때, 2차원 문자 배열의 열의 크기는 예상되는 입력 문자열의 최대 길이보다 크게 선언해야 하므로, 실제로 사용되지 않는 메모리 공간이 많이 발생할 수 있다. 입력 문자열을 필요한 크기만큼 동적 할당받은 메모리 공간에 저장하고 할당받은 메모리의 주소들을 포인터 배열에 저장한다면 이러한 메모리 낭비를 줄일 수 있다.

예 9.27 문자열을 동적 메모리 할당 공간에 저장하는 프로그램

다음은 5개의 문자열을 입력받아서 동적으로 할당받은 메모리 공간에 저장하는 프로그램이다. 필요한 문자열 크기만큼 메모리를 사용하므로 메모리를 효율적으로 활용할 수 있다.

```
#include <stdio.h>
#include <stdlib.h>
#include <string.h>

int main(void)
{
    char buf[80];                       // 문자열 입력 버퍼
    char *p[5];                         // 문자열 주소 저장용 포인터 배열
    int i;

    for (i=0; i<5; i++) {
        scanf("%s", buf);                       // 문자열 입력
        p[i] = (char *)malloc(strlen(buf)+1);  // 문자열 저장용 메모리 할당
        strcpy(p[i], buf);                      // 할당 메모리에 문자열 복사
    }
    // 저장한 문자열을 출력
    for (i=0; i<5; i++)
        printf("%s\n", p[i]);

    return 0;
}
```

실행	*Java JavaScript C Go PHP* ... 입력 Java JavaScript C Go PHP

- 문자 배열 buf에 문자열 입력을 받고(12행) malloc 함수를 사용하여 필요한 크기만큼 할당받아서(13행) 여기에 입력 문자열을 복사한다(14행). 문자 배열 buf의 크기는 예상되는 최대 문자열 길이보다 크게 선언해야 한다(7행).
- printf에 포인터 배열에 있는 문자 포인터 p[i]를 형식 지정자 %s로 출력하면 포인터가 가리키는 문자열이 출력된다.

malloc 함수뿐만 아니라 다음과 같은 함수도 메모리 할당에 사용될 수 있다.

```
#include <stdlib.h>

void *calloc(size_t num, size_t size);          ... 배열 메모리 할당
void *realloc(void *ptr, size_t size);          ... 메모리 크기 변경 재할당
```

함수 calloc는 num * size 바이트의 공간을 할당하며, malloc와는 다르게 할당된 메모리의 내용을 0으로 만든다. 함수 calloc을 사용하면 다음과 같이 N개의 원소로 구성된 type 자료형의 배열에 대한 메모리를 곱셈을 사용하지 않고 할당받을 수 있다.

```
p = (type *)calloc(N, sizeof(type));
```

함수 realloc는 이전에 할당받은 메모리의 크기를 size로 변경하고, 재할당받은 메모리의 시작 주소를 반환한다. 크기가 증가하는 경우는 메모리 위치가 이동될 수 있으며, 이때는 이전 메모리의 내용이 새로 할당받은 메모리로 복사된다.

할당받은 메모리를 더 이상 사용할 필요가 없으면 다음과 같은 이 함수 free를 사용하여 시스템에 반환할 수 있다.

```
void free(void *p);                    ... 할당받은 메모리 p를 반환
```

함수 free의 인수는 malloc 함수 등을 사용해서 할당받은 메모리 주소만 사용해야 한다.

free 함수를 제대로 사용하지 않고 메모리를 계속하여 할당받으면 메모리가 부족해질 수 있으므로 할당받은 메모리가 더 이상 필요 없으면 반드시 free 함수를 사용하여 반환하는 것이 바람직하다.

연결 리스트

여러 개의 자료를 순차적으로 저장하기 위해서 배열을 사용할 수 있다. 그렇지만 배열을 사용하려면 자료의 최대 개수를 미리 정해서 배열을 선언하여 메모리를 할당받아야 하며 배열의 임의 위치에 자료를 삽입하거나 삭제하려면 삽입 또는 삭제 위치 뒤에 있는 모든 원소를 이동해야 하는 단점이 있다.

대표적인 동적 자료구조인 연결 리스트를 사용하면 메모리를 미리 할당할 필요가 없으며 삽입과 삭제가 간단하다. 연결 리스트(linked list)는 그림 9.17과 같이 자료들이 순차적으로 연결된 자료구조이다.

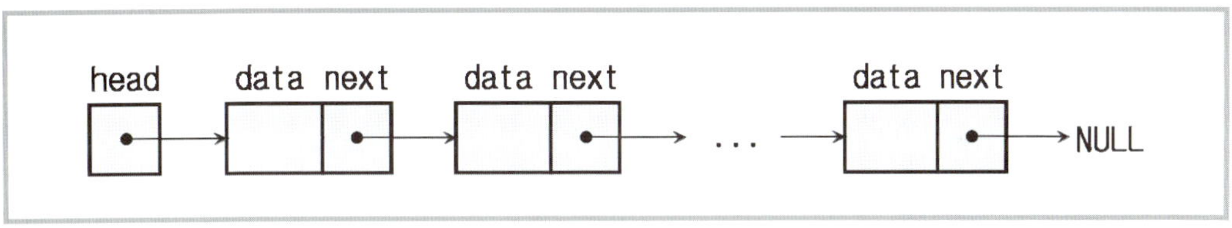

그림 9.17 연결 리스트

연결 리스트의 각 노드는 자료와 다음 노드에 대한 포인터 next를 포함한다. 마지막 노드의 next 포인터는 NULL이다. 연결 리스트는 첫 번째 노드를 가리키는 head 포인터를 통하여 모든 노드에 접근할 수 있다.

연결 리스트의 노드는 앞에서 정의된 node 구조체와 같은 자기 참조 구조체를 사용하여 나타내며, 첫 번째 노드에 대한 포인터인 head를 선언하는 것으로 시작한다.

```
struct node {
    int data;
    struct node *next;
};
struct node *head;              // 연결 리스트의 첫 번째 노드 포인터
```

연결 리스트의 노드를 위한 메모리는 필요할 때마다 할당받아서 구조체 포인터 변수에 주소

를 저장하며, 노드는 구조체 포인터를 통하여 참조된다. 구조체 포인터 p가 가리키는 노드를 간단하게 노드 p라고 부르기로 한다.

예 9.28 연결 리스트의 맨 앞에 자료 삽입하기

다음은 배열에 저장된 10개의 자료를 연결 리스트의 맨 앞에 순서대로 삽입한 후 연결 리스트의 모든 자료를 출력하는 프로그램이다. 연결 리스트는 비어 있는 상태로 시작한다.

```
#include <stdio.h>
#include <stdlib.h>

struct node {                               // 자기 참조 구조체
    int data;
    struct node *next;
};

int main(void)
{
    int a[10] = { 10, 30, 50, 20, 80, 40, 70, 90, 100, 60 }; // 삽입할 자료
    struct node *head;                 // 연결 리스트 head 포인터
    struct node *p;
    int i;

    head  = NULL;                           // 연결 리스트 NULL 초기화

    // 연결 리스트의 맨 앞에 자료 삽입
    for (i=0; i<10; i++) {
        p = (struct node *)malloc(sizeof(struct node));      // 노드 생성
        if (p == NULL) {
                printf("memory allocation failed\n");
                return 1;
        }
        p->data = a[i];             // 데이터 저장
        p->next = head;             // 맨 앞에 노드 삽입
        head = p;
    }
    // 연결 리스트의 모든 자료를 출력
    p = head;
    while (p != NULL) {
        printf("%d ", p->data);
```

```
33          p = p->next ;             // 다음 노드로 이동
34      }
35  }
```

실행	60 100 90 70 40 80 20 50 30 10

- (16행) 연결 리스트가 비어 있는 상태로 시작하도록 head 포인터를 NULL로 초기화한다.
- (20-27행) 자료를 삽입하기 위하여 ① 노드에 대한 메모리를 할당받아서 포인터 p에 저장한 후 노드 p의 data에 자료를 저장하고, ② 노드 p의 next에 head에 저장된 포인터를 저장하고, ③ head가 노드 p를 가리키도록 연결을 수정하여 새로 생성된 노드를 맨 앞에 위치시킨다. 그림 9.18은 이 과정을 보여준다.
- (21-23행) 메모리 할당이 실패하여 NULL 포인터가 반환되면 프로그램을 종료한다. 종료코드를 1로 반환하고 종료하여 비정상 종료임을 알렸다.
- (30-34행) 예 9.26의 리스트 출력과 비슷한 코드로서 포인터 p는 head부터 시작하여 NULL을 만날 때까지 노드의 자료를 출력하고, 다음 노드로 이동하는 동작을 반복하여 모든 자료를 순서대로 출력한다.

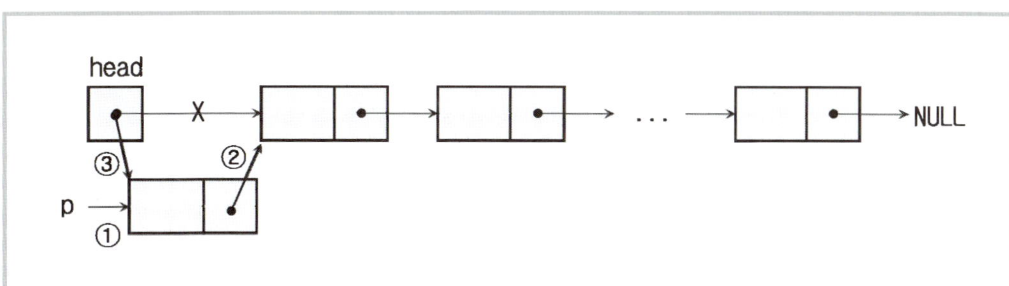

그림 9.18 연결 리스트의 맨 앞에 노드 삽입

예 9.29 연결 리스트에 정렬된 순서로 자료를 삽입하기

다음은 배열에 저장된 10개의 자료를 연결 리스트에 작은 값부터 크기 순서대로 삽입한 후 연결 리스트의 모든 자료를 출력하는 프로그램이다. 노드는 연결 리스트의 중간에 삽입될 수 있다.

```
#include <stdio.h>
#include <stdlib.h>
```

```c
struct node {                                    // 자기 참조 구조체
    int data;
    struct node *next;
};

int main(void)
{
    int a[10] = { 10, 30, 50, 20, 80, 40, 70, 90, 100, 60};   // 삽입할 자료
    struct node *head;              // 연결리스트 head 포인터
    struct node *p, *newp;
    int i;

    head  = NULL;                                // 연결 리스트 NULL 초기화

    // 연결 리스트의 맨 앞에 자료 삽입
    for (i=0; i<10; i++) {
        newp = (struct node *)malloc(sizeof(struct node));   // 노드 생성
        if (newp == NULL) {         // 노드 생성 실패 시 종료
                printf("memory allocation failed\n");
                return 1;
        }
        newp->data = a[i];                       // 자료 저장

        if (head == NULL || head->data >= newp->data) {
                // 빈 리스트이거나 자료가 첫째 노드의 자료보다 작으면 head에 삽입
                newp->next = head;
                head = newp;
        } else {            // 중간에 노드 삽입
                // 삽입할 노드 위치 찾기
                p = head;
                while (p->next != NULL && p->next->data < newp->data)
                        p = p->next;
                // 노드 p에 다음에 삽입
                newp->next = p->next;
                p->next = newp;
        }
    }
    // 연결 리스트의 모든 자료를 출력
    p = head;
```

```
44        while (p != NULL) {
45            printf("%d ", p->data);
46            p = p->next ;     // 다음 노드로 이동
47        }
48    }
```

실행	10 20 30 40 50 60 70 80 90 100

- (21-26행) 메모리를 할당받아서 노드를 생성하여 자료를 저장하되 메모리 할당이 실패하면 에러 메시지를 출력하고 종료한다.
- (28-31행) 연결 리스트가 비어 있거나 삽입할 자료가 첫 번째 노드의 자료보다 작을 때는, 생성된 노드를 맨 앞에 삽입한다.
- (33-39행) 그렇지 않으면 첫 번째 노드부터 시작하여 삽입할 자료가 현재 노드(p)의 다음 노드(p->next)에 저장된 자료보다 작거나 다음 노드가 NULL인 마지막 노드에 도달하면 그림 9.19과 같이 생성된 노드(newp)를 현재 노드 다음에 삽입한다.

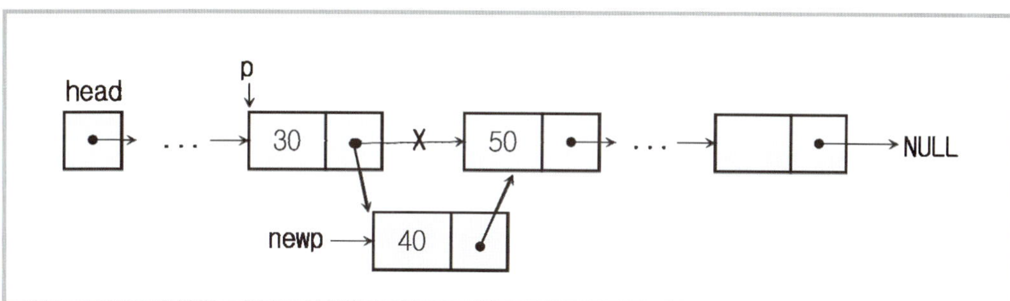

그림 9.19 연결 리스트의 중간에 노드 삽입

수정된 연결 리스트

예 9.29의 프로그램은 노드가 맨 앞에 삽입될 때는 head 포인터가 변경되므로 중간에 삽입될 때와 동작에 차이가 있다. 노드를 삭제할 때도 첫째 노드가 삭제되는 경우와 중간 노드가 삽입되는 경우에 코드가 구분되어 작성된다.

그림 9.20과 같이 연결 리스트의 맨 앞의 head 노드에 자료를 저장하지 않고 이 노드의 next 포인터가 연결 리스트의 첫 번째 노드를 가리키는 head 노드로 사용하면 head는 바뀌지 않고 그대로 유지되므로 노드가 맨 앞에 삽입될 때와 중간에 삽입될 때를 구분할 필요 없이 모

두 같은 코드를 사용할 수 있어서 코드가 간단해진다.

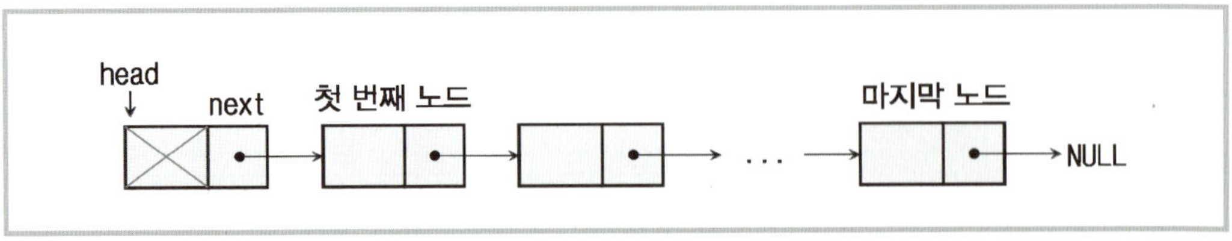

그림 9.20 head 노드를 사용한 연결 리스트

예 9.30 수정한 head를 사용한 연결 리스트에 정렬된 순서로 자료 삽입하기

다음은 예 9.29의 프로그램을 그림 9.20와 같이 head 노드를 사용하여 수정한 프로그램이다.

```
#include <stdio.h>
#include <stdlib.h>


struct node {                              // 자기 참조 구조체
    int data;
    struct node *next;
};

int main(void)
{
    int a[10] = { 10, 30, 50, 20, 80, 40, 70, 90, 100, 60};  // 삽입할 자료
    struct node *head;              // 연결리스트 head
    struct node *p, *newp;
    int i;

    head = (struct node *)malloc(sizeof(struct node));    // head 노드 생성
    if (head == NULL) {  // 노드 생성 실패 시 종료
        printf("memory allocation failed\n");
        return 1;
    }
    head->next = NULL;              // 연결 리스트 NULL 초기화

    // 연결 리스트의 맨 앞에 자료 삽입
    for (i=0; i<10; i++) {
        newp = (struct node *)malloc(sizeof(struct node));  // 노드 생성
        if (newp == NULL) {         // 노드 생성 실패 시 종료
                printf("memory allocation failed\n");
```

```
29                 return 1;
30             }
31             newp->data = a[i];              // 자료 저장
32             // 삽입할 노드 위치 찾기
33             p = head;
34             while (p->next != NULL && p->next->data < newp->data)
35                 p = p->next;
36             // 노드 p에 다음에 삽입
37             newp->next = p->next;
38             p->next = newp;
39         }
40         // 연결 리스트의 모든 자료를 출력
41         p = head->next;
42         while (p != NULL) {
43             printf("%d ", p->data);
44             p = p->next ;     // 다음 노드로 이동
45         }
46         return 0;
47     }
```

실행	10 20 30 40 50 60 70 80 90 100

- (17-19행) 연결 리스트를 위한 헤드 노드를 생성하고, 비어 있는 연결 리스트를 나타내기 위하여 next 포인터를 NULL로 초기화한다.
- (27-33행) 현재 노드(p)를 head부터 시작하여 다음 노드(p->next)의 자료가 삽입할 자료보다 삽입할 자료가 더 작거나 다음 노드가 NULL이면 그림 9.18과 같이 현재 노드와 다음 노드 사이에 생성된 노드(newp)를 삽입한다.
- 이 프로그램은 생성된 노드를 삽입하는 코드가 삽입 위치와 관계없이 같아서 예 9.29보다 간단하다.

예 9.31 연결 리스트 삽입, 삭제 동작을 함수로 작성한 프로그램

다음은 연결 리스트 생성, 자료 삽입, 노드 삭제, 출력 동작을 함수로 작성한 후 이를 사용하여 연결 리스트에 노드를 삽입, 삭제하는 프로그램을 작성한 것이다.

```
#include <stdio.h>
#include <stdlib.h>

```

```

struct node {                    // 자기 참조 구조체
    int data;
    struct node *next;
};

struct node *create_list(void);
void insert_order_list(struct node *head, int data);
int delete_first_list(struct node *head, int *pdata);
void print_list(struct node *head);

int main(void)
{
    int a[10] = { 10, 30, 50, 20, 80, 40, 70, 90, 100, 60};  // 삽입할 자료
    struct node *head;           // 연결리스트 head
    int i;
    int data;

    head = create_list();

    for (i=0; i<10; i++)
        insert_order_list(head, a[i]);
    printf("-- After inserting in ascending order\n");
    print_list(head);
    printf("\n");

    printf("-- During deleting first node until list is empty.\n");
    while (delete_first_list(head, &data))
        printf("%d ", data);
    printf("\n");
    printf("--- After deleting all nodes\n");
    print_list(head);
    printf("\n");
    return 0;
}

// 연결리스트의 head 노드 생성
struct node *create_list(void)
{
    struct node *head;
    head = (struct node *)malloc(sizeof(struct node));     // head 노드 생성
```

```
    if (head == NULL) {
        printf("memory allocation is failed\n"); exit(1);
    }
    head->next = NULL;              // 연결 리스트 NULL 초기화
    return head;
}

// 자료 data를 연결리스트 head에 오름차순으로 삽입
void insert_order_list(struct node *head, int data)
{
    struct node *newp, *p;

    if (head == NULL) {
        printf("invalid linked list\n"); exit(1);
    }
    newp = (struct node *)malloc(sizeof(struct node));      // 노드 생성
    if (newp == NULL) {
        printf("memory allocation is failed\n"); exit(1);
    }
    newp->data = data;              // 자료 저장
    // 삽입할 노드 위치 찾기
    p = head;
    while (p->next != NULL && p->next->data < newp->data)
        p = p->next;
    // 노드 p의 다음에 삽입
    newp->next = p->next;
    p->next = newp;
}

// 맨 앞의 노드를 삭제하고, 자료 반환
int delete_first_list(struct node *head, int *pdata)
{
    struct node *p;
    int data;

    if (head == NULL) {
        printf("invalid linked list\n"); exit(1);
    }
    p = head->next;
    if (p == NULL)
        return 0;         // empty list
```

```
86        *pdata = p->data;
87        head->next = p->next;
88        free(p);     // 삭제 노드 메모리 반환
89        return 1;    // non-empty list
90    }
91
92    // 연결리스트 자료 출력
93    void print_list(struct node *head)
94    {
95        struct node *p;
96
97        if (head == NULL) {
98            printf("invalid linked list\n"); exit(1);
99        }
100       p = head->next;
101       while (p != NULL) {
102           printf("%d ", p->data);
103           p = p->next;
104       }
105   }
```

실행

```
-- After inserting in ascending order
10 20 30 40 50 60 70 80 90 100
-- Delete first node until list is empty.
10 20 30 40 50 60 70 80 90 100
--- After deleting first node
```

- (41-50행) 함수 create_list는 헤드 노드용 메모리를 생성하고, 비어 있는 연결 리스트로 초기화하기 위하여 헤드 노드의 next 포인터를 NULL로 지정하고 생성된 헤드 노드의 포인터를 반환한다. 연결 리스트는 헤드 노드 포인터 head로 나타낼 수 있으며, 이 함수를 사용하면 연결 리스트를 동적으로 만들 수 있다.
- (53-72행) 함수 insert_order_list는 예 9.30을 함수로 작성한 것으로서 인수로 연결 리스트의 헤드 노드 포인터(head)와 삽입할 자료(data)를 제공한다.
- (75-90행) 함수 delete_first_list는 연결 리스트 head의 첫 번째 노드 자료를 반환하고 free 함수를 사용하여 이 노드를 삭제한다. 노드를 삭제하기 전에 head의 next 포인터를 그림 9.21과 같이 삭제할 노드 p의 next 포인터로 수정한다.

- (93-105행) 함수 print_list는 연결 리스트 head의 모든 노드의 자료를 순서대로 출력한다.
- main 함수는 작성된 함수를 사용하여 연결 리스트를 동적으로 생성하고 자료들을 크기 순서로 이 연결 리스트에 삽입하고 연결 리스트 내용을 출력한다. 그리고 연결 리스트를 앞에서부터 삭제하면서 삭제된 노드의 자료를 순서대로 출력한다. 마지막으로 모든 노드가 삭제된 비어 있는 연결 리스트의 내용을 출력한다. 비어 있는 연결 리스트는 자료가 출력되지 않음을 확인할 수 있다.

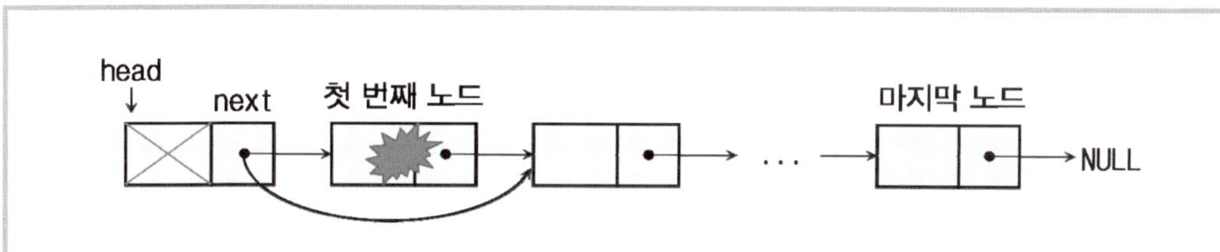

그림 9.21 연결 리스트의 첫 번째 노드 삭제

연습 9.23

1. 정수 배열도 동적으로 할당받아서 사용할 수 있다. 정수를 10개 저장할 수 있는 기억 공간을 할당받아서 시작 주소를 정수 포인터 변수에 저장한 후에, 정수 포인터를 배열처럼 사용하여 10개의 임의의 정수를 저장하고 이를 역순으로 출력하는 프로그램을 작성하시오.

2. 예 9.31의 연결 리스트에 대해서 연결 리스트의 원소 수를 세어서 반환하는 다음 함수를 작성하고 main 함수를 수정하여 이 함수의 동작을 확인하시오.

```
int length_list(struct node *head);
```

복습문제

1 포인터란 무엇인가?

2 포인터와 관련하여 연산자 &과 *은 어떠한 동작을 하는가?

3 포인터와 정수의 덧셈, 뺄셈은 정수들 간의 덧셈, 뺄셈과 어떠한 차이가 있는가?

4 포인터와 배열은 어떠한 관계가 있는가?

5 배열 a에 대해서 배열 원소 a[i]를 접근하기 위한 다른 방법은 무엇인가?

6 다음 프로그램의 잘못된 점은 무엇인가? 그리고 잘못된 점을 바로 잡으시오.

```
char *p;
gets(p);
```

7 구조체 포인터를 사용한 2가지 멤버 접근 방법은? 이 중에서 어떤 방법이 더 편리한가?

8 함수에서 구조체를 인수로 사용하는 경우와 구조체 포인터를 인수로 사용하는 경우의 장단점을 비교해 보시오.

9 main 함수의 인수를 통해서 명령어 인수를 전달받는 방법에 대해서 설명하시오.

10 함수에 대한 포인터는 무엇을 의미하는가?

11 자기 참조 구조체란 무엇인가?

12 동적 메모리 할당에 사용되는 함수는 무엇인가? 그리고 할당받은 메모리 공간을 더 이상 사용할 필요가 없을 때에는 어떻게 해야 하는가?

13 연결 리스트의 노드는 어떻게 구성되는가?

종합문제

1 다음 중 틀린 것을 찾아보고 이유를 말하시오.

```
int x, *p, a[10];
                ...
(1) *p = x  (2) *p = &x    (3) p = &x    (4) p = a
(5) a = p   (6) p = a + 2  (7) &x = p    (8) x = p[2]
```

2 7장의 예 7.5에서 작성한 strcpy() 함수를 문자 배열 대신에 문자 포인터를 사용하여 다시 작성하시오.

3 '123456'과 같이 숫자로 이루어진 문자열을 정수로 변환하여 출력하는 프로그램을 문자 포인터를 사용하여 작성하시오. 문자열에서 숫자 이외의 문자를 만나면 이전까지의 문자열을 정수로 변환한다.

4 8장의 종합문제 1번을 구조체에 대한 포인터를 사용하여 다시 작성하시오.

5 8장의 종합문제 2번의 함수들을 구조체 포인터형 인수로 사용하여 작성하시오. 계산 결과도 반환값이 아니라 함수 인수를 통해서 전달받는다. 그리고 이 함수의 동작을 확인하시오.

6 다음과 같이 명령어 인수로 전달받은 식을 계산하는 프로그램을 작성하시오. 연산은 덧셈, 뺄셈, 곱셈, 나눗셈만 가능하며 숫자와 연산자는 띄어쓰기를 해야 한다.

```
C〉 eval 15 + 13
28
```

7 <time.h>에서 정의되는 구조체 tm으로 표현된 시간을 몇 가지 형식으로 출력하는 함수를 작성하시오. 출력 형식은 임의로 정하시오. 이 함수는 구조체 tm 포인터 인수와 출력 형식을 선택하기 위한 정수 인수를 받아서 사용한다.

8 이름, 키, 몸무게 자료를 아래와 같은 형식으로 입력받는다. 첫 번째 입력은 자료 수로서 이 개수의 모든 자료를 저장할 구조체 배열을 위한 메모리를 할당받아서 사용하도록 한다. 입력 자료를 동적으로 할당받은 구조체 배열에 저장하고 이 자료를 "홍길동 170cm 65kg"과 같은 형식으로 모두 출력하는 프로그램을 작성하시오.

```
3
홍길동 170 65
장길산 175 60
임꺽정 180 75
```

9 두 개의 연결 리스트를 연결하는 다음 함수를 작성하고 동작을 확인하시오.

```
void concat_list(struct node *head1, struct node *head2);
```

이 함수에서 첫 번째 인수의 연결 리스트 뒤에 두 번째 인수의 연결 리스트를 연결하고 두 번째 연결 리스트는 NULL로 만든다. 첫 번째 연결 리스트가 NULL이면 두 번째 연결 리스트가 첫 번째 연결 리스트로 된다.

10 연결 리스트에 자료 data가 저장되어 있는지 검색하여 자료를 찾은 경우에 노드 주소를 반환하고 그렇지 않으면 NULL을 반환하는 다음 함수를 작성하고 동작을 확인하시오.

```
struct node *find_list(struct node *head, int data);
```

제10장 파일 입출력

학습 내용

- 파일 입출력 개념, 텍스트 파일과 이진 파일
- 파일 입출력 수행 과정
- 텍스트 파일 입출력
- 이진 파일 입출력, 파일 갱신

10.1 파일 입출력

C Programming

지금까지는 키보드와 모니터와 같은 표준 입출력 장치를 통한 입출력 함수만 다루었다. 입출력은 키보드와 모니터 외에도 파일(file)에 대해 이루어질 수 있다. 프로그램 실행 결과를 모니터로 출력하면 프로그램 실행 끝날 때 결과가 없어지지만, 파일에 저장하면 결과를 보존할 수 있다. 또한 입력 내용을 파일에 미리 저장한 다음에 프로그램 실행 동안 파일로부터 입력을 받으면, 입력 준비와 프로그램 실행을 분리할 수 있어서 편리하다.

C 언어에서 `<stdio.h>` 헤더 파일에 포함된 표준 라이브러리 입출력 함수는 표준 입출력 장치를 통한 입출력뿐만 아니라 일반적인 파일 입출력 함수도 지원한다. 프로그래머 입장에서는 파일 입출력과 표준입출력 장치 입출력을 수행하는 데 차이가 없으며, 표준 라이브러리는 표준 입출력 함수와 유사한 파일 입출력 함수를 제공한다.

스트림

파일 입출력은 프로그램이 직접 디스크에 저장된 자료에 접근하여 입출력하는 것이 아니라 그림 10.1과 같이 메모리에 설정된 버퍼(buffer)를 경유하여 입출력한다. 파일을 읽을 때는 블록 단위로 읽어서 버퍼에 저장한 후 버퍼에 있는 데이터를 프로그램에 전달한다. 파일에 저장할 때는 프로그램에 있는 데이터를 버퍼에 저장한 후 버퍼에서 디스크 공간의 파일로 저장한다.

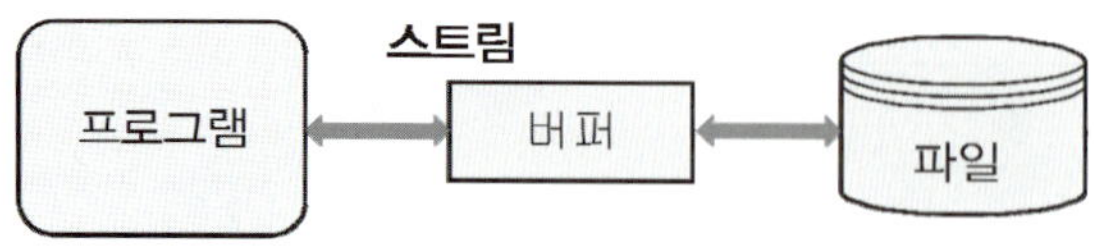

그림 10.1 파일 스트림과 버퍼형 파일 입출력

이러한 버퍼형 파일 입출력(buffered file I/O)은 실제의 파일 입출력은 운영체제에서 수행하며 사용자 프로그램은 파일 입출력을 위한 버퍼와의 입출력만 수행하므로 프로그래머에게 제공되는 파일 입출력 인터페이스를 단순화시킬 수 있다. 그리고 디스크 파일뿐만 아니라 화면, 키보드, 프린터, 입출력 포트 등의 장치에 대한 입출력도 동일한 논리적인 인터페이스를 사용하여 수행할 수 있다.

파일 입출력을 위한 논리적인 인터페이스를 스트림(stream)이라고 한다. 파일 입출력은 해당 파일에 대한 스트림을 통하여 이루어지며, 각 파일의 스트림은 헤더 파일 <stdio.h>에서 정의된 구조체인 FILE 자료형의 자료구조를 통하여 접근이 이루어진다.

표준 입출력 스트림

C 프로그램이 시작될 때 다음과 같은 3개의 스트림이 자동적으로 생성된다. 이 스트림을 표준 스트림이라고 한다.

```
stdin     표준 입력(standard input)
stdout    표준 출력(standard output)
stderr    표준 에러 출력(standard error)
```

stdin은 키보드로부터의 입력 스트림이고, stdout과 stderr은 화면으로의 출력 스트림이다. 표준 에러 스트림 stderr은 주로 에러 메시지를 화면에 출력하는 용도로 사용된다. stdin, stdout, stderr은 모두 FILE 형 포인터로서 뒤에서 소개하는 파일 입출력 함수를 사용하여 입출력할 수 있다.

우리는 지금까지 printf나 scanf 함수 등을 사용하여 스트림에 대한 지식이 없이도 표준 입력 장치와 표준 출력 장치에 대한 입출력을 수행하였다. 그리고 명령어 창이나 셸에서 제공되는 표준 입출력 방향전환 기능을 사용하여 스트림에 연결되는 장치를 다른 장치나 파일로 변경하여 사용할 수 있다.

텍스트 파일과 이진 파일

파일은 저장된 자료의 형태에 따라서 텍스트 파일과 이진 파일로 나뉜다. **텍스트 파일**(text file)은 사람이 읽을 수 있는 문자들로만 이루어진 파일로서 줄(line) 단위의 집합으로 구성된다. 텍스트 파일은 Windows의 메모장이나 Unix/Linux의 vi와 같은 텍스트 편집기를 사용하여 편집할 수 있다.

C 언어에서 '\n' 문자는 개행(new line) 문자로 줄을 바꿈을 뜻한다. 이 문자가 텍스트 파일로 저장될 때, 운영체제에 따라서 텍스트 파일에서 줄의 끝을 나타내는 형식이 약간의 차이가 있으며 운영체제에서 사용하는 형식으로 변환되어 저장된다. 각 운영체제의 텍스트 파일에서 사용하는 줄 바꿈 문자는 다음과 같다.

- \r\n 의 연속된 두 문자 : Windows
- \n : UNIX, Linux, 매킨토시 OS X
- \r : 매킨토시 OS 9 또는 이전 버전

이에 따라서 C 언어에서 문자열 "abc\n"을 텍스트 파일로 출력하면 운영체제에 따라서 그림 10.2와 같이 다르게 저장된다.

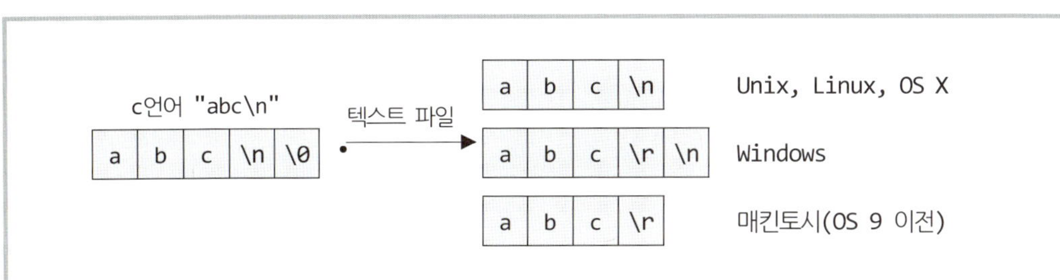

그림 10.2 개행 문자의 텍스트 파일 내부 표현

텍스트 파일은 사람이 이해할 수 있는 형태로 정보를 나타내기 위하여 사용한다. 예를 들어서 정수 12는 텍스트 파일에 저장할 때 문자열 "12"로 변환하여 저장한다. 그리고 텍스트 파

일에서 입력받을 때 문자열 "12"를 정수로 변환하여 사용할 수 있다.

이진 파일(binary file)은 데이터를 컴퓨터 내부에서 표현된 2진수 형태 그대로 저장한 파일이다. 이진 파일은 정수와 실수뿐 만 아니라 배열과 구조체와 같은 복합 자료형의 자료를 입출력할 때 텍스트 형태로 변환할 필요가 없으므로 시간적으로 효율적이고, 파일의 크기가 더 작아서 공간적으로도 효율적이다. 예를 들어서 정수 12345678은 컴퓨터 내부에서 32비트, 즉 4바이트로 표현되며 이진 파일에서도 4 바이트 크기로 저장되지만, 텍스트 파일로 저장하면 8개의 문자로 구성된 문자열 "12345678"로 변환한 후 저장하므로 8바이트 저장공간을 차지한다.

이진 파일은 텍스트 편집기를 사용하여 확인하거나 편집할 수 없고 Unix/Linux의 cat이나 Windows의 type 명령어를 사용하여 내용을 확인할 수 없다. 이진 파일의 내용을 확인하기 위해서는 이러한 기능을 제공하는 명령어나 유틸리티 프로그램을 사용해야 한다.

파일 입출력 수행 과정

C 언어에서 파일 입출력은 다음과 같은 순서로 수행한다.

❶ **헤더 파일** 파일 입출력 함수를 사용하려면 헤더 파일 `<stdio.h>`를 포함한다.

```
#include <stdio.h>
```

❷ **파일 포인터 선언** `FILE` 자료형 포인터 변수를 선언한다. `FILE` 자료형은 파일에 대한 정보를 보관하는 구조체로서 헤더 파일 `<stdio.h>`에 정의되어 있다.

```
FILE *fp;
```

❸ **파일 열기** fopen 함수를 호출하여 파일 열기를 한다. fopen은 열린 파일에 대한 포인터를 반환하며 이 포인터를 앞에서 선언한 `FILE` 포인터 변수에 저장하여 앞으로의 파일 입출력에 사용할 수 있도록 한다.

```
fp = fopen("infile.dat", "r");
```

❹ **파일 입출력** 파일 입출력 함수를 호출하여 파일 포인터가 가리키는 파일에 대한 입출력 동작을 수행한다. 다양한 파일 입출력 함수에 대해서 뒤에서 소개한다.

⑤ 파일 닫기 fclose 함수를 호출하여 파일을 닫는다.

```
fclose(fp);
```

파일 열기

파일 입출력을 위해서는 먼저 다음과 같이 fopen 함수를 사용하여 파일 열기를 해야 한다.

```
FILE *fp;

fp = fopen("input.txt", "r");          ... 텍스트 파일 열기
fp = fopen("input.bin", "rb");         ... 이진 파일 열기
```

fopen 함수의 첫째 인수는 파일 이름을 나타내는 문자열이다. 문자열 표현에서 백슬래시 \는 특수한 용도로 사용하므로 Windows에서 경로를 포함한 파일 이름은 경로 이름에 포함된 \는 \\로 나타내어야 한다는 점을 주의해야 한다. 예를 들어서 파일 이름 C:\cprog\a.dat는 "C:\\cprog\\a.dat"로 나타내야 한다. 최근의 컴파일러는 Windows에서도 경로 이름에 \ 대신에 "C:/cprog/a.dat"와 같이 폴더 구분에 /를 사용하는 것을 허용한다.

둘째 인수는 파일 접근 모드를 나타내는 문자열이다. 입력, 출력, 또는 수정과 같이 파일에 대해서 수행할 동작을 지정하는 파일 접근 모드 문자열은 표 10.1과 같다.

표 10.1 파일 접근 모드 문자열

모드	의미	파일이 없으면	파일이 존재하면
"r"	읽기(read) 전용	NULL을 반환(실패)	처음부터 읽기
"w"	쓰기(write) 전용	새 파일 생성	기존 파일 내용 비우고 쓰기
"a"	추가 쓰기(append)	새 파일 생성	기존 파일 뒤에 쓰기
"r+"	읽기와 쓰기	NULL을 반환(실패)	처음부터 읽기/쓰기
"w+"	읽기와 쓰기	새 파일 생성	기존 파일 내용 비우고 쓰기/읽기
"a+"	추가를 위한 읽기와 쓰기	새 파일 생성	기존 파일 뒤에 쓰기, 읽기를 먼저하면 처음부터 읽기

파일 접근 모드 문자열에 문자 +가 포함되면 읽기와 쓰기가 모두 가능하지만 파일 존재 여부에 따라서 동작에 차이가 있으며, 읽기와 쓰기가 모두 가능한 접근 모드는 쓰기를 한 내용을 바로 읽을 수 있는 장점이 있지만 읽기와 쓰기 위치를 다루는 데 주의해야 한다.

파일 열기가 성공하면 열린 파일에 대한 FILE 포인터를 반환하며 그렇지 않으면 NULL 포인터를 반환한다. 파일 입출력은 파일 열기가 성공적일 때만 수행해야 하므로 다음과 같이 파일이 성공적으로 열렸는지 여부를 반드시 확인해야 한다.

```
FILE *fp;

fp = fopen("data.txt", "r");
if (fp == NULL) {
    printf("Cannot open input file\n");        // 에러 메시지
    exit(1);                                   // 종료 코드 1로 프로그램 종료
}
```

위의 if 문 대신에 다음과 같이 assert 함수를 사용하여 간단하게 파일 열기의 성공 여부를 확인할 수도 있다.

```
#include <assert.h>                            // assert 함수 사용을 위한 헤더 파일
...
fp = fopen("data.txt", "r");
assert(fp);                                    // 또는 assert(fp != NULL);
```

파일 닫기

파일에 대한 입출력이 끝나면 다음과 같이 fclose 함수를 사용하여 열린 파일을 닫아야 한다.

```
fclose(fp);
```

fclose 함수는 열린 파일에 대한 FILE 포인터를 인수로 사용하며 파일 닫기가 성공적이면 0을 그렇지 않으면 EOF를 반환한다. 파일 닫기를 하면 파일 입출력에 사용했던 버퍼의 내용을 저장한 후, 버퍼 등의 공간을 비우고, 운영체제에 이 공간을 반환한다.

예 10.1 파일을 읽을 수 있는 지 확인하는 프로그램

다음은 파일 이름을 입력받아서 파일을 읽을 수 있는지 확인하는 프로그램이다.

```
#include <stdio.h>
#include <stdlib.h>

```

```
4   int main(void)
5   {
6       char fname[50];
7       FILE *fp;
8
9       // 읽을 파일 이름 입력
10      printf("Enter a file name : ");
11      scanf("%s",fname);
12      // 파일 열기
13      fp = fopen(fname, "r");
14      if (fp == NULL) {
15          printf("%s cannot be opened\n", fname);
16          exit(1);
17      }
18      printf("%s can be opened\n", fname);
19      fclose(fp);
20      return 0;
21  }
```

실행1	Enter a file name : *ex10-1.c* ex10-1.c can be opened
실행2	Enter a file name : *myfile* ... 존재하지 않는 파일 myfile cannot be opened

- 입력한 파일 이름의 파일을 읽을 수 없을 때 fopen 함수는 NULL 포인터를 반환하며 (13행) 이때 에러 메시지를 출력하고 exit 함수를 호출하여 프로그램을 끝낸다(14-17행). 파일이 존재하지 않거나 읽기 권한이 없을 때 파일을 읽을 수 없다.
- fclose 함수를 호출하면 파일을 닫아서 파일 입출력을 종료한다. 이 함수를 호출하지 않아도 프로그램이 종료되면 열린 파일은 닫힌다.

참고

Visual Studio에서의 fopen 함수 문제와 해결 방법

- Visual Studio에서 scanf 함수와 마찬가지로 fopen 함수를 사용하면 컴파일 오류가 발생한다. Visual Studio의 기본 설정을 사용하면 Microsoft C/C++ 컴파일러는 fopen 함수 사용을 오류로 처리하고, 다음과 같이 fopen_s 함수를 대신에 사용하도록 권장한다. 이 함수는 Visual Studio에서

지원하는 함수로서 C11에서 표준 함수로 지정되었다. C11

```
if (fopen_s(&fp, fname, "r") == 0) {
    printf("%s cannot be opened₩n", fname);
    exit(1);
}
```

- 이 문제를 해결하는 방법은 scanf 함수의 경우와 같다. Visual Studio에서 프로젝트 속성의 C/C++에서 SDL 검사를 하지 않도록 "아니오"로 변경하여 컴파일러 옵션을 변경하면 fopen 함수를 컴파일 오류 없이 사용할 수 있다

10.2 파일 입출력 함수

fopen 함수를 호출하여 열린 파일에 대해서 파일 입출력 함수를 사용하여 입출력을 할 수 있다. 표 10.2와 같이 표준 입출력에 대해서 제공되는 함수와 비슷한 파일 입출력 함수가 제공된다.

표 10.2 파일 입출력 함수와 표준 입출력 함수

함수	사용 예	비슷한 표준 입출력 함수
fscanf()	fscanf(fp, "%d", &a);	scanf("%d", &a);
fprintf()	fprintf(fp, "%d", a);	printf("%d", a);
fgetc()	ch = fgetc(fp); ch = getc(fp);	ch = getchar();
fputc()	fputc(ch, fp); putc(ch, fp);	putchar(ch);
fgets()	fgets(str, 80, fp);	gets(str);
fputs()	fputs(str, fp);	puts(str);

특히 fscanf, fprintf, fgetc, fputc 함수는 FILE 포인터 인수로서 추가로 사용하는 것을 제외하고는 대응되는 표준 입출력 함수인 scanf, printf, getchar, putchar 함수와 사용법이 같다. 그렇지만 fgets와 fputs 함수는 대응되는 표준 입출력 함수인 gets와 puts의 동작과 약간의 차이가 있다.

문자 단위 파일 입출력

문자 파일 입출력 함수인 fgetc와 fputc는 추가 인수로 파일 포인터를 사용하는 것을 제외하고는 표준 입출력 함수인 getchar와 putchar와 사용법이 같다. 그리고 fgetc와 fputc 함수 대신에 getc와 putc 함수를 각각 사용해도 된다.

예 10.2 키보드 입력을 파일에 저장하는 프로그램

다음은 키보드 입력을 문자 단위 출력 함수를 사용하여 명령어 인수로 지정된 파일에 저장하는 프로그램이다.

```c
#include <stdio.h>
#include <stdlib.h>

int main(int argc, char *argv[])
{
    FILE  *fp;
    char  fname[50];                    // 파일 이름
    int   ch;

    if (argc != 2) {
        printf("usage: %s output-file\n", argv[0]);
        exit(1);
    }

    fp = fopen(argv[1], "w");           // 쓰기 파일 열기
    if (fp == NULL) {
        printf("Cannot open %s for write\n", argv[1]);
        exit(1);
    }
    // EOF를 만날 때까지 키보드에서 문자를 읽어서 파일에 자장
    while ((ch = getchar()) != EOF)
        fputc(ch, fp);

    fclose(fp);                         // 파일 닫기
    return 0;
}
```

실행

```
C> ex10-2 data.txt
C language
Korea
Program
^Z
```

```
$ ./a.out data.txt
C language
Korea
Program
^D
```

- 이 프로그램은 파일 이름을 명령어 인수로 입력받으며, argv[1]이 파일 이름 문자열을 가리킨다. 명령어 인수가 없거나 여러 개이면 사용법 안내문을 출력하고 종료한다(10-13행).
- 첫 번째 인수 이름의 파일을 쓰기용으로 열고(15행), 키보드 문자 입력을 EOF를 만날 때까지 이 파일에 계속하여 저장한다(21-22행).

예 10.3 파일 내용을 화면에 출력하는 프로그램

다음은 키보드로 파일 이름을 입력한 파일의 내용을 읽어서 화면에 출력하는 프로그램이다.

```c
#include <stdio.h>
#include <stdlib.h>

int main(void)
{
    char  fname[50];                        // 파일 이름
    FILE  *fp;
    int   ch;

    // 출력 파일 이름 입력
    printf("Enter a file name to display : ");
    scanf("%s",fname);

    fp = fopen(fname, "r");                 // 읽기 파일 열기
    if (fp == NULL) {
        printf("Cannot open %s\n", fname);
        exit(1);
    }
    // EOF를 만날 때까지 파일에서 문자를 읽어서 화면에 출력
    while ((ch = fgetc(fp)) != EOF)
        putchar(ch);

    fclose(fp);                             // 파일 닫기
    return 0;
}
```

실행

```
Enter a file name to display : data.txt    ... 이전에 생성된 파일
C language
Korea
Program
```

줄 단위 파일 입출력

다음과 같이 fgets 함수를 사용하여 텍스트 파일에서 문자열을 한 줄 단위로 입력할 수 있다.

```
char s[80];              ... 입력 문자열 저장용 배열

fgets(s, 80, fp);        ... 한 줄의 파일 입력 문자열을 s가 가리키는 버퍼에 저장
                             최대 79글자 저장 가능 (마지막은 널 문자)
```

이 함수의 첫째 인수는 입력 문자열을 저장할 버퍼의 시작 주소를 나타내며 대개 문자열을 저장할 문자 배열 이름을 사용한다. 둘째 인수는 입력 문자열을 저장할 버퍼의 크기로서 대개 문자 배열의 크기를 사용한다. 입력되는 문자열의 길이는 이 크기에 의해서 제한받는다. 문자열의 끝에 널 문자가 저장되어야 하므로 실제로 입력되는 문자열의 최대 길이는 이 크기보다 1이 작다. 문자열은 '\n'을 만나거나 EOF를 만날 때까지 입력된다. 셋째 인수는 입력 파일에 대한 FILE 포인터이다. 그리고 이 함수의 반환값은 정상적으로 입력되었으면 첫째 인수 값을 반환하며 파일 끝에 도달해서 더 이상 입력할 수 없거나 에러이면 NULL 포인터를 반환한다.

7.2절에서 이미 fgets 함수를 소개하였으며 fgets 함수와 gets 함수의 차이점도 언급하였다. 7.2절에서는 파일 포인터 fp로 표준 입력 장치에 대한 FILE 포인터인 stdin을 사용하였다.

다음과 같이 fputs 함수를 사용하여 문자열을 파일에 출력할 수 있다.

```
fputs("output string", fp);        ... 문자열 상수를 파일 fp에 쓰기
fputs(s, fp);                      ... 문자열 s를 파일 fp에 쓰기
```

이 함수의 첫째 인수는 출력할 문자열로서 문자열 상수나 문자열에 대한 포인터를 사용한다. 둘째 인수는 출력할 파일에 대한 FILE 포인터이다. 이 함수의 반환값은 정상적으로 입력되었으면 0을 그렇지 않으면 EOF를 반환한다.

문자열을 표준 출력 장치로 출력하는 puts 함수는 인수 문자열을 개행문자 '\n'과 함께 출력하여 줄이 바뀌지만 문자열을 파일로 출력하는 fputs 함수는 인수 문자열만 파일에 출력하며 개행문자가 함께 출력되지는 않는다.

예 10.4 문자열 입출력 함수를 사용한 파일 복사하기

다음은 문자열 입출력 함수를 사용하여 파일을 복사하는 프로그램이다.

```
#include <stdio.h>
#include <stdlib.h>

int main(void)
{
    char src[30], dst[30];          // 파일 이름
    FILE *fps, *fpd;
    char buf[81];                   // 문자열 버퍼

    // 파일 이름 입력
    printf("Enter a source file name : ");
    scanf("%s",src);
    printf("Enter a destination file name : ");
    scanf("%s",dst);

    // 파일 열기
    fps = fopen(src, "r");
    if (fps == NULL) {
        printf("cannot open file %s for read\n", src);
        exit(1);
    }
    fpd = fopen(dst, "w");
    if (fpd == NULL) {
        printf("cannot open file %s for write\n", dst);
        exit(1);
    }
    // src 파일을 80 문자 단위로 읽어서 dst 파일에 저장 */
    while (fgets(buf, 81, fps) != NULL) {
        fputs(buf, fpd);
    }
    return 0;
}
```

실행1

```
Enter a source file name : ex10-4.c
Enter a destination file name : out.c
... 실행 후 out.c 파일의 내용을 읽어서 ex10-4.c과 같은 지 확인한다.
```

- 이 프로그램은 먼저 복사할 입력 파일과 저장할 출력 파일 이름을 입력받는다. 파일 이름은 영문 기준으로 30자보다 작아야 한다.
- 입력 파일을 내용을 fgets 함수를 사용하여 문자열 버퍼에 저장한 후 fputs 함수를 사용하여 문자열 버퍼에 저장된 내용을 출력 파일에 저장한다. 문자열은 줄 단위로 입력을 받으며, 한 번에 최대 80개의 문자를 입력받을 수 있도록 버퍼의 크기를 81로 지정하였다.

형식 지정 파일 입출력

fscanf와 fprintf 함수는 scanf와 printf 함수와 같이 자료들의 값을 지정된 형식으로 파일 입출력하며 파일 포인터를 추가로 사용하는 것을 제외하면 scanf와 printf 함수의 사용법과 같다. 이 두 함수의 원형은 다음과 같다.

```
int fscanf(FILE *fp, char *format, 입력 변수 주소 리스트);
int fprintf(FILE *fp, char *format, 출력 자료 리스트);
```

첫째 인수는 입출력할 파일의 FILE 포인터이고, 둘째 인수는 입출력 형식 지정 문자열이다. 나머지 인수들은 입력할 변수의 주소들 또는 출력할 자료값들이다. fscanf 함수의 반환값은 지정된 형식과 일치하여 정상적으로 입력된 자료 수를 반환하며 파일 끝을 만나면 EOF를 반환한다. fprintf 함수는 출력된 문자수를 반환하며 에러이면 음수를 반환한다. 입력 형식 지정 문자열과 출력 형식 지정 문자열은 scanf와 printf 함수에서 사용하는 형식과 같은 형식을 사용한다.

예 10.5 형식 지정자를 사용한 파일 입출력

다음은 학번, 중간고사, 기말고사 성적이 순서대로 입력되어 있는 파일 score.txt에서 자료를 입력받아서 각 학생의 중간고사와 기말고사 성적의 평균을 계산하여 입력 자료와 함께 파일 result.txt에 저장하는 프로그램이다.

```
#include <stdio.h>
#include <stdlib.h>

int main(void)
{
    FILE *fpin, *fpout;
    long id;                                    // 학번
```

```
    int mid, final;                     // 성적
    double avg;                         // 평균

    // 입출력 파일 열기
    fpin = fopen("score.txt", "r");                 // 성적 자료
    fpout = fopen("result.txt", "w");        // 성적 처리 자료
    if (fpin == NULL) {
        fprintf(stderr, "성적자료 파일을 읽을 수 없습니다.\n");
        exit(1);
    }
    if (fpout == NULL) {
        fprintf(stderr, "성적처리 파일을 기록할 수 없습니다.\n");
        exit(1);
    }

    // 성적자료를 입력받아 평균을 계산하여 파일에 저장
    // fscanf()의 반환값이 3이 아니면 입력 오류이므로 입력을 종료함
    while ( fscanf(fpin, "%ld %d %d", &id, &mid, &final) == 3 ) {
        avg = (mid + final) / 2.0;
        fprintf(fpout, "%7ld %3d %3d %5.1f\n", id, mid, final, avg);
    }

    fclose(fpin);
    fclose(fpout);
    return 0;
}
```

실행

```
C> type score.txt                    ... 입력 파일 확인 (성적 자료)
2021201 83 95
2020183 92 77
2022100 75 89
2021202 65 80
C> ex10-5                            ... 실행
C> type result.txt                   ... 출력 파일 확인 (성적처리 자료)
2021201  83  95  89.0
2020183  92  77  84.5
2022100  75  89  82.0
2021202  65  80  72.5
```

- 이 프로그램은 입출력 파일 이름을 "score.txt"와 "result.txt"로 정하여 파일 열기를 하였으며(12-13행), 파일 열기가 실패했을 때 에러 메시지를 stderr 스트림을 사용하여 표준에러 출력장치로 출력하고 프로그램을 종료하였다(14-21행).
- 이 프로그램이 처리하는 입력인 성적 자료 형식은 파일 score.txt 내용과 같이 한 줄에 학번, 중간고사 성적, 기말고사 성적이 나열된 형태이며, 성적처리 결과 파일은 파일 result.txt의 내용과 같이 입력 자료 다음에 성적의 평균을 함께 출력한 것이다.
- 이 프로그램은 입력과 출력이 파일을 대상으로 수행하므로 에러 메시지 이외에는 화면에 출력되지 않는다.

EOF 검사 함수

fscanf와 fgets와 같은 파일 입력 함수는 반환값을 통해서 파일 끝에 도달되었는지 확인할 수 있다. 그렇지만 문자 단위 파일 입력 함수 fgetc를 사용할 때는 이진 파일에서는 EOF, 즉 -1의 값을 갖는 정상적인 입력이 존재할 수 있으므로 파일 끝과 구분할 수 없게 된다. 이러한 경우에 파일 끝에 도달했는지를 검사하기 위해서 다음과 같은 원형을 갖는 feof() 함수를 사용할 수 있다.

```
int feof(FILE *fp);
```

이 함수의 인수는 검사할 파일의 FILE 포인터이며 파일 끝에 도달했으면 0이 아닌 값(참)을, 그렇지 않으면 0(거짓)을 반환한다.

이 함수를 사용하면 예 10.3의 프로그램에서 EOF를 만날 때까지 파일에서 문자를 반복하여 읽는 부분을 다음과 같이 수정할 수 있다.

```
ch = fgetc(fp);
while ( !feof(fp) ) {
    putchar(ch);
    ch = fgetc(fp);
}
```

그리고 위의 프로그램은 콤마 연산자를 사용하여 다음과 같이 더욱 간결하게 나타낼 수 있다.

```
while (ch = fgetc(fp), !feof(fp) )
    putchar(ch);
```

버퍼 비우기 함수

버퍼에 저장된 데이터는 파일에 즉시 저장되지 않을 수 있으며 fclose 함수를 사용하여 파일 닫기를 하거나 프로그램이 정상적으로 종료되면 이 파일에 대한 버퍼의 내용이 모두 파일에 저장된다.

그렇지만 프로그램 실행 중에 버퍼에 저장된 데이터를 파일에 저장할 필요가 있을 때는 다음과 같이 함수 fflush를 사용하여 버퍼의 내용을 강제로 파일에 저장할 수 있다.

```
fflush(fp);                    ... 파일 fp에 대한 버퍼를 파일에 저장하고 비우기
```

이 함수는 FILE 포인터 fp와 관련된 파일 버퍼의 내용을 파일에 저장하고 버퍼를 비운다. 이 함수의 동작이 성공적이면 0을 반환하고 그렇지 않으면 EOF를 반환한다. 그리고 다음과 같이 fp가 NULL이면 모든 열린 파일에 대해서 버퍼 비우기 동작이 수행된다.

```
fflush(NULL);                  ... 모든 열린 파일에 대한 버퍼 비우기
```

파일 입출력 함수를 사용한 표준 입출력

프로그램을 실행할 때 자동적으로 생성되는 표준 입력, 표준 출력, 표준 에러 출력에 대한 파일 포인터 stdin, stdout, stderr을 다음과 같이 파일 입출력 함수에서 사용할 수 있다.

❶ **표준 입력** 다음 두 문장은 모두 키보드에서 문자를 입력받는 동작을 한다.

```
ch = getchar();
ch = fgetc(stdin);
```

❷ **표준 출력** 다음 두 문장은 모두 화면에 메시지를 출력하는 같은 동작을 한다.

```
printf("Hello, world!\n");
fprintf(stdout, "Hello, world!\n");
```

❸ **표준 출력과 표준 에러 출력** 다음 두 문장은 모두 화면에 메시지를 출력한다.

```
fprintf(stdout, "Standard Output\n");
fprintf(stderr, "Standard Error Output\n");
```

위의 두 문장을 포함한 프로그램을 수행할 때 다음과 같이 표준 출력을 방향 전환(redirection)하여 파일에 저장하면 표준 출력은 파일에 저장되지만 표준 에러 출력은 방향 전환되지 않으므로 파일에 저장되지 않고 화면에 그대로 나타난다.

```
C> program > result
Standard Error Output
```

연습 10.2

1. 텍스트 파일을 문자 단위로 읽어서 바이트 수를 세어서 출력하는 프로그램을 작성하시오.

2. 예 10.3의 텍스트 파일의 내용을 화면에 출력하는 프로그램을 다음과 같이 명령어 인수로 파일 이름을 지정하도록 수정하시오. (프로그램 파일 이름 : display.c)

```
C> display filename
```

3. 예 10.4의 파일 복사 프로그램을 다음과 같이 명령어 인수로 두 파일 이름을 지정하도록 수정하시오.(프로그램 파일 이름 : filecopy.c)

```
C> filecopy infile outfile
```

4. 예 10.2에서 파일 쓰기를 추가 쓰기 모드인 "a"로 수정한 후 여러 번 실행하시오. 그리고 이 실행 결과와 원래 프로그램을 같은 횟수로 실행한 결과와 비교해 보시오.

10.3 이진 파일 입출력

이진 파일 입출력

이진 파일 입출력 방법은 텍스트 파일 입출력 방법과 약간 다르다. 이진 파일 입출력을 위해서 파일 열기를 할 때는 fopen 함수를 호출할 때 표 10.1에 소개한 파일 접근 문자열에 다음과 같이 'b'를 추가하여 사용하며, 의미는 표 10.1과 같다.

```
"rb"  "wb"  "ab"
"r+b"  "w+b"  "a+b"  "rb+"  "wb+"  "ab+"  ... b는 + 앞 또는 뒤에 위치
```

그러므로 이진 파일에 데이터를 저장하고자 할 때는 다음과 같이 파일 열기를 한다.

```
FILE *fp;

fp = fopen("result.bin", "wb");          ... 이진 파일 쓰기 파일 열기 */
```

10.2절에서 소개한 입출력 함수는 텍스트 파일 입출력에 주로 사용되며, 이진 파일에 대해서는 블록 단위 입출력 함수인 fread와 fwrite 함수가 사용된다. 이 함수는 연속적인 위치에 있는 같은 크기의 자료들의 블록을 파일에 입력 또는 출력할 수 있게 해준다.

블럭 단위 파일 입출력 함수

자료를 이진 파일에서 입력받기 위해서 다음과 같이 fread 함수를 주로 사용한다.

```
fread(buf, size, num, fp);
```

이 함수의 첫째 인수는 입력할 자료를 저장할 버퍼의 시작 주소를 나타내는 포인터이다. 둘째 인수는 버퍼에 입력할 단위 원소의 크기(바이트 단위)이고 셋째 인수는 버퍼에 입력할 원소의 개수이다. 넷째 원소는 입력 파일의 FILE 포인터이다. 반환값은 실제로 입력된 원소의 개수이다. 그림 10.3은 fread 함수의 세 인수에 대해서 나타낸다.

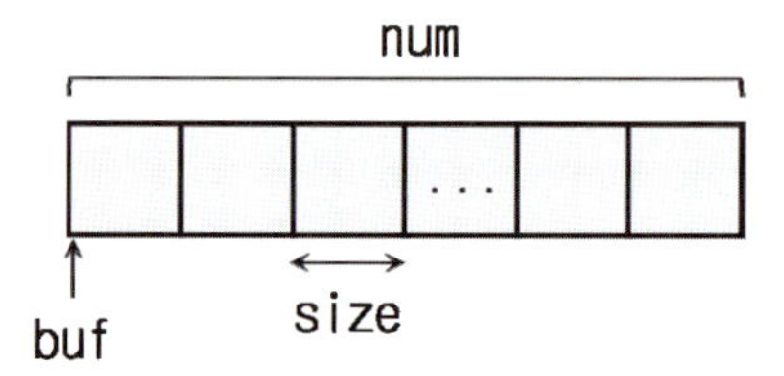

그림 10.3 fread()과 fwrite()에서 사용하는 인수

자료를 이진 파일로 출력하기 위해서는 다음과 같이 fwrite 함수를 주로 사용한다.

```
fwrite(buf, size, num, fp);
```

이 함수의 첫째 인수는 출력할 자료를 저장하고 있는 버퍼의 시작 주소를 나타내는 포인터이

다. 둘째 인수는 출력할 단위 원소의 크기(바이트 단위)이고 셋째 인수는 출력할 원소의 개수이다. 넷째 원소는 출력 파일의 FILE 포인터이다. 반환값은 실제로 출력한 원소의 개수이다. 파일 끝에 도달하거나 읽기 오류가 발생할 때 모두 fread 함수의 반환값이 0이어서 fread 함수만으로는 두 경우를 구분할 수 없다.

다음은 fread와 fwrite 함수를 사용하여 변수값을 파일에 저장하고, 파일에서 읽는 예이다.

❶ **변수 입출력** 다음 문장은 변수값을 이진 파일에 저장하거나 이진 파일에서 읽는다. 변수의 크기는 sizeof 연산자를 사용하여 얻었고 원소의 개수는 1이다.

```
fwrite(&b, sizeof(b), 1, fp);          ... 변수 b의 값을 이진 파일 fp에 저장함
fread(&a, sizeof(a), 1, fp);           ... 이진 파일 fp에서 변수 a의 값을 읽음
```

❷ **구조체 입출력** 다음 문장은 구조체의 모든 멤버를 이진 파일에 저장하거나 읽는 것이다. fread와 fwrite 함수를 사용하면 구조체 내부 구조에 관계없이 구조체의 모든 멤버를 한 번에 파일 입출력할 수 있다.

```
struct s_type {                        ... 구조체 변수 선언
    int  i;
    double d;
    char s[10];
} g;

fwrite(&g, sizeof(g), 1, fp);          ... 이진 파일 fp에 구조체 변수 g 값 저장
fread(&g, sizeof(g), 1, fp);           ... 이진 파일 fp에서 구조체 변수 g 값 읽기
```

❸ **배열 입출력** 다음 문장은 정수 배열 score의 모든 원소를 이진 파일에 저장하거나 읽는다. fread와 fwrite 함수를 사용하면 한 번의 함수 호출로 배열의 모든 원소를 파일 입출력할 수 있다.

```
int score[10];

fwrite(score, sizeof(int), 10, fp);    ... 이진 파일에 10개의 정수배열 원소를 저상
fread(score, sizeof(int), 10, fp);     ... 이진 파일에서 10개의 정수배열 원소를 입력
```

위에서 fread 함수는 실제 입력된 원소 수를 반환한다. 실제 입력된 원소의 수는 10개보다 작을 수 있다. 그리고 fwrite 함수는 실제 출력된 원소 수를 반환한다.

다음과 같이 size 인수에 배열 전체의 크기를 넣고 num 인수를 1로 하여 배열의 원소들을 읽을 수도 있으나 배열 전체를 1개의 원소로 간주한 것이 되므로 입력 원소의 수가 배열의 크기보다 작다면 1개의 배열 원소도 입력이 되지 않는다.

```
fread(score, sizeof(score), 1, fp);
```

그러므로 위와 같이 작성하는 것은 바람직하지 않다.

예 10.6 fread와 fwrite 함수를 사용한 파일의 복사

다음은 예 10.4의 파일을 복사하는 프로그램을 fread와 fwrite 함수를 사용하여 다시 작성한 것이다.

```
#include <stdio.h>
#include <stdlib.h>

int main(int argc, char *argv[])
{
    char src[30], dst[30];          // 파일 이름
    FILE  *fps, *fpd;
    char buf[512];                  // 버퍼
    int n;

    // 파일 이름 입력
    printf("Enter a source file name : ");
    scanf("%s",src);
    printf("Enter a destination file name : ");
    scanf("%s",dst);

    // 파일 열기
    fps = fopen(src, "r");
    if (fps == NULL) {
        printf("cannot open file %s for read\n", src);
        exit(1);
    }
    fpd = fopen(dst, "w");
    if (fpd == NULL) {
```

```
25            printf("cannot open file %s for write\n", dst);
26            exit(1);
27        }
28        // 512바이트 단위로 source file을 읽어서 destination file에 저장
29        while ( (n = fread(buffer, sizeof(char), 512, fpin)) != 0) {
30            fwrite(buffer, sizeof(char), n, fpout);
31        }
32        return 0;
33    }
```

실행	Enter a source file name : *ex10-6.c* Enter a destination file name : *out.c*

- 이 프로그램은 예 10.4와 같은 파일을 복사하는 프로그램을 fread와 fwrite 함수를 사용하여 다시 작성한 것이다.
- 입력 파일에서 버퍼 크기인 512바이트 단위로 데이터를 읽어 들여서 버퍼에 저장한 후 버퍼에 있는 이 데이터를 다시 출력 파일로 저장한다(29-31행).
- 예 10.4의 문자열 입출력 함수를 사용한 복사와 비교하면 문자열 입출력 함수를 사용할 때는 버퍼의 한 바이트는 입출력 데이터가 아닌 널 문자 저장용으로 사용되고, 개행 문자를 만날 때까지만 입력되지만 fread와 fwrite 함수를 사용하면 버퍼 공간 모두 입출력 데이터 보관용으로 사용된다.

예 10.7 이진 파일에 결과 저장하기

다음은 예 10.5 프로그램과 같이 학번, 중간고사와 기말고사 성적을 입력받아서 평균을 계산한 후에 입력 자료와 평균을 구조체 배열 원소에 저장하고, 모든 학생에 대한 성적 입력이 완료되면 성적 자료가 저장된 구조체 배열을 이진 파일에 저장하는 프로그램이다.

```
#include <stdio.h>
#include <stdlib.h>

struct score {
    long id;                    // 학번
    int mid, final;             // 중간, 기말고사 성적
    float avg;                  // 평균
};
```

```
9
10    #define N 100
11    struct score s[N];              // 성적 자료 배열
12
13    int main(void)
14    {
15        FILE *fp;
16        struct score *p;
17        int k;
18
19        // 결과를 저장할 이진 파일 열기
20        fp = fopen("result.bin", "wb");
21        if (fp == NULL) {
22            fprintf(stderr, "cannot open the file\n");
23            exit(1);
24        }
25        // 성적 자료들을 구조체 배열 원소에 입력, 평균을 계산하여 avg 멤버에 저장
26        p = s;
27        for (k=0; k<N; k++) {
28            if (scanf("%ld %d %d", &p->id, &p->mid, &p->final) != 3)
29                    break;            // 입력 끝 또는 비정상 입력이면 입력 종료
30            p->avg = (p->mid + p->final) / 2.0;                // 평균
31            p++;
32        }
33
34        // 성적자료를 저장한 구조체 배열을 이진 파일에 저장 (k개 원소)
35        fwrite(s, sizeof(struct score), k, fp);
36        fclose(fp);
37        return 0;
38    }
```

실행

```
2021201 83 95
2020183 92 77
2022100 75 89
2021202 65 80
^Z
```

- 배열의 크기 N은 100으로 정의되어, 구조체 배열 s에 최대 100명의 성적 자료를 저장할 수 있다(10-11행).

- 실행 예는 예 10.5와 같은 입력을 사용한 것으로서 fwrite 함수를 사용하여 구조체 배열에 저장된 성적 자료를 메모리 저장된 내용 그대로 result.bin 파일에 저장하였다. 구조체 배열을 저장할 때 원소 개수는 100이 아니라 k를 사용하여 실제로 자료가 저장된 원소 개수만 저장한다.
- 파일 result.bin과 예 10.5에서 생성한 파일 result.txt의 파일 크기를 비교하면 다음과 같이 이진 파일의 크기가 더 작다.

```
C> dir result.*
2022-03-21  오후 10:31            64 result.bin
2022-03-21  오후 10:18            92 result.txt
```

예 10.8 이진 파일에서 자료 읽기

다음은 이진 파일에 저장된 성적 자료를 fread 함수를 사용하여 구조체 배열로 입력받은 다음에 구조체 배열의 내용을 출력하는 프로그램이다.

```c
#include <stdio.h>
#include <stdlib.h>

struct score {
    long id;                    // 학번
    int mid, final;             // 중간, 기말고사 성적
    float avg;                  // 평균
};

#define N 100
struct score s[N];              // 성적 자료 배열

int main(void)
{
    FILE *fp;
    struct score *p;
    int n, k;

    // 결과를 저장할 이진 파일 열기
    fp = fopen("result.bin", "rb");
    if (fp == NULL) {
        fprintf(stderr, "cannot open the file\n");
        exit(1);
```

```
24      }
25      n = fread(s, sizeof(struct score), N, fp);    // n은 실제 읽은 원소 개수
26
27      // 구조체 배열 출력
28      p = s;
29      for (k = 0; k < n; k++) {
30          printf("%7ld %3d %3d %5.1f\n", p->id, p->mid, p->final, p->avg);
31          p++;
32      }
33
34      fclose(fp);
35      return 0;
36  }
```

실행	2021201 83 95 89.0 2020183 92 77 84.5 2022100 75 89 82.0 2021202 65 80 72.5

- 이진 파일 result.bin에 저장된 성적 자료의 형식은 `struct score` 구조체의 형식이 같아야 한다.
- 구조체의 배열을 저장했던 이진 파일을 `fread` 함수를 사용하여 같은 형식의 구조체 배열로 한꺼번에 입력받을 수 있다(25행).
- 이진 파일의 형식을 알고 있으면 이 프로그램과 같이 이진 파일에서 입력받아서(25행) 텍스트 형식으로 이진 파일 내용을 보여줄 수 있다(28-32행).

연습 10.3

1. 예 10.7의 프로그램을 `fprintf` 함수를 사용하여 결과를 출력하도록 수정하시오. 수정 프로그램 실행 시 생성된 텍스트 파일과 예 10.7에서 생성된 이진 파일과 크기를 비교하여 보시오.

10.4 파일 갱신하기

순차 파일 처리

지금까지는 소개한 파일 입출력은 파일의 처음부터 순서대로 쓰거나 읽는 것이었다. 이러한 파일 입출력을 순차 파일 처리(sequential file processing)라고 한다. 이러한 입출력 방법에서는 이미 읽었던 데이터를 다시 읽으려면 다음과 같이 파일을 닫은 후에 새로 열어서 처음부터 다시 읽어야 한다.

```
... 파일 입력
fclose(fp);          ... 닫은 후
fopen(fp);           ... 다시 열기
... 다시 처음부터 파일 입력
```

임의 파일 처리

파일의 어느 위치이든지 읽고 쓰기가 가능한 방식을 임의 파일 처리(random file processing)라고 한다. 임의 파일 처리를 위해서는 파일의 종류와 관계없이 이진 파일로 파일 열기를 한다.

다음과 같은 원형을 갖는 fseek 함수는 입출력할 파일의 위치를 원하는 곳으로 이동시키는 역할을 하여 파일의 임의 접근을 가능하게 한다.

```
int fseek(FILE *fp, long offset, int origin);
```

여기서 fp는 입출력 파일에 대한 FILE 포인터이고, offset은 이동 기준점으로부터 이동할 위치까지의 떨어진 거리(바이트 수)이며 origin은 이동 기준점을 지정하는 인수로서 다음과 같이 미리 정의된 기호 상수값을 사용한다.

```
SEEK_SET     파일의 처음(0)
SEEK_CUR     파일의 현재 위치(1)
SEEK_END     파일의 끝(2)
```

fseek 함수는 정상적으로 동작하면 0을 반환하고 그렇지 않으면 0이 아닌 값을 반환한다. 인수 offset은 long 자료형이므로 이 인수로 상수를 사용할 때는 100L과 같이 접미사 L을 붙여야 한다. fopen 함수를 사용하여 파일 열기를 했을 때의 위치는 0이다. 다음은 fseek 함수의

여러 가지 사용 예이다.

❶ 현재 위치를 파일의 처음으로 이동

```
fseek(fp, 0L, SEEK_SET);
```

❷ 현재 위치에서 200바이트 파일 뒤로 이동

```
fseek(fp, 200L, SEEK_CUR);
```

❸ 현재 위치에서 구조체 `struct data`의 크기만큼 파일 앞으로 이동

```
fseek(fp, -(long)sizeof(struct data), SEEK_CUR);
```

❹ 현재 위치를 파일 끝으로 이동:

```
fseek(fp, 0L, SEEK_END);
```

파일의 처음으로 이동하고자 할 때 위의 예와 같이 `fseek()` 함수를 사용해도 되지만 다음과 같이 `rewind()` 함수를 호출해도 같은 동작을 수행한다.

```
rewind(fp);                    ... 파일 fp의 처음으로 이동
```

임의 파일 처리에 사용하는 또 하나의 함수는 파일의 현재 위치를 반환하는 `ftell()`이다. 이 함수는 다음의 원형을 가진다.

```
long ftell(FILE *fp);          ... 파일 fp의 현재 오프셋 위치 반환
```

반환되는 현재 위치는 파일의 처음으로부터 떨어진 바이트 수로 나타낸다. 이 함수의 동작이 실패하면 `-1L`을 반환한다.

예 10.9 파일의 크기를 구하기

다음은 인수로 제공된 파일에 대해서 `fseek` 함수를 사용하여 파일의 위치를 파일 끝으로 이동한 후 `ftell` 함수를 사용하여 현재 위치를 얻어서 파일의 크기를 구하는 프로그램이다.

```
#include <stdio.h>
#include <stdlib.h>

```

```
int main(int argc, char *argv[])
{
    FILE *fp;
    long loc;

    if (argc != 2) {
        printf("하나의 파일 이름 인수를 사용합니다.\n");
        exit(1);
    }
    fp = fopen(argv[1], "rb");
    if (fp == NULL) {
        printf("파일 %s를 읽을 수 없습니다.\n", argv[1]);
        exit(1);
    }
    fseek(fp, 0L, SEEK_END);                // 파일 끝으로 이동
    loc = ftell(fp);                        // 현재의 위치를 구함
    printf("file size = %ld\n", loc);
    return 0;
}
```

실행

```
C> ex10-9 ex10-9.c
file size = 457
```

- 실행 예에서 자신의 소스 파일을 인수로 사용하여 파일의 크기를 구하여 출력하였다. 이 결과는 다음 명령어에서 얻은 파일의 크기와 같다.

```
C> dir ex10-9.c
2022-03-22  오후 10:01             457 ex10-9.c
```

예 10.10 이진 파일에 자료를 읽고, 추가 저장하기

다음은 예 10.7과 예 10.8을 결합한 프로그램으로 성적 자료를 저장하는 이진 파일 data.bin에서 성적을 읽어서 구조체 배열에 저장하고, 추가되는 성적을 예 10.7과 같이 입력받아서 이진 파일에 추가하여 저장하고, 파일의 내용을 처음부터 다시 읽어서 예 10.8과 같이 구조체 배열에 저장한 후 이 내용을 화면에 출력하는 프로그램이다.

```
#include <stdio.h>
#include <stdlib.h>

```

```
struct score {
    long id;                        // 학번
    int mid, final;                 // 중간, 기말고사 성적
    float avg;                      // 평균
};

#define N 256
struct score s[N];                  // 성적 자료 배열

int main(void)
{
    FILE *fp;
    struct score *p;
    int k, n;

    // 자료용 이진 파일 열기 (읽기 및 추가 쓰기 모드)
    fp = fopen("data.bin", "ab+");
    if (fp == NULL) {
        fprintf(stderr, "cannot open the file\n");
        exit(1);
    }
    // 저장된 모든 자료를 입력하여 구조체 배열에 저장
    n = fread(s, sizeof(struct score), N, fp);

    // 추가 성적 자료를 키보드 입력하고, 평균을 계산하여 구조체에 저장
    p = s + n;
    for (k = 0; k < N-n; k++) {     // 비어 있는 배열원소 N-n 개
        if (scanf("%ld %d %d", &p->id, &p->mid, &p->final) != 3)
                break;              // 입력 끝 또는 비정상 입력이면 입력 종료
        p->avg = (p->mid + p->final) / 2.0;         // 평균
        p++;
    }
    // 추가 성적자료를 이진 파일에 추가 저장 (k개 원소)
    fwrite(s + n, sizeof(struct score), k, fp);

    // 파일을 처음부터 구조체 배열로 다시 읽은 후 출력
    rewind(fp);             // 파일의 처음으로 이동
    n = fread(s, sizeof(struct score), N, fp);
    p = s;
    for (k = 0; k < n; k++) {
        printf("%7ld %3d %3d %5.1f\n", p->id, p->mid, p->final, p->avg);
```

```
45          p++;
46      }
47  
48      fclose(fp);
49      return 0;
50  }
```

실행

```
<첫 번째 실행>
2021201  83  95
2020183  92  77
2022100  75  89
2021202  65  80
^Z
2021201  83  95  89.0
2020183  92  77  84.5
2022100  75  89  82.0
2021202  65  80  72.5

<두 번째 실행>
2022300  85  81
2020085  55  62
^Z
2021201  83  95  89.0
2020183  92  77  84.5
2022100  75  89  82.0
2021202  65  80  72.5
2022300  85  81  83.0
2020085  55  62  58.5
```

- 이 프로그램에서는 이진 파일을 읽기와 추가 쓰기를 수행해야 하므로 파일 접근 모드로 "ab+"를 사용하여 data.bin 파일을 열었다(20행).
- 이 접근 모드에서는 읽기를 먼저 하면 처음부터 읽지만, 쓰기를 먼저 하면 현재의 파일 끝에 이어서 추가 쓰기를 한다.
- 처음에 `fread` 함수를 사용하며 구조체 배열 크기 한도에서 이진 파일에 저장된 모든 자료를 읽어서 구조체 배열에 저장하며, 파일의 현재 위치는 마지막으로 이동한다(26행). 이어서 키보드에서 성적 자료를 추가로 입력받고 평균을 계산하여 구조체 배열에 이어서 저장하고(29-35행) `fwrite` 함수를 사용하여 추가된 구조체 배열 원소들을 이

진 파일에 추가 쓰기를 한다(37행). 그림 10.4는 이 과정을 나타낸다.

- 이진 파일을 현재 위치를 처음으로 이동하여(40행) 처음부터 다시 읽어서 구조체 배열에 저장한 후(41행), 모든 성적 자료를 표준 출력으로 출력한다(42-46행).
- 실행 예에서 처음에는 data.bin 파일이 없어서 생성되며, 표준 입력에서 입력된 자료가 이 파일에 저장된다. 두 번째 실행에서는 이전에 저장되었던 내용 뒤에 새로 입력된 내용이 추가된다.

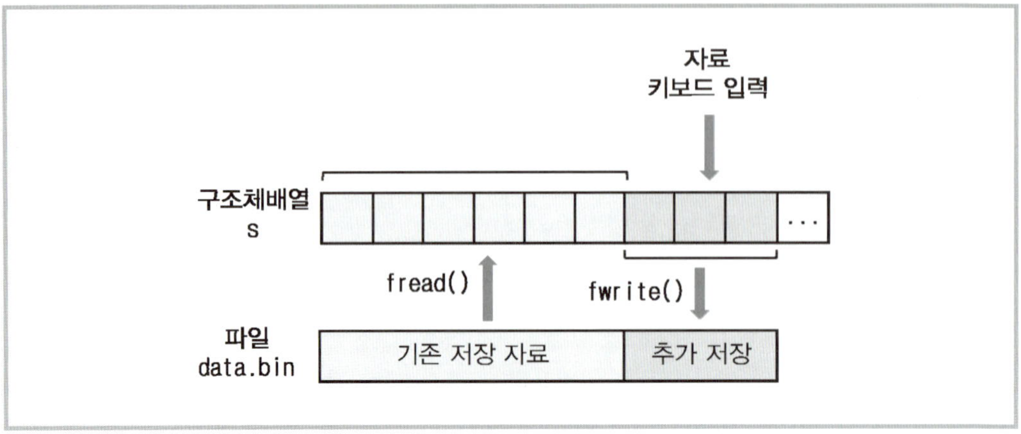

그림 10.4 이진 파일 읽고, 추가 저장하기

파일 지우기

프로그램에서 파일을 지우고자 하려면 다음과 같이 remove 함수를 사용한다.

```
remove("data.txt");
```

이 함수의 인수는 지울 파일의 이름이며 파일이 없거나 파일을 지울 수 없으면 0이 아닌 값을 반환한다. 이 함수는 프로그램에서 임시 파일을 만들어 사용하다 종료하면서 지우고자 할 때에 사용할 수 있다.

임시 파일 사용하기

프로그램에서 임시 파일을 사용해야 할 경우가 있다. 임시 파일이 필요하면 새로 생성하여 사용한 후에 종료하기 직전에 remove 함수를 사용하여 삭제할 수 있다. 그렇지만 다음과 같이 tmpfile 함수를 사용하면 더욱 편리하게 임시 파일을 사용할 수 있다.

```
FILE *fp;
fp = tmpfile();
```

이 함수는 기존 파일과 다른 이름의 임시 파일을 생성하여 FILE 포인터를 반환하며 파일 접근 모드 "wb+"로 파일을 열기 때문에 이진 파일을 저장할 수 있다. 이 함수를 사용하여 생성된 임시 파일들은 프로그램이 종료될 때 자동적으로 삭제된다.

문자를 버퍼에 반환하기

파일 입출력 함수를 사용하면 파일의 현재 위치는 읽기 또는 쓰기를 위치 다음으로 이동한다. 문자 단위 입력을 수행하는 getc 함수를 사용하여 한 문자를 읽으면 파일 현재 위치는 다음으로 이동되어, 같은 함수를 다시 호출하면 다음 문자가 입력된다.

어떤 프로그램에서는 방금 읽은 문자를 저장하지 않고 다음에 다시 이 문자를 입력받는 것이 필요한 경우가 있다. 문자를 버퍼로 반환하는 ungetc() 함수를 사용하면 방금 읽은 문자를 getc 함수를 사용하여 다시 읽을 수 있다.

```
c = getc(fp);              ... 문자 입력
ungetc(c, fp);             ... 방금 입력받은 문자를 버퍼에 반환
c = getc(fp);              ... 직전에 입력받은 문자를 다시 입력받음
```

ungetc 함수는 임의의 문자를 버퍼에 반환할 수 있으며 다음에 getc 함수를 호출하면 직전에 반환된 문자가 입력된다.

예 10.11 ungetc() 사용하는 수식 계산 프로그램

다음은 55*33 또는 55 + 33과 같은 정수식을 입력받아서 계산하여 출력하는 프로그램이다. 정수와 연산자 사이에 띄어쓰기가 되어있지 않은 경우도 처리할 수 있도록 한다.

```
#include <stdio.h>
#include <ctype.h>
#include <stdlib.h>

enum tokentype { NUMBER, OPERATOR, INVALID, END };
```

```

struct token {
    enum tokentype type;
    int value;
};

struct token *gettoken(FILE *fp);

int main(void)
{
    struct token *opr1, *opr2, *op;
    int a, b, result;

    printf("계산할 정수식을 입력하세요: ");
    opr1 = gettoken(stdin);        if (opr1 == NULL) return 1;
    op = gettoken(stdin);          if (op == NULL) return 1;
    opr2 = gettoken(stdin);        if (opr2 == NULL) return 1;
    if (opr1->type == NUMBER && op->type == OPERATOR && opr2->type == NUMBER) {
        a = opr1->value;
        b = opr2->value;
        switch (op->value) {
          case '+': result = a + b; break;
          case '-': result = a - b; break;
          case '*': result = a * b; break;
          case '/': result = a / b; break;
        }
        printf("%d %c %d = %d\n", a, op->value, b, result);
    } else
        printf("잘못된 식입니다.\n");
    return 0;
}

struct token *gettoken(FILE *fp)
{
    int ch, number;
    struct token *tkn;

    while (ch = getc(fp), ch != EOF && !isgraph(ch)) // 출력되지 않는 문자 무시
        ;
    if (ch == EOF)
        return NULL;
```

```
47
48      tkn = (struct token *)malloc(sizeof(struct token));   // 토큰 노드 할당
49      if (ch=='+' || ch=='-' || ch=='*' || ch=='/') {       // 4칙연산
50          tkn->type = OPERATOR;
51          tkn->value = ch;
52      } else if (!isdigit(ch)) {
53          tkn->type = INVALID;
54      } else {     // digit - 숫자 문자열을 정수로 변환
55          number = ch - '0';
56          while (ch = getc(fp), isdigit(ch) )         // 숫자를 계속하여 읽음
57                  number = 10*number + (ch - '0');
58          tkn->type = NUMBER;
59          tkn->value = number;
60          ungetc(ch, fp);   // 숫자가 아닌 문자를 다음 token 입력용으로 버퍼로 반환
61      }
62      return tkn;
63  }
```

실행1	계산할 정수식을 입력하세요: 10 + 20 10 + 20 = 30
실행2	계산할 정수식을 입력하세요: 10*20 10 *20 = 200
실행3	계산할 정수식을 입력하세요: 10 0 20 잘못된 식입니다.

- 이 프로그램에서 55, *, 33과 같은 입력 단위를 토큰(token)이라고 부른다. 토큰은 토큰의 종류와 내용으로 구성되는 struct token 구조체로 나타내었다.
- gettoken 함수는 입력 문자열을 토큰 단위로 반환한다. 토큰 정보 저장을 위해서 토큰 구조체 메모리를 할당받아서 토큰 정보를 저장하고, 구조체 포인터를 반환한다. EOF에 도달하면 널 포인터를 반환한다.
- 문자의 종류의 판단을 위해서 7.4절에서 소개한 isdigit, isgraph와 같은 함수를 사용하였다(43, 56행).
- 4칙 연산자는 한 문자로 되어있으므로 토큰으로 바로 지정할 수 있다(49-51행).
- 정수는 여러 자리의 숫자로 구성되므로 숫자를 만나면 숫자가 아닌 문자를 만날 때까지 계속하여 읽어서 숫자 문자열을 정수로 변환한다(55-57행). 그리고 현재의 토큰에

속하지 않는 마지막으로 읽은 숫자가 아닌 문자는 다음 토큰 입력에 다시 사용하기 위해서 ungetc 함수를 호출하여 버퍼로 반환하였다(60행). 이러한 처리는 10*20과 같이 연산자를 띄어쓰기 없이 입력할 때 필요하다.

- main 함수에서는 세 개의 토큰을 입력받아서, 토큰 유형이 올바른 경우에 계산을 수행하여 결과를 출력한다.

연습 10.4

1. 다음과 같은 형식으로 이름, 키, 몸무게 자료를 구조체 원소 최대 개수에 도달하거나 파일 끝을 만날 때까지 입력 받아서 구조체 배열에 저장한 후 이진 파일 person.dat에 한번에 저장하는 프로그램과 저장된 파일에서 5번째로 저장된 자료를 읽어서 화면에 출력하는 프로그램을 작성하시오.

```
홍길동 176  65
이상무 180  76
김철수 165  60
     ...
```

복습문제

1 파일 입출력의 처음과 마지막에 사용하는 함수 fopen()과 fclose()의 기능에 대해서 알아보시오.

2 표준 스트림 stdin, stdout, stderr에 대해서 설명하시오.

3 파일 입출력을 수행하는 함수와 표준 입출력 함수를 유사한 기능을 하는 함수들끼리 묶어서 기능을 간단히 설명하시오.

4 텍스트 파일과 이진 파일의 차이점은 무엇인가?

5 이진 파일 입출력을 위한 파일 열기 방법은 텍스트 파일 열기와 어떠한 차이가 있는가?

6 이진 파일 입출력 함수인 fread()와 fwrite()의 사용법을 설명하시오.

7 파일 내에서 위치를 임의로 이동하면서 파일 자료를 접근하려면 어떤 함수를 사용해야 하는가?

8 버퍼형 파일 입출력이란 무엇인가? 그리고 fflush 함수의 역할은 무엇인가?

9 ungetc 함수의 기능은 무엇이며 어떠한 경우에 유용한가?

10 feof 함수의 기능은 무엇이며 어떠한 경우에 특히 필요한가?

종합문제

1 스트 파일을 읽어서 다음과 같이 줄 번호 부여하여 출력하는 프로그램을 작성하시오. 줄번호는 폭이 4가 되도록 하시오.

1: ...

2: ...

2 텍스트 파일을 읽어서 한 줄씩 띄워서 출력하는 프로그램을 작성하시오.

3 2번 프로그램을 다음과 같이 명령어 인수를 사용하여 실행시키도록 수정하시오. 인수에 -n이 있으면 다음의 숫자는 띄어쓰기를 할 줄 수이다.

```
C > dblspace -n 2 filename          ... 2줄씩 띄어쓰기를 함
C > dblspace filename               ... 1줄씩 띄어쓰기를 함
```

4 8장의 예 8.7에서 소개한 내용의 학생 정보들을 입력받아서 구조체 변수에 저장한 다음에 이진 데이터 파일 "data.bin"에 저장하는 프로그램을 작성하시오. 이 프로그램을 다시 실행시키면서 기존에 저장된 자료 뒤에 새로운 입력 자료가 추가되도록 하시오.

5 입학년도를 입력받은 다음에 4번에서 만들어진 이진 데이터 파일의 자료를 검색하여 해당 연도에 입학한 학생들의 정보를 출력하는 프로그램을 작성하시오.

6 8장의 종합문제 4번에서 자료를 키보드 대신에 파일에서 읽는 것으로 하여 프로그램을 다시 작성하시오. 자료는 텍스트 파일로 작성이 되어있다. 자료의 개수는 미리 알려져 있지 않으며 파일 끝에 도달하면 자료의 입력을 끝낸다.

7 4번 문제의 이진 파일로 저장된 자료에 대해서 다음과 같은 프로그램을 수행하시오.

(1) 키보드에서 정수를 입력받는다. 양수가 입력되면 앞에서부터의 자료 번호를, 음수이면 뒤에서부터의 자료 번호를(즉 맨 뒤에서 앞으로 가면서의 번호) 나타낸다고 하자. 자료 번호는 1에서부터 시작한다. 입력된 수가 나타내는 자료를 이진 파일에서 읽어서 출력하는 프로그램을 작성하시오. fseek 함수를 이용하도록 하며 입력된 정수가 유효한 자료 번호의 범위를 벗어나는 수인 경우에는 경고 메시지를 출력한다.

(2) (1)의 프로그램을 반복하여 수행하며 0이 입력되면 반복을 종료하는 프로그램을 작성하시오.

제11장 전처리기

학습 내용

- 전처리기 소개
- 매크로 정의 지시문 #define
- 파일 포함 지시문 #include
- 조건부 컴파일 지시문
- 기타 전처리기 지시문

11.1 전처리기

C Programming

C 언어의 컴파일러는 프로그램을 컴파일하기 전에 먼저 전처리기(preprocessor)를 실행시킨다. 전처리기에서 프로그램에 있는 주석과 전처리기 지시문(directive)을 처리한다. 전처리기의 지시문은 C 언어 문장과 구별하기 위해서 #으로 시작된다. 전처리기 지시어는 줄 단위로 처리되므로 세미콜론(;)으로 끝나지 않는다.

우리는 이미 다음과 같은 두 종류의 전처리기 지시문을 보았다.

```
#include <stdio.h>
#define PI 3.14
```

전처리기 지시문은 위의 두 개를 포함하여 다음과 같은 것들이 있다.

- 매크로 정의 : `#define` `#undef`
- 파일 포함 : `#include`
- 조건부 컴파일 : `#if` `#else` `#elif` `#endif` `#ifdef` `#ifndef`
- 기타 지시문 : `#line` `#error` `#progma`

11.2 매크로 정의 지시문

C P r o g r a m m i n g

매크로 정의 지시문 #define

#define은 긴 문자열에 매크로(macro)라고 부르는 짧은 이름을 정의하여 긴 문자열 대신 사용할 수 있게 한다. 매크로는 이전에 기호 상수를 정의할 때 사용했던 숫자뿐만 아니라 임의의 문자열에 대해서도 사용할 수 있으며, 다음과 같은 형식으로 정의한다.

```
#define macro_name  문자열
```

컴파일러의 전처리기는 macro_name을 오른쪽의 문자열로 대치시킨다.

다음과 같이 숫자와 문장에 대한 매크로를 정의하면

```
#define PI 3.141592
#define PRTERR() printf("에러가 발생하였습니다.\n")
#define LOOP  while (1)
```

다음의 왼쪽 문장들은 전처리기에 의해서 매크로 이름이 정의된 문자열로 대치되어 오른쪽 문장으로 바뀐다.

```
a = 2 * PI * r;
PRTERR();
LOOP { … }
```

⇒

```
a = 2 * 3.141592 * r;
printf("에러가 발생하였습니다.\n");
while (1) { … }
```

인수를 사용하는 매크로

#define은 단순히 문자열을 대신하는 매크로뿐만 아니라 함수와 같이 인수를 사용하는 매크로를 정의할 수 있다. 인수를 사용하는 매크로는 다음과 같이 정의한다.

```
#define macro_name(인수)  인수를 포함한 문자열
#define macro_name(인수, 인수, ...) 인수들을 포함한 문자열
```

다음과 같이 인수를 사용하는 매크로를 정의하면

```
#define mul(a, b)  (a) * (b)
#define putint(x)  printf("%d", (x))
```

다음의 왼쪽 문장들은 전처리기에 의해서 매크로 이름이 정의된 문자열로 바뀔 때, 매크로 인수는 매크로 인수 위치에 사용한 문자열로 대치되어 오른쪽 문장으로 바뀐다.

```
x = mul(100, n);
y = mul(a+b, c-d);
putint(d);
```

⇒

```
x = (100) * (n);
y = (a+b) * (c-d);
printf("%d", (d));
```

위의 매크로의 정의 문자열에서 다음과 같이 인수를 괄호를 사용하지 않고 정의하면

```
#define mul(a, b)  a * b                       ... 잘못된 매크로 정의
```

다음의 왼쪽 문장은 오른쪽 문장으로 대치되어

```
y = mul(a+b, c-d);        ⇒        y = a+b * c-d;
```

연산자 우선순위 때문에 원래 의도와는 다른 식이 된다. 이러한 잘못이 발생하지 않도록 매크로의 정의 문자열에서 인수는 오른쪽 정의문에서 (a)와 같이 괄호 안에 포함하여 사용해야 한다.

예 11.1 인수가 있는 매크로를 사용한 프로그램

다음은 인수가 있는 두 개의 매크로 swap과 print_var를 정의하고 이를 사용하는 프로그램이다.

```
#include <stdio.h>
#define swap(a, b) { int tmp; tmp = (a); (a) = (b); (b) = tmp; }
#define print_var(name, val) printf("%s = %d\n", (name), (val))

int main(void)
{
    int x = 50, y = 100;

    swap(x, y)                          /* 세미콜론을 사용하지 않음 */
    print_var("x", x);
    print_var("y", y);
    return 0;
}
```

실행	x = 100 y = 50

- swap 매크로는 두 인수값을 서로 교환하는 코드를 정의한다(2행). swap 매크로는 { }로 둘러싸인 복합문을 정의하므로 매크로를 사용할 때 세미콜론을 사용하지 않는다(9행).
- print_var 매크로는 변수 이름 name과 값 val을 인수로 받아서 "name = val"의 형식으로 출력하는 코드를 정의한다(3행).

복합문에 대한 매크로 정의

예 11.1에서 swap 매크로를 사용할 때 복합문으로 대치되므로 세미콜론을 사용하지 않아서 보통의 문장과 차이가 있다. 복합문에 대한 매크로 정의를 다음과 같이 세미콜론으로 끝나는 do-while 문을 사용하여 정의하면 매크로를 사용할 때 보통 문장처럼 세미콜론으로 끝나도록 할 수 있다.

```
#define swap(a, b) do { \
    int tmp; tmp = (a); (a) = (b); (b) = tmp; \
} while (0)
```

그리고 위의 매크로 정의문은 여러 줄로 작성되어 있다. 매크로 정의문을 여러 줄로 작성을 하려면 마지막 줄을 제외하고는 줄 끝에 \를 넣어서 줄이 이어진다는 것을 나타내야 한다. 위의 do-while 문은 조건식이 항상 거짓이므로 반복문은 1번만 실행되어 예 11.1의 매크로 정의와 같은 동작을 한다. 그렇지만 do-while 문은 세미콜론으로 끝나야 하므로 새로 정의된 swap 매크로를 사용할 때는 다음과 같이 세미콜론으로 끝내야 한다.

```
swap(x, y);                        ... do-while 문을 사용하여 정의된 매크로 사용
```

매크로 정의 취소 지시문 #undef

다음과 같이 같은 이름의 매크로를 다시 정의하면 컴파일을 할 때 컴파일 에러가 발생하거나 경고 메시지가 나타난다.

```
#define SIZE 80
a = SIZE;
#define SIZE 100
b = SIZE;
```

이미 정의된 매크로를 다시 정의하기 위해서는 다음과 같이 #undef를 사용하여 매크로 정의

를 취소시킨 후에 다시 정의한다.

```
#define SIZE 80
...
#undef SIZE                    ... 매크로 정의 취소
#define SIZE 100               ... 매크로 다시 정의
```

#undef는 이미 정의된 매크로 정의를 취소시키는 전처리기이다. #undef는 위와 같이 같은 파일에서 정의된 것을 취소할 수 있지만 헤더 파일이나 컴파일러의 옵션에서 정의된 매크로 정의를 취소할 때 주로 사용한다.

미리 정의된 매크로

ANSI C 표준에서는 표 11.1과 같은 매크로를 미리 정의하여 사용자가 정의하지 않고도 사용할 수 있도록 하였다.

표 11.1 미리 정의된 매크로

매크로	의미
__LINE__	현재 컴파일되고 있는 프로그램의 이 매크로를 사용한 위치의 줄 번호
__FILE__	현재 컴파일 중인 파일 이름의 문자열
__DATE__	현재의 시스템의 날짜의 문자열
__TIME__	컴파일이 시작된 시간의 문자열
__STDC__	컴파일러가 ANSI 표준을 따르면 1로 정의됨

이러한 미리 정의된 매크로를 사용하면 컴파일한 시간을 출력하는 코드를 다음과 같이 작성할 수 있다.

```
printf("Compiled on %s at %s\n", __DATE__, __TIME__);
```

그리고 여러 개의 파일로 구성되는 규모가 큰 프로그램에서 0으로 나누는 것과 같은 비정상적인 상황을 만났을 때, 해당되는 위치를 알려주기 위해서 다음과 같이 파일 이름과 줄 번호를 출력할 수 있다.

```
printf("Abnormal case on line %d of file %s\n", __LINE__, __FILE__);
```

전처리기의 연산자

C 전처리기의 매크로 정의에서 2가지 연산자 #와 ##를 사용할 수 있으며, 전처리기에서 처리된다.

연산자 #는 문자열화 연산자로서 매크로 인수를 큰 따옴표 둘러싼 문자열로 만드는 동작을 한다. 다음과 같은 매크로 정의문을 사용하면

```
#define PRINT(var)  printf("%s = %d\n", #var, var)
```

다음의 왼쪽 문장은 전처리기에 의해서 왼쪽 문장으로 대치된다. 여기서 정의문의 #var은 var 위치에 있는 값 data를 문자열로 만든 "data"로 대치되었다.

```
PRINT(data);  ⇒          printf("%s = %d\n", "data", data);
```

이와 같은 매크로 정의는 변수 값을 이름과 함께 출력할 때 유용하게 사용할 수 있다.

연산자 ##은 토큰결합 연산자로서 두 개의 토큰 이름을 결합하여 하나의 토큰으로 만든다. 다음과 같은 매크로 정의문을 사용하면

```
#define STR(name)  char *str_##name = #name
```

다음의 왼쪽 문장은 전처리기에 의해서 왼쪽 문장으로 대치되어 문자열 이름이 포함된 포인터에 초기화되는 문자열의 주소를 저장할 수 있다.

```
STR(copy)   ⇒           char *str_copy = "copy"
```

연산자 #와 ##는 앞에서 예시를 든 것과 같이 매크로 정의문에서 인수 이름과 같은 문자열 또는 인수 이름을 포함한 이름을 인수와 함께 사용하는 등 서로 연관된 내용을 함께 정의하고자 할 때 유용하다.

예 11.2 미리 정의된 매크로와 전처리기 연산자를 사용하는 프로그램

다음은 앞에서 소개한 방식으로 전처리기 연산자를 사용하는 매크로 정의를 하고 이를 이용하는 프로그램이다.

```
#include <stdio.h>

#define PRINT_STR(var)  printf("%s = %s\n", #var, var)
#define STR(name)  char *str_##name = #name
```

```

int main(void)
{
    STR(copy);                  // char *str_copy = "copy";
    STR(move);                  // char *str_move = "move";

    PRINT_STR(str_copy); // printf("%s = %s\n", "str_copy", str_copy);
    PRINT_STR(str_move); // printf("%s = %s\n", "str_move", str_move);
    return 0;
}
```

실행

```
str_copy = copy
str_move = move
```

- 매크로 PRINT_STR의 정의문에서 포인터 변수가 가리키는 문자열을 포인터 변수 이름과 함께 출력하기 위하여 #연산자를 변수 이름 문자열을 만들었다.
- 매크로 STR의 정의문에서 초기화되는 문자열이 포함되는 이름의 변수 이름을 만들기 위해서 ## 연산자를 사용하였다.

11.3 파일 포함 지시문

C Programming

파일 포함 지시문 #include

#include는 파일의 현재 위치에 지정된 파일을 포함시키기 위해서 사용하며 다음과 같은 두 가지 형식을 갖는다.

```
#include <filename>
#include "filename"
```

첫째 형식은 포함할 파일을 include용 표준 시스템 디렉토리에서 찾는다. 이 디렉토리로 UNIX/Linux에서는 /usr/include를 사용하며 Windows에서는 (컴파일러가 설치된 디렉토리)\include를 사용한다.

둘째 형식은 포함할 파일을 현재 디렉토리에서 찾는다. 현재 디렉토리에서 파일을 찾지 못할 경우에 include용 표준 디렉토리에서 찾는다.

#include로 포함되는 파일을 대개 **헤더 파일**(header file)이라고 하며 확장자로 .h를 사용한다. 전형적인 헤더 파일에는 다음과 같은 내용을 포함하고 있다.

- 기호 상수 및 매크로 정의
- 함수에 대한 원형 선언
- 구조체 정의
- 형 정의

#include에서 지정된 헤더 파일은 전처리기에 의해서 프로그램에 포함된 후에 컴파일되며 그림 11.1은 이러한 동작의 결과를 보여준다. 헤더 파일은 프로그램의 일부분이므로 헤더 파일이 변경되면 이것을 포함하는 모든 프로그램 파일을 다시 컴파일해야 한다.

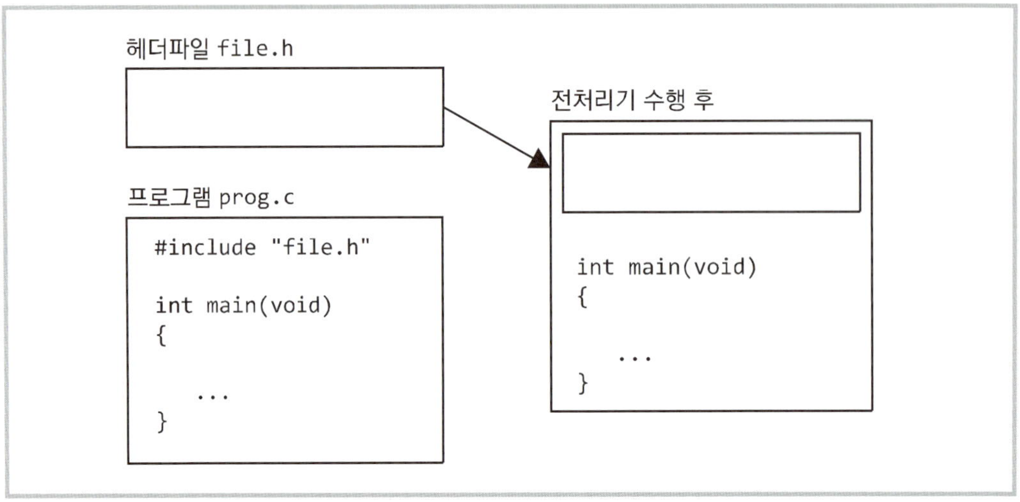

그림 11.1 #include 전처리 수행 후의 결과

헤더 파일 위치 지정

헤더 파일의 위치는 기본적으로 표준 디렉토리가 사용되며 현재 디렉토리도 사용할 수 있다. 그렇지만 컴파일러에서 옵션으로 지정하여 디렉토리를 추가할 수 있다.

gcc와 Visual Studio의 C/C++ 컴파일러 명령어에서 다음과 같은 옵션을 각각 사용하여

include 파일의 위치를 추가로 지정한다.

```
$ gcc -Idir ...                ... 디렉토리 dir를 include 파일의 위치로 추가 지정

C> cl /I dir ...               ... 디렉토리 dir를 include 파일의 위치로 추가 지정
```

Visual Studio의 통합 개발 환경에서는 [프로젝트 - 속성] 메뉴를 선택하여 나타난 창에서 [C/C++ - 일반]에서 [추가 포함 디렉토리] 항목에 추가되는 include 디렉토리 위치를 직접 입력한 후 컴파일한다.

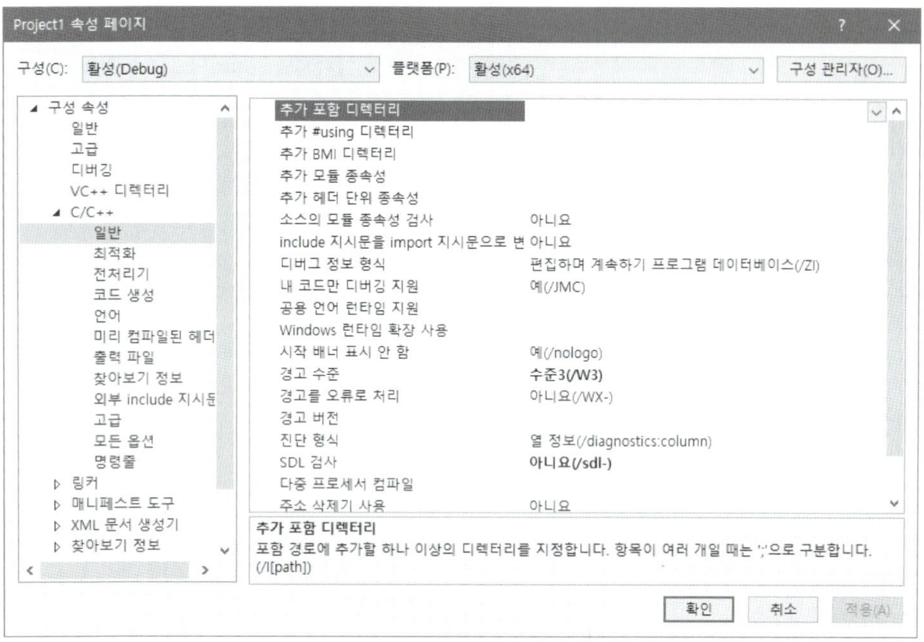

11.4 조건 컴파일 지시문

C 언어의 전처리기 지시문에는 프로그램의 코드의 일부를 선택적으로 컴파일하는 다음과 같은 조건 컴파일 지시문들이 있다.

```
#if, #else, #elif, #endif, #ifdef, #ifndef
```

조건 컴파일 지시문 **#if**의 형식은 다음과 같으며 마지막에 **#endif**로 끝난다.

```
#if 조건식
    문장들                    ... 조건식이 참일 때 컴파일
#endif
```

조건식이 거짓일 때에 컴파일할 문장도 함께 지정하려면 다음과 같이 **#else** 또는 **#elif**를 함께 사용한다. **#elif**는 else if의 뜻이다.

```
#if 조건식
    문장들                    ... if 조건식이 참일 때 컴파일
#elif 조건식
    문장들                    ... elif 조건식이 참일 때 컴파일
    ...
#else
    문장들                    ... 모든 조건식이 거짓일 때 컴파일
#endif
```

이러한 조건 컴파일 지시문의 조건식으로 다음과 같이 매크로 상수에 대한 식이 주로 사용된다.

```
#if DEBUG==1 || DEBUG==2
```

그리고 매크로 이름의 정의 여부에 따라서 선택적으로 컴파일하려면 다음과 같이 **#ifdef**와 **#ifndef**를 사용한다.

```
#ifdef macro_name
    문장들                    ... 매크로 이름이 정의되었으면 컴파일
#endif

#ifndef macro_name
    문장들                    ... 매크로 이름이 정의되지 않았으면 컴파일
#endif
```

#ifdef와 **#ifndef**은 **#if**와 **defined**를 함께 사용하여 다음과 같이 나타낼 수 있다.

```
#if defined(macro_name)       ... #ifdef macro_name과 같음
#if !defined(macro_name)      ... #ifndef macro_name과 같음
```

여러 개의 이름이 동시에 정의되어 있는지 여부에 따라서 조건 컴파일을 하려면 다음과 같이 defined를 사용하는 것이 편리하다.

```
#if defined(OS) && defined(MACHINE)
```

예 11.3 조건부 컴파일 지시문을 사용한 프로그램

다음은 조건부 컴파일 지시문을 디버깅 출력 목적으로 사용하는 프로그램이다.

```
1   #include <stdio.h>
2   #define DEBUG
3   #ifndef OUT
4       #define OUT 2
5   #endif
6
7   int main(void)
8   {
9       int i, sum;
10
11      sum = 0;
12      for (i=0; i<5; i++) {
13          sum = sum + i;
14  #ifdef DEBUG
15      #if OUT==1
16          printf("[%d] ", i);
17      #elif OUT==2
18          printf("%d: ", i);
19      #endif
20          printf("sum = %d\n", sum);
21  #endif
22      }
23      printf("sum = %d\n", sum);            /* 정상적인 출력 */
24      return 0;
25  }
```

실행

```
0: sum = 0
1: sum = 1
2: sum = 3
3: sum = 6
4: sum = 10
sum = 10
```

- 이 프로그램은 DEBUG가 정의되어 있으면 디버깅용 출력을 포함하는 데 OUT의 값에 따라서 더하는 숫자의 출력 형태가 지정된다(14-21행). 전처리기 지시문은 대부분의 컴파일러에서 필요한 경우에 위와 같이 들여쓰기를 할 수 있다(15-20행).

- 다른 곳에서 OUT이 정의되어 있지 않으면 OUT은 2로 정의된다(3-5행). 기본적으로 위와 같은 실행 결과가 출력된다.

컴파일러 옵션으로 매크로 정의

매크로 이름을 프로그램 내에서 #define을 사용하여 정의하는 것 대신에 다음과 같이 컴파일러의 옵션 -D를 사용하여 명령어 인수로 정의할 수 있다.

```
$ cc -D DEBUG example.c
C> cl /D DEBUG example.c
```

예 11.3의 프로그램을 컴파일할 때 다음과 같이 OUT 값을 정의하면 정의된 값에 따라서 컴파일되어 실행 결과가 달라진다.

```
$ cc -D OUT=1 ex11-3.c
C> cl /D OUT=1 ex11-3.c
```

Visual Studio의 통합 개발 환경에서는 [프로젝트 - 속성] 메뉴를 선택하여 나타난 창에서 [C/C++ - 전처리기]에서 [전처리기 정의] 항목의 기존 내용에 추가되는 매크로 정의 내용을 기존 내용 뒤에 DEBUG 또는 OUT=1과 같은 형식으로 추가한다. 정의 내용은 세미콜론으로 구분한다.

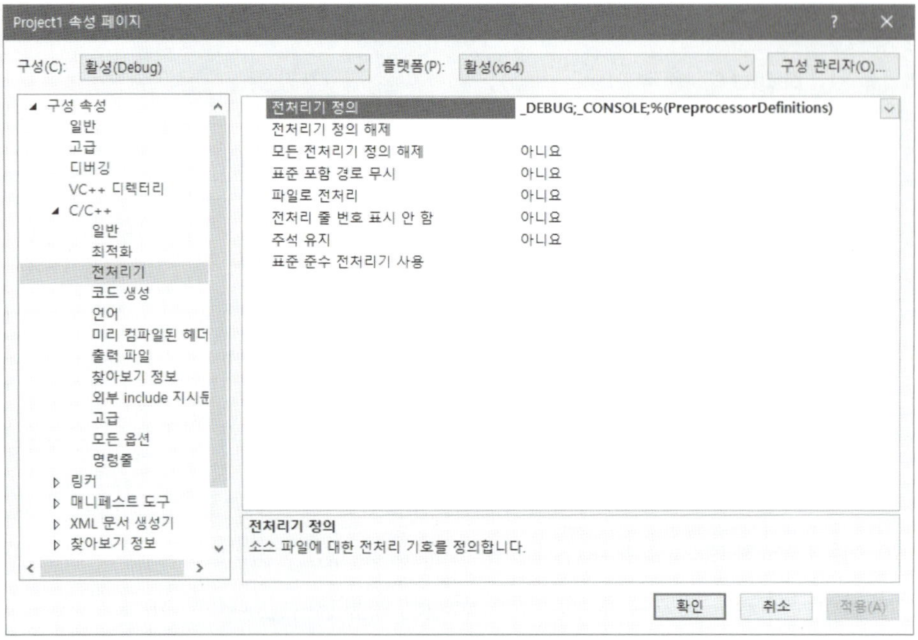

11.5 기타 전처리기 지시문

C Programming

전처리기 지시문 #error, #line, #pragma는 많이 사용하지 않지만, 의미를 살펴보도록 한다.

#error 지시문은 다음과 같은 형식을 가지며 이것을 만나면 컴파일러는 에러 메시지를 출력하고 컴파일을 중지한다. 에러 메시지는 큰 따옴표 " "를 사용하지 않는다.

```
#error 에러 메시지
```

#line 지시문은 다음과 같은 형식을 가지며 소스 코드의 줄 번호를 지정된 번호로 부여하고, 컴파일러의 메시지에 사용할 소스 파일 이름을 새로 부여한다.

```
#line 번호
#line 번호 "파일이름"
```

#pragma 지시문은 컴파일의 특정 구현에 따른 사용을 위해서 제공되며 컴파일러에 따라서 동작이 다를 수 있다.

assert 매크로

C 언어에서는 수식의 값이 0이면, 즉 거짓이면 에러 메시지를 출력하고 프로그램 실행을 종료하는 assert 매크로를 제공하며 이 매크로를 사용하기 위해서는 다음과 같이 헤더 파일 assert.h를 포함해야 한다.

```
#include <assert.h>
```

이 매크로는 변수가 올바른 값 또는 올바른 범위의 값을 가지는지 검사하는 디버깅 도구로 매우 유용하게 사용된다. assert 매크로는 다음과 같이 수식과 함께 사용하며 수식은 대개 조건식을 사용한다.

```
assert (x <= 10);
```

이 문장에서 x가 10보다 크면 거짓이므로 assert 매크로의 인수가 0이 되어 다음과 같은 파일 이름과 줄 번호와 함께 에러 메시지를 출력하고 프로그램을 종료한다.

```
Assertion failed: x <= 10, file ex-assert.c, line 8
```

```
abnormal program termination
```

만약에 기호상수 NDEBUG가 정의되어 있으면 그 이후에 나오는 assert 매크로는 무시된다. 따라서 이 매크로를 사용하지 않으려면 프로그램에 다음과 같이 기호상수를 정의하거나 컴파일을 할 때에 기호상수 정의를 옵션으로 지정하도록 한다.

```
#define NDEBUG                                    ... assert 무시
```

복습문제

1 #define을 사용하여 정의된 인수가 있는 매크로와 함수와의 차이점은 무엇인가?

2 디버깅을 목적으로 조건부 컴파일을 사용하는 방법에 대해서 알아보자.

3 assert 매크로의 기능은 무엇이며, 어떤 경우에 유용하게 사용할 수 있는가?

종합문제

1 다음 매크로 정의를 사용하여 1부터 10까지의 합을 계산하는 프로그램을 작성하시오.

```
#define REPEAT(var, start, end)       \
for ( (var)=(start); (var)<(end); ++(var) )
```

2 조건 연산자 ? :를 사용하여 두 인수의 최대값을 제공하는 수식을 매크로로 정의하고 이 매크로의 동작을 확인하는 프로그램을 작성하시오.

```
#define MAX(x, y)  ...
```

3 1번에서 작성한 프로그램에서 디버깅을 위하여 매 반복마다 현재까지 계산된 합을 출력하는 코드를 조건 컴파일 지시문을 사용하여 추가하여 작성하고 조건을 달리하며 컴파일을 한 후 각각 실행시켜 보시오.

4 정수를 2진수로 나타낼 때에 최하위 비트의 비트 번호가 0이고 상위 비트로 갈수록 비트 번호가 순서대로 증가한다. 정수 number의 비트 번호 start부터 end 사이의 값을 추출하는 다음 매크로를 정의하여 사용하는 프로그램을 작성하시오. 여기서

```
#define BITS(number, end, start)   ...
```

예를 들어서 22은 2진수로 10110이므로 BITS(20, 3, 1)은 2진수로 011이 되어 10진수로 출력하면 3이 된다.

부록A ASCII 문자 코드표

Dec	Hex	문자	Ctrl	Dec	Hex	문자	Dec	Hex	문자	Dec	Hex	문자
0	0x00	NUL(\0)	^@	32	0x20	SP	64	0x40	@	96	0x60	`
1	0x01	SOH	^A	33	0x21	!	65	0x41	A	97	0x61	a
2	0x02	STX	^B	34	0x22	"	66	0x42	B	98	0x62	b
3	0x03	ETX	^C	35	0x23	#	67	0x43	C	99	0x63	c
4	0x04	EOT	^D	36	0x24	$	68	0x44	D	100	0x64	d
5	0x05	ENQ	^E	37	0x25	%	69	0x45	E	101	0x65	e
6	0x06	ACK	^F	38	0x26	&	70	0x46	F	102	0x66	f
7	0x07	BEL(\a)	^G	39	0x27	'	71	0x47	G	103	0x67	g
8	0x08	BS(\b)	^H	40	0x28	(	72	0x48	H	104	0x68	h
9	0x09	HT(\t)	^I	41	0x29	)	73	0x49	I	105	0x69	i
10	0x0a	LF(\n)	^J	42	0x2a	*	74	0x4a	J	106	0x6a	j
11	0x0b	VT(\v)	^K	43	0x2b	+	75	0x4b	K	107	0x6b	k
12	0x0c	FF(\f)	^L	44	0x2c	,	76	0x4c	L	108	0x6c	l
13	0x0d	CR(\r)	^M	45	0x2d	-	77	0x4d	M	109	0x6d	m
14	0x0e	SO	^N	46	0x2e	.	78	0x4e	N	110	0x6e	n
15	0x0f	SI	^O	47	0x2f	/	79	0x4f	O	111	0x6f	o
16	0x10	DLE	^P	48	0x30	0	80	0x50	P	112	0x70	p
17	0x11	DC1	^Q	49	0x31	1	81	0x51	Q	113	0x71	q
18	0x12	DC2	^R	50	0x32	2	82	0x52	R	114	0x72	r
19	0x13	DC3	^S	51	0x33	3	83	0x53	S	115	0x73	s
20	0x14	DC4	^T	52	0x34	4	84	0x54	T	116	0x74	t
21	0x15	NAK	^U	53	0x35	5	85	0x55	U	117	0x75	u
22	0x16	SYN	^V	54	0x36	6	86	0x56	V	118	0x76	v
23	0x17	ETB	^W	55	0x37	7	87	0x57	W	119	0x77	w
24	0x18	CAN	^X	56	0x38	8	88	0x58	X	120	0x78	x
25	0x19	EM	^Y	57	0x39	9	89	0x59	Y	121	0x79	y
26	0x1a	SUB	^Z	58	0x3a	:	90	0x5a	Z	122	0x7a	z
27	0x1b	ESC	^[	59	0x3b	;	91	0x5b	[	123	0x7b	{
28	0x1c	FS	^\	60	0x3c	<	92	0x5c	\	124	0x7c	|
29	0x1d	GS	^]	61	0x3d	–	93	0x5d	]	125	0x7d	}
30	0x1e	RS	^^	62	0x3e	>	94	0x5e	^	126	0x7e	~
31	0x1f	US	^_	63	0x3f	?	95	0x5f	_	127	0x7f	DEL

부록B 연산자 우선순위

분류	연산자	의미	결합성
후위 연산자	( ) [ ] -> . 후위 ++ 후위 --	괄호, 함수 호출 f(x) 배열 첨자 a[i] 구조체 포인터를 통한 멤버 접근 구조체 멤버 접근 사후 증가 사후 감소	좌결합
전위 단항연산자	전위 ++ 전위 -- 단항 + 단항 - 단항 & 단항 * ! ~ sizeof (type)	사전 증가 사전 감소 양의 부호 음의 부호 주소 포인터를 통한 내용 간접 접근 논리 부정 비트 단위 보수 바이트 단위의 크기 자료형 변환(cast)	우결합
곱셈,나눗셈	* / %	곱셈 나눗셈 나머지	좌결합
덧셈,뺄셈	+ -	덧셈 뺄셈	좌결합
시프트	<< >>	왼쪽 시프트 오른쪽 시프트	좌결합
크기비교	< <= > >=	작음 작거나 같음 큼 크거나 같음	좌결합
동등비교	== !=	같음 같지 않음	좌결합
비트단위 AND	&	비트 단위 AND	좌결합
비트단위 XOR	^	비트 단위 XOR	좌결합

비트단위 OR	|	비트 단위 OR	좌결합
논리 AND	&&	논리 AND	좌결합
논리 OR	||	논리 OR	좌결합
조건	? :	조건 a ? b : c	우결합
할당 복합할당	= += -= *= /= %= <<= >>= &= ^= |=	할당 더해서 할당 빼서 할당 곱해서 할당 나누어서 할당 나머지 할당 왼쪽 시프트 할당 오른쪽 시프트 할당 비트 단위 AND 할당 비트 단위 XOR 할당 비트 단위 OR 할당	우결합
콤마	,	콤마 연산자	좌결합

부록C 자주 사용되는 C 라이브러리 함수

C.1 입출력 함수

입출력에 대한 함수를 사용하려면 다음의 헤더 파일을 포함한다.

```
#include <stdio.h>
```

다음은 여러 가지 유용한 입출력 함수에 대한 원형과 동작 설명이다.

- `FILE *fopen(const char *fname, const char *mode);`

  이름이 문자열 fname인 파일을 문자열 mode로 지정되는 파일 접근 모드로 열기를 한다. 파일 접근 모드에 대한 사항은 10장을 참조하기 바란다.

- `int fclose(FILE *fp);`

  fp와 연관된 파일을 닫는다. 오류가 발생하거나 이미 닫힌 파일이면 EOF가 반환된다.

- `int fflush(FILE *fp);`

  파일 버퍼에 있는 자료를 파일에 쓴다. 호출이 실패하면 EOF가 반환된다.

- `int fgetc(FILE *fp);`

  `int getc(FILE *fp);`

  fp와 연관된 파일로부터 다음 문자를 읽어서 반환한다. 파일 끝을 만나면 파일 끝 지시자가 설정되고 EOF가 반환된다. 오류가 발생하면 오류 지시자가 설정되고 EOF가 반환된다.

- `char *fgets(char *buf, int n, FILE *fp);`

  fp와 연관된 파일로부터 최대 n-1 개의 문자를 읽어서 buf가 가리키는 버퍼에 저장한다. 줄이 바뀌거나 파일 끝을 만나면 더 이상 문자를 읽지 않고 반환한다. 읽기를 시작할 때에 파일 끝을 만나면 NULL이 반환되고 그렇지 않으면 buf가 반환된다. 입력 문자열 끝에 널 문자가 저장된다.

- `int fputc(int c, FILE *fp);`

  `int putc(int c, FILE *fp);`

인수 c를 문자로 변환하여 fp와 연관된 파일에 쓴다. 호출이 성공적이면 출력한 문자를 정수로 변환하여 반환한다.

- `int fputs(const char *s, FILe *fp);`

  fp와 연관된 파일에 문자열 s를 출력한다. 호출에 실패하면 EOF를 반환한다.

- `int getchar(void);`

  getchar()은 fgetc(stdin)과 같아서 stdin에서 문자를 읽어서 반환한다.

- `char *gets(char *buf);`

  stdin으로부터 줄이 바뀌거나 파일 끝을 만날 때까지 문자열을 읽어서 buf가 가리키는 버퍼에 저장한다. 읽기를 시작할 때에 파일 끝을 만나면 NULL이 반환되고 그렇지 않으면 buf가 반환된다.

- `int putchar(int c);`

  putchar(c)는 putc(c, stdout)과 같아서 인수 c를 문자로 변환하여 stdout으로 출력한다.

- `int puts(const char *s);`

  문자열 s를 stdout으로 출력한다. 문자열의 마지막 널 문자는 출력되지 않고 대신에 개행 문자가 출력된다. 호출에 실패하면 EOF를 반환한다.

- `int ungetc(int c, FILE *fp);`

  인수 c를 문자로 변환하여 fp와 연관된 파일 버퍼에 다시 넣는다.

- `int fprintf(FILE *fp, const char *fmt, …);`

  fp와 연관된 파일에 문자열 fmt가 나타내는 형식으로 인수값들을 출력한다. 그리고 출력된 문자의 개수를 출력한다. 오류가 발생하면 오류 지시자가 설정되고 음수를 반환한다.

- `int printf(const char *fmt, …);`

  fprintf(stdout, fmt, …)와 같다.

- `int sprintf(char *s, const char *fmt, …);`

  파일 대신에 문자열 s로 fprintf()와 같은 형식 지정 출력을 한다.

- `int fscanf(FILE *fp, const char *fmt, …);`

  fp와 연관된 파일로부터 문자들을 입력하여 문자열 fmt가 지정하는 형식에 따라서 변환하여 인수로 지정된 변수 위치에 저장한다.

- int scanf(const char *fmt, …);

  fscanf(stdin, fmt, …)와 같다.

- int sscanf(const char *s, const char *fmt, …);

  파일 대신에 문자열 s로부터 fscanf()와 같은 형식 지정 입력을 받는다.

- size_t fread(void *buf, size_t size, size_t n, FILE *fp);

  fp와 연관된 파일로부터 최대 n*size 바이트를 읽어서 buf가 가리키는 버퍼에 저장하고 성공적으로 읽혀진 원소수를 반환한다. size는 원소의 크기, n은 원소의 수를 나타낸다.

- size_t fwrite(void *buf, size_t size, size_t n, FILE *fp);

  buf가 가리키는 버퍼로부터 n*size 바이트를 읽어서 fp와 연관된 파일로 쓰고 성공적으로 쓰여진 원소수가 반환된다. size는 원소의 크기, n은 원소의 수를 나타낸다.

- int fseek(FILE *fp, long offset, int place);

  인수 place에 의해서 지정되는 기준 위치에서 offset 바이트만큼 떨어진 위치로 파일의 위치를 이동한다. place 값은 SEEK_SET(시작), SEEK_CUR(현재 위치), SEEK_END(끝)가 될 수 있다. 함수 호출이 성공이면 0을 그렇지 않으면 0이 아닌 값을 반환한다.

- long ftell(FILE *fp);

  fp와 연관된 파일의 현재 파일 위치를 반환한다. 호출이 실패하면 -1을 반환한다.

- void rewind(FILE *fp);

  파일 위치를 파일 시작으로 이동하고 파일 끝과 오류 지시자를 지운다.

- int feof(FILE *fp);

  fp와 연관된 파일이 파일 끝에 도달되었으면 0이 아닌 값을 반환한다.

- int ferror(FILE *fp);

  fp와 연관된 파일이 오류 지시자가 설정되어 있으면 0이 아닌 값을 반환한다.

- int remove(const char *fname);

  이름이 fname인 파일을 삭제한다. 호출이 성공적이면 0을, 그렇지 않으면 -1을 반환한다.

- int rename(const char *old, const char *new);

  이름이 old인 파일의 이름을 new로 바꾼다. 호출이 성공적이면 0을, 그렇지 않으면 −1을 반환한다.

■ `FILE *tmpfile(void);`

이름이 temp-name인 임시 파일을 이진 파일로 생성하고 프로그램이 종료하거나 fclose()를 호출할 때에 파일을 삭제하고 종료한다.

C.2 문자 함수

문자에 대한 함수를 사용하려면 다음의 헤더 파일을 포함한다.

```
#include <ctype.h>
```

다음은 여러 가지 유용한 문자 함수에 대한 원형과 동작 설명이다.

■ `int isalnum(int ch);`

인수가 영문자, 기호, 또는 숫자이면 0이 아닌 값을, 그렇지 않으면 0을 반환한다.

■ `int isalpha(int ch);`

인수가 영문자이면 0이 아닌 값을, 그렇지 않으면 0을 반환한다.

■ `int iscntrl(int ch);`

인수가 0과 0x1f 사이에 있거나 0x7f(Del)과 같은 제어 문자이면 0이 아닌 값을, 그렇지 않으면 0을 반환한다.

■ `int isdigit(int ch);`

인수가 0과 9사이의 숫자이면 0이 아닌 값을, 그렇지 않으면 0을 반환한다.

■ `int isgraph(int ch);`

인수가 공백 문자가 아닌 출력 가능한 문자이면 0이 아닌 값을, 그렇지 않으면 0을 반환한다. 출력 가능한 문자는 0x21과 0x7e 사이의 범위에 있다.

■ `int islower(int ch);`

인수가 a와 z 사이의 소문자이면 0이 아닌 값을, 그렇지 않으면 0을 반환한다.

■ `int isprint(int ch);`

인수가 공백 문자를 포함한 출력 가능한 문자이면 0이 아닌 값을, 그렇지 않으면 0을 반환한다.

■ `int ispunct(int ch);`

인수가 공백 문자를 제외한 구두점 문자이면 0이 아닌 값을, 그렇지 않으면 0을 반환한다. 구두점 문자는 영문자, 숫자, 공백 문자를 제외한 출력 가능한 문자를 말한다.

- `int isspace(int ch);`

  인수가 공백 문자, 탭(\t), 수직탭(\v), 폼피드(\f), 캐리지리턴(\r), 개행 문자(\n)이면 0이 아닌 값을, 그렇지 않으면 0을 반환한다.

- `int isupper(int ch);`

  인수가 A와 Z 사이의 대문자이면 0이 아닌 값을, 그렇지 않으면 0을 반환한다.

- `int isxdigit(int ch);`

  인수가 16진수 숫자이면 0이 아닌 값을, 그렇지 않으면 0을 반환한다. 16진수 숫자는 0 ~ 9, A ~ F와 a ~ f 사이의 범위의 문자이다.

- `int tolower(int ch);`

  인수가 대문자이면 소문자로 변환하여 반환하고, 그렇지 않으면 그대로 반환한다.

- `int toupper(int ch);`

  인수가 소문자이면 대문자로 변환하여 반환하고, 그렇지 않으면 그대로 반환한다.

C.3 문자열 함수

문자열에 대한 함수를 사용하려면 다음의 헤더 파일을 포함한다.

```
#include <string.h>
```

다음은 여러 가지 유용한 문자열 함수에 대한 원형과 동작 설명이다.

- `char *strcpy(char *s1, const char *s2);`

  문자열 s2의 내용을 s1으로 복사하며 s1을 반환한다.

- `char *strncpy(char *s1, const char *s2, sizt_t n);`

  문자열 s2의 최대 n 문자를 s1으로 복사하며 s1을 반환한다. s1은 널문자로 끝나지 않을 수 있다.

- `char *strcat(char *s1, const char *s2);`

  문자열 s2를 문자열 s1 뒤에 복사하여 연결하며 s1을 반환한다.

- `char *strncat(char *s1, const char *s2, sizt_t n);`

  문자열 s2의 최대 n 문자를 문자열 s1 뒤에 복사하여 연결하며 s1을 반환한다.

■ `size_t strlen(const char *s);`

문자열 s의 길이를 반환한다. 문자열 길이에는 널 문자는 포함되지 않는다. size_t 자료형은 바이트 단위의 길이를 나타내기 위해서 정의된 정수 자료형이다.

■ `char *strcmp(const char *s1, const char *s2);`

문자열 s1과 문자열 s2를 사전식으로 비교하여 s1이 s2보다 작으면 음수를, 같으면 0을 s1이 s2보다 크면 양수를 반환한다.

■ `int strncmp(const char *s1, const char *s2, sizt_t n);`

문자열 s1과 문자열 s2의 최대 n 문자를 사전식으로 비교하여 s1이 s2보다 작으면 음수를, 같으면 0을 s1이 s2보다 크면 양수를 반환한다.

■ `char *strchr(const char *s1, int ch);`

문자열 s2에서 문자 ch가 처음으로 나타나는 곳의 위치에 대한 포인터를 반환한다. 문자가 발견되지 않으면 NULL을 반환한다.

■ `char *strrchr(const char *s1, int ch);`

문자열 s2에서 문자 ch가 마지막으로 나타나는 곳의 위치에 대한 포인터를 반환한다. 문자가 발견되지 않으면 NULL을 반환한다.

■ `size_t strspn(const char *s1, const char *s2);`

문자열 s2을 구성하지 않는 문자와 첫 번째로 일치하는 s1의 문자를 찾아서 배열 인덱스를 반환한다. 이 값은 s2의 문자들로 이루어진 s1의 최대 초기 부분 문자열 길이이다.

■ `size_t strcspn(const char *s1, const char *s2);`

문자열 s2을 구성하는 문자와 첫 번째로 일치하는 s1의 문자를 찾아서 배열 인덱스를 반환한다. 이 값은 s2에 없는 문자들로 이루어진 s1의 최대 초기 부분 문자열 길이이다.

■ `char *strstr(const char *s1, const char *s2);`

문자열 s1에서 문자열 s2와 처음으로 일치하는 곳의 위치에 대한 포인터를 반환한다. 일치하는 곳이 없으면 NULL을 반환한다.

■ `char *strtok(char *s1, const char *s2);`

문자열 s2의 문자들을 토큰 구분자로 사용하여 문자열 s1의 첫 번째 구분자 다음의 나머지 부분을 다른 곳에 저장하고 구분자의 위치에 널 문자를 넣어서 s1이 첫 번째 토큰 만 포함하도록 수정하고 첫 번째 토큰의 주소를 반환한다. 이 함수를 한 번 호출한 후에 첫 번째 인수로 NULL

을 사용하여 계속적으로 호출하면 다음 토큰에 대한 주소가 계속적으로 반환되며 더 이상 토큰이 없으면 NULL을 반환한다.

- `char *strpbrk(const char *s1, const char *s2);`
  문자열 s2를 구성하는 문자와 첫 번째로 일치하는 s1의 문자를 찾아서 이 문자의 주소를 반환한다. 찾지 못했으면 NULL을 반환한다.

- `char *strerror(int errcode);`
  오류 번호 errcode에 대한 시스템에 제공하는 오류 메시지 문자열에 대한 포인터를 반환한다.

다음은 여러 가지 유용한 메모리 블록 함수에 대한 원형과 동작 설명이다.

- `void *memchr(const void *p, int c, size_t n);`
  주소 p에서 시작하는 크기 n 바이트의 블록에서 문자 c와 처음으로 일치하는 바이트의 주소를 반환한다. 일치하는 곳이 없으면 NULL을 반환한다. 블록의 각 바이트는 부호 없는 문자로 취급된다.

- `int memcmp(const void *s1, const void *s2, size_t n);`
  주소 s1과 s2에서 각각 시작하는 크기 n 바이트인 두 개의 블록을 사전식 순서로 비교하여 s1이 s2보다 작으면 음수를, 같으면 0을, 크면 양수를 반환한다. 블록의 각 바이트는 부호없는 문자로 취급된다.

- `void *memcpy(void *s1, const void *s2, size_t n);`
  주소 s2에서 시작하는 크기가 n 바이트인 블록을 주소 s1부터 시작되는 블록으로 복사하고 s1을 반환한다.

- `void *memset(const void *p, int c, size_t n);`
  주소 p에서 시작하는 크기 n인 블록의 모든 바이트들을 모두 문자 c로 설정하고 p를 반환한다.

- `void *memmove(void *s1, const void *s2, size_t n);`
  주소 s2에서 시작하는 크기가 n 바이트인 블록을 주소 s1부터 시작되는 블록으로 복사하고 s1을 반환한다. 두 블록이 겹치는 부분이 있을 때에 s1의 블록에 새로운 값이 복사되기 전에 s2의 블록이 먼저 접근되어 복사는 정상적으로 이루어진다.

C.4 수학 함수

수학 함수를 사용하려면 다음의 헤더 파일을 포함한다.

```
#include <math.h>
```

다음은 여러 가지 유용한 수학 함수에 대한 원형과 동작 설명이다.

- `double acos(double x);`

  인수에 대한 arccos 값을 반환한다. arccos 함수는 cos 함수의 역함수로서 인수는 -1과 1 사이의 값을 가져야 한다.

- `double asin(double x);`

  인수에 대한 arcsin 값을 반환한다. arcsin 함수는 sin 함수의 역함수로서 인수는 -1과 1 사이의 값을 가져야 한다.

- `double atan(double x);`

  인수에 대한 arctan 값을 반환한다. arctan 함수는 tan 함수의 역함수이다.

- `double atan2(double y, double x);`

  두 인수의 비 y / x에 대한 arctan 값을 반환한다. 즉 atan(y/x)와 같다.

- `double ceil(double x);`

  인수보다 작지 않은 가장 작은 정수를 실수형으로 반환한다. 즉 올림이다.

- `double cos(double x);`

  인수에 대한 cos 값을 반환한다. 인수의 단위는 라디안(radian)이다.

- `double cosh(double x);`

  인수에 대한 hyperbolic cos 값을 반환한다. 이 값은 $\frac{e^x + e^{-x}}{2}$ 이다.

- `double exp(double x);`

  무리수 e에 대한 x 지수승, 즉 e^x 값을 반환한다.

- `double fabs(double x);`

  인수에 대한 절대값을 반환한다.

■ `double floor(double x);`

인수보다 크지 않은 가장 큰 정수를 실수형으로 반환한다. 즉 내림이다.

■ `double fmod(double x, double y);`

x / y를 계산하여 나머지를 구한다. 나머지는 x = a*y + f (a는 정수, f < a)인 f이다.

■ `double frexp(double x, int *pexp);`

인수 x를 지수와 가수를 분리하여 가수는 반환하고 지수는 pexp가 가리키는 곳에 저장한다. 이 함수는 라이브러리의 다른 함수가 사용하는 기본 함수이다.

■ `double ldexp(double x, int y);`

$x \cdot 2^y$을 반환한다. 인수 x는 반환되는 실수의 가수이고 인수 y는 지수이다.

■ `double log(double x);`

인수의 자연 로그값, 즉 $\log_e x$를 반환한다.

■ `double log10(double x);`

인수의 상용 로그값, 즉 $\log_{10} x$를 반환한다.

■ `double modf(double x, double *pint);`

인수 x의 정수 부분을 `pint`가 가리키는 곳에 저장하고 소수 부분을 반환한다.

■ `double pow(double x, double y);`

인수 x에 대한 y 지수승, 즉 x^y을 반환한다.

■ `double sin(double x);`

인수에 대한 sin 값을 반환한다. 인수의 단위는 라디안(radian)이다.

■ `double sinh(double x);`

인수에 대한 hyperbolic sin 값을 반환한다. 이 값은 $\dfrac{e^x - e^{-x}}{2}$ 이다.

■ `double sqrt(double x);`

인수에 대한 제곱근을 반환한다.

■ `double tan(double x);`

인수에 대한 tan 값을 반환한다. 인수의 단위는 라디안(radian)이다.

■ double tanh(double x);

인수에 대한 hyperbolic tan 값을 반환한다. 이 값은 $\frac{e^x - e^{-x}}{e^x + e^{-x}}$ 이다.

C.5 시간과 날짜 함수

시간과 날짜 함수를 사용하려면 다음의 헤더 파일을 포함한다.

```
#include <time.h>
```

이 헤더 파일에는 time_t와 clock_t 자료형이 정의되어 있는데, 이 자료형은 각각 시간과 클럭 숫자를 나타내기 위한 정수 자료형이다. 정수로 표현되는 달력 시간은 1970년 1월 1일 이후의 경과된 시간을 초 단위로 나타낸다. 그리고 시간에 대한 다음의 구조체가 정의되어 있다.

```
struct tm {
    int tm_sec;         /* Seconds.      [0-60] */
    int tm_min;         /* Minutes.      [0-59] */
    int tm_hour;        /* Hours.        [0-23] */
    int tm_mday;        /* Day.          [1-31] */
    int tm_mon;         /* Month.        [0-11] */
    int tm_year;        /* Year - 1900. */
    int tm_wday;        /* Day of week.  [0-6] */
    int tm_yday;        /* Days in year. [0-365] */
    int tm_isdst;       /* DST, 섬머타임  [-1/0/1] */
};
```

다음은 여러 가지 유용한 시간과 날짜에 대한 원형과 동작 설명이다.

■ clock_t clock(void);

프로그램이 실행된 이후부터 발생된 시스템의 클럭수를 반환한다. 이것을 매크로 상수 CLOCKS_PER_SEC로 나누면 초로 변환된다.

■ time_t time(time_t *time);

시스템의 현재의 정수로 표현된 달력 시간을 반환한다. 시스템이 시간 관리 기능을 가지고 있지 않다면 -1을 반환한다.

■ `double difftime(time_t time2, time_t time1);`

두 시간 인수 time1과 time2의 시간 간격을 초 단위로 반환한다. 즉 time2 - time1과 같다.

■ `char *asctime(const struct tm *tp);`

tp가 가리키는 구조체의 시간 정보를 다음과 같은 형식의 문자열로 변환하고

```
Thu Dec 15 19:39:01 KST 2022
```

이 문자열에 대한 포인터를 반환한다. 문자열이 저장되는 버퍼는 호출될 때마다 재사용되므로 결과를 저장하려면 이 문자열을 다른 장소로 복사해야 한다.

■ `char *ctime(const time_t *time);`

정수로 표현된 시간 time을 asctime() 함수에서와 같은 문자열로 변환하고 이 문자열에 대한 포인터를 반환한다.

■ `struct tm *gmtime(const time_t *time);`

정수로 표현된 달력 시간 time을 struct tm 자료형으로 변환하여 저장한 후 구조체에 대한 포인터를 반환한다. 이 때 시간은 그리니치 표준 시간으로 표현된다. 시간이 저장되는 구조체는 이 함수가 호출될 때마다 재사용되므로 결과를 저장하려면 반환되는 구조체의 내용을 다른 장소로 복사하여야 한다.

■ `struct tm *localtime(const time_t *time);`

정수로 표현된 달력 시간 time을 struct tm 자료형으로 변환하여 저장한 후 구조체에 대한 포인터를 반환한다. 이 때 시간은 현지 시간(local time)으로 표현된다. 시간이 저장되는 구조체는 이 함수가 호출될 때마다 재사용되므로 결과를 저장하려면 반환되는 구조체의 내용을 다른 장소로 복사하여야 한다.

■ `time_t mktime(struct tm *tp);`

tp가 가리키는 구조체의 지역 시간 정보를 이에 대응되는 정수로 표현된 달력 시간으로 변환하여 반환한다. 호출이 성공적이지 않으면 −1을 반환한다.

C.6 동적 할당

동적 할당에 대한 함수를 사용하려면 다음의 헤더 파일을 포함한다.

```
#include <stdlib.h>
```

이 헤더 파일에는 size_t 자료형이 정의되어 있다. size_t 자료형은 크기를 나타내기 위한 부호 없는 정수 자료형으로서 주로 바이트 단위의 메모리 크기를 나타내기 위해서 사용된다. 다음은 여러 가지 유용한 동적 할당에 대한 원형과 동작 설명이다.

- void *malloc(size_t size);
  size 바이트 크기의 기억장소를 할당하여 기억장소의 첫 번째 바이트에 대한 포인터를 반환한다. 기억장소를 할당할 수 없을 때에는 NULL을 반환한다.

- void *calloc(size_t num, size_t size);
  num*size 바이트 크기의 기억장소를 할당하여 기억장소의 첫 번째 바이트에 대한 포인터를 반환한다. 기억장소를 할당할 수 없을 때에는 NULL을 반환한다.

- void *realloc(void *ptr, size_t size);
  ptr이 가리키는 이전에 할당된 기억장소의 크기를 size 바이트로 변경시키고 재할당된 기억장소의 시작 위치에 대한 포인터를 반환한다. 크기가 커지는 경우에는 기억장소의 위치가 이동될 수 있으며 이때에는 이전의 기억장소의 내용이 새로 할당받은 기억장소로 복사되므로 자료 손실은 발생하지 않는다.

- void free(void *ptr);
  인수 ptr이 가리키는 이전에 할당된 기억장소의 할당을 해제한다. 해제된 기억장소는 메모리 할당에 다시 사용될 수 있다.

C.7 기타 함수

이 절에서는 앞에서 소개하지 않았던 여러 가지 유용한 함수를 소개한다. 다음 함수들은 헤더 파일 <stdlib.h>를 포함하여 사용한다.

```
#include <stdlib.h>
```

다음은 **프로그램 종료**와 관련된 함수이다.

- void abort(void);
  프로그램을 즉시 종료시킨다. 열린 파일은 일반적으로 닫지 않는다.

- void exit(int status);
  즉시 프로그램을 종료하고 인수 status를 이 프로그램을 호출한 프로세스로 전달한다. 관례

적으로 status가 0이면 정상적으로 종료한 것이고, 그렇지 않으면 에러가 발생되었음을 의미한다.

■ `int atexit(void (*func)(void));`

exit 함수가 호출되거나 main 함수가 종료되어 정상적으로 프로그램이 종료될 때에 실행될 함수를 등록한다. 호출이 성공적이면 0을 그렇지 않으면 0아닌 값을 반환한다. 이 함수는 최소한 32개의 종료 후 실행 함수를 등록할 수 있으며 등록된 함수들은 등록된 순서의 역순으로 실행된다.

다음은 **정수 연산**에 대한 함수이다.

■ `int abs(int num);`

정수 인수의 절대값을 반환한다.

■ `long labs(long num);`

long 형 정수 num의 절대값을 반환한다.

■ `div_t div(int number, int denom);`

number를 denom으로 나누고 그 몫과 나머지를 멤버로 갖는 다음과 같이 정의된 구조체의 값을 반환한다.

```
typedef struct {
    int quot;
    int rem;
} div_t;
```

■ `ldiv_t ldiv(long number, long denom);`

number를 denom으로 나누고 그 몫과 나머지를 멤버로 갖는 다음과 같이 정의된 구조체의 값을 반환한다.

```
typedef struct {
    long quot;
    long rem;
} ldiv_t;
```

다음은 **문자열을 숫자로 변환**하는 함수이다.

- double atof(const char *s);

  문자열 s를 double 형 실수값으로 변환한다. 유효하지 않은 문자열인 경우에는 0을 반환한다.

- int atoi(const char *s);

  문자열 s를 int 형 정수값으로 변환한다. 유효하지 않은 문자열인 경우에는 0을 반환한다. 그렇지만 "123.3"과 같은 문자열에 대해서는 소수점 이전의 정수값을 반환한다.

- int atol(const char *s);

  문자열 s를 long 형 정수값으로 변환하며 나머지 동작은 atoi 함수와 같다.

- long strtol(const char *s, char **endptr, int base);

  문자열 s를 long 형 정수로 변환하여 반환한다. base는 2부터 36까지 사용할 수 있으며 문자 a-z, A-Z이 각 자리의 10부터 35까지의 값을 나타낸다. endptr이 NULL이 아니면 변환되지 않은 나머지 문자열의 시작 주소를 endptr이 가리키는 곳에 저장한다. 문자열 s가 유효한 실수를 포함하고 있지 않으면 0을 반환한다.

- unsigned long strtoul(const char *s, char **endptr, int base);

  문자열 s를 unsigned long 형 정수로 변환하여 반환하며 나머지 동작은 strtol 함수와 같다.

- double strtod(const char *s, char **endptr);

  문자열 s를 double 형 실수로 변환하여 반환한다. endptr이 NULL이 아니면 변환되지 않은 나머지 문자열의 시작 주소를 endptr이 가리키는 곳에 저장한다. 문자열 s가 유효한 실수를 포함하고 있지 0을 반환한다.

다음은 **의사 난수**(pseudo-random number)를 생성하는 함수이다.

- int rand(void);

  난수를 생성하여 반환한다. 생성되는 난수의 범위는 0과 RAND_ MAX 사이의 정수이다. 매크로 상수 RAND_MAX 역시 <stdlib.h>에서 정의되어 있다.

- void srand(unsigned seed);

  함수 rand()에 의해서 생성되는 난수들의 시작점을 설정하기 위해서 사용된다. 인수 seed에 의해서 난수의 시작점이 정해진다. seed로 time() 함수를 사용한 현재의 시간값을 사용하는 것이 보통이다.

다음은 **탐색**과 **정렬 알고리즘**을 수행하는 함수이다.

- void *bsearch(const void *key, const void *base, size_t num,
      size_t size, int (*compare)(const void *, const void *));
  원소의 크기가 size이고 원소의 개수가 num인 base가 가리키는 정렬된 배열에 대해서 이진 탐색을 수행하여 key가 가리키는 키와 탐색할 내용이 일치하는 첫 번째 원소에 대한 포인터를 반환한다. 함수 포인터 compare가 가리키는 함수는 비교 함수로서 정렬된 배열에서 앞에 있는 원소는 뒤에 있는 원소와의 비교 결과가 음수이거나 같아야 한다.

- void *qsort(void *base, size_t num, size_t size,
      int (*compare)(const void *, const void *));
  퀵 정렬(quick sort) 알고리즘을 이용하여 base가 가리키는 배열을 정렬한다. num은 원소의 개수이고 size는 원소의 크기이다. 함수 포인터 compare가 가리키는 함수는 비교 함수로서 비교 결과가 음수인 원소가 앞으로 정렬된다.

다음은 **시스템 명령어**와 **환경변수 접근**을 위한 함수이다.

- char *getenv(const char *name);
  운영체제가 제공하는 문자열 name에 해당하는 환경 변수의 값을 반환한다. 해당하는 환경 변수가 없으면 NULL을 반환한다.

- int system(const char *s);
  문자열 s가 제공하는 운영체제 명령어를 수행하고 이 명령어에서 반환된 상태를 반환한다. s가 NULL일 때에는 명령어 해석기가 이 메커니즘을 수행할 수 있으면 0아닌 값을, 그렇지 않으면 0을 반환한다.

다음 함수는 **에러 처리**와 관련된 함수로서 헤더 파일 <assert.h>를 포함하여 사용한다.

```
#include <assert.h>
```

- void assert(int expr);
  인수 expr이 0(거짓)이면 수식, 파일명, 파일 내의 줄 번호를 출력하고 프로그램을 중단한다. 인수는 주로 비교 수식이 사용된다. 이 매크로 함수는 디버깅 목적으로 주로 사용되며 NDEBUG가 정의되면 무시된다.

찾아보기